변호사가
알려주는
노동법 실무

변호사가 알려주는 노동법 실무

박다정 · 양정은 · 양정인 · 양지웅
유재영 · 유지은 · 이지홍 · 최연정 · 최종환 지음

머리말

변호사들이 고용노동부에서 근무한 지 어언 2년이 되었다. 그동안 고용노동부 변호사들은 노동분쟁 현장에서 노사 양측의 다양한 현실적인 목소리를 들으며 노동분쟁에 대한 법적 해결방안을 모색해 왔다.

근로계약관계는 성질상 양 당사자 간의 인적 신뢰관계를 바탕으로 언제 어디서나 흔히 성립하고 일회적이 아닌 계속적 급부가 이행되며, 당사자들의 삶과 관계되어 치열한 이해관계가 대립되는 지점이기도 하다. 그래서 노동분쟁이 발생한 경우 양 당사자들은 격하게 감정대립을 하는 경우가 많고 합리적 문제해결 또한 어려운 경우가 많아 분쟁의 예방이 특히 중요한 분야다.

그런데 일선에서 근로자를 사용하는 사용자 또는 인사담당자들조차 노동법에 대한 이해가 높지 않고 노동법 위반에 대한 법감정이 철저하지 않다는 점은 노동법 분야의 중요한 특징이 아닐 수 없다. 노동법을 위반하면 형사 처벌의 대상이라는 사실 자체를 모르는 경우가 많으며, 이러한 점들은 노동법이 노동현실에서 실효성 있게 집행되는 것을 방해하고 있다고 보인다.

한편 사회가 발달하고 근로관계의 내용이 다양해짐에 따라 노동분쟁의 구체적 사실관계도 매우 복잡다양해지고 있는 만큼, 법의 기본원리를 바탕으로 구체적으로 타당하고 합리적이며 체계적인 법적 해결의 중요성이 더욱 커지고 있다고 할 것이다.

고용노동부 변호사들은 노동법 분야에 대한 실무서가 매우 부족한 현실에서 이와 같은 노동분쟁의 특징을 감안하여 노동법전문가, 노동법실무가, 사용자 및 인사담당자, 근로자들을 위한 실무서의 필요성을 체감하게 되었고 그 결과 본서를 출간하게 되었다.

본서의 특징은 첫째, 변호사들이 쓰는 노동법 실무서라는 기본 취지를 살릴 수 있도록 설명 범위를 노동법에만 국한하지 않고 필요시 민사법・형사법・행정법 등 다른 법 분야로 넓히도록 노력하였다. 둘째, 이론적인 부분보다 실무상 자주 문제가 되는 부분을 주로 다루고자 하였다. 셋째, 실체적 내용뿐 아니라 노동분쟁의 현실적 구제방법까지 포함하고자 하였다. 넷째, 노동법 분야만 특별하게 취급하기보다는 전체적으로 우리나라 법원리의 기본적 태도를 견지한 채 서술하고자 하였다.

노동법은 크게 개별적 근로관계법과 집단적 노사관계법으로 나뉘는데 본서는 우선 개별적 근로관계법을 다루고 있다. 향후 집단적 노사관계법에 대해서도 노동실무서 출간을 계획하고 있다.

본서는 고용노동부의 전・현직 변호사들이 쓰는 최초의 노동실무서라는 의미가 있으나 여러모로 부족한 점이 많다. 또한 이미 출간된 여러 훌륭한 노동법 관련 서적의 많은 도움을 받았음을 고백하지 않을 수 없다. 이 책의 부족한 점에 대해서는 향후 개정판을 통하여 보완할 것을 약속드린다.

마지막으로 본서를 출간할 수 있도록 도움을 주신 한국학술정보(주) 관계자분들에게 감사의 인사를 드린다.

CONTENTS

머리말 / 5

제1장 근로기준법 서설 … 13

1. 근로기준법의 기본 원칙 / 14
2. 근로기준법의 적용 / 20

제2장 근로계약의 성립, 제한, 취업규칙 … 53

1. 근로계약의 성립 / 54
2. 근로계약의 효력 / 59
3. 근로계약의 제한 / 61
4. 정식고용 전단계의 고용 / 64
5. 취업규칙 / 66

제3장 근로시간, 휴일, 휴가 … 73

1. 근로시간 / 74
2. 휴일・휴가 / 96

제4장 임금제도 … 115

1. 임금의 의의 / 116
2. 통상임금 / 119
3. 평균임금 / 124
4. 최저임금 / 128
5. 임금지급 방법 / 132
6. 가산임금 / 137
7. 비상시 지불 / 143

8. 휴업수당 / 144
9. 기타의 임금 / 147
10. 포괄임금제 / 148
11. 연봉제 / 152

제5장 인사와 징계, 영업양도 … 155

1. 인사와 징계 / 156
2. 영업양도 / 176

제6장 근로관계의 종료 … 199

1. 근로관계 종료 사유 / 200
2. 퇴직급여 제도 / 232

제7장 고용보험제도 … 251

1. 고용보험제도의 목적 / 252
2. 고용보험법의 적용 대상 / 252
3. 고용보험제도의 운영 / 254
4. 실업의 인정 / 257
5. 이의제기 / 263

제8장 산업재해 … 267

1. 업무상 재해와 보상 / 268
2. 산재보험법의 적용 범위 / 270

CONTENTS

3. 업무상 재해 / 274
4. 업무상 재해의 유형 / 276
5. 업무상 질병 / 281
6. 진폐증 / 283
7. 산재보험의 보험 급여 / 286
8. 산재보험법과 근로기준법의 관계 / 295
9. 근로기준법상의 산재 보상 / 296

제9장 취약 근로자에 대한 보호 … 301

1. 취약근로자 보호 / 302
2. 여성 근로자 / 304

제10장 비정규직 보호 … 337

1. 의의 / 338
2. 기간제 근로자 / 342
3. 단시간 근로자 / 357
4. 파견 근로자의 보호 / 361

제11장 임금채권의 민사적 보호 … 381

1. 임금채권의 추심 / 382
2. 임금채권에 대한 특별한 보호 / 433
3. 근로관계 관련 민사상 문제 /439
4. 근로관계 관련 손해배상 / 447

제12장 임금채권보장제도 … 453

1. 임금채권보장법 / 454
2. 체당금 제도 / 458
3. 도산 등 사실 인정 / 473
4. 체당금 신청절차 / 481
5. 체당금의 지급 / 481
6. 사업주에 대한 대위권 행사 및 부정수급에 대한 제재 / 482
7. 기타 제도 / 485
8. 임금채권보장법상 벌칙 및 과태료 규정 / 487

제13장 근로관계 관련 형사사건 … 493

1. 근로관계 관련 형사사건 절차 / 494
2. 임금체불 / 499
3. 근로관계 관련 기타 형사문제 / 507

참고문헌 / 514

제1장 근로기준법 서설

1. 근로기준법의 기본 원칙

가. 노동법의 기본원리

근로자가 제공하는 노무와 사용자가 지급하는 보수의 대가 관계는 민법의 원리로 규율하는 것이 기본 원칙이다. 그러나 민법의 원리는 사용자와 근로자가 평등한 관계라는 전제하에서 이루어지는 것으로 현실의 원리를 반영하지 못한다. 이에 민법의 원리는 수정되고 실질적 평등원리를 실천하기 위하여 일정한 부분에서 국가의 개입이 요구된다. 특히 현대 산업사회에서 대부분의 국민들은 근로관계를 통하여 생활을 영위하므로 국가의 개입에 의한 근로계약관계의 수정의 필요성은 더더욱 커지게 된다. 근로자는 헌법의 규정에 의하여 근로조건의 향상을 위하여 자주적인 단결권・단체교섭권 및 단체행동권을 가지며 이는 근로자의 이익과 지위의 향상을 도모하는 사회복지국가 건설의 과제를 달성하고자 하는 취지이다.[1)]

이러한 헌법의 규정에 따라 근로자를 보호하기 위하여 노동관계 법률이 제정되어 있다. 노동관계 법률은 크게 집단적 노사관계법규와 개별적 근로관계법규로 분류된다. 개별적 근로관계법은 근로기준법을 대표적인 법률로 하여 근로관계의 성립, 내용 및 종료에 대한 전반적인 사항에 대하여 규율하고 있으며, 집단적 노사관계법은 근로자와 사용자 사이의 집단적인 자치 기준에 대한 사항을 규율하며 노동조합 및 노동관계조정법이 대표적인 법률이다. 노동법과 관련된 분쟁은 근로기준법과 노동조합 및 노동관계조정법이 대표적인 판단

---

1) 헌재결 1993. 3. 11. 헌바 33

기준으로 작용하지만, 이외에도 민법이나 형법, 행정법, 헌법, 국제규약, 단체협약, 취업규칙, 근로계약, 노동관행, 행정해석 등이 노동법의 법원에 포함되어 근로계약을 이해하는 기준이 된다. 근로자와 사용자로서는 당사자의 근로관계를 직접적으로 구속하는 근로기준법, 근로계약서, 취업규칙, 단체협약 등이 중요한 법원이 된다. 이때 근로조건이 상호 모순, 저촉되거나 상이하게 되는 경우에 어떠한 효력이 우선순위를 갖게 되는지 문제가 된다.

근로계약과 취업규칙, 단체협약은 모두 근로기준법의 최저 기준 이상으로 근로조건을 결정하여야 한다.[2] 만일 취업규칙・단체협약・근로계약이 모두 근로기준법의 최저 기준을 상회할 경우, 취업규칙에서 정한 기준에 미달하는 근로조건을 정한 근로계약은 그 부분에 관하여는 무효가 된다.[3] 취업규칙이 근로계약보다 하회하는 조건으로 규정되어 있는 경우, 취업규칙은 사업장에 적용될 근로조건의 기준을 통일적으로 명문화시켜 근로자를 보호해주기 위한 취지이므로 근로자에게 유리한 근로계약이 우선 적용된다고 보아야 할 것이다(유리조건우선적용원칙).

또한 취업규칙은 법령이나 단체협약과 어긋나서는 안 되므로 단체협약의 규정이 취업규칙보다 불리하게 변경되는 경우에는 단체협약에 따라야 한다.[4] 판례 역시 노동조합이 적법하게 단체협약을 체결한 경우에는 취업규칙보다 근로자에게 불이익하게 단체협약이 변경될 경우에도 단체협약의 적용을 받게 되는 기존의 근로자에 대하여도 변경된 단체협약이 적용되어야 한다고 보았다.[5]

---

2) 근로기준법 제15조

3) 근로기준법 제97조

4) 근로기준법 제96조

나. 근로기준법의 기본원리

이처럼 근로관계의 최저 기준을 정한 근로기준법은 노동법의 법원으로서 가장 중요한 자리를 차지하고 있다. 헌법에 규정된 근로자들의 자유・평등・인격권의 보호를 위하여 근로기준법은 i) 근로조건의 대등결정, ii) 균등대우, iii) 강제근로, iv) 폭력, v) 중간착취의 금지 등을 근로관계의 성립・존속・종료 시에 적용되도록 규정하고 있다.

1) 근로자의 기본생활의 보장

근로기준법은 헌법에 따라 근로자의 기본적 생활을 보장, 향상시키며 균형 있는 국민 경제의 발전을 꾀하는 것을 목적으로 한다.[6] 따라서 근로계약의 내용과 법정 최저기준을 정하여 사용자에게 이행할 것을 강제하는 강행법규성을 지니며 사용자가 그 기준을 위반하는 경우에는 벌칙이 적용되고 그러한 내용의 근로계약은 무효가 된다(강행적 효력). 무효로 된 부분 또는 당사자 간에 정함이 없는 부분에 대해서는 근로기준법에서 정한 것이 근로조건이 된다(보완적 효력).

2) 근로조건의 대등결정

근로기준법은 근로조건을 근로자와 사용자가 동등한 지위에서 자

---

5) 대판 2002. 6. 28. 2001다77970

6) 근로기준법 제1조

유의사에 의하여 결정하도록 규정한다.[7] 하지만 현실적으로 근로계약은 사용자의 일방적인 우월적 지위에서 체결되는 경우가 대부분이어서 근로계약서 미작성, 4대 보험 미가입, 사직서 제출의 강요 등의 근로자가 불리한 계약들이 현실에서 발생한다.

3) 균등대우

근로기준법상의 균등대우에 관한 원칙[8]은 남녀고용평등과 일·가정 양립 지원에 관한 법률에 의하여 구체화된다. 이 법률은 헌법의 평등이념에 따라 고용에서 남녀의 평등한 기회와 대우를 보장하고 모성 보호와 여성 고용을 촉진하여 남녀고용평등을 실현함과 아울러 근로자의 일과 가정의 양립을 지원함으로써 모든 국민의 삶의 질 향상에 이바지하는 것을 목적으로 한다. 더욱이 직장 내 성희롱 금지에 대한 규정들도 포함되어 있어 여성근로자들의 인격권을 두텁게 보호한다. 하지만 직장 내 성희롱은 예외적으로 사업주가 한 행위에 대해서만 과태료를 부과하며 행위자가 상급자나 근로자일 경우에는 직접적인 처벌 조항이 없어 이에 대한 보완이 요구된다.

4) 강제근로금지

근로기준법에 의하면 사용자는 폭행, 협박 감금, 그 밖에 정신상 또는 신체상의 자유를 부당하게 구속하는 수단으로서 근로자의 자유의사에 어긋나는 근로를 강요하지 못한다고 규정한다.[9] 인간 존엄의

---

7) 근로기준법 제4조

8) 근로기준법 제6조

측면에서 강제근로의 금지는 당연한 규정이라고 할 것이다. 판례에 따르면 근로자가 근로계약에 의하여 덤프트럭 운전사로 고용되었음에도 불구하고 사용자가 일방적으로 잡부노동에 종사하도록 하는 것은 강제근로금지의 원칙에 해당되어 위법하다고 판시한 바 있다.[10]

5) 폭행의 금지

사용자는 사고의 발생이나 그 밖의 어떠한 이유로도 근로자에게 폭행을 하지 못한다.[11] 강제근로금지 규정과 함께 당연한 규정이라고 할 수 있다. 하지만 현실에서는 사업주가 근로자를 폭행하는 경우가 왕왕 존재하며 이러한 경우에는 근로자에게 산업재해가 해당할 수 있는지 여부나 형법상의 폭행죄와 근로기준법상의 폭행금지 규정과의 관계, 민법상의 불법행위 책임, 사용자 책임 등과 맞물려 복잡한 양상으로 나타난다. 특히 직장 내 괴롭힘(집단 따돌림)에 대한 처벌 규정이 부재하므로 이에 대한 보완이 필요하다.

6) 중간착취의 금지

근로기준법에 의하면 누구든지 법률에 따르지 아니하고는 영리로 다른 사람의 취업에 개입하거나 중간인으로서 이익을 취득하지 못한다고 규정되어 있다.[12] 즉, 중간착취의 금지란 근로관계의 개시, 존

---

9) 근로기준법 제7조

10) 서울민지판 1979. 7. 12. 79가합373

11) 근로기준법 제8조

12) 근로기준법 제9조

속 및 갱신 등에 관한 알선 내지 소개행위에 제3자가 개입하는 것을 말한다. 이러한 관계는 형태별로 직업소개·근로자 모집·근로자 공급으로 나누어 생각해 볼 수 있으며 「직업안정법」에 의하여 엄격히 규율되고 있다.

7) 공민권 행사의 보장

사용자는 근로자가 근로시간 중에 선거권, 그 밖의 공민권 행사 또는 공의 직무를 집행하기 위하여 필요한 시간을 거부하지 못한다. 다만 그 권리 행사나 공의 직무를 수행하는 데 지장이 없으면 청구한 시간을 변경할 수 있다.[13] 공민권이라 함은 국회의원 또는 대통령의 선거권 등 기타 법령이 국민 일반에게 보장하고 있는 참정권을 말한다. 사용자는 당해 공민권의 행사 또는 공공의 직무집행 자체에 필요한 최소한의 시간뿐 아니라 공민권 등의 행사를 위하여 사전준비나 사후정리가 필요할 경우에는 이를 포함한 충분한 시간을 주어야 한다. 판례는 근로자가 공민권 행사를 위한 휴직원을 제출했으나 회사 측이 휴직청구 자체를 거부하고 그 기간에 출근하지 않았다는 이유로 해고한 것은 징계권의 범위를 넘는 것이라고 하였다.[14]

13) 근로기준법 제10조

14) 서울민지판 1993. 1. 19. 91가합19495

2. 근로기준법의 적용

근로기준법의 적용을 받을 경우에 근로자에게는 커다란 혜택이 주어진다. 근로자는 일정한 근로시간 이상에 대해서는 가산수당을 지급받고, 주휴일이나 연차휴가 규정에 의하여 근무를 하지 아니하였음에도 불구하고 휴식을 보장받고 임금을 청구할 수 있다. 또한 근로자는 1년 이상을 근무하였을 경우에는 30일 이상의 평균임금에 해당하는 퇴직금도 받을 수 있다.

근로자에게는 이외에도 여러 혜택이 있지만 가장 중요하고 핵심적인 사항은 사용자가 근로기준법을 어겼을 경우에 형사처벌을 받는다는 사실이다. 사인 간의 약속인 근로계약에 대하여 국가가 후견인적 지위에서 형벌권을 개입시킴으로써 사용자는 심리적 압박을 받게 된다. 이로 인해 대부분의 임금체불은 고용노동부에 접수된 후 공소제기가 이루어지기 전에 해결되며 근로자들은 민사소송을 직접 제기하는 것보다 시간이나 비용을 절약할 수 있다. 고용노동부에서 해결이 되지 않은 사건의 경우, 근로감독관이 발부한 체불금품확인원을 법률구조공단에 제출하면 법률구조공단은 일정한 조건하에 근로자의 임금체불 민사소송을 무료로 대리하므로 근로자로서는 두터운 보호를 받는다 할 것이다.

하지만 이에 대한 대응으로 사용자들은 근로기준법의 적용범위에서 제외되는 사내 하도급 같은 간접고용이나 특수형태근로종사자의 계약형태와 같은 계약을 체결하여 법의 사각지대를 넓히고 있어 사회적인 문제로 떠오르고 있다.

가. 근로기준법의 적용범위

근로기준법은 기본적으로 상시 5명 이상의 근로자를 사용하는 모든 사업 또는 사업장에 적용이 된다.[15] '상시'라 함은 사회통념에 의해 객관적으로 판단되어야 할 것이므로 근로자 수가 때때로 5명 미만이 되더라도 상태적으로 보아 5명 이상이면 상시 5명 이상인 사업장으로 보아야 할 것이다.[16] 또한, 상시근로자 수를 계산할 때, 근로조건별로 근로기준법 위반 여부를 따질 실익이 있는 기간을 그 대상기간으로 보아야 한다.[17]

근로기준법은 상시 5인 이상의 근로자를 사용하는 모든 사업 또는 사업장에 적용된다. 상시 사용하는 근로자 수는 해당 사업 또는 사업장에서 법 적용 사유 발생일 전 1개월 동안 사용한 근로자의 연인원을 같은 기간의 가동 일수로 나누어 산정한다.[18] 상시 사용하는 근로자에는 '하나의 사업 또는 사업장에서 근무하는 통상 근로자, 기간제 근로자, 단시간 근로자, 외국인 근로자 등 고용형태를 불문하고 상태적으로 근로하는 모든 근로자'를 포함하여 산정한다. 특히 하나의 사업 또는 사업장에 동거의 친족이 아닌 근로자가 1명이라도 있으면 동거의 친족을 상시근로자 수에 포함하여 5명 이상 여부를 판단하게 된다. 다만 실무상 친족의 경우에는 사용종속관계가 부정되거나, 동업 관계로 판단되어 근로자로 보기 어려워 상시근로자 수에서 제외되는 경우도 있어 근로자 수의 산정에서 주의가 요구된다.

---

15) 근로기준법 제11조 제1항

16) 근기 1455-15721, 75. 10. 30

17) 근로기준팀-7895, 2007. 11. 27

18) 근로기준법 시행령 제7조의 2 제1항

다만 파견 근로자나 사내 도급 근로자는 사용자의 사용종속관계에 있는 것이 아니므로 근로자 수 산정에서는 제외된다.

Q1. 상시 사용 근로자 수 산정방법이 궁금해요.

A1. 상시 사용 근로자 수는 해당 사업 또는 사업장에서 법 적용 사유 발생일 전 1개월 동안 사용한 근로자의 연인원을 같은 기간의 가동일수로 나누어 산정하게 되며, 다음 공식에 의해 구하면 됩니다.

$$\text{상시사용근로자 수} = \frac{\text{일정사업기간 내 사용근로자 연인원수}}{\text{일정사업기간 내의 사업장 가동일수}}$$

즉, 7월 1일(월)부터 7월 15일(월)까지 주 5일제로 근로자 3명이 근로한 다음, 근로자를 2명 더 고용하여 7월 16일부터 7월 31일까지 근로자 5명이 근무한 경우의 상시근로자 수는 다음과 같습니다.
근로자들의 실제 연인원은 7월 1일부터 15일까지는 33명(3명×11일), 16일부터 31일까지는 60명(5명×12일)이므로, 총 연인원은 33명+60명=93명입니다. 사업장 가동일수는 23일(11일+12일)이므로 7월의 상시근로자 수는 93명÷23=4.04명이 되는 것입니다.
하지만 상시 5명이 안 되는 사업이라도 산정기간에 속하는 일별로 근로자 수를 파악하였을 때 법 적용 기준에 미달한 일수가 2분의 1 미만인 경우에는 근로기준법 적용 사업장이 됩니다.[19]
예를 들면, 위 사업장의 경우 상시근로자 수가 4.04명이지만, 5명 이상인 날이 12일, 5명 미만인 날이 11일이므로 산정기간에 5명에 미달되는 일수가 2분의 1 미만인 경우에 해당돼 결국에는 관련 조항 적용 사업장이 되는 것입니다.

상시 4명 이하의 근로자를 사용하는 사업 또는 사업장에 대하여는 대통령령으로 정하는 바에 따라 일부규정만 적용하고 있다.[20] 이들

19) 근로기준법 시행령 제7조의 2 제2항
20) 근로기준법 시행령 제7조

4명 이하의 사업·사업장에 적용되지 않는 중요한 조항 내용은 '부당해고 금지, 휴업수당, 근로시간 제한, 연차휴가, 생리휴가, 취업규칙 등이 있다. 반대로 적용되는 규정은 주휴일, 휴게, 출산 전·후 휴가, 재해보상, 임금, 해고예고, 퇴직금 조항 등이며 표로 정리하면 다음과 같다.

4명 이하 사업장의 적용 규정

적용	미적용
- 근로조건 명시, 해고예고수당 - 임금(휴업수당 제외), 퇴직금 - 주휴일, 휴게 - 근로시간·휴게·휴일 적용제외(제63조) - 출산휴가, 임산부의 취업제한, 재해보상 - 청소년 관련 조항	- 법령 요지 등의 게시, 근로계약기간 - 귀향여비 지급 - 부당해고 금지 및 구제, 경영상 해고제한 - 휴업수당, 근로시간 및 연차휴가 - 연장·휴일·야간근로 시 가산임금 지급 - 여자와 임산부의 생리휴가 및 육아시간 - 기능습득, 취업규칙, 기숙사

나. 사업·사업장

근로기준법의 적용을 받는 사업·사업장이 되기 위해서는 사회통념상 '유기적 관계'를 가지고 '업'으로서 '계속적'으로 행하여질 것이 요청된다. 사업장이란 본사·공장지점 등 단위 장소 또는 장소적으로 구획된 사업체의 일부분을 말한다. 이때 사업의 목적·허가 유무, 업종은 불문하나 개인이 자기의 집을 짓기 위하여 사람을 고용하는 일시적인 사업은 적용 대상으로 볼 수 없다. 마약제조·판매, 매춘 등과 같이 형사상 범죄를 구성하는 범죄사업의 경우에도 근로자가 사용자의 범죄행위를 알거나 알 수 있는 상황에서 협력하는 경우에는 근로기준법상의 사업장으로 볼 수 없으므로 근로기준법이 적용될 수 없다고 본다.

하지만 사업이 업으로 행해지는 한 정부투자 · 출연기관 · 공기업체 · 공공단체, 학교 · 교육단체 · 정치단체, 사회단체, 아파트자치운영회, 요양기관의 요양보호사와 같은 비영리단체도 사업의 범위에 포함된다. 순수한 종교의식이나 포교활동을 하는 경우에는 근로관계로 볼 수 없지만,[21] 전도사처럼 종교인의 행위이더라도 종교활동이나 신앙생활이 아니면 그 부분에 대해서는 종교단체가 행하는 사업으로 근로관계를 인정받을 수 있다.[22] 속지주의 원칙에 따라 국내의 외국인 사업도, 법령 또는 조약상 속인주의를 인정하는 특별한 규정이 없는 한 근로기준법이 적용된다. 반대로 외국의 현지법인은 원칙적으로 그 나라의 해당 법률이 적용된다. 외국인 근로자에 대하여도 국내의 근로자들과 마찬가지로 근로기준법상 규정은 그대로 적용된다.

근로자로 볼 수 있는 경우라도 특별법 우선의 법칙에 의하여 선원은 선원법이 사립학교의 교원이나 교직원은 사립학교법, 청원경찰은 청원경찰법, 공무원은 국가공무원법 · 지방공무원법 · 교육공무원법 · 공무원연금법 · 공무원복무규정 · 공무원보수규정을 우선 적용받게 된다. 다만 국가 지방자치단체가 일용직 · 잡급직 등 공무원관계법의 적용을 받지 않는 근로자를 고용하고 있다면 근로기준법이 적용된다.

21) 서울행판 2005. 12. 27. 2005구합13605

22) 서울행판 2006. 3. 29. 2006구합7249

Q2. 제가 다니는 A 음식점의 사장님은 바로 옆에 B 음식점도 같이 운영하고 있습니다. A 음식점의 직원은 저 포함 3명이며 B 음식점은 2명입니다. 이 사업장의 상시근로자 수를 5인 이상으로 볼 수 있을까요?

A2. 상시근로자 수의 산정은 사업 또는 사업장 단위로 하여야 합니다. 만일 하나의 법인 내에 여러 개의 사업 또는 사업장이 있는 경우라면 원칙적으로 그 전체를 하나의 사업장으로 판단될 것입니다. 다만 하나의 법인에 소속된 여러 개의 사업장이 장소적으로 서로 분리되어 있고 인사노무・재무 및 회계 등이 분리되어 독자적으로 사업경영이 이루어지며, 별도의 단체협약이나 취업규칙을 적용받는 등의 경우에는 이를 별개의 사업 또는 사업장으로 보아 별도로 상시근로자 수를 산정하여야 할 것입니다.[23]
따라서 질문자가 근무하는 음식점과 B 음식점이 장소적으로 분리되어 있으나, 근로자들이 사장님의 지휘에 의하여 상호 교차 근무를 하는 등 인사노무・재무 및 회계 관리가 동일하게 사업경영이 이루어지고 있는 경우라면 상시근로자 수는 합산하여 계산이 이루어져야 할 것으로 보입니다.

Q3. 저는 한국기업인 A사가 투자한 일본의 B법인에서 취업하여 근무하였습니다. 이때 근로계약서는 A사와 B사에 동시에 체결하였으며 A사의 이름으로 국내에 4대 보험에 가입되어 있으며 급여도 A사에서 주었습니다. 또한 A사의 대표인 '갑'은 B법인에 대한 직원들의 급여책정 등 금전적 부분에 대하여 꾸준히 관여하여 왔습니다. 이러한 경우에 근로기준법의 적용을 받을 수 있나요?

A3. 원칙적으로 해외 현지법인에 소속된 근로자들은 속지주의에 따라 국내법이 적용되지 않습니다. 따라서 국내회사가 외국에 독립한 법인을 설립하고 한국인을 고용한 경우에도 근로기준법은 적용이 되지 않는다고 보아야 할 것입니다. 하지만 국내회사에서 해외 현지 법인체에 근로자를 파견하여 근로자의 인사 및 노무관리 등을 국내회사에서 관장하고 근로자의 보수 및 주요 근로조건 등을 국내회사에서 결정하고 있는 경우에는 근로기준법이 적용될 수도 있습니다.[24]
귀 질의와 같이 국내 회사의 사용자가 현지법인에 직접 채용된 한국인 근로자에 대해 별도로 근로계약을 체결하고 임금의 일정부분을 직접 지급하였으며, 그 지급액을 기준으로 4대보험 등에 가입하였고, 평소 현지법인의 근로조건의 결정에 직접 관여하면서 실제 인사노무관리를 행한 경우에는 근로기준법의 적용을 받을 수 있을 것입니다.[25]

다. 근로자

근로기준법상의 근로자라 함은 '직업의 종류와 관계없이 임금을 목적으로 사업이나 사업장에 근로자를 제공하는 자'를 말한다. 근로자 여부를 판단함에 있어서는 '직업의 종류', '상용 · 일용' 등의 근로 형태나 '직종 · 직급'이 중요한 것이 아니며 핵심은 '사용 · 종속 관계'의 유무이다. '사용 · 종속 관계'란 근로를 제공받는 당사자 쪽의 구체적인 지시나 업무명령에 복종하여 일을 하는 것을 말한다. 즉, 일을 하는 사람이 외부로부터의 지시나 명령에 구애받지 않고 그의 자유로운 의사에 따라 일하는 경우는 근로관계가 아닌 도급계약 등의 다른 계약 관계로 판단하게 된다.

판례는 근로기준법상의 근로자에 해당하는지 여부를 판단함에 있어서는 그 계약의 형식이 민법상의 고용계약인지 혹은 도급계약인지에 따를 것이 아니고 그 실질에 근로자가 사업 또는 사업장에 임금을 목적으로 종속적인 관계에서 사용자에게 근로를 제공하였는지 여부에 따라 판단하여야 한다고 한다. 종속적인 관계를 판단함에는 다음의 요소를 종합하여 결정하여야 한다고 한다.[26]

---

23) 근로기준과-3911, 2004. 7. 30

24) 근기 68207-1002, 1999. 12. 13

25) 근로기준팀-622, 2006. 2. 6

26) 대판 1994. 12. 9. 94다22859

① 업무의 내용이 사용자에 의하여 정하여지는지, ② 취업규칙 또는 복무(인사)규정 등의 적용을 받으며, ③ 업무 수행 과정에서 사용자가 상당한 지휘·감독을 하는지, ④ 사용자가 근무시간과 근무 장소를 지정하고 근로자가 이에 구속을 받는지, ⑤ 노무제공자가 스스로 비품·원자재나 작업도구 등을 소유하거나 제3자를 고용하여 업무를 대행케 하는 등 독립하여 자신의 계산으로 사업을 영위할 수 있는지, ⑥ 노무제공을 통한 이윤의 창출과 손실의 초래 등 위험을 스스로 안고 있는지, ⑦ 보수의 성격이 근로 자체의 대상적 성격인지, 기본급이나 고정급이 정하여졌는지 및 근로소득세의 원천징수 여부 등 보수에 관한 사항, ⑧ 근로 제공 관계의 계속성과 사용자에 대한 전속성의 유무와 그 정도, ⑨ 사회보장제도에 관한 법령에서 근로자로서 지위를 인정받는지 등의 경제적·사회적 조건[27)]

한편 판례는 ⑦ 기본급, 근로소득세의 원천징수 ⑨ 사회보장제도 등에 대하여는 사용자가 경제적으로 우월한 지위를 이용하여 임의로 정할 여지가 크다는 점에서 그러한 점들이 인정되지 않는다는 것만으로 근로자성을 쉽게 부정하여서는 안 된다고 판시하여 앞의 요소들 간의 차이를 인정하고 있다. 최근에는 사용자의 지휘·감독권이 구체적·직접적인 것에서 간접적·포괄적인 것으로 변화하고 있는 현실을 반영하여 '구체적이고 직접적인 지휘·감독'을 요구하던 입장에서 '상당한 지휘·감독'으로 입장을 수정하여 근로자성의 인정 범위를 좀 더 넓게 보고 있다.

---

27) 대판 2006. 12. 7. 2004다29736

Q4. 저는 현재 전문대 미용학과를 졸업하여 미용실에서 처음 수습 3개월 동안에는 평균 50만 원을 받고 일하였고 만 1년 근무한 현재는 100만 원을 받고 있습니다. 일이 너무 힘이 들어 그만두려고 사장님에게 사직의사를 밝히니 근로자가 아니기 때문에 퇴직금이 없다고 합니다. 저는 정말로 퇴직금을 받을 수 없는 건가요?

A4. 미용사 분들의 열악한 처우에 대하여 사회적으로 논의가 커지고 있습니다. 보통 미용사분들이 이와 같은 노동조건을 감수하는 원인은 '개인사업자'로 계약을 체결하는 업계 분위기와 미용사가 되기 위하여 2~3년간의 도제적 근로관계가 필요하기 때문입니다.
고용노동부 행정 해석에 따르면 미용실 업주와 자유직업계약서를 작성한 헤어디자이너가 미용실에서 고객들에 대한 미용 업무를 행하면서도, 별도의 취업규칙 등을 적용받지 아니하고, 각자가 자유롭게 독자적으로 업무를 수행하면서 업주의 구체적인 업무지시나 감독을 받지 않으며, 기본급이나 고정급 없이 매출액의 일정 비율을 수수료의 명목으로 지급받고, 1일 8시간의 업무 요건을 충족하면 타 미용실에 근무하는 것이 제한되지 않는 등 해당 업소에 전속된 것으로 보기 어려우며, 개인 사정으로 근무치 못하는 경우 같은 수준의 미용기술을 가진 다른 사람으로 대체할 수 있고, 계약사항을 어기더라도 계약해지 외에 별도의 제재를 받지 않으며, 사업 소득세를 징수하고 4대 보험에 가입되어 있지 않을 경우에는 근로자로 볼 수 없다고 하였습니다.
판례의 경우에는 i) 미용사들의 근무장소, 근무시간, 근무일수, 근무방법 등이 정해져 있고 위반하는 경우 벌금 부과 및 고객 배당제외 등 상당한 제재를 가하였으며, ii) 미용사들은 원하는 날 휴무할 수도 없었고, 휴무일 이외에 경조사·질병 등으로 휴무하게 되는 경우에는 증거서류를 제출하게 하였으며, iii) 사장의 서면 동의 없이는 다른 미용실에서 미용사로 일하는 것이 금지되어 있는 경우에 근로자로 볼 수 있다고 판시하였습니다.
따라서 미용사는 사용주의 '사용 종속관계'에 따라서 근로기준법상의 근로자로 인정받기도 하고 인정을 받지 못하기도 합니다. 자신의 근로조건이 어디에 부합하는지, 본인의 근로자성을 판단하여 보시기 바랍니다.

1) 종사 형태별 근로자성의 판단

가) 도급 · 위임

도급이란 수급인이 어떤 일을 완성할 것을 약정하고, 도급인은 그 일의 결과에 대해 보수를 지급할 것을 약정함으로써 성립하는 계약으로 수급인 스스로의 재량과 책임하에 자기가 고용한 근로자를 사용하여 일을 완성하는 것을 의미한다. 위임이란 당사자 일방이 상대방에 대해 사무처리를 위탁하고 상대방이 이를 승낙함으로써 성립하는 계약이다. 원칙적으로 순수한 도급계약과 위임계약의 경우에는 근로자로 볼 수 없다고 할 것이다. 하지만 노무계약이 '노무의 제공'과 '보수'의 지급이라는 대가관계라는 점에서 현실에서 도급 · 위임 · 노무계약의 구별이 쉽지 않고 혼합된 형태의 근로계약이 다수 존재하여 근로기준법의 적용 여부에 대하여 논란이 존재하게 된다.

근로기준법상의 근로자로 판단하기 위한 사용종속관계는 직업의 종류와는 관련이 없으며[28] 노무공급계약의 형태가 고용 · 도급 · 위임 · 무명계약 등 어느 형태든 상관없이 노무의 실질관계가 자주성 · 독립성 · 재량성이 없어 사용종속관계 아래서 노무를 제공한다면 근로기준법상의 근로자로 보아야 한다.[29] 또한 근로기준법은 도급이나 그 밖에 이에 준하는 제도로 사용하는 근로자에게 근로시간에 따라 일정액의 임금을 보장하여야 한다고 규정하고 있다.[30] 이에 따르면, 도급 · 위임의 성격이 가미된 형태의 근로에 대해서도 근로기준법의 적용을 받아야 할 것이다.

---

28) 대판 2006. 5. 11. 2005다20910

29) 대판 1987. 5. 26. 87도604

30) 근로기준법 제47조

문제는 도급이나 그 밖에 이에 준하는 제도로 사용하는 근로자에게도 근로기준법상의 근로조건이 모두 적용되어야 하는지가 될 것이다. 도급이나 위임의 형식을 빌린 근로자일지라도 건설근로자같이 일당으로 받는 경우에는 상관이 없지만, 근로자에게 일정부분 재량이 존재하는 노무도급계약의 경우에 근로시간이나 휴게시간의 산정에 논란이 존재할 수 있기 때문이다. 현행 근로기준법은 이에 대하여 적용 제외 규정이 없으므로 일반적인 근로기준법의 기준이 적용된다고 보아야 할 것이다.

※ 시청료 위탁징수원

시청료징수업무 자체가 한국방송공사의 운영상 필요불가결할 뿐만 아니라, 위탁징수원은 공사가 일방적으로 정한 조건에 따라 채용되었고, 이들은 노무 제공 과정에서도 공사의 지휘, 감독 및 복무규율에 따라 통제받았고, 그 노무의 대가로 수수료 명목의 보수를 지급받아 생활하는 등 실질적으로 공사에 사용 종속되어 있는 근로자로 봄이 상당하다(서울남부 1990. 6. 26. 89가합347다).

※ 근무시간에 구애받지 않는 석공

석제품 제조업체에서 도급 형태로 근로계약을 체결하고 그 계약에 의거 작업형편상 일정 인원이 1개조가 되어 근로를 제공한 자들에 대하여 일괄적으로 보수를 지급하였더라도 이는 기업에 노무관리 편의상 일괄 지급한 것으로 사료되는바 이는 근로기준법상 도급근로자에 해당되므로 형식상으로는 도급의 형태를 취하였다고 하나 그 실체에 있어서 도급공들이 회사에서 제공하는 장비 및 자재를 가지고 회사에서 제공하는 장소에서 근로를 제공하였다면 그 수급인은 도급근로자로서 근로기준법의 적용을 받는 근로자로 볼 수 있다(근기 01254-2731, 1988. 2. 19).

※ 능률급을 받는 중장비 임차 기능공

중장비기능공에게 중장비를 대여하고 공사 준공 시까지 능률급을 지급하는 하청계약을 체결하였다면 근로자로 보아야 한다(근기 1455-8545, 1970. 9. 7).

※ 맹인안마시술사

안마사의 근로형태가 적어도 매일의 출퇴근 시간이 일정하고, 그 대기 장소와 안마행위의 제공에 관하여 안마시술소 대표의 포괄적인 지휘, 감독을 받으며, 대표가 제정하여 시행한 취업규칙의 적용을 받고 있는 점 등 그 근무형태와 이득금의 수취형식 등 경영상태, 사업목적에 비추어 근로자에 해당한다(대판 1992. 6. 26. 92도674).

※ 노인장기요양보험법에 따른 요양기관의 요양보호사

요양보호사의 근로자성 여부를 구체적으로 살펴보면, i) 근로계약서를 작성하고, ii) 요양보호기관(이하 '기관'이라 한다)에서 수급자와 계약을 하고, 그 계약내용에 따라 요양보호사에게 근무시간 및 근무장소를 배정하고 있으며, 수시로 근무여부를 기관에서 체크하고 있는 점, iii) 수급자에게 제공한 서비스에 대한 장기요양급여제공 기록지를 작성하고 수급자의 확인을 받아서 기관에 제출하고 있는 점, iv) 기관에서 수급자를 발굴하여 요양보호사로 하여금 해당 수급자의 자택에 가서 요양업무를 행할 것을 지시하고 요양업무를 수행함에 있어 유의사항 등을 교육하는 점, v) 근무시간 및 근무지가 정해지면 요양보호사는 임의로 다른 사람을 대체시킬 수 없고, 기관을 통해서만 대체가 가능한 점 등 사용자의 상당한 지휘·감독을 받고 있는 점. 제3자를 고용하여 업무를 대행케 하는 등 독립하여 자신의 계산으로 사업을 영위할 수 없다는 점. 시간당 일정액에 정해진 근무시간을 곱한 금액을 보수로 지급받는 점 등을 고려하여 종합적으로 판단할 때, 요양보호사는 달리 볼 사정이 없는 한 근로기준법상 근로자로 볼 수 있다(근로기준과-5761, 2009. 12. 30).

※ 병원소속 전문의

의술에 관한 전문 지식을 갖춘 병원 전문의가 환자에 대한 진단 내용이나 치료 방법 등의 진료 행위에 관하여 구체적인 지휘명령을 받지 않고 오직 자신의 책임하에 독립하여 진료를 행한다 하더라도, 원장이 경영하는 병원에 소속되어 노무를 제공하면서 근로시간에 따른 임금을 지급받는다면 그 근로자성을 부인하기는 어려울 것으로 보인다(근로조건지도과-4449, 2008. 10. 13).

나) 간부 및 임원

간부나 임원이라도 업무대표권이나 업무집행권이 없고, 인사 노무 관리 등 회사 경영 책임이 없으며, 사용종속관계 아래 근로를 제공하는 경우 근로자로 보게 된다.

※ 축협의 전무
간부직원인 전무가 법인의 상업등기부에 이사로 등기되어 있지 아니하고, 업무수행에 있어 일반직원과 똑같은 복무규정을 적용받고, 근로제공에 대한 대가로 일반직원과 똑같은 보수규정을 적용받는 등 사용종속관계하에서 임금을 목적으로 근로를 제공하고 있다면 근로기준법상 근로자로 보아야 할 것이다(근기 01254-1626, 1992. 9. 29).

※ 주주 사원
'주주 사원'이 일반 직원과 동등하게 회사의 복무규정을 적용받는 점, 단체협약·취업규칙 및 임금 교섭에 따른 호봉제를 적용받는 점, 회사의 배차 지정에 따라 승무를 하는 점, 업무 수행 과정에서 회사 일반 근로자와 동일하게 회사의 업무 지휘를 받는 점 등을 종합해볼 때 '근로기준법상의 임금을 목적으로 근로를 제공하는 근로자'로 봄이 타당하다(근로기준팀-531, 2008. 1. 30).

※ 구성원으로 등록된 변호사
법무법인에 취업한 다음 해부터 구성원 변호사로 등기되어 근무하다 퇴직한 후 자신들이 근로자에 해당한다고 주장하며 퇴직금 지급을 구한 사안에서, 구성원으로 등기하거나 탈퇴하는 과정에서 지분을 양수하거나 양도한 증거가 없고, 구성원 등기 전후의 근무 형태 역시 큰 변화 없이 유지된 점, 이익배당을 받거나 손실을 부담한 사실이 없으며, 사건 수임과 상관없이 매달 일정한 금액의 급여를 받은 점, 스스로 사건을 수임한 사례가 거의 없이 법무법인으로부터 배당받은 업무를 처리해 온 점, 자신들이 구성원으로 등기된 사실을 퇴직 1년 전 또는 퇴직 시에야 알게 되었다고 주장하고 있는 점 등에 비추어, 실질적으로는 법무법인에 대하여 임금을 목적으로 종속적인 관계에서 근로를 제공하는 근로자 지위에 있다(대판 2012. 12. 13. 2012다77006).

※ 회사의 공장장 겸 상무이사 또는 기획부장
회사의 공장장 겸 상무이사 또는 기획부장의 직위에 있는 자라 하더라도 임금을 목적으로 하는 기술자로서 회사 경영진을 보좌하면서 공장 종업과정의 관리 및 기술의 연구, 개발 등 기술적 업무에 종사하고 있다면 본조의 근로자에 해당한다(대판 1973. 3. 13. 73다80).

다) 훈련생과 실습생

기능습득만을 목적으로 하거나, 사업주와 고용관계에 있지 않거나, 채용 여부 판단을 위한 시험의 성격이 강한 경우에는 근로자가 아니라고 할 것이나, 명칭이 실습생 등이라 할지라도 근로의 제공과 임금 수령이 목적이고 사용종속관계 아래서 근로를 제공하면 근로자에 해당한다.

※ 정식입사 후 연수 중인 연수생
소정의 필기시험과 면접시험에 합격하고 회사에서 지정한 의료기관에서 채용건강진단을 마친 뒤 동 회사가 실시하는 연수기간에 있는 자의 연수과정은 근로자의 적격성을 판단하기 위한 기간으로서의 기능을 갖는 점도 있으나 업무수행을 위한 직무교육 기간으로 볼 수 있다는 점, 소정의 연수과정을 마치기만 하면 채용이 확정된다는 점 등을 종합하여 볼 때 이와 같이 채용할 것을 전제로 한 연수생은 근로기준법상 근로자로 보아야 할 것이다(근기 01254-751, 1993. 4. 27).

※ 수련기관인 대학 소속의 전공의
수련기관 소속의 전공의가 그 수련교과과정을 이수하는 피교육자적인 지위와 함께 대학의 지휘·감독 아래 실질적인 사용종속관계에서 의학연구, 교육지도, 역학조사 등의 근로를 제공하고 그 대가로 임금을 지급받는 근로자로서의 지위를 아울러 가지고 있다고 보아 이들이 근로기준법에 정한 근로자에 해당하고, 수련병원의 전공의와 달리 환자에 대한 진료행위를 하지 않는다거나 예산에 퇴직금 항목이 없다고 하여 근로자가 아니라고 할 수는 없다(대판 2001. 3. 23. 2000다39513).

※ 실습생

고등학교 졸업 예정자인 실습생이고 또 그 작업기간이 잠정적인 것이라 할지라도 바로 이러한 사유만으로 근로기준법의 적용을 받는 근로자가 아니라고 단정할 수 없고 사업주와 실습생 사이의 채용에 관한 계약내용, 작업의 성질과 내용, 보수의 여부 등 그 근로의 실습관계에 의하여 근로기준법의 규정에 의한 사용종속관계가 있음이 인정되는 경우에는 그 실습생은 근로기준법의 적용을 받는 근로자에 해당한다(대판 1987. 6. 9. 86다카2920).

※ 외국인 산업연수생

외국인들이 국내 회사의 외국 현지법인과 출국연수약정 명목의 계약을 체결하고 해외투자법인 산업연수생의 신분으로 입국하여 국내 회사에서 근로를 제공한 사안에서, 국내 회사가 출국연수계약의 내용이 단순히 기술 연수에 그치지 않고 국내 회사가 지시하는 바에 따라 1일 최소한 8시간 동안 근로를 제공하고 그 대가로 임금을 받기로 되어 있으며, 이에 따라 외국인 근로자들이 기술 연수는 거의 받지 못한 채 회사의 지시·감독하에 근로를 제공하였고, 상시로 연장근로와 야간근로까지 하고 그에 대한 수당을 받아온 점 등에 비추어 볼 때 근로기준법 및 최저임금법상의 근로자에 해당한다(대판 2006. 12. 7. 2006다53627).

라) 위탁, 고문, 상담역, 촉탁

고문, 상담역 등의 비상근 위촉계약자는 민법상의 위임관계로 근로자성이 부인되지만,[31] 명칭이 고문이라 하더라도 사용종속관계가 인정된다면 근로자이며 촉탁사원으로 신규채용 된 정년퇴직자나, 기타 촉탁 발령자도 사용종속관계가 인정되는 한 근로자라 할 것이다.

31) 근기 1455-5065, 1982. 2. 15.

※ 신문사의 광고외근사원

확장요원들은 근로계약에 의하지 아니하고 확장요원위탁계약의 형식으로 회사에 채용되고 그 업무집행과정에 있어서도 다소 자유로운 지위에서 업무를 처리하게 되는 것이나 이는 담당업무의 특수성 때문에 그러한 것일 뿐이며, 그 외에 확장요원들은 회사가 일방적으로 정한 조건에 따라 계약을 체결하고, 업무 또한 회사가 일방적으로 부여하게 되며, 부여된 업무의 수행에 있어서도 출근상황의 통제를 받음은 물론 업무수행 방법까지 지시를 받고 이에 대한 보수로서 업적급 외에 일정한 기본급과 상여금까지 지급받아 왔던 것으로 위와 같은 노무제공관계의 실태에 비추어 근로기준법 소정의 사용종속 관계하에서의 노무제공으로 보는 것이 상당하다(서울민지판 1994. 5. 12. 93가합 26460).

※ 컨설팅 담당 비상근 전문위원

비상근 전문위원은 회사 측의 전문위원 소집에 반드시 응하여야 함은 물론 지정된 강의시간과 컨설팅 일정을 준수하여야 하고, 그 대가로 매월 고정적인 연구수당을 지급받는 외에 강의시간에 상응하는 시간급과 컨설팅수당을 지급받으며, 사실상 업무를 타인이 대행케 하지 못하고 회사 측의 허락 없이 다른 회사의 업무를 수행할 수 없는 등을 종합하여 비교 판단컨대, 근로기준법상 근로자로 볼 수 있다(근로기준과-2655, 2004. 5. 27).

※ 정년퇴직 후 신규 채용된 촉탁사원

정년퇴직자가 촉탁사원으로 신규 채용되었다 하더라도 사용자와 사용종속관계를 맺고 있는 한 근로기준법상의 근로자로 볼 수 있다(법무 811-3871).

마) 형식적 자영업자

형식적으로 자영업자일 경우에도 사용종속관계가 있다면 근로자이다.

※ 매월 정액을 지급받는 버스지입차주

자기 소유의 버스를 수영장 사업주의 명의로 등록하고 수영장에 전속되어 수영장이 정한 운행시간 및 운행노선에 따라 회원운송용으로 왕복운행하면서 매월 정액을 지급받은 자가 근로기준법상 근로자에 해당한다(대판 2001. 1. 18. 99다48986).

※ 객공

객공의 경우 출근 시간이 따로 정해져 있지는 않으나, 통상 작업물량을 배정받기 위해 9:00경까지 출근하였으며, 퇴근은 작업물량을 마치는 순서대로 퇴근하였던 사실, 출근하지 않더라도 객공들에 대해 별다른 제재는 없으나 아무런 이유 없이 출근을 계속 하지 않을 경우 사업주가 나오지 말라 하므로 미리 전화로 통보하는 사실, 객공들은 원단을 외부로 가져갈 수 없으므로 사업장 내에서만 작업을 할 수 있는 사실, 작업 장소가 미끄러운 관계로 안전사고에 대비하여 객공들에게 스타킹을 신지 말거나 슬리퍼를 착용하도록 지시한 바 있는 사실, 작업에 필요한 바늘·가위·핀셋 등의 작업도구는 주로 객공들이 가져왔지만 부족할 때에는 사업주가 공급한 사실, 작업 시 사업주가 공급한 작업복을 착용하였던 사실하에서라면 종속적인 관계에서 근로를 제공한 근로기준법상 근로자에 해당한다고 봄이 상당하다(대판 2008. 7. 24. 2006두20808; 대판 2009. 10. 29. 2009다51417).

※ 채권추심원

채권추심원들은 통상 사업주가 제공한 사무실에 출근하여 업무를 수행하였고, 컴퓨터·전화 등의 이용요금을 따로 부담시키지 않았던 점, 정규직 주임 또는 대리로 하여금 팀장으로서 대부기준, 수수료기준, 대부업 관련 법령, 민원방지사항 등을 교육하거나 채권추심원의 실적, 수수료 등을 알려준 점, 또한 목표달성을 독려해왔던 점, 채권회수실적은 채권추심원의 능력을 평가하는 중요한 요소로서 팀장은 실적과 벌점을 종합하여 채권의 배분을 조정할 수 있었고, 채권회수실적이 평균에 현저히 미달하여 업무수행이 곤란하다고 판단되는 경우에는 위임계약을 해지할 수도 있었던 점, 업무내용을 감시·통제하고, 참가인의 이미지 관리를 위하여 채권추심원에게 정장을 착용하도록 지시한 점, 채권추심원과 정규직원의 유기적인 협조 아래 채권추심업무가 처리되어 온 점, 채권추심원에게 따로 기본급이나 고정급이 정해져 있지 않았으나 신규 위촉된 경우에는 3개월간 정착지원금이 지급되었고 수수료를 매월 지급받아 온 점 등을 종합하여 살펴보면, 근로를 제공한 근로자에 해당한다고 봄이 상당하다(대판 2008. 5. 15. 2008두1566).

※ 지입기사
'차량위탁용역계약'을 작성하고, 10년 남짓 위 학원의 통학버스를 운전하였고, 운전기사 반장 직책을 맡아온 사실, 원고가 운행한 버스는 원고 자신의 소유이지만 소유권 등록 명의를 피고 앞으로 한 사실, 원고는 매달 200만 원 내외의 돈(기본급에 근무 외 수당 명목의 돈을 추가한 금액)을 피고로부터 지급받았으며, 그 금원에서 4대 보험 보험료를 모두 납부한 사실, 운전기사는 이 계약에 관한 업무를 학원 동의 없이 제3자에게 양도할 수 없으며, 위 학원 학생 운행 외에 일절 영업행위를 할 수 없고, 대차운행과 대리운전은 원칙적으로 금지되며, 원고로서는 위 학원의 학원생을 통학시키는 것 외에 사실상 다른 운송사업을 영위할 수 없었다는 점 등을 보태어 보면, 원고는 버스 운행업무 수행 과정에서 피고로부터 상당한 지휘·감독을 받았고, 피고가 지정한 근무시간과 근무장소에 구속되었으며, 이 사건 버스 운행과 관련하여 독립하여 자신의 계산으로 사업을 영위하지 못하였고, 노무 제공을 통한 이윤의 창출과 손실의 초래 등 위험을 스스로 안지 못하였으며, 피고로부터 월정액의 급여를 받고 피고가 원고에 대하여 근로소득세를 원천징수하여 관할 세무서에 납부하고 이른바 4대보험의 보험료를 납부하는 등 피고와 사이에 근로기준법에서 말하는 근로자의 지위를 가지고 있었다고 보인다(대판 2007. 9. 6. 2007다37165).

바) 종교지도자

목사·전도사 등 종교단체에서 단체 본연의 목적인 종교활동에만 전념하는 자에 대해서는 통상적인 사업장의 근로관계를 규율하는 근로기준법을 적용하는 것이 부적절할 것이다. 다만 이들의 근무형태가 사실상 통상적인 사업장 근로자와 같은 형태로 근로계약에 기초하여 노무를 제공하고 임금형태로 보수를 받는 자로 확인된다면 근로기준법상의 근로자로 보아야 하며 이 또한 사용종속관계 및 임금성 여부 등을 통하여 개별적·구체적으로 판단해야 것이다.[32]

※ 전도사(긍정한 판례)
통상 전도사는 목사자격을 취득하기 전에 일정한 교회 등에 소속되어 목사를 보좌하여 종교활동을 하는 직책으로서 설교나 예배 인도 등을 직접 주관할 수 있는 지위에 있는 것은 아니다. 망인 역시 이 사건 교회에서 전도사로서 종교활동을 함에 있어서 담임목사의 지휘를 받아 그를 보좌하는 지위에 있었고, 본연의 종교활동 이외에도 담임목사의 지시에 따라 이 사건 교회와 관련된 각종 업무를 망라하여 수행하였으며, 이 사건 재해도 이 사건 교회 체육관의 흡음판 부착 공사를 하라는 담임목사의 지시를 받아 이를 수행하다가 발생하였는바, 위와 같이 망인이 수행한 제반 업무의 특성상 망인은 종속적인 관계에서 근로를 제공하였다고 볼 여지가 충분하다(춘천지판 2013. 4. 26. 2012구합2090).

사) 기타 사례

사용종속관계 존재 여부를 기준으로 근로자성을 판단하게 된다.

※ 방송국의 영상취재요원
원고의 채용공고에 의하여 영상취재요원(VJ)으로 채용되어 원고가 기획·의도한 특정한 장소에서 특정한 시간 내에 일정한 영상을 촬영하여 이를 수정·편집하여 온 참가인들이 비록 6㎜ 카메라를 직접 소유하고 있고 원고로부터 명시적인 출·퇴근 시간 등의 근태관리를 받지 않았으며 참가인들에 관하여 4대 보험이 가입되어 있지 않다고 하더라도, 참가인들은 원고와의 근로관계에 있어 임금을 목적으로 종속적인 관계에서 원고에게 근로를 제공한 근로자에 해당한다(대판 2011. 3. 24. 2010두10754).

※ 항운노조 조합원
근로자공급사업을 하는 노동조합의 조합원인 경우 일반적으로 개별적인 근로계약 없이 노조와 사용자간에 체결한 근로자 공급계약에 따라 불특정 사용자에게 근로를 제공하고 있으며 이 범위 내에서는 회사와 조합원 간에 사용관계가 인정되고 그 범위 내에서 조합원은 근로기준

32) 근기 68207-558, 2000-02-23

법상의 근로자에 해당한다(근기 68207-3090, 2000. 10. 06).

※ 방송사 소속 관현악 단원

방송회사와 전속계약을 체결하고 입사한 관현악 단원은, 자신들의 의사에 따라 독립적으로 '연주'라는 노무를 제공하여 온 것이 아니라 회사의 구체적인 출연 지시에 따라 방송 출연을 한 점, 출·퇴근 등의 복무 및 기타 행정적인 사항에 대하여 회사의 직접적인 지휘·감독을 받아 온 점, 비록 일정한 근무시간이 정해져 있지 않고 출·퇴근 시간이 일정하지 않으며 회사의 승인하에 다른 출연 활동을 할 수 있다 하더라도 회사가 필요로 할 때에는 수시로 그리고 일방적으로 특정 프로그램 또는 사업에 악단원으로 출연하도록 지시할 수 있고 그 경우 악단원으로서는 그 지시에 따라야 할 의무를 부담한 점, 회사로부터 노무 제공의 대가로 매월 일정한 기준에 의한 기본급과 수당, 상여금 등을 지급받고 근로소득세를 원천징수당한 점 등에 비추어 볼 때, 방송회사에 대하여 사용·종속관계에 있는 근로자에 해당한다(대판 1997. 12. 26. 97다17575).

※ 애니메이터

만화영화 제작업체에서 근무하던 직원들은 소속 칼라팀장이 면접을 통해 채용하고 있는바, 업무수행에 있어 회사의 지휘·감독을 받으며 당해 근무직원들은 회사의 연간작업계획에 따라 회사 작업실에서 공동작업을 행하므로, 동 직원이 임의로 작업일정을 조정한다거나 팀장의 일반적인 지휘·감독을 거부할 수 없는 실정이며, 지각 또는 무단결근 등의 경우에 대해서는 제재 조치를 행하고 당해 근무직원들은 출·퇴근 시간이 일정하게 정해져 있고, 성수기 때는 팀장의 지시에 따라 연장근로를 실시하며 작업에 필요한 붓·물감 등 작업도구들을 회사에서 구입하여 제공하고 있는 점 여부를 종합 판단해 보면, 애니메이터의 경우는 근로기준법상의 근로자로 볼 수 있다(근기 68207-2214, 2000. 7. 24).

※ 대학조교

사립학교 조교는 ⅰ) 해당학과장의 업무지시 또는 감독을 받고 있고, ⅱ) 지시된 업무내용에 대하여 거부할 수 없으며, ⅲ) 근무시간이 교직원과 동일한 데다, ⅳ) 지급받는 보수 또한 매월 일정액이 지급되는 것으로 보아 단순히 업무처리의 수수료라기보다는 근로의 대가로서의 성격이 강한 것으로 보이므로 사립학교 조교는 근로기준법상의 근로자에 해당된다고 사료된다(근기 68207-452, 97. 4. 8).

> ※ 야구위원회 심판원
> 심판원은 업무의 내용이 위원회에 의하여 정해지며 위원회가 정한 공인야구규칙에 의하여 심판업무를 수행하고 위원회 총재의 자문기관인 상벌위원회 규정에 따라 일정한 제재조치가 가해질 수 있으며 위원회에 의하여 심판원의 근무시간과 근무장소가 지정되고, 심판원 스스로가 제3자를 고용하여 업무를 대행케 할 수 없는 사실에 비추어 위원회와 사용종속관계에 있으며, 계약기간에 심판원이 다른 법인 또는 개인과 고용관계를 가지지 못하거나 광고 등에 출연하는 것에 제한이 있는 것으로 보아 심판원의 보수가 근로 자체의 대상적 성격을 가진다고 볼 수 있어 근로자의 지위에 있다(근기 68207-856, 1997. 7. 1).

라. 특수형태근로종사자

노동관계법을 통한 보호 여부는 근로자와 사용자라는 이분법적 사고방식에 의하여 결정된다. 이러한 분류 방식에 의하면 근로자에 속하는 사람들은 노동관계법의 보호를 받게 되지만 사용자에 속하는 사람들은 보호를 받을 수 없게 된다. 이러한 이분법적 구분 방식은 근대 산업사회의 대량생산체제 속에서 종속적인 근로 모습으로 노무를 제공하는 사람들을 보호하는 데 적합하였다. 당시에는 사용종속관계가 명확히 구분되었기 때문이다.

하지만 현대 산업사회에서는 전통적인 구분방식을 통해 보호 여부를 결정하기 어려운 새로운 노무 제공 형태가 출현하고 있다. 즉, 종속적인 근로의 형태와 독립적인 노동의 형태를 모두 가진 학습지교사, 보험설계사, 골프장캐디, 레미콘 운전기사 등이 출현하게 된 것이다. 이들은 사용종속관계를 일정부분 갖추고 있음에도 불구하고 판례에 의하여 근로자성을 인정받지 못하였다. 이러한 특수한 형태의 노무공급자들을 특수형태근로고용자라고 하며 줄여서 '특고'라고도 부른다. 다만 산업재해보상보험법과 고용보험 및 산업재해보상보험의 보험료 징수 등에 관한 법률에는 '특수형태근로종사자'로 정의되어 있어 본서에서는 이 용어를 따르도록 한다. 산업재해보상보험법에 의하면, 특수형태근로종사자는 '계약의 형식에 관계없이 근로자와 유사하게 노무를 제공함에도 근로기준법 등이 적용되지 아니하여 업무상의 재해로부터 보호할 필요가 있는 자로서 ⅰ) 주로 하나의 사업에 그 운영에 필요한 노무를 상시적으로 제공하고 보수를 받아 생활하고 ⅱ) 노무를 제공함에 있어서 타인을 사용하지 않는 자 중 대통령령으로 정하는 직종에 종사하는 자'를 일컫는다.

다른 말로 바꾸자면 '독자적인 사무실, 점포 또는 작업장을 보유하지 않았으면서 비독립적인 형태로 업무를 수행하면서도, 다만 근로제공의 방법, 근로시간 등을 독자적으로 결정하면서, 개인적으로 모집·판매·배달·운송 등의 업무를 통해 고객을 찾거나 맞이하여 상품이나 서비스를 제공하고 그 일을 한 만큼 소득을 얻는 근무 형태, 또는 스스로 고객을 찾거나 맞이하여 상품·서비스를 제공하고 일한 만큼 소득(수수료, 수당 등)을 얻고 근로제공의 방법이나 근로시간 등은 본인이 독자적으로 결정하는 경우[보험설계사, 학습지교사, 퀵서비스 배달기사, 레미콘 운전기사, 골프장 경기보조원(캐디), 신용카드모집인 등]로 정의할 수 있을 것이다.[33] 다만 특수형태근로종사자인 경우에도 사용·종속 관계가 존재한다면 근로자로 판단하여야 하며, 근로기준법상의 근로자에 해당하지 아니할지라도 노동조합 및 노동관계조정법상의 근로자성은 인정될 수 있음에 주의해야 한다.[34]

---

33) 이인재·남재량·조동훈·문무기·이지은, 특수형태근로종사자에 대한 노동법적보호방안의 사회경제적 효과분석 연구용역보고서, 한국노동연구원, 2007, 2쪽 및 4쪽

마. 사용자

사용자라 함은 '사업주 또는 사업경영담당자, 그 밖에 근로자에 관한 사항에 대하여 사업주를 위하여 행위하는 자'를 말한다. 따라서 근로기준법상의 근로자는 사장만을 의미하는 것은 아니고 이사・부장 등 상대적으로 지위가 높은 자로부터 작업현장 감독자・실무자 등 지위가 낮은 자까지도 사용자에 해당할 수가 있다. 사용자는 근로관계의 상대방으로서 임금・급료 등의 지급의무를 부담하며, 근로자에 대해서는 지휘・명령권을 가진다. 근로기준법상의 사용자에 해당할 경우에는 근로조건에 대하여 강제적으로 이를 준수하여야 하며 이를 지키지 못할 경우에는 민・형사상의 법적인 책임을 부담하여야 한다.

1) 사업주

사업주라 함은 그 사업을 책임지고 경영하는 주체자를 말한다. '경영주체'란 개인기업에는 개인・법인 조직의 경우에는 법인 그 자체를 말한다. 사기업의 기업주뿐만 아니라 국가・지방자치단체・국영기업체 등도 사업주가 될 수 있다. 영리 사업의 사업주뿐만 아니

---

34) 대판 2014. 2. 13. 2011다78804. 동 판례에서는 "원고 등 캐디들이 피고로부터 임금을 받을 목적으로 피고에 대하여 사용종속적인 관계에서 노무를 제공하고 있다고 보기는 어렵고(근기법상 근로자성 부정), 다만 집단적 노사관계를 규율할 목적으로 제정된 노조법의 목적상, 캐디들의 경우 '업무의 종속성'이 강하고 '독립사업자성'이 약해(경제적 종속성이 강함) 노조법 소정의 근로자로는 볼 수 있다"라고 하여, 근기법상 근로자성 판단 징표에 대한 대판 판례의 변화 속(확대 추세)에 논란이 되고 있었던 골프장 캐디의 노동법상 근로자성 여부에 관한 기존의 판례의 입장을 재차 확인하였다.

라 비영리사업도 여기서 말하는 사업주에 해당한다. 근로기준법을 위반한 자가 해당 사업의 근로자에 관한 사항에 대하여 사업주를 위하여 행위하는 자인 경우에는 이들에게 벌칙이 적용됨과 동시에 사업주는 벌금형이 과해지게 된다.[35)]

2) 사업경영담당자

사업경영담당자란 사업경영 일반에 관하여 책임을 지는 자로서 사업주로부터 사업경영의 전부 또는 일부에 대하여 포괄적인 위임을 받고 대외적으로 사업을 대표하거나 대리하는 자를 말한다.[36)] 예를 들면, 주식회사의 대표이사, 합명회사·합자회사의 업무집행사원, 유한회사의 이사, 회생채무자 관리인, 상법상 지배인 등을 들 수 있다. 주식회사의 이사의 경우에는 업무집행에 대하여 회사를 대표하거나 대리하는 지위에 있는 것이 아니라 이사회의 구성원으로서 업무집행에 관한 의사결정에 참여하는 것에 불과하므로 사업경영담당자에는 해당하지 않는다.

3) 근로자에 관한 사항에 대하여 사업주를 위하여 행위하는 자

'근로자에 관한 사항에 대하여 사업주를 위하여 행위하는 자'라 함은 근로자의 인사·급여·후생·노무관리 등 근로조건의 결정 또는 업무상의 명령이나 지휘·감독을 하는 등의 사항에 관하여 사업주로부터 일정한 권한과 책임을 부여받은 자를 말한다.[37)] 다시 말하면 사

---

35) 근로기준법 제115조

36) 대판 1988. 11. 22. 88도1162

업주 또는 사업경영담당자로부터 그 권한을 위임받아 자신의 책임 아래 근로자를 채용하거나 해고 등 인사처분을 할 수 있고 직무상 근로자의 업무를 지시, 감독하며 근로시간이나 임금 등 근로조건에 관한 사항을 결정하고 집행할 수 있는 자를 말한다. 따라서 회사 내에서 갖는 직함의 높낮음에 상관이 없으며 '그 권한과 책임의 한도 내에서' 그 근로자에 대한 관계에서 사용자로 된다. 사업주를 위하여 행위하는 자는 자기의 하급근로자에 대하여는 사용자의 위치에 있으나 상급자에 대하여는 근로자로서의 위치에 있을 수도 있다.[38]

4) 종사형태별 사용자성 판단

가) 임원

일반적으로 회사에서의 임원이란 사업주로부터 업무집행권이나 대표권을 부여받은 사장·부사장·전무·상무 등을 의미한다. 회사의 업무집행권을 가진 이사 등 임원은 회사로부터 일정한 사무처리의 위임을 받고 있는 것이므로 사용자의 지휘감독 아래 일정한 근로를 제공하고 소정의 임금을 지급받는 고용관계에 있는 것이 아니며 따라서 일정한 보수를 받는 경우에도 이를 근로기준법 소정의 임금이라 할 수 없다.[39] 다만 법인의 임원에게 업무집행권이나 대표권이 전혀 없이 단순히 임금을 목적으로 근로를 제공하는 경우에는 근로자로 볼 수 있다.[40]

---

37) 대판 2008. 10. 9. 2008도5984
38) 법무 811-20378, 1980. 8. 19.
39) 대판 1988. 6. 14. 87다카2268
40) 근로기준과-4331, 2005. 8. 19.

※ 상법상 이사
회사의 상법상 이사로서 이사회 등을 통하여 회사의 업무집행에 관한 주요 의사결정에 참가하는 한편 일정한 범위의 사업경영에 관한 업무를 위임받아 처리하여 왔으며, 특히 일반 사원의 정년이 지난 후에도 계속 이사로 선임되어 업무를 처리하고 주주총회 결의에 기초한 이사로서의 보수를 받는 등 근로자인 일반 사원과는 확연하게 차별화된 처우를 받았다고 할 수 있고, 비록 원고가 영업팀장으로서의 업무를 함께 담당하는 과정에서 대표이사로부터 지시 등을 받는 경우가 있다고 하더라도 원고의 등기 이사로서의 명칭이나 직위가 형식적·명목적인 것에 불과하다거나 원고가 담당한 전체 업무의 실질이 위임사무를 처리하는 것이 아니라 임금을 목적으로 종속적인 관계에서 일정한 근로를 제공함에 그친다고 보기에는 부족하다(대판 2013. 9. 26. 2012다28813.)

나) 국가 지방자치단체

근로기준법은 상시 근무하는 근로자의 수를 기준으로 하여 근로기준법의 적용범위를 달리하지만, 근로기준법이 국가에도 적용된다고 규정하고 있으므로 근로자와 국가 사이에 고용관계가 인정된다면 근무하는 사람이 그 근로자 한 사람뿐이라고 하더라도 근로기준법의 적용이 배제되는 것은 아니다.[41)]

국가 및 지방자치단체의 경우에는 누구를 사업주로 보아야 할 것인지 문제가 되는 경우가 종종 생긴다. 판례에 따르면 시 교육장의 지시에 따라 초등학교의 교장이 시의 예산지원을 받아 과학실험 조교를 채용하여 근무하게 한 경우의 고용주는 교육법에 따라 위 학교를 설치 운영하는 시가 고용주가 된다고 보았으며,[42)] 서울특별시 산하에 있는 중학교의 수위로 임용된 경우에는 그 임용관계가 학부모

41) 대판 1987. 6. 9. 85다카2473
42) 대판 1992. 4. 14. 91다45653

의 자진협찬으로 조직된 중학교 육성회가 학교시설의 유지・관리 등을 위하여 그 예산으로 육성회의 회장의 위임에 따른 당연직 이사인 학교장이 상용임시 잡급직원으로 고용하여 학교시설의 경비업무를 담당시켜 왔으며, 위 육성회는 서울시로부터 일정한 감독을 받으나 그 지배하에 있지 아니한 임의단체라면, 서울특별시를 사용자로 볼 수는 없다고 하였다.[43]

Q5. 저는 초등학교의 비정규직으로 근무하고 있습니다. 사용자를 누구로 보아야 하나요?

A5. 최근에 학교에서 근무하시는 비정규직 근로자들의 처우가 문제가 되고 있습니다. 사용자를 교육감으로 보게 되면 학교를 옮길 경우에도 근무기간이 합산될 수 있어 기간제 및 단시간 근로자 보호 등에 관한 법률에 따라 2년 이상 근무할 경우 무기계약으로 전환 될 가능성이 있지만, 교장으로 본다면 신규 취업에 해당되어 무기계약으로 전환되는 것이 어렵기 때문입니다.
흔히 학교비정규직 근로자는 학교회계직원이라고 불리며, 초중고등의 학교에서 급식, 과학, 교무, 방과 후 수업, 전산, 특수교육, 행정 등의 직종에서 업무를 담당하는 비공무원들을 일컫습니다. 학교회계직원들의 사용자가 누구인지에 대하여 판례는 고용주를 '시'라고 본 경우도 있고,[44] '학교장'으로 판단한 경우도 있습니다.[45]
하지만 최근 판례는 노동조합법상 '사업 또는 사업장'은 경영상의 일체를 이루면서 유기적으로 운영되고 전체로서 독립성을 갖춘 권리・의무의 주체를 의미하는데, 지방교육자치에 관한 법률, 지방자치법 등에 의하면, 지방자치단체 관내에서 이루어지는 교육 그 밖의 학예에 관한 사무와 관련된 권리・의무는 궁극적으로 법인격을 보유하는 지방자치단체에 귀속되고, 교육감은 해당 지방자치단체의 교육 사무에 관한 집행기관의 권한을 부여받고 있으므로, 사업주에 대응하는 노동조합법상의 교섭단위는 개별 공립학교가 아니라 교육에 관한 궁극적인 권리・의무 및 책임의 주체가 되는 해당 지방자치단체라고 봄이 타당하다고 하여

43) 대판 1984. 5. 22. 84다115

사용자를 지방자치단체로 보았습니다.[46] 학교비정규직노동조합과 전국공공운수사회서비스노동조합에서 제기한 단체교섭응낙가처분 사건에서도 대한민국(교육과학기술부 장관)이 단체교섭의 당사자 지위에 있는 사용자에 해당 한다고 판단하기도 하였습니다.[47]
따라서 학교에서 근무하는 비정규직 근로자들의 사용자는 대부분의 경우에는, 당해 학교 교장이 아닌 지방자치단체[48]나 국가에 있다고 보아야 할 것입니다. 다만 근로기준법상의 근로계약관계는 사용종속관계가 인정되어야 하므로 자모회나 육성회 등이 직접 잡급직원이나 급식조리종사원등을 채용하여 임금을 지급하여 왔다면 자모회나 육성회 등이 사용자에 해당할 수도 있을 것입니다.[49]

다) 지입차주

지입차주의 경우에는 종속적인 지위에서 임금을 목적으로 근로를 제공하는 근로기준법상의 근로자라기보다는 위임 또는 도급계약의 당사자로 보아 근로자로 보지 않는다. 이때 지입차주 밑에서 실제로 차량을 운전하는 운전사의 사업주에 대하여 판례는 회사로 보고 있다.

---

44) 대판 1992. 4. 14. 91다45653
45) 서울행판 2007. 7. 24. 2007구합2777
46) 서울행판 2013. 1. 15. 2012구합28049 ; 서울행판 2013. 1. 15. 2012구합28346
47) 서울중앙지법 2013. 2. 21. 2012카합2277
48) 고용지원실업급여과-4251, 2013. 9. 30
49) 근기 68207-1122, 2000. 4. 12.

※ 지입차량운전사의 사업주

지입차량운전사의 사업주는 회사가 그 명의로 자동차를 소유하고 화물운송업을 경영하고 있는 이상 실제로는 지입차주가 회사와 별도로 사업자등록을 한 후 회사에는 매월 지입료만 내고 자기 계산하에 위 차량을 이용하여 독자적으로 영업활동을 하여 왔다고 하더라도 이는 회사와 차주의 합의에 의한 내부적 사항에 불과한 것으로서 대외적인 관계에 있어서는 회사가 위 자동차를 소유하고 이를 운영하는 경영주체라고 보지 않을 수 없고, 따라서 그 사업장의 근로자와의 관계에 있어서도 회사가 직접 근로관계에 대한 책임을 지고 있는 사용자라고 보아야 한다(대판 1992. 4. 28. 90도2415).

라) 아파트관리업자

아파트 등 공동주택의 관리 형태는 관리 주체에 따라 주택건설업자 등 '사업주체'에 의한 관리, 입주자에 의하여 구성된 입주자대표회의에 의한 '자치관리' 입주자대표회의가 선정한 주택관리업자에 의한 '위탁관리' 형태로 구분된다. 따라서 이들 사업주체, 입주자대표회의, 주택관리업자가 근로기준법상의 사업주가 된다. 아파트관리의 형태는 자치관리에서 위탁관리나 위탁관리에서 자치관리로 바뀌는 경우가 종종 있으므로 고용의 승계와 관련하여 주의가 요구된다. 판례는 공동주택 입주자들이 공동주택 관리방식을 자치관리에서 위탁관리로 변경하는 경우, 공동주택 관리방식 변경은 사업폐지라 볼 수 없고, 그에 따른 관리사무소 직원의 해고는 경영상의 필요에 의한 해고로서 정리해고에 해당한다고 보고 있어 사용자인 입주자대표회의의 해고 회피 노력이 요구된다고 한다.[50]

---

50) 대판 2011. 3. 24. 2010다92148

마) 근로자 파견 업체의 사업주

근로자 파견은 근로자 파견사업을 행하는 자인 파견사업주와 근로자 파견계약에 의하여 파견근로자를 사용하는 사용사업주 및 파견사업주가 고용한 근로자로서 근로자파견의 대상이 되는 파견근로자라는 삼자관계로 구성이 된다. 이때 파견사업주의 실체가 인정되어야만 '파견사업주가 근로자를 고용한 후 그 고용 관계를 유지'하고 있는 경우로 판단이 되며 그렇지 아니할 경우에는 실제 사용 사업주를 사용자로 보아야 할 것이다. 그 실체를 인정하는 방법으로는 i) 채용・해고 등의 결정권이 누구에게 있는지, ii) 소요자금 조달 및 지급에 대한 책임을 누가 지는지, iii) 법령상 사업주로서의 책임 유무, iv) 기계・설비・기자재의 자기 책임과 부담유무, v) 전문적 기술 경험과 관련된 기획 책임과 권한 등을 누가 갖는지 여부 등을 통해 파악한다.[51]

바) 기타

> ※ 동업자
> 갑과 을이 공장을 동업하기로 하되 갑은 전무라는 직함하에 내부적인 자금관리만을 수행하고 을은 사장이라는 직함하에 사업자등록증상의 대표자 명의를 가지고 대외적으로 어음 거래를 함에 있어서도 자신의 명의로 약속어음을 발행하는 등 실질적으로 회사를 운영한 경우, 갑과 을 사이의 동업조합은 민법상의 조합과 구별되는 일종의 특수한 조합으로서 대외적으로는 을만이 권리를 취득하고 의무를 부담하는 것이어서 민법 제711조 내지 제713조가 적용될 여지가 없고, 따라서 갑은 공장의 근로자들에 대해 임금 및 퇴직금 지급의무를 부담하지 않는다 (대판 1997. 9. 26. 96다14838).

51) 근로자파견의 판단기준에 관한 지침, 고용노동부 법무부 2007. 4.

※ 회사의 현장소장

대한석탄공사의 함백광업소 사무부소장, 영월광업소 개발항 항장 및 장성광업소장의 직에 있던 자가 근로기준법 제15조 소정의 사업경영 담당자 기타 근로자에 대한 사항에 대하여 사업주를 위하여 행위 하는 자인 이른바 사용자에 해당한다 할지라도 이것은 그 영업소 관하 자기 하위의 근로자에 대한 관계에 있어서 소위 사용자에 해당되는 것에 불과하고 위 공사에 대한 관계에 있어서는 위 공사의 취업규칙의 적용을 받는 근로자인 관계에 있는 것이다(대판 1976. 10. 26. 76다1090).

제2장 근로계약의 성립, 제한, 취업규칙

1. 근로계약의 성립

가. 근로계약의 의의

근로계약이란 근로자가 사용자에게 근로를 제공하고 사용자는 이에 대하여 임금을 지급하는 것을 목적으로 체결된 계약을 말한다.[1) 근로기준법상 근로계약은 민법상 고용계약과 같이 근로의 제공과 임금의 지급에 기초를 두고 있으나, 근로자와 사용자 간의 지배·종속관계를 전제하고 있는 점에서 양 당사자에 평등한 권리·의무를 부여하는 채권적 계약인 민법상 고용계약과 차이가 있으므로 민법상 계약자유원칙이 내용과 방식에 대하여 후술하는 바와 같이 일정한 제한이 있다.

나. 근로계약 당사자

근로계약의 당사자 중 채용하는 자는 사업주 또는 사업경영담당자이며 근로계약의 효과는 사업주에게 귀속된다. 근로계약의 당사자 중 근로하는 자는 실제 노무를 제공하는 자가 되어야 하므로 미성년자라고 하더라도 친권자나 후견인이 근로계약을 대리할 수 없다. 다만 친권자, 후견인 또는 고용노동부장관은 근로계약이 미성년자에게 불리하다고 인정하는 경우 해지할 수는 있다.[2) 15세 미만인 자의 고용은 원칙적 금지이나 13세 이상 15세 미만인 자는 취직인허증을 발

1) 근로기준법 제2조 제1항 제4호

2) 근로기준법 제67조

급받은 자에 한하여 고용이 가능하다. 사용자는 연소자에 대해서는 그 연령을 증명하는 가족관계 기록사항에 관한 증명서와 친권자 또는 후견인의 동의서를 사업장에 갖추어야 한다.[3)]

다. 근로조건의 명시, 서면근로계약서 교부 위반

사용종속관계에서 단지 구두합의나 관행·관습에 의해 근로가 개시되면 서면근로계약서가 없더라도 근로계약은 성립된다. 사실상의 사용종속관계가 존재하는 경우도 근로기준법상 보호가 되어야 하므로 반드시 요식행위를 요하지 않으므로 묵시적으로 체결된 계약도[4)] 근로계약으로 인정되는 것이다.

이처럼 근로계약은 서면근로계약서를 성립요건으로 하지 않으나 분쟁을 예방하기 위해서는 서면으로 계약내용을 명확히 할 필요성이 있기 때문에 근로기준법 제17조는 근로조건의 명시·서면 교부의무를 규정하고 있으며 의무 위반 시 제114조 제1호에서 벌칙을 규정하여 500만 원 이하 벌금에 처하고 있다. 실제로 임금체불 등 다른 의무 위반과의 경합 없이 서면 교부의무 위반 하나만으로도 사용자에게 벌금형에 처해지는 경우가 많으므로 주의해야 할 것이다. 다만 의무 위반 시 사용자가 처벌을 받는 것이지 근로계약 자체가 무효로 되는 것은 아니다.

명시·교부 의무는 근로계약을 체결할 때 임금, 소정근로시간, 휴일, 연차유급휴가, 취업 장소, 종사업무, 취업규칙의 기재사항을 명시하여야 하는 것과 임금의 구성항목·계산방법·지급방법, 소정근로

---

3) 근로기준법 제66조, 제116조

4) 대판 1972. 11. 4. 72다895

시간, 휴일, 연차유급휴가에 대한 사항은 서면으로 명시 후 근로자의 요구 여하를 불문하고 근로자에게 교부하여야 하는 것을 의미한다.[5)]

라. 단시간 근로자의 근로조건

단시간 근로자란 1주 동안의 소정근로시간이 그 사업장에서 같은 종류의 업무에 종사하는 통상 근로자의 1주 동안의 소정근로시간에 비하여 짧은 근로자를 말한다.[6)] 단시간 근로자의 근로조건은 통상 근로자의 근로시간을 기준으로 산정한 비율에 따라 결정되어야 한다.[7)]

1) 근로조건의 명시, 근로계약서 교부

사용자는 단시간 근로자를 고용할 경우에 임금(구성항목 · 계산방법 · 지불방법), 근로시간, 휴일, 휴가, 취업 장소와 종사업무, 근로계약기간, 근로일, 근로시간의 시작과 종료 시각, 시간급 임금이 명시된 근로계약서를 작성하여 근로자에게 교부하여야 한다.[8)]

2) 임금 산정

단시간 근로자의 임금산정 단위는 시간급이 원칙이며 1일 소정근

5) 다만 단체협약, 취업규칙 등 근로기준법 시행령 제8조의2에 정하는 사유로 인하여 변경되는 경우에는 근로자의 요구가 있을 때 교부하면 족하다.

6) 근로기준법 제2조 제1항 제8호

7) 근로기준법 제18조 제1항, 근로기준법 시행령 별표2

8) 근로기준법 시행령 별표2 ; 기간제 및 단시간 근로자 보호 등에 관한 법률 제17조

로시간 수는 4주 동안의 소정근로시간을 그 기간의 통상 근로자의 총 소정근로일 수로 나눈 수로 한다. 따라서 단시간 근로자의 일급통상임금은 시간급임금에 1일 소정근로시간 수를 곱한 금액으로 한다.

3) 주휴일, 연차유급휴가

4주 동안(4주 미만으로 근로하는 경우에는 그 기간)을 평균하여 1주 동안의 소정근로시간이 15시간 미만인 초단기근로자가 아닌 한 단기간근로자에게도 매주 1일 이상의 주휴일과 연차휴가를 주어야 한다. 주휴일의 유급임금은 해당 근로자의 시간급에 4주 평균 1일 소정근로시간을 곱한 금액으로 한다. 연차유급휴가는 통상근로자의 1주간 소정근로시간과 단시간 근로자의 소정근로시간의 비율을 고려하여 구체적인 휴가일수를 정한다(통상근로자의 연차휴가일수×단시간 근로자의 소정근로시간÷통상 근로자의 소정근로시간×8시간).

4) 기간제 및 단시간 근로자 보호 등에 관한 법률상의 보호

단시간 근로자와 근로계약 체결 시 근로조건을 서면으로 명시하지 않은 사용자에 대하여 이전에는 1차 시정지시 후 불이행 시 과태료 부과였으나 2014. 8. 1. 근로감독관집무규정이 개정되어 500만 원 이하의 과태료가 즉시 부과된다. 또한 사용자는 단시간 근로자에 대하여 소정근로시간을 초과하여 근로하게 하는 경우에 당해 근로자의 동의를 얻어야 하며 1주에 12시간을 초과하여 근로하게 할 수 없으며,[9] 통상근로자를 채용하고자 하는 경우에는 당해 사업장의 동종 또는 유사한 업무에 종사하는 단시간 근로자를 우선적으로 고용하도록 노력하여야 한다.[10] 또한 단기간근로자임을 이유로 통상근로자에 비하여 차별적 처우를 하면 아니 되므로 해당 근로자는 노동위원회에 그 차별의 시정을 신청할 수 있다.[11]

마. 명시된 근로조건 위반 시 구제

유리한 조건으로 근로자를 채용한 후 처음 계약과는 달리 불리한 근로조건을 적용하여 근로가 이루어지는 경우가 종종 발생한다. 이러한 폐단을 방지하기 위하여 근로자는 근로기준법에 따라 근로조건 위반을 이유로 법원 또는 노동위원회에 선택적으로 손해배상을 행사할 수 있으며 즉시 근로계약을 해제[12]한 후 사용자에게 취업목적으로 거주를 변경하는 귀향 여비를 청구할 수도 있다.[13] 다만 노동위원회에 손해배상 신청을 선택할 경우는 강제집행이 가능하지 않으며 사용자가 손해배상을 이행하지 않았을 때 벌칙이 없어 실효성이 적다.

---

9) 기간제 및 단시간 근로자 보호 등에 관한 법률 제6조

10) 기간제 및 단시간 근로자 보호 등에 관한 법률 제7조

11) 기간제 및 단시간 근로자 보호 등에 관한 법률 제8조, 제9조

12) 당사자 일방이 채무불이행을 한 때에 상대방 일방의 의사표시에 의해 이미 유효하게 성립한 계약을 소급적으로 소멸시키는 것을 의미한다.

13) 근로기준법 제19조

2. 근로계약의 효력

가. 사법상의 효력

근로기준법・단체협약・취업규칙에 정한 기준에 달하지 못하는 근로조건을 정한 근로계약은 상위법 우선의 원칙에 따라 그 부분에 한하여 무효로 한다.[14] 그러나 하위규범인 근로계약이 상위규범인 근로기준법・단체협약・취업규칙보다 근로자에게 유리하면 그 범위 내에서 근로기준법이 우선 적용된다. 이러한 유리의 원칙은 다른 법 영역에서는 찾기 힘든 노동법 특유의 원칙이다.

상위법 우선의 원칙에 따라 근로계약의 일부가 무효가 된다면 그 부분만 무효가 되므로 근로계약 자체는 그대로 존속하고, 사용자는 일부 무효를 이유로 근로계약을 해지할 수는 없다. 무효로 된 부분은 근로기준법・단체협약・취업규칙이 정한 기준을 따르면 된다.

나. 근로제공 의무와 임금지급 의무

근로계약은 근로의 제공과 임금의 지급을 목적으로 하는 계약[15]이므로 당연히 근로계약 체결의 효과로서 근로자는 근로제공 의무를 지고, 사용자는 근로제공에 대한 임금지급 의무를 진다.

근로계약 체결 시에 제공할 근로의 내용・장소・수행방법 등을 빠짐없이 약정하기는 어려우므로 이후 사용자의 지휘・명령에 따라

---

14) 근로기준법 제15조, 제97조 ; 노동조합 및 노동관계조정법 제33조

15) 근로기준법 제2조 제1항 제4호

근로제공 의무의 범위가 구체적으로 확정・실현된다. 근로제공은 반드시 근로의 목적을 실현할 것을 요하는 것은 아니고 제공된 노동력을 사용자가 처분할 수 있는 상태에 두는 것으로 족하다.

사용자는 근로계약에서 정한 임금의 액수, 산출방법, 지급방법에 따라 근로의 대가로서 근로자에게 임금을 지급할 의무가 있으며 이를 위반 시에는 근로기준법 제109조의 벌칙이 적용되어 3년 이하의 징역 또는 2천만 원 이하의 벌금에 처해질 수도 있다. 다만 임금은 제공된 근로에 대한 대가이므로 근로자의 책임 있는 사유로 근로자가 근로제공을 하지 못한 부분이 있다면 그 범위 내에서는 사용자에게도 임금지급 의무가 발생하지 않는다.

다. 성실의무와 배려의무

근로계약은 계속적 계약이며 일정한 조직에서의 인적관계라는 특성을 갖기 때문에 계약의 이행에 있어서 부수적 의무로서 근로자에게 성실의무, 사용자에게 배려의무가 생긴다.

근로자는 성실의무로서 경업피지의무・비밀준수의무・직무전념의무・회사명예유지의무 등을 진다. 경업피지의무란 근로자가 사용자의 이익에 현저히 반하여 경쟁사업체에 취직하거나 경쟁사업체를 경영하지 않을 의무를 뜻하며 반드시 「부정경쟁방지 및 영업비밀보호에 관한 법률」 제2조 제1호의 부정경쟁행위에 해당할 정도는 아니더라도 신의성실원칙상 근로자에게 요구되는 것이다. 비밀준수의무는 근로자가 근로제공을 하면서 지득한 영업비밀로서 타인에게 알려지면 사용자에게 손해가 발생할 비밀을 타인에게 누설하지 않아야 할 의무를 뜻한다. 더 나아가 해당 영업비밀이 「부정경쟁방지 및 영업비밀보호에 관한 법률」 제2조 제2호에 해당한다면 제10조, 제11조에 따른 사용자의 금지청구나 손해배상청구도 가능하다.

3. 근로계약의 제한

보통 사용자는 근로자보다 경제적으로 우위에 있을 뿐 아니라 근로자 노동력을 구체적으로 실현하는 통제자의 입장에 있다. 따라서 근로계약은 근로자와 사용자 간의 지배·종속 관계를 전제하고 있는 점에서 양 당사자에 평등한 권리·의무를 부여하는 채권적 계약인 민법상 고용계약과 분명한 차이가 있기 때문에 민법상 원칙인 계약자유원칙이 그대로 적용되지 아니하며 근로기준법에 의해 일부 제한이 되고 있다.

근로기준법이 정한 기준에 달하지 못하는 근로조건을 정한 근로계약은 상위법 우선의 원칙에 따라 그 부분에 한하여 무효로 하는 것,[16] 사용자가 임금, 소정근로시간, 휴일, 연차유급휴가와 같은 근로조건을 명시한 서면을 근로자에게 교부하도록 하는 것[17] 등이 그러한 제한에 해당한다. 그러나 근로계약은 서면으로 이루어지지 않아도 구두 합의로도 성립하는 것이 판례의 태도이며, 다만 사용자에게 근로조건 서면 명시·교부의무 위반 시 벌칙이 적용되는 것이다.[18]

16) 근로기준법 제15조

17) 근로기준법 제17조

18) 대판 1972. 11. 4. 72다895

가. 위약금 · 손해배상예정액 금지

사용자는 근로자의 근로계약 불이행에 대비하여 미래의 실제 손해액 산정절차를 생략하고자 위약금 또는 손해배상액수를 예정, 즉 미리 정하는 계약을 체결할 수 없다.[19] 손해배상액의 예정이란 손해배상에 따른 법률관계를 간명하게 하기 위하여 계약 당사자들이 미리 채무불이행이 있는 경우에 지급하여야 할 손해배상액을 정하여 두고 채무불이행이 발생하면 손해배상을 받을 자가 이 배상액을 청구할 수 있도록 하는 것이다. 위약금은 손해배상액의 예정의 성격일 수도 있으며 위약벌의 성격을 가질 수도 있으므로 손해배상액의 예정보다 더 포괄적인 개념이다. 위약금 · 손해배상예정액 금지는 근로자가 퇴직을 원할 때에도 사용자에 대한 위약금 지급에 대한 부담 때문에 자유로운 퇴직이 어렵다는 점을 고려하여 민법상 계약자유원칙에 제한을 가한 것이다. 이 규정을 위반한 근로계약은 그 부분에 한하여 무효가 되며, 위반 시 벌칙이 규정되어 있다.[20]

Q6. 근로계약서 상 임금을 월 200만 원으로 정하였으나 동시에 단서조항으로 근로자가 입사 후 3개월 미만 근로 시 임금을 최저임금으로 지급한다고 규정한 경우, 만약 근로자가 3개월 미만 근로하였다면 근로계약서 상 단서조항을 근거로 최저임금만 지급해도 되나요?

A6. 근로자가 퇴직 전에 사전예고를 하지 않거나 일정 근무기간을 채우지 못한 상태에서 퇴직한다 하여 근로자의 임금을 삭감하는 내용의 근로계약은 근로기준법 제20조를 위반한 근로계약이며 제15조에 따라

19) 근로기준법 제20조

20) 근로기준법 제114조

그 부분은 무효입니다. 따라서 사용자는 근로자에게 무효인 단서조항 대신 본래 근로계약에서 정해진 임금대로 월 200만 원을 지급할 의무가 있으며, 다만 3개월 미만 근로로 인해 발생한 구체적인 손해액을 입증할 수 있다면 근로자에게 민사 손해배상청구를 할 수 있을 뿐입니다.

나. 전차금 상계 금지

사용자는 전차금이나 그 밖에 근로할 것을 조건으로 하는 전대채권과 임금을 상계하지 못한다.[21] 전차금이란 근로계약 체결할 그 당시에 사용자로부터 근로자가 빌려서 앞으로 임금을 받으면서 갚기로 약속하는 금전으로, 근로자 퇴직의 자유를 어렵게 하는 인신구속의 가능성이 있는 것으로 한정이 된다. 따라서 근로자가 사용자로부터 받는 대여금 일체를 뜻하는 것은 아니다. 이 규정을 위반한 근로계약은 그 부분에 한하여 무효가 되기 때문에 사용자는 근로자에 대한 전차금으로 근로자가 받아야 하는 임금을 상계할 수 없으므로, 사용자는 근로자의 임금을 전액 지급하여야 하며, 위반 시 벌칙[22]이 적용된다.

다. 강제저금 금지

사용자는 근로계약에 덧붙여 강제저축 또는 인출금지 등 근로자의 저축금을 관리를 규정하는 계약을 체결할 수 없다.[23] 사용자가 자신

21) 근로기준법 제21조
22) 근로기준법 제114조
23) 근로기준법 제22조

의 근로자와 저축금 관리 계약을 체결함은 물론 제3자와 저축계약을 체결토록 하는 것을 포함한다. 이 규정을 위반한 근로계약 역시 벌칙[24)]이 규정되어 있다.

4. 정식고용 전단계의 고용

경제 규모가 커지고 사회가 고도화되면서 사용자는 근로자의 능력 등을 미리 파악한 후 근로자를 정식으로 고용하기 위한 과도기적 근로관계로서 수습, 시용, 채용내정 등 여러 가지 이름의 기간을 두는 경우가 많은데 명칭에 상관없이 그 구체적인 내용에 따라 법적 성격을 파악할 수 있다.

가. 채용내정

채용내정은 사용자가 정한 전형절차에 의해 합격이 결정되었으나 아직 정식으로 입사하기 전의 상태를 말하며 입사 전까지 사용종속관계가 없다는 점에서 수습, 시용과 차이가 있다. 채용내정은 사용자로서는 인재를 확보하고 내정자로서는 직장을 미리 확보하는 기능을 하지만 사용자가 본채용을 지연하거나 뒤늦게 채용내정을 취소하면 내정자가 다른 취업기회마저 상실하는 불이익을 받을 문제도 있다. 따라서 판례는 채용내정의 통지로 해약권이 유보된 근로계약관계가 성립하는 것이며 통지받은 입사예정일이 지나면 내정자에서 종업원

---

24) 근로기준법 제110조, 제114조

의 지위로 된다고 본다. 채용내정의 통지로 일단 근로계약이 성립하므로 사용자가 일방적으로 정당한 이유 없이 채용내정을 취소하여 정식채용을 거부하는 결과가 발생하는 것은 해고에 해당한다. 다만 정당한 이유의 범위는 해약권이 유보되지 않은 일반 정식 근로자보다는 넓게 해석되는 경향이 있다.[25)]

나. 시용

시용은 정식 채용 전에 일정기간을 별도로 근무하게 하면서 근로자의 능력을 판단하여 정식 채용 여부를 결정하기 위한 개념이므로 수습과는 다른 개념이다. 다만 판례는 근로계약상에 시용기간을 명시하지 않으면 시용이 아닌 정식 채용으로 본다.[26)] 시용기간에 있는 근로자를 해고하거나 시용기간 만료 시 정식 채용을 거부하는 것은 사용자에게 유보된 해약권의 행사로서 정식 채용에 신중을 기하기 위한 시용제도의 취지를 고려했을 때 통상의 해고보다는 넓게 인정되지만 이러한 경우에도 객관적으로 합리적인 이유가 존재하여 한다는 것이 판례의 태도이다.[27)]

다. 수습

수습이란 일단 정식 채용된 근로자의 능력을 향상하기 위하여 정

25) 서울고판 2000. 4. 28. 99나41468 ; 대판 2000. 11. 28. 2000다51476
26) 대판 1999. 11. 12. 99다30473
27) 대판 2005. 7. 15. 2003다50580

한 근로형태이며 근로계약과 별도로 수습계약이 따로 존재하는 것이 아니고 하나의 근로계약에 해당한다. 법령에 규정된 수습에 대한 내용으로서, 3개월 미만인 수습근로자에게는 해고예고가 적용되지 않는다는 점,[28] 퇴직금 등 계산의 기초가 되는 평균임금을 산정하는 기간에 수습기간이 포함되지 않는다는 점,[29] 1년 미만 기간의 계약직 근로자가 아닌 수습 사용한 날부터 3개월 이내인 자에 대하여는 시간급 최저임금액에서 100분의 10을 감한 금액을 시간급 최저임금액으로 지급 가능한 점을 찾을 수 있다.[30] 근로기준법에서는 수습기간의 길이에 대해서는 따로 규정이 존재하지 않으므로 당해 직무의 성질을 감안하여 사회통념상 인정되는 범위 내에서 단체협약 또는 취업규칙 등에 정하면 된다.[31]

5. 취업규칙

가. 취업규칙의 의의

취업규칙이란 사업장 내 근로자의 복무규율과 근로조건에 대하여 사용자가 작성한 통일적 준칙으로 모든 근로자에게 획일적·집단적으로 적용되는 것으로서, 사규·인사규정·복무규율·운영규정 등 명칭에 관계없으며 단시간 근로자나 특수 직렬 근로자의 별도 취업

28) 근로기준법 제35조
29) 근로기준법 시행령 제2조
30) 최저임금법 제5조 제2항
31) 근기 01254-221, 1993. 2. 12

규칙을 작성하는 것도 가능하므로 그 형식이 반드시 하나의 서면일 필요도 없다.

상시 10명 이상의 근로자를 사용하는 사용자는 근로기준법 제93조의 사항[32]에 관한 취업규칙을 작성하여 고용노동부장관에게 신고하여야 할 의무가 있으며, 이를 위반 시 500만 원 이하 과태료 부과도 가능하다.[33] 사업장 단위로는 10인 미만이나 기업 전체로는 10인 이상일 때 작성·신고의무는 각 사업장이 동질성을 가지고 있는지 여부로 판단한다.

사용자는 취업규칙을 근로자가 자유롭게 열람할 수 있는 장소에 항상 게시하거나 갖추어 근로자에게 널리 알려야 하며[34] 이를 위반하는 경우 과태료 부과가 가능하다.[35] 취업규칙을 항상 게시하고 갖

---

32) 근로기준법 제93조

1. 업무의 시작과 종료 시각, 휴게시간, 휴일, 휴가 및 교대 근로에 관한 사항
2. 임금의 결정·계산·지급 방법, 임금의 산정기간·지급시기 및 승급에 관한 사항
3. 가족수당의 계산·지급 방법에 관한 사항
4. 퇴직에 관한 사항
5. 「근로자퇴직급여 보장법」제4조에 따라 설정된 퇴직급여, 상여 및 최저임금에 관한 사항
6. 근로자의 식비, 작업 용품 등의 부담에 관한 사항
7. 근로자를 위한 교육시설에 관한 사항
8. 출산전후휴가·육아휴직 등 근로자의 모성 보호 및 일·가정 양립 지원에 관한 사항
9. 안전과 보건에 관한 사항

9의2. 근로자의 성별·연령 또는 신체적 조건 등의 특성에 따른 사업장 환경의 개선에 관한 사항

10. 업무상과 업무 외의 재해부조에 관한 사항
11. 표창과 제재에 관한 사항
12. 그 밖에 해당 사업 또는 사업장의 근로자 전체에 적용될 사항

33) 근로기준법 제116조 제1항

34) 근로기준법 제14조

35) 근로기준법 제116조

추는 방법이 취업규칙의 효력발생요건인지에 대하여 반드시 그러한 방법에 의할 필요는 없지만 적어도 법령의 공포에 준하는 절차로서 그것이 기업 내 규범인 것을 널리 종업원 일반으로 알게 하는 적당한 방법에 의한 주지가 필요하다고 본다.[36]

나. 취업규칙의 작성·변경 방법

사용자는 취업규칙의 작성·변경에 관하여 해당 사업장에 근로자의 과반수로 조직된 노동조합이 있는 경우에는 그 노동조합, 그러한 노동조합이 없는 경우에는 근로자의 과반수 의견을 들어야 하지만, 만약 취업규칙을 근로자에게 불리하게 변경하는 경우에는 단순한 의견 청취가 아닌 동의를 받아야 하며,[37] 이미 정한 근로조건을 사용자가 일방적으로 저하시키는 것을 방지하려는 취지에서 이를 위반한 경우에는 벌칙 규정[38]이 있어 500만 원 이하 벌금 부과도 가능하다.

동의의 방식은 집단적 의사결정방식에 의한 동의여야 하므로, 근로자가 개별적으로 찬반 서명을 하는 회람 형식이나 노동조합이 아닌 노사협의회 위원이 동의한 것은 그러한 동의로 볼 수 없다. 근로자 과반수로 조직된 노동조합이 있는 회사에서 취업규칙을 근로자에게 불리하게 개정하는 경우는 그에 대한 노동조합의 동의를 얻어야 하고, 이 경우 노동조합의 동의는 법령이나 단체협약 또는 노동조합의 규약 등에 의하여 조합장의 대표권이 제한되었다고 볼 만한 특별한 사정이 없는 한 조합장이 노동조합을 대표하여 하면 되는 것이지

36) 대판 2004. 2. 12. 2001다63599
37) 근로기준법 제94조
38) 근로기준법 제114조

반드시 노동조합 소속 근로자의 과반수의 동의를 얻어서 하여야 하는 것은 아니다.[39)]

Q7. 사업장 내 근로자가 여러 집단으로 구분되어 있고 그 집단별로 적용되는 취업규칙이 달라 취업규칙 변경이 그 중 일부 근로자 집단만을 대상으로 하고 있는 경우 의견청취·동의가 어떻게 이루어져야 하나요? 그리고 근로기준법 제94조에서 취업규칙 변경의 의견청취·동의의 주체로 규정하는 근로자 과반수 대표 노동조합은 반드시 설립신고가 된 노동조합이어야 하나요?

A7. 사용자가 취업규칙을 변경함에 있어 전체 근로자가 아닌 해당 취업규칙 변경 대상이 되는 근로자 집단만의 의견청취·동의를 받으면 됩니다.
또한 지부·분회 등 설립신고 되지 않은 산하조직은 단위노조가 취업규칙 변경에 대한 권한을 산하조직에 위임하지 않은 이상 원칙적으로 취업규칙 변경의 의견청취·동의의 주체가 될 수 없지만, 만약 독자적인 규약과 집행기관을 가지고 독립된 조직체로서 활동을 하고 있다면 독자적인 단체교섭권 및 단체협약권까지 인정될 수 있는 점[40)]을 보아 예외적으로 인정할 수 있겠습니다.[41)]

다. 취업규칙 불이익변경 여부

근로자집단의 동의를 받아야 하는 것은 취업규칙을 근로자에게 불리하게 변경하는 경우로 한정되므로 불이익변경 여부를 무엇을 기준으로 판단할 것인지가 문제된다. 판례는 2개 이상의 근로조건을 동시에 변경하는 경우에는 종합적으로 고려하여야 하며,[42)] 일부 근로

39) 대판 2000. 9. 29. 99다45376

40) 대판 2001. 2. 23. 2000도4299

41) 취업규칙 해석 및 운영지침(고용노동부 근로기준과 2009. 4. 24.)

자에게는 유리하고 다른 근로자에게는 불리할 경우는 적용대상 근로자에게 전체적으로 불리한지 여부를 객관적으로 파악하기 어려우므로 불이익변경으로 본다.[43)]

라. 동의를 얻지 못한 취업규칙 불이익변경 효력

1) 동의를 얻지 못한 취업규칙 불이익변경 후 입사한 근로자에 대한 효력

취업규칙 불이익 변경 시 근로기준법 제94조의 동의를 받지 않은 경우 변경된 부분은 근로자 전체는 물론, 동의한 일부 근로자 집단에게도 변경의 효력이 발생하지 않는다. 그러나 이러한 경우에도 판례는 그 후 변경된 취업규칙에 따른 근로조건을 수용하고 근로관계를 갖게 된 신규근로자에 대한 관계에서는 변경된 취업규칙의 효력이 미친다[44)]고 보는데 이는 신규 근로자에게 계약자유의 원칙이 적용되어야 하는 관점에서 타당하다.

2) 동의를 얻지 못해도 효력이 인정되는 경우

판례는 일단 취업규칙의 불이익변경에 해당되는 경우라도 그 내용이 사회통념상 합리적인 경우에는 정당한 동의가 없더라도 효력이 발생할 수 있다고 하는 예외를 두고 있다.[45)] 즉, 판례는 사회통념상

---

42) 대판 1984. 11. 13. 84다카414

43) 대판 1993. 5. 14. 93다1893

44) 대판 1992. 12. 22. 91다45165

합리성의 유무는 취업규칙의 변경에 의하여 근로자가 입게 될 불이익의 정도, 사용자 측의 변경 필요성의 내용과 정도, 변경 후의 취업규칙 내용의 상당성, 대상조치 등을 포함한 다른 근로조건의 개선상황, 노동조합 등과의 교섭 경위 및 노동조합이나 다른 근로자의 대응, 동종 사항에 관한 국내의 일반적인 상황 등을 종합적으로 고려하여 판단해야 한다고 하며, 행정해석도 이와 같은 태도이다.[46]

마. 취업규칙과 다른 규범과의 관계

취업규칙은 사업장에 적용될 근로조건의 기준을 통일적으로 명문화시켜 근로자를 보호하기 위한 취지이기 때문에, 취업규칙을 상회하는 특약이 없는 한 취업규칙의 내용이 근로계약의 내용이 된다. 따라서 취업규칙을 하회하는 근로계약은 그 부분을 무효로 하고 취업규칙이 근로계약의 내용이 되는 것이다.[47] 취업규칙은 법령이나 단체협약에 어긋나서는 아니 되며,[48] 단체협약에 정한 기준에 위반하는 취업규칙의 내용은 무효로 한다.[49]

---

45) 대판 2004. 7. 22. 2002다57362 ; 대판 2001. 1. 5. 99다70846

46) 취업규칙 해석 및 운영지침(근로기준과-1118, 2009. 4. 24.) 역시 사회통념상 합리적인 경우라면 동의를 얻지 못한 경우에도 동의 규정 위반에 관한 근로기준법 제114조 제1호 벌칙규정을 적용하지 않는다고 규정하고 있다.

47) 근로기준법 제97조

48) 근로기준법 제96조

49) 노동조합 및 노동관계조정법 제33조

제3장 근로시간, 휴일, 휴가

1. 근로시간

가. 근로시간

1) 의의

근로시간이란 근로자가 사용자의 지휘·감독 아래 근로계약상의 근로를 제공하는 시간을 말한다.[1] 근로시간은 작업개시로부터 종료까지의 시간에서 휴게시간을 제외한 시간, 즉 실근로시간을 의미한다. 그러나 이러한 개념은 근로시간과 휴게시간을 구별하기 위한 것일 뿐, 임금지급의 대상으로서의 근로시간에 산입되는 실질적 근로시간을 뜻하는 것은 아니다.[2] 즉, 근로시간은 근로자가 그의 노동력을 사용자의 지휘·감독하에 두고 있는 시간을 기준으로 하기 때문에 근로계약상의 근로에 현실적으로 종사하고 있는 현실적 작업시간뿐만 아니라 작업준비 및 작업지시 또는 작업정리에 소요되는 시간 또한 근로시간에 포함된다.[3] 근로시간은 각종 임금의 산정 및 법정 근로시간 준수 등의 문제의 기초가 되므로 근로계약서 및 취업규칙에 반드시 기재하도록 정하고 있다.

1) 대판 1992. 10. 9. 선고 91다14406
2) 김형배. 노동법. 제23판. 430쪽.
3) 대판 1993. 3. 9. 선고 92다22770

Q8. 업무관련 교육을 받는 시간은 근로시간에 포함되나요?

A8. 교육이 소정근로시간 내외를 불문하고 사용자의 지시·명령에 의해 이루어지고, 그러한 지시·명령을 근로자가 거부할 수 없다면 근로시간에 해당합니다.[4] 다만 운전면허증 소지자가 소양교육을 받아야 하는 것과 같이 개인적인 사유로 인한 교육은 근로시간에 포함되지 않습니다.[5]

2) 기준근로시간과 소정근로시간

1주간의 근로시간은 휴게시간을 제하고 40시간을 초과할 수 없으며, 1일의 근로시간은 휴게시간을 제하고 8시간을 초과할 수 없다.[6] '1주간'이라 함은 역상(歷上)의 7일을 의미하며 7일은 취업규칙 등에서 별도의 규정이 없는 한 특정일로부터 7일간을 말한다. '1일'이라고 함은 통상적으로 역일의 1일(0시부터 24시까지)을 의미한다. 계속근로가 2일에 걸친 경우에는 근로자보호를 위하여 역일(曆日)을 달리하더라도 하나의 근로로 보아야 할 것이나[7], 익일 시업시각이후의 근로로 취업규칙 등에 의거 당초 근로제공 의무가 있는 소정근로시간의 경우는 이를 전일 근로의 연장으로는 볼 수 없다.

이와 같은 법정기준근로시간은 성별에 관계없이 동일하게 적용되지만(임신 중인 자 또는 산후 1년이 경과하지 아니한 자 포함), 다만 연소자에 있어서는 달리 정하고 있다. 15세 이상 18세 미만의 연소자는 1주간의 근로시간은 휴게시간을 제하고 40시간을 초과할 수 없

4) 법무 811-11278, 1978. 5. 2
5) 근기 01254-14835, 1988. 9. 29
6) 근로기준법 제50조
7) 김형배. 앞의 책. 435쪽.

으며, 1일의 근로시간은 휴게시간을 제하고 7시간을 초과할 수 없다.[8] 이는 노동부장관의 취직인허증을 발급받아 취업한 15세 미만자의 경우도 동일하다고 봄이 합당하다. 이와 같은 근로기준법상 법정기준근로시간을 위반한 자는 2년 이하의 징역 또는 1천만 원 이하의 벌금에 처하도록 벌칙규정이 마련되어 있다.[9]

한편, 산업안전보건법에서는 잠함(潛艦) 또는 잠수작업 등 높은 기압에서 근로하는 유해위험작업에서의 근로시간은 1일 6시간, 1주 34시간을 초과할 수 없도록 정하고 있다.[10]

소정근로시간이란 위와 같은 법정기준근로시간의 범위 내에서 근로자와 사용자간에 정한 근로시간을 말한다.[11] 노사간의 소정근로시간은 법정기준근로시간을 초과할 수 없으며, 소정근로시간이 법정기준근로시간을 위반한 경우에는 그 위반된 부분은 무효가 되며, 사용자에게는 연장근로에 따른 가산임금을 지급하여야 한다.[12]

Q9. 근로기준법에서는 주40시간제, 즉 주5일제를 정하고 있다고 들었는데, 우리 회사는 여전히 주6일 근무하며, 월~목요일은 8시간씩, 금~토요일은 4시간씩 근무하도록 하고 있습니다. 법적으로 문제가 없나요?

A9. 주40시간 근로제가 반드시 주5일 근무제를 의미하는 것은 아닙니다. 일반적으로 소정근로시간은 1주 40시간, 1일 8시간의 범위 내에서 근로관계 당사자가 임의로 정할 수 있으며, 1주 40시간을 근로할 경우에도 반드시 1일 8시간씩 5일간 근무하여야 하는 것은 아니기 때문입니다.

8) 근로기준법 제69조

9) 근로기준법 제110조

10) 산업안전보건법 제46조 및 동법 시행령 제32조의8 제1항

11) 근로기준법 제2조 제1항 제7호

12) 근로기준법 제56조

따라서 1주 중 2일의 특정요일에는 1일 4시간, 다른 4일은 1일 8시간으로 정하여 1주 40시간을 근로케 하더라도 반드시 근로기준법 위반이라 보기는 어렵습니다.[13]

3) 휴게시간

사용자는 근로자에게 4시간 근로에 30분, 8시간 근로에 1시간 이상의 휴게시간을 주어야 한다.[14] 따라서 근로시간이 4시간 미만일 때에는 휴게시간이 부여되지 아니한다는 것이 통설이자 실무이며, 다만 휴게시간은 근로시간(시업시각부터 종업시각 사이) 중간에 부여되어야 하므로 시업 전이나 종업 후에 휴게시간을 부여할 수는 없다.

휴게시간이란 근로자가 근로시간 도중에 사용자의 지휘・명령으로부터 완전히 해방되어 자유롭게 이용할 수 있는 시간으로, 근로시간에 포함되지 아니하며 임금도 지급되지 않음이 원칙이다.

Q10. 저는 버스 운전기사입니다. 보통 하루에 10시간 이상 근무하지만, 회사에서는 주유시간 및 배차대기시간을 휴게시간으로 보아 근로시간은 8시간만 인정합니다. 이런 시간도 휴게시간인가요?

A10. 근로기준법상 8시간 근무 시에는 1시간 이상의 휴게시간을 근로시간 도중에 보장하여야 합니다. 적절한 휴게시간을 부여함으로써 근로자의 건강을 보호하고 작업능률을 향상시킬 수 있습니다. 따라서 이 휴게시간은 근로자가 자유롭게 이용할 수 있어야 합니다. 여기서 자유롭게 이용할 수 있다는 것의 의미는 사용자의 업무지시 등 지휘・명령으로부터 완전히 해방되는 것을 의미합니다.[15] 만약 운행 정지시간이나 배차

13) 근로기준과-4615, 2005. 09. 07

14) 근로기준법 제54조 제1항

대기시간을 완전히 근로자가 자유롭게 사용할 수 있다면, 예컨대 작업장 바깥으로 나가서 개인적 용무에 사용할 수 있고 그 시간 동안 근로의무가 면제된다면 이는 휴게시간에 해당할 것입니다. 그러나 사실상 버스 운전기사에게 있어 주유시간 및 배차대기시간은 운전업무에 필수적으로 따르게 되는 부수업무이며, 동시에 자유로운 이용이 제한되는 것으로 볼 수 있으므로 이를 휴게시간으로 보는 것은 근로기준법에 위반될 소지가 높습니다.

Q11. 저는 회사에서 노조활동을 하고 있습니다. 점심시간(휴게시간) 중 노조활동과 관련한 유인물을 배포하자, 회사에서는 휴게시간 중에 외출제한, 노조활동 및 정치활동을 금한다는 내용의 취업규칙을 근거로 징계 처분을 내렸습니다. 이와 같은 취업규칙의 규정은 정당한가요?

A11. 근로기준법은 휴게시간은 근로자가 자유로이 이용할 수 있다고 정하고 있으나,[16] 이를 해석하는데 있어서는 견해의 대립이 있습니다. 행정해석은 휴게시간 본래의 목적달성을 위해서 휴게시간 중 외출제한, 조합활동, 정치활동을 규제하는 것이 위법하지 않다고 한[17] 반면, 판례는 다른 근로자의 취업에 나쁜 영향을 미치거나, 휴게시간의 자유로운 이용을 방해하거나, 구체적으로 직장질서를 문란하게 하는 것이 아닌 한 휴게시간 중 조합활동이나 정치활동이 가능하다고 판시하였습니다.[18] 휴게시간 본래의 의미 및 목적, 그리고 근로자의 자유로운 휴게시간의 이용이 점차 강조되는 추세를 살폈을 때에는 다른 근로자의 휴게를 방해하거나 직장질서를 문란케 하는 등 이를 제한할 명백한 사유가 없이는 휴식시간 중 근로자의 조합활동 등을 제한할 수 없다고 해석함이 합리적일 것입니다.

---

15) 대판 2014. 3. 4. 선고 2013다24582

16) 근로기준법 제54조 제2항

17) 법무 811-28682, 1980. 05. 15

18) 대판 1991. 11. 12. 선고 91누4146

나. 연장근로와 야간근로

1) 연장근로

가) 의의

연장근로는 시간외근로 또는 초과근로라는 용어로도 사용되며, 근로기준법에서 정한 기준근로시간(1주 40시간, 1일 8시간)을 초과하는 근로를 말한다. 사용자는 연장근로에 대하여 통상임금의 50% 이상을 가산한 가산임금을 지급하여야 한다.[19)]

Q12. 저는 1일 7시간씩 주 5일 근무하여 일주일에 35시간 일하는 근로자입니다. 업무가 많은 월요일마다 2~3시간의 연장근로를 하고 있습니다. 그러나 지금까지 연장근로수당을 따로 지급받지 못했습니다. 그동안 받지 못한 50%의 가산임금을 회사에 청구할 수 있을까요? A12. 연장근로는 법정기준근로시간(1주 40시간, 1일 8시간)을 초과한 근로를 의미합니다. 따라서 질문자의 경우와 같이 근로계약, 단체협약 또는 취업규칙 등에서 정한 소정근로시간이 법정기준근로시간에 미달할 경우는 소정근로시간 이상을 근무하였다고 하더라도 법정기준근로시간을 초과하지 않는 한 이는 법내연장근로가 되어 사용자는 가산임금을 지급할 의무를 지지 않습니다.[20)] 따라서 이 경우 소정근로시간을 초과하여 근로할 경우 법정기준근로시간인 주40시간에 이르는 때까지의 최초 5시간에 대하여는 시간당 임금을 추가로 지급하기만 하면 되고, 다만 그 이상 초과 근무에 대하여는 법정기준근로시간인 주 40시간을 초과하는 연장근로에 해당하므로 통상임금의 50%의 가산임금을 지급하여야 합니다.

19) 근로기준법 제56조

20) 대판 1998. 6. 26 선고 97다14200

Q13. 저는 격일제 근무를 하는 근로자입니다. 근로일에는 약 18시간 근무를 하는데, 이런 경우에도 연장근로 가산임금을 받을 수 있나요?

A13. 임금을 월급으로 정하고 격일제 근무를 하는 특수한 근로형태하의 근로자라고 하더라도 1일 8시간을 초과하는 근로시간에 대하여는 통상임금의 50% 이상을 가산 지급받을 수 있음이 행정해석의 태도입니다.[21] 다만 기존에 약정된 월급액에 가산임금이 계산되어 포함되어 있다면 따로 가산임금을 청구할 수는 없을 것입니다.

나) 근로자와의 합의

연장근로는 사용자와 근로자의 양 당사자의 합의에 의해 이루어진다. 여기서 당사자 간의 합의라 함은 원칙적으로 사용자와 근로자와의 개별적 합의를 의미한다 할 것이고, 다만 이와 같은 개별 근로자와의 연장근로에 관한 합의는 연장근로를 할 때마다 그때 그때 할 필요는 없고 근로계약 등으로 미리 이를 약정하는 것도 가능하다.[22] 또한 근로자 개인의 합의권을 박탈하거나 제한하지 아니하는 범위에서는 단체협약 등에 의한 합의도 가능하다.[23]

Q14. 업무가 많기 때문에, 거의 매일 관행적으로 연장근로를 하고 있습니다. 그런데 회사에서는 합의 없는 연장근로라고 하여 가산임금을 지급하지 않습니다. 연장근로를 하기 전에 회사와 합의하지 않으면 가산임금을 받지 못하는 것인가요?

A14. 원칙적으로 연장근로는 사용자와 근로자 양 당사자의 합의에 의하여

21) 법무 811-20281, 1980. 8. 12
22) 대판 1995. 2. 10. 선고 94다19228
23) 대판 1993. 12. 21. 선고 94다19227

이루어지게 되므로, 사용자의 요구나 근무지시 없이 근로자가 자발적으로 소정근로시간 이외에 근무한 경우에는 가산임금을 지급하지 않더라도 법위반으로 볼 수는 없다는 것이 행정해석의 기본적인 태도입니다.[24] 그러나 한편으로는 실제로 연장근로가 행해진 경우는 대개 사용자의 묵시적인 승인이 인정되는 경우가 많을 것이므로 사용자가 연장근로에 대한 임금지급의무를 면제받기 위해서는 명시적으로 연장근로를 금지하고 노무제공의 수령을 거부하는 등 적극적인 조치를 취해야 한다는 행정해석 또한 존재합니다.[25] 따라서 근로자의 연장근로 여부를 사용자가 미리 알고 있었는지 여부, 평소 연장근로 승인에 대한 회사의 정책 내지 관행이 어떠했는지 등을 종합적으로 살펴 사안의 연장근로가 합의 없이 이루어진 근로자의 자발적 연장근로인지 여부를 판단하여야 할 것입니다.

다) 연장근로의 한도

성인근로자의 경우 1주 12시간을 한도로 연장근로를 할 수 있으며,[26] 연소자는 1일에 1시간, 1주일에 6시간을 한도로 연장할 수 있다.[27] 한편, 산후 1년이 지나지 아니한 여성에 대하여는 1일에 2시간, 1주일에 6시간, 1년에 150시간을 초과하는 시간외근로를 시키지 못하며,[28] 임신 중인 여성근로자에게는 연장근로를 시킬 수 없다.[29] 다만 이러한 한계를 넘어선 위법한 연장근로에 있어서도 가산임금은 지급됨이 마땅하다.

사용자는 특별한 사정이 있는 경우 노동부장관의 인가와 근로자의

24) 근기 68207-1036, 1000. 5. 7 및 근로기준과-4380, 2005. 8. 22 등
25) 노조 68107-1140, 2001. 10. 11
26) 근로기준법 제53조 제1항
27) 근로기준법 제69조
28) 근로기준법 제71조
29) 근로기준법 제74조 제5항

동의를 얻어 1주 12시간을 초과하는 연장근로를 시킬 수 있으며, 사태가 급박하여 노동부장관의 인가를 받을 시간이 없는 경우에는 사후에 지체 없이 승인을 얻어야 한다.[30]

2) 야간근로

야간근로란 오후 10시부터 익일 오전 6시까지 사이의 근로를 말하며, 사용자는 야간근로에 대하여 통상임금의 50% 이상의 가산임금을 지급하여야 한다.[31] 야간근로는 통상적인 시간에 행하여지는 근로에 비하여 근로자에게 피로를 가중시키기 때문에 이를 보상하기 위한 취지이다. 따라서 야간근로 가산수당은 소정근로시간 이내의 근로일지라도 오후 10시부터 익일 오전 6시까지 사이에 근로가 이루어졌다면 지급되어야 하며, 연장근로·휴일근로·야간근로가 중복된 경우 각각 가산하여 지급하여야 한다.[32]

사용자는 18세 이상의 여성을 오후 10시부터 오전 6시까지의 시간 및 휴일에 근로시키려면 그 근로자의 동의를 받아야 한다.[33] 한편 임산부 및 18세 미만자에게는 원칙적으로 야간근로를 시킬 수 없으며, 다만 18세 미만자·산후 1년이 지나지 아니한 여성의 동의가 있거나 임신 중의 여성이 명시적으로 청구하는 경우에 노동부장관의 인가를 얻은 경우에는 예외적으로 야간근로가 가능하다.[34] 근로기준

30) 근로기준법 제53조 제3항
31) 근로기준법 제56조
32) 대판 1991. 3. 22. 선고 90다6545
33) 근로기준법 제70조 제1항
34) 근로기준법 제70조 제2항

법은 이 외에 성인 남성의 경우 야간근로의 실시요건을 따로 정하고 있지 않다. 그러나 연장근로의 실시요건으로 사용자와 근로자 양 당사자의 합의를 두고 있음을 감안하면 야간근로 역시 사용자와 근로자 모두가 야간근로에 동의 할 때에 근로자는 야간시간에 노무제공 의무를 지고, 사용자는 가산 임금을 지급할 의무를 진다고 파악함이 합당할 것이며, 실무 또한 그러하다.

Q15. 저는 아파트 경비원입니다. 관리사무소에서는 제 일이 감시·단속적 업무로 노동부장관의 승인을 받았기 때문에 야간근로에 대한 가산수당을 지급할 의무가 없다고 합니다. 정말 그러한가요?

A15. 근로기준법 제63조 제3호에 해당하는 감시·단속적 근로자로서 노동부장관의 적용제외 승인을 얻은 경우에는 동법 제4장과 제5장에서 정한 근로시간·휴게와 휴일에 관한 규정을 적용하지 않습니다. 따라서 법정근로시간을 초과한 연장근로 및 휴일근로에 대해서는 동법 제56조에 의한 가산수당을 지급할 필요가 없으나, 야간근로(오후 10시부터 익일 오전 6시까지)에 대해서는 동조에 의한 가산수당이 지급되어야 함이 원칙입니다. 다만 경비직 야간근로자에 대해 1일 24시간씩 격일근무를 하고 일정 금액을 월급으로 받기로 약정한 경우 이는 아파트의 경비, 관리라는 근로형태의 특수성 때문에 근로기준법상의 기준근로시간을 초과한 연장근로와 야간, 휴일근무가 당연히 예상되는 근로계약이었으므로 약정 월급액에 연장근로와 휴일, 야간근로에 대한 수당도 포함된 것으로 보아야 한다는 판례가 존재합니다.[35] 따라서 사안의 경우 당초 근로계약을 체결할 때에 약정한 임금이 야간근로 가산수당이 책정되어 포함된 금액인지 여부를 확인하여야 합니다.

35) 대판 1983. 10. 25. 선고 83도1050

Q16. 영업직으로 일하고 있어 출장이 잦습니다. 멀리 떨어진 거래처에 다음날 아침 일찍 방문하기 위해 거주지에서 도착지까지 야간 시간을 이용하여 이동하고는 합니다. 이 또한 야간근로로 볼 수 있을까요?

A16. 출장근무 등 사업장 밖에서 근로하는 경우에 있어서의 근로시간 산정에 관하여는 근로기준법 제58조에서 특례를 규정하고 있는 바, 동조의 취지로 볼 때 사용자의 지시에 의해 야간 또는 휴일에 출장업무를 수행하는 것이 명확한 때에는 야간·휴일근로로 볼 수 있으나, 단순히 야간 또는 휴일에 이동하는 때에는 야간·휴일근로를 한 것으로 보기 어렵습니다.[36]

다. 근로시간·휴게·휴일의 특례

1) 공익성 사업의 근로시간·휴게 특례

운수업, 의료업 등 공익성 사업에 대해, 사용자가 근로자대표와 서면합의를 한 때에는 주 12시간을 초과하여 연장근로하게 하거나 휴게시간을 변경할 수 있다.[37] 공중의 편의나 업무의 특수성에서 주 12시간 연장근로를 획일적으로 관철하기 어려운 사업에서 엄격한 요건아래 필요한 최소한의 범위에서 일시적으로 연장근로와 휴게시간 변경을 허용하고자 하는 취지이다.

대상이 되는 공익성사업의 종류는 ⅰ) 운수업, 물품판매 및 보관업, 금융보험업, ⅱ) 영화제작 및 흥행업, 통신업, 교육연구 및 조사사업, 광고업, ⅲ) 의료 및 위생사업, 접객업, 소각 및 청소업, 이용

---

36) 근기 68207-2650, 2002. 8. 5

37) 근로기준법 제59조

업, ⅳ) 기타 공중의 편의 또는 업무의 특성상 필요한 경우로서 대통령령이 정하는 사업(사회복지사업)이다.

위 대상사업에서 사용자와 근로자대표가 서면합의를 한 경우는 연장근로 한도가 적용 배제되어 근로기준법 제53조의 12시간 연장근로 제한이 적용되지 않아서 12시간을 초과하여 연장근로가 가능하고, 근로기준법 제54조의 휴게시간을 변경할 수 있다. 다만, 휴게시간을 전혀 주지 않는 것은 부정된다. 그리고 특례를 적용하더라도 연장근로 가산임금, 야간근로 가산임금, 휴일, 휴가 관련 근로기준법 관련 조항들은 적용된다.

2) 근로시간 · 휴일 · 휴게의 적용제외

다음 근로자는 사업 또는 사무의 특수성으로 인하여 근로기준법 제4장 및 제5장의 근로시간 · 휴게 · 휴일에 관한 규정의 적용을 배제한다.[38]

① 토지의 경작 · 개간, 식물의 재식(栽植) · 재배 · 채취 사업, 그 밖의 농림 사업

② 동물의 사육, 수산 동식물의 채포(採捕) · 양식 사업, 그 밖의 축산, 양잠, 수산 사업

③ 감시(監視) 또는 단속적(斷續的)으로 근로에 종사하는 자로서 사용자가 고용노동부장관의 승인을 받은 자

④ 사업의 종류에 관계없이 관리 · 감독 업무 또는 기밀을 취급하는 업무에 종사하는 자

---

38) 근로기준법 제63조

Q17. 저는 농장에서 영업담당으로 일하고 있습니다. 제가 하는 업무는 토지의 경작이나 식물 재배와 전혀 다른데도 근로기준법상 근로시간・휴게・휴일 규정이 적용되지 않나요?

A17. 근로기준법 제61조(적용의 제외) 제1호 및 제2호는 그 적용대상을 '사업'으로 하고 있으며, 제1호 또는 제2호에 해당되는 사업 내에서 일부 근로자들이 주된 사업내용과 구분되는 다른 업종 또는 직종에 종사하고 있더라도 원칙적으로 그 일부만을 대상으로 동 규정을 적용하지 아니할 수는 없습니다. 다만, 그 일부 근로자에 대하여 근로기준법 제61조 본문의 규정을 적용하지 아니하고, 동법상의 근로시간・휴게・휴일에 관한 규정을 따르는 것이 오히려 그 근로자들에게 유리하고, 그에 대하여 전체 근로자 과반수 이상의 의견을 들어 취업규칙을 변경하는 등의 절차를 거쳤다면 이를 반드시 무효라고 보기는 어려울 것이나, 그 경우에도 동법상의 근로시간・휴게・휴일에 관한 규정이 직접 적용되는 것은 아니며 단지 취업규칙으로 약정된 근로조건이 되는 것으로 보아야 할 것입니다.
한편, 근로기준법 제61조 제1호 또는 제2호의 사업이 아닌 사업장에서 일부 업종 또는 직종 종사자에 대해서만 동 규정을 적용하는 것도 허용되지 아니합니다.[39] 예컨대, 음식점업을 하는 식당에서 조미료로 사용하기 위하여 직접 재배하는 허브작물을 키우는 직원에 한해서만 근로기준법상 근로시간・휴게・휴일 규정을 적용하지 아니할 수는 없습니다.

Q18. 저는 기밀 취급 업무를 담당하고 있습니다. 근로기준법에 따르면 저에게는 근로시간・휴게・휴일 규정이 적용되지 않는다고 하던데, 회사와 작성한 근로계약서에 따르면 연장근로에 대한 가산임금을 지급하기로 약정되어 있습니다. 이는 근로기준법을 위반하여 무효인가요?

A18. 근로기준법 제63조 제4호의 업무에 종사하는 근로자에 대해서는 근로시간과 휴일 등에 관한 근로기준법상의 규제가 적용되지 않도록 되어 있다 하여도 사용자와의 근로계약서, 취업규칙 등에 연장근로에 관해

39) 근로기준과-5186, 2004. 9. 23

통상임금 범위 내의 수당 등을 지급하기로 하는 취지의 규정을 둔 경우에는 제63조의 규정에도 불구하고 취업규칙 등에 정한 바에 따라 그 초과근로에 대한 수당 등을 지급하기로 한 것으로 보아야 합니다.[40]

라. 유연근로시간제도

1) 탄력적근로시간제

일정단위기간 내에 소정근로시간을 평균하여 주간 법정근로시간을 초과하지 아니하는 범위 내에서 단위기간 내의 특정일 또는 특정주의 소정근로시간이 1일 또는 1주의법정근로시간을 초과하더라도 그 초과부분을 연장근로로 취급하지 않고 그에 대한 가산수당을 지급하지 않는 제도를 말한다. 탄력적근로시간제는 2주 단위 탄력적근로시간제와 3개월 단위 탄력적근로시간제 두 종류로 구분된다.[41]

가) 2주 이내 탄력적근로시간제

사용자는 취업규칙 등에서 정하는 바에 따라 2주 이내의 일정한 단위기간을 평균하여 1주 동안 40시간의 근로시간을 초과하지 않는 범위 내에서 특정한 주에 1주 40시간을, 특정한 날에 1일 8시간의 근로시간을 초과하여 근로하게 할 수 있다. 사업장의 일부 근로자를 적용대상으로 특정할 수도 있으며, 전체 근로자를 대상으로 실시할 수도 있다. 2주 이내 탄력적근로시간제는 유효기간을 정해야 할 의

---

40) 대판 2009. 12. 10. 선고 2009다51158 판결

41) 근로기준법 제51조

무가 없어 유효기간을 규정하지 않았다면 기간 제한 없이 실시할 수 있다.[42] 따라서 이는 격주토요휴무제 등에서 매우 유용하게 사용될 수 있다.

2주 이내 탄력적근로시간제를 실시하기 위해서는 취업규칙 또는 이에 준하는 것에 탄력적근로시간제를 규정하고 있어야 하며, 특정 주의 근로시간은 48시간을 초과할 수 없다.

Q19. 저희 회사는 격주로 업무량이 달라집니다. 탄력적근로시간제를 이용하면 좋을 것이라 생각되는데, 반드시 취업규칙에 따로 규정하지 않고 제도를 도입할 수는 없나요? A19. 취업규칙 또는 이에 준하는 것에서 2주 이내 탄력적근로시간제를 명시적으로 도입하지 않은 상태에서 예컨대 1주는 48시간, 1주는 32시간 근무토록 시행하고 있다면, 이는 근로기준법상 탄력적근로시간제를 도입했다고 볼 수 없습니다.[43] 근로기준법 제51조 제1항에서 2주 이내 탄력적근로시간제의 실시요건으로 취업규칙 또는 이에 준하는 것에 도입근거를 규정하도록 정하고 있기 때문입니다. 그러나 2주 이내 탄력적근로시간제는 취업규칙에 도입근거를 두지 않더라도 이에 준하는 것(예컨대 '탄력적근로시간제 운영에 관한 사내규정' 등)에 규정할 수 있으므로 어떤 의미에서는 사용자가 필요하다고 판단하는 경우 일방적으로 실시할 수 있다고 말할 수도 있습니다. 다만 취업규칙 또는 이에 준하는 것에 도입근거를 전혀 규정하지 않은 상태에서 근로자가 특정 주에 48시간을 근로하였다면 주 40시간을 초과한 8시간분에 대한 연장근로수당을 지급하여야 합니다.

나) 3개월 이내 탄력적근로시간제

사용자는 근로자대표와의 서면 합의에 의하여 3개월 이내의 단위

42) 최영우, 개별적근로관계법실무, (주)중앙경제, 335쪽 참조

43) 근기 68207-2997, 2000. 9. 29

기간을 평균하여 1주 동안 40시간의 근로시간을 초과하지 않는 범위 내에서 특정한 주에 1주 40시간을, 특정한 날에 1일 8시간의 근로시간을 초과하여 근로하게 할 수 있다. 단 1주간 52시간을 초과하여 근로하게 할 수 없으며, 1일 12시간을 초과하여 근로하게 할 수 없다. 이는 주로 계절적 사업, 건설업, 수출산업 등에서 활용될 수 있다.

3개월 이내 탄력적근로시간제를 실시하기 위해서는 사용자와 근로자 대표가 다음 사항에 대하여 서면합의를 하여야 하며, 그 외 개별 근로자의 동의는 요하지 않는다.

① 대상 근로자의 범위
② 단위기간(3개월 이내의 일정한 기간으로 정하여야 한다)
③ 단위기간의 근로일과 그 근로일별 근로시간
④ 서면합의의 유효기간

Q20. 3개월 이내 탄력적근로시간제를 도입할 때 근로자대표는 어떻게 선정하나요?

A20. 탄력적근로시간제 도입시 사용자와 서면합의 할 수 있는 근로자 대표는 사업장에 근로자 과반수로 조직된 노동조합이 있는 경우에는 그 노동조합, 근로자 과반수로 조직된 노동조합이 없는 경우에는 근로자 과반수를 대표하는 자를 의미합니다. 근로자 과반수를 대표하는 자는 투표 등을 통해 선출할 수 있습니다. 행정해석에 따르면 근로자참여 및 협력 증진에 관한 법률에 의한 노사협의회 근로자 위원을 근로자 대표로 볼 수도 있습니다. 단, 이 경우 사용자가 일방적으로 노사협의회 근로자 위원 중 일부 위원과만 서면합의하는 경우에는 법적 효력이 발생하지 않습니다.[44]

44) 근기 68207-92, 2001. 1. 9

다) 적용제외

18세 미만 근로자와 임신 중인 여성근로자에 대해서는 탄력적근로시간제가 적용되지 않는다.[45] 18세 미만자와 임신 중인 여성근로자가 특정시기에 장시간 근로를 하게 되는 경우 신체적·정신적으로 악영향을 끼칠 수 있으므로 이를 막기 위한 것이다. 한편, 산후 1년이 지나지 않은 여성의 경우 탄력적근로시간제를 적용할 수는 있으나, 1일에 2시간, 1주일에 6시간, 1년에 150시간을 초과하는 연장근로를 시킬 수 없다.[46]

2) 선택적근로시간제

선택적근로시간제는 일정기간의 총 근로시간(계약시간)을 정하여 놓고, 근로자가 그 범위 내에서 각 일의 시업·종업시각을 스스로 결정하여 근로하는 제도이다. 시업시각과 종업시각을 근로자의 자율에 맡김을 통해 보다 효율적인 업무수행을 하도록 하는 제도로, 전문직 등에 적합한 제도이다. 근로자의 편의에 따라 근로시간을 배치하는 점에서 사용자의 편의를 위한 탄력적근로시간제와 구별된다.

사용자는 취업규칙에 의하여 시업 및 종업시각을 근로자의 결정에 맡기기로 한 근로자에 대하여 근로자대표와의 서면합의에 의하여 1월이내의 정산기간을 평균하여 1주간의 근로시간이 40시간을 초과하지 아니하는 범위안에서 1주간에 40시간을, 1일에 8시간을 초과하여 근로하게 할 수 있다. 선택적근로시간제를 도입하는 경우에 사용자와 근로자대표는 i) 대상근로자의 범위, ii) 정산기간, iii) 정산기

45) 근로기준법 제51조 제3항

46) 근로기준법 제71조

간에 있어서의 총근로시간, iv) 반드시 근로하여야 할 시간대를 정하는 경우에는 그 개시 및 종료시각, v) 근로자가 그의 결정에 의하여 근로할 수 있는 시간대를 정하는 경우에는 그 개시 및 종료시각을 서면으로 합의하여야 한다.

가) 표준근로시간

선택적근로시간제는 정산기간 중 총근로시간만이 정해져 있으므로 각 일 또는 각 주의 연장근로를 계산할 수 없어 근로기준법 제50조의 법정기준근로시간에 대한 적용이 배제된다. 따라서 연장근로는 정산기간에 있어서의 총 법정근로시간을 초과하여 근로한 시간이 된다.

3) 간주근로시간제

가) 사업장 밖 근로시간

근로자가 출장 기타의 사유로 근로시간의 전부 또는 일부를 사업장 밖에서 근로하여 근로시간을 산정하기 어려운 때에는 소정근로시간을 근로한 것으로 본다. 다만, 당해 업무를 수행하기 위하여 통상적으로 소정근로시간을 초과하여 근로할 필요가 있는 경우에는 그 업무의 수행에 통상 필요한 시간을 근로한 것으로 본다.[47] 또한 당해 업무에 관하여 근로자대표와의 서면합의가 있는 때에는 그 합의에서 정하는 시간을 그 업무의 수행에 통상 필요한 시간으로 본다.[48] 통상적으로 사업장 밖에서 근로하는 외근 영업직 등이나 출장과 같이 임시적으로 사업장 밖에서 근로할 경우 적용할 수 있다.

47) 근로기준법 제58조 제1항

48) 근로기준법 제58조 제2항

Q21. 저는 학교 선생님입니다. 수학여행 인솔교사로 여행지에 동행하여 밤늦게까지 학생을 지도한 경우 연장근로 가산수당을 지급받을 수 있을까요?

A21. 근로기준법 제58조 제1항 본문에 의하면 '근로자가 출장 기타의 사유로 근로시간의 전부 또는 일부를 사업장 밖에서 근로하여 근로시간을 산정하기 어려운 때에는 소정근로시간을 근로한 것으로 본다'고 규정하고 있으며, 또한 동항 단서에 의하면 '당해업무를 수행하기 위하여 통상적으로 소정근로시간을 초과하여 근로할 필요가 있는 경우에는 그 업무의 수행에 통상 필요한 시간을 근로한 것으로 본다'고 규정하고, 동조 제2항에 의하면 '제1항 단서의 규정에 불구하고 당해업무에 관하여 근로자 대표와 서면합의가 있는 때에는 그 합의에서 정하는 시간을 그 업무의 수행에 통상 필요한 시간으로 본다'고 규정하고 있습니다. 즉, 근로자가 출장 기타의 사유로 근로시간의 전부 또는 일부를 사업장 밖에서 근로한 경우에는 노사당사자간 특약이 없는 한 소정근로시간을 근로한 것으로 봅니다. 따라서 교사가 학생을 인솔하여 야영이나 수학여행을 가는 경우에는 근로기준법 제58조의 규정에 의한 사업장밖 근로에 해당한다고 볼 수 있습니다.[49]

나) 재량근로시간제

업무의 성질에서 그 수행방법을 근로자의 재량에 맡길 필요가 있는 업무로서 대통령령이 정하는 업무는 사용자가 근로자대표와 합의로 정한 시간을 소정근로시간으로 보는 것을 말한다. 현재 재량근로시간제 적용 대상 업무로 정하는 업무는 다음과 같다.[50]

① 신상품 또는 신기술의 연구개발이나 인문사회과학 또는 자연과학분야의 연구 업무
② 정보처리시스템의 설계 또는 분석 업무

49) 근기 68207-1963, 2000. 6. 28.
50) 근로기준법 시행령 제31조

③ 신문, 방송 또는 출판 사업에서의 기사의 취재, 편성 또는 편집 업무
④ 의복·실내장식·공업제품·광고 등의 디자인 또는 고안 업무
⑤ 방송 프로그램·영화 등의 제작 사업에서의 프로듀서나 감독 업무
⑥ 그 밖에 고용노동부장관이 정하는 업무

고도의 전문적·재량적 업무에 종사하는 자에 대해서는 근로시간을 일률적으로 정하는 것보다 실제 근로한 시간수와는 관계없이 일정한 근로시간만을 근로한 것으로 보아 근로의 양보다는 그 질 내지는 성과에서 보수를 정하고자 하는 것이다. 법소정의 업무에서 노사간 서면합의를 한 경우 근로자가 당해 업무에서 근로를 한 때에는 그 합의에서 정한 시간을 근로시간으로 본다.[51] 다만, 휴게·시간외·휴일근로 및 야간근로에 대한 근로기준법 규정은 그대로 적용된다. 노사간 서면합의의 내용은 다음과 같다.

① 대상 업무
② 사용자가 업무의 수행 수단 및 시간 배분 등에 관하여 근로자에게 구체적인 지시를 하지 아니한다는 내용
③ 근로시간의 산정은 그 서면 합의로 정하는 바에 따른다는 내용

51) 근로기준법 제58조 제3항

마. 특수 근로시간

1) 감시, 단속적 근로

감시적 업무는 감시업무를 주 업무로 하며 상태적(狀態的)으로 정신적・육체적 피로가 적은 업무를 말하며,[52] 수위・경비원・물품감시원 또는 계수기감시원 등이 감시적 근로에 종사하는 자의 예이다. 다만, 감시적 업무라도 타 업무를 반복하여 수행하거나 겸직하는 경우는 감시적 근로에 해당하지 않는다.[53]

단속적 업무는 평소의 업무는 한가하지만 기계고장수리 등 돌발적인 사고발생에 대비하여 대기하는 시간이 많은 업무로,[54] 단속적 근로에 종사하는 자는 근로가 간헐적・단속적으로 이루어져 휴게시간이나 대기시간이 많은 업무에 종사하는 자를 말한다.[55]

감시 또는 단속적으로 근로에 종사하는 자로서 사용자가 고용노동부장관의 승인을 받은 자에 대해서는 근로기준법 제4장 및 제5장의 근로시간・휴게・휴일에 관한 규정의 적용이 배제된다.[56] 또한 시간급 최저임금액의 100분의 90을 적용한다.[57]

---

52) 근로기준법 시행규칙 제10조 제2항
53) 근로감독관집무규정
54) 근로감독관집무규정
55) 근로기준법 시행규칙 제10조 제3항
56) 근로기준법 제63조
57) 최저임금법 제5조 제2항 제2호

2) 일·숙직 근로

일반적으로 숙·일직이라 함은 정기적 순찰, 전화와 문서의 수수, 기타 비상사태 발생 등에 대비하여 시설 내에서 대기하고 있는 것으로서 그 자체의 노동의 밀도가 낮고 감시·단속적 노동인 경우가 대부분이어서 이러한 업무는 관행적으로 정상적인 업무로 취급되지 아니한다. 따라서 별도의 근로계약을 필요로 하지 아니하며 원래의 계약에 부수되는 의무로 이행되어야 하는 것으로서 정상근무에 준하는 임금을 지급할 필요가 없고, 야간·연장·휴일근로수당 등이 지급되어야 하는 것도 아니며, 관례적으로 실비변상적 금품, 즉 일·숙직수당이 지급되면 족하다. 다만, 이러한 감시·단속적인 일·숙직이 아니고 일·숙직 시 그 업무의 내용이 본래의 업무가 연장된 경우는 물론이고 그 내용과 질이 통상의 근로와 마찬가지로 평가되는 경우에는 그러한 초과근무에 대하여는 야간·연장·휴일근로수당 등을 지급하여야 한다.[58] 즉, 일·숙직시의 근로가 통상의 근로시간의 구속으로부터 완전히 벗어난 것인가 또는 통상의 근로의 태양이 그대로 계속되는 것인가, 일·숙직근로 중 본래의 업무에 종사하게 되는 빈도 내지 시간의 장단, 숙직근로 시 충분한 수면시간이 보장되는지의 여부 등을 살펴 일·숙직근로의 태양이 그 내용과 질에 있어서 통상근로의 태양과 마찬가지라고 인정될 때에 한하여 일·숙직근로를 통상의 근로로 보아 이에 대하여 가산임금을 지급하여야 할 것이고, 일·숙직근로가 전체적으로 보아 근로의 밀도가 낮은 대기성의 단속적 업무에 해당할 경우에는 일·숙직근로 중 실제로 업무에 종

58) 대법판 1995. 1. 20 선고 93다46254

사한 시간에 한하여 가산임금을 지급하여야 할 것이다.[59]

2. 휴일 · 휴가

휴게시간 및 휴일, 휴가 등 휴식은 근로자의 피로를 회복시켜 노동의 재생산을 꾀하고 생산성을 유지하기 위해 주어진다.[60] 휴일은 계속적인 근로관계에서 법이나 단체협약 또는 취업규칙이 정하는 바에 따라 근로제공의무가 없는 날을 말한다. 휴일은 사용자의 모든 지휘 · 감독에서 벗어난다는 점에서는 휴가와 유사하나, 휴가는 본래 근무일임에도 불구 근로제공의무가 면제되는 것이지만 휴일은 처음부터 근로제공의무가 없다는 점에서 양자는 서로 구별된다. 또한 휴일은 본래 근무일이 아니라는 점에서 휴무일과도 구별된다.

가. 휴일

1) 법정휴일

법정휴일은 노동관계법에 근거하여 의무적으로 부여되는 휴일을 의미하며, 주휴일[61]과 근로자의 날[62]이 있다.

---

59) 대판 1990. 12. 26 선고 93다카13465 판결
60) 김형배. 앞의 책. 468쪽.
61) 근로기준법 제55조
62) 근로자의날 제정에 관한 법률

가) 주휴일

사용자는 근로자에게 1주일에 평균 1회 이상의 유급휴일을 주어야 하며, 이를 주휴일이라 한다.63) 근로기준법상 주휴일 제도는 근로자의 피로를 회복시킴으로써 노동의 재생산을 꾀하고 생산성을 유지하기 위하여 정신적·육체적 휴식을 취하는 데서 그치지 않고 나아가 근로자로 하여금 근로제공의무를 벗어나 사업장이외의 장소에서 자유로운 시간을 갖도록 하기 위함이다.64)

주휴일 산정에 있어 1주일이라 함은 연속된 7일의 기간을 의미하고, 그 기간 중 1일을 주휴일로 부여하면 되므로 주휴일간의 간격이 반드시 7일이 되어야 하는 것은 아니다. 따라서 각 1주일마다 1일을 주휴일로 부여할 경우에는 주휴일이 동일한 요일이 아니더라도(주휴일간의 간격이 7일이 넘는 경우도 있고 미달하는 경우가 있다 하더라도) 법위반으로 볼 수 없으며, 이때 주휴일간의 간격이 7일이 넘는다 하여 그 7일째 되는 근무일이 주휴일로 되는 것도 아니다.65) 1회의 휴일이란 원칙적으로 0시부터 24시까지의 시간을 의미하나 3교대 작업 등 특수한 경우에는 계속해서 24시간의 휴식이 보장되면 휴일을 부여한 것으로 본다.66)

유급주휴일은 1주 동안 소정근로일을 개근한 경우 주어진다.67) 그러나 근로자가 소정근로일수를 모두 근무하지 않은 경우에 사용자에 대하여 유급휴일로 처리하여 줄 것을 청구할 수 없을 뿐 휴일 자체

63) 근로기준법 제55조

64) 대판 2004. 6. 25. 선고 2002두2587 판결

65) 근기 68207-3309, 2002. 12. 2

66) 기준 1455.9-6327, 1969. 6. 7

67) 근로기준법 시행령 제30조

가 보장되므로 이러한 경우 사용자는 1주일에 1회 이상의 무급휴일을 부여해야 한다.[68]

주휴일에 지급되는 유급휴일수당을 통칭 주휴수당이라고 한다. 근로기준법에는 주휴수당 산정 시간에 관하여 규정하고 있는 바가 없으나, 당해 사업장의 근로시간이 법정근로시간을 초과하는 경우에는 법정근로시간(8시간)에 대한 임금을, 근로시간이 법정근로시간보다 적은 경우에는 소정근로시간에 대한 임금을 지급하면 타당하다.[69]

나) 근로자의 날

근로자의 날은 1963년 근로자의날제정에관한법률(법률 제1326호)에 따라 한국노총의 창립일인 3월 10일을 노동절 대신 '근로자의 날'로 제정한 것에서 비롯되어, 1994년 세계적으로 5월 1일을 노동절로 기념하여 온 것에 맞추어 현행과 같이 5월 1일로 변경하였다.

근로자의 날은 유급휴일[70]로 해당일에 근로제공이 없더라도 임금을 지급해야 하며, 통상 하루에 지급하는 소정임금을 지급하여야 한다. 근로자의 날은 법률로서 특정한 날을 유급휴일로 정하고 있으므로, 다른 날로 대체할 수 없으며, 다른 날로 대체하였더라도 근로자의 날에 근로한 경우에는 근로기준법 제55조에 의한 휴일근로수당을 지급하여야 한다.[71]

---

68) 대판 2004. 6. 25. 선고 2002두2587

69) 근기 01254-5392, 1987. 4. 2.

70) 근로자의날제정에관한법률

71) 근로기준과-829, 2004. 2. 19

Q22. 저는 아파트 관리원으로 감시 · 단속적 근로자입니다. 저도 근로자의 날에 쉴 수 있을까요?

A22. 일반적으로 아파트 관리원은 그 근무형태로 보아 감시 또는 단속적 근로자에 해당되는 바, 사용자가 근로기준법 제49조 제3호의 규정에 의거, 노동위원회로부터 감시 또는 단속적 근로에 종사하는 자에 대해 승인을 받은 경우 동법 제4장과 제5장의 근로시간, 휴게, 휴일에 관한 규정의 적용이 배제됩니다.
그러나 근로자의 날은 근로자의날제정에관한법률(법률 제1326호)에 따라 유급휴일이 되는 날로서 근로기준법 제49조의 "이 장과 제5장에서 정한 휴일에 관한 규정"에 해당되지 않으므로 감시 · 단속적 근로자도 근로자의 날은 유급휴일로 보장됩니다. 만약 근로자의 날에 근로한 경우 유급휴일에 대하여 당연히 지급되는 임금과 당해일의 근로에 대한 소정의 임금이 지급되며, 다만 이때 근로기준법 제46조에 규정된 휴일근로에 대한 가산임금 조항은 동법 제49조의 "이 장과 제5장에서 정한 휴일에 관한 규정"에 해당되므로 적용이 배제됩니다.

2) 약정휴일

약정휴일은 법정휴일 이외에 사용자와 근로자가 단체협약이나 취업규칙을 통해 휴일로 하기로 약정한 날을 말한다. 이는 노사당사자간 계약에 의한 휴일이므로 그 휴일을 유급 또는 무급으로 할 것인가 또한 약정에 따른다.

많은 사업장에서 공휴일을 약정휴일로 정하고 있다. 본래 공휴일은 관공서의공휴일에관한규정(대통령령 제24828호)에 의하여 관공서가 휴무하는 날로서 공무원에게만 적용되고 일반사업장에서 당연히 휴일이 되는 것은 아니다. 공휴일에 대해서는 근로기준법이나 근로자의날제정에관한법률에 따로 규정치 않고 있으므로 단체협약 · 취업규칙 · 근로계약에 휴일로 할 것인지 여부, 휴일로 할 경우 유급으로

할 것인지 여부를 정하여 개별 사업장의 정함에 따라 운영하게 된다. 만약 별도의 정함이 없다면 사용자가 근로자에게 공휴일을 휴일로 부여할 의무는 없으며 동 휴일에 근무하더라도 휴일근로수당이 발생하지 않는다.[72]

3) 가산임금

휴일은 당초부터 근로자에게 근로제공의무가 없는 날이기 때문에 사용자는 임의로 휴일을 변경하거나 폐지할 수 없으며, 근로자의 동의가 없는 한 휴일근로를 시킬 수도 없다. 또한 근로자의 동의를 얻어 휴일에 근로제공을 받았다면, 이에 대하여 100분의 50이상의 가산임금을 지급하여야 한다. 이와 같은 사항은 법정휴일 · 약정휴일, 유급휴일 · 무급휴일을 불문하고 적용된다.

Q.23 토요일에 근무한 경우 연장근로 가산수당을 받는 것인가요, 휴일근로 가산수당을 받는 것인가요?

A23. 주5일 근무제를 채택한 경우 주휴일을 제외한 나머지 휴무일에 대하여는 휴일로 한다는 명시적인 약정이 없는 한, 휴무일에 근로한 것은 휴일근로가 아닌 통상의 근로에 해당됩니다.[73] 따라서 특정주의 월요일부터 금요일까지 매일 8시간씩 근로하고 일요일을 주휴일로 제공하는 경우, 토요일은 노사가 휴일로 정하지 않는 이상 '무급휴무일'이 됩니다. 이 때 무급휴무일인 토요일에 근로를 함으로써 당해 주에 40시간을 초과하여 근로하게 되었다면 연장근로수당을 지급해야 합니다.[74] 그러나 노사당사자간에 휴무하는 토요일을 휴일로 한다는 명시적인 약정이 있는 경우라면 그 날에 근로한 것은 휴일근로에 해당하게 됩니다.

72) 근기 01254-4043, 1991. 3. 23

휴일에 1일 법정근로시간인 8시간을 초과한 경우는 그 초과된 시간에 대하여 휴일근로가산수당 외에 연장근로 가산수당도 지급하여야 하며, 이 경우 그 초과된 시간은 주 연장근로시간에 포함됩니다.

Q24. 노조에서 실시하는 파업에 2시간 동안 동참하였습니다. 회사에서는 이것이 불법파업이고 소정근로시간을 개근하지 않았으므로 주휴수당을 지급하지 않겠다고 하는데, 저는 주휴수당을 받을 수 없나요?

A24. 근로기준법 제45조는 사용자는 근로자에 대하여 1주일에 평균 1회 이상의 유급휴일을 주어야 한다고 하고 있으며, 동법시행령 제29조는 여기에서의 유급휴일을 소정의 근로일수를 개근한 자에 대하여 주는 유급휴일로 정의하고 있습니다. 따라서 유급주휴일은 법령, 단체협약, 취업규칙 등에서 정한 근로일을 단위로 하여 그 근로일의 전부를 출근하여 근로를 제공하면 되는 것이며, 근로일의 소정근로시간수의 전부를 개근하여야만 하는 것은 아닙니다. 결국 근로시간 중에 부분적인 불법파업으로 1일 8시간의 근로제공이 이루어지지 않은 경우, 단체협약 또는 취업규칙에 따라 징계 등 책임을 물을 수 있는 것과는 별개로 소정근로일을 단위로 하여 그날그날에 출근하여 근로를 제공하였다면 유급주휴일은 부여하여야 합니다.75)

Q25. 저희 회사는 창립기념일을 유급휴일로 취업규칙에서 약정하고 있습니다. 그런데 올 해 창립기념일이 주휴일인 일요일과 겹쳤습니다. 이런 경우 두 개의 휴일 중 하나를 다른 날로 대체하여 준다거나, 그렇지 않다면 주휴수당 및 창립기념일의 급여를 이중으로 지급받을 수 있나요?

A25. 근로기준법상 주휴일은 1주간의 소정근로일수를 개근한 자에게 1회의

---

73) 근기 68207-3125, 2002. 10. 28

74) 근로기준과-2325, 2004. 5. 10

75) 근기 68207-270, 1997. 3. 4

유급휴일을 부여하는 것으로서 단체협약이나 취업규칙에서 주휴일이 당해 회사의 유급휴일과 중복되는 경우 그 익일을 휴일로 한다는 등 별도의 정한 바가 없다면 1회의 휴일을 실시한다고 하여도 괜찮습니다. 또한 별도의 정한 바가 없다면 별도의 휴일근로수당을 가산 지급할 필요도 없습니다.[76]

4) 휴일의 대체

휴일의 대체는 갑작스러운 작업의 수주(受注) 또는 일시적인 업무상의 필요에 대비하여 휴일로 정해진 특정일을 근로일로 바꾸고 다른 날을 휴일로 부여하는 것을 말한다.[77] 이 경우 당초의 휴일은 통상의 근로가 되어 유급휴일수당과 휴일근로가산수당을 지급하지 않을 수 있다.[78]

휴일의 대체에 관하여는 사전에 취업규칙 또는 단체협약에 대체사유와 방법을 미리 정해놓아야 한다. 또한 휴일의 사전대체를 하고자 할 때에는 적어도 24시간 이전에 근로자에게 대체 사유를 밝히면서 통보하여 주어야 한다.[79] 따라서 사전에 통보치 않고 휴일근로를 시킨 후 사후에 대체되는 휴일을 주더라도 휴일근로가산수당 지급문제가 발생한다.

특히 주휴일을 대체하고자 할 때에는 그 특성상 반드시 1주 1일씩 실시하여야 하며,[80] 변경된 주휴일의 부여시기는 당초의 휴일로부터

76) 근기 68207-2016[1], 1999. 8. 18

77) 김형배. 앞의 책. 471쪽

78) 대판 2008. 11. 13. 선고 2007다590

79) 근기 68207-806, 1994. 5. 16

80) 근기 1455-2379. 1972. 3. 4

6일 이내 또는 다음 주 휴일 이전에 부여하는 것이 주휴일 제도 취지에 부합할 것이다.

Q26. 회사에서 일방적으로 일요일에 근무를 하고, 다음 화요일을 대체 휴일로 주겠다고 합니다. 일요일에는 이전부터 계획된 가족행사가 있습니다. 일요일에 출근하지 않으면 어떤 불이익이 있나요?

A26. 휴일을 대체하여 근로하는 것은 가능할 것이므로 대체한 휴일을 이미 부여받은 자가 이후 위에 가름되는 근로일에 근로하지 않았다면 1일의 결근이 되어 대체되는 휴일인 화요일은 유급휴일이 아닌 무급휴일로 처리됩니다.[81]

Q27. 이번 주에 이틀 간 결근을 하였습니다. 회사에서는 이틀 결근하였으니 이번 주 및 다음 주의 2주간의 주휴일을 무급처리하겠다고 합니다. 적법한 것인가요?

A27. 특정주에 2일을 결근한 경우에는 당해 주의 결근으로 처리해야 하며, 당해 주1일 결근, 다음 주 1일 결근으로 처리할 수 없습니다.[82]

나. 연차유급휴가

1) 의의

연차유급휴가는 1년간 계속 근로한 근로자에게 일정기간 근로의무를 면제함으로써 심신의 피로를 회복하여 건강을 유지하고, 근로자

81) 근기 1455-22853, 1982. 8. 18

82) 법무 811-2353, 1978. 10. 26

가 여가를 선용하여 사회적·문화적 시민생활을 누릴 수 있게 하기 위해 인정되는 휴가이다. 근로기준법은 연차휴가를 보장하기 위해 벌칙규정을 두어 이행을 강제하고 있다.

2) 휴가의 계산

가) 연차유급휴가의 계산

사용자는 1년에 80퍼센트 이상 출근한 근로자에 대하여는 15일의 유급휴가를 주어야 한다.[83] 그리고 3년 이상 계속하여 근로한 근로자에게는 제1항에 따른 휴가에 최초 1년을 초과하는 계속 근로 연수 매 2년에 대하여 1일을 가산한 유급휴가를 주어야 한다. 이 경우 가산휴가를 포함한 총 휴가 일수는 25일을 한도로 한다.[84] 따라서 근속연수에 따른 휴가일수는 다음과 같다.

1년	2년	3년	4년	5년	6년	7년	8년	9년	10년	15년	20년	21년	22년	23년	…
15일	15일	16일	16일	17일	17일	18일	18일	19일	19일	22일	24일	25일	25일	25일	…

연차휴가산정을 위한 출근율을 판단할 때에 근로자가 업무상의 부상 또는 질병으로 휴업한 기간과 산전·산후의 휴가기간은 출근한 것으로 본다.[85]

83) 근로기준법 제60조 제1항

84) 근로기준법 제4항

85) 근로기준법 제60조 제6항

Q28. 입사한 지 몇 달 되지 않은 회사원입니다. 저희 회사 취업규칙에는 3회의 지각은 결근 1일로 취급한다고 규정하고 있습니다. 조금씩 늦었을 뿐인데 지각이 누적되어 주휴수당을 못 받기도 하고, 1월을 개근하면 1일씩 받을 수 있는 연차휴가도 받지 못했습니다. 이러다가 내년에 출근율이 80% 미만이 되어 연차휴가를 못 받게 되는 것은 아닌지 걱정됩니다.

A28. 지각·조퇴·외출 등의 사유로 소정 근로일의 근로시간 전부를 근로하지 못하였다 하더라도 소정 근로일을 단위로 그날에 출근하여 근로를 제공하였다면 이를 결근으로 처리할 수 없는 것이므로 단체협약·취업규칙 등에 지각·조퇴·외출을 몇 회 이상하면 결근 1일로 취급한다고 규정하고, 일정횟수 이상의 지각·조퇴·외출 시 결근 1일로 취급하여 주휴일, 연·월차유급휴가 등에 영향을 미치게 하는 것은 근로기준법 취지에 비추어 타당하지 않습니다. 다만 단체협약 또는 취업규칙 등에서 "질병이나 부상 외의 사유로 인한 지각·조퇴 및 외출은 누계 8시간을 연가 1일로 계산한다."라는 규정을 두는 것은 당해 사업장 근로자의 인사·복무관리 차원에서의 노사간 특약으로 볼 수 있으며, 해당자가 부여받을 수 있는 연가일수에서 공제하는 것이므로 근로기준법에 위반된다고 볼 수 없습니다.[86]

나) 1년 미만 근속자의 경우

계속근로연수가 1년 미만인 근로자에 대하여는 1월간 개근 시 1일의 유급휴가를 주어야 한다. 이는 직전 1년간 80퍼센트 미만 출근하여 15일의 연차유급휴가를 부여받지 못한 근로자에게도 똑같이 적용된다.[87] 단, 사용자는 근로자의 최초 1년간의 근로에 대하여 유급휴가를 주는 경우에는 직전연도에 1월간 개근 시 1일씩 부여된 휴가를 포함하여 15일로 하고, 근로자가 매월 개근 시 발생한 유급휴가를 사용한 경우에는 그 사용한 휴가일수를 15일에서 공제한다.[88]

---

86) 근기 68207-157, 2000. 1. 22

87) 근로기준법 제60조 제2항

88) 근로기준법 제60조 제3항

다) 소정근로일수 및 출근여부의 판단

(1) 법령 또는 약정에 의한 휴일

연차유급휴가 등의 부여 시 소정근로일은 법령의 범위 내에서 근로자와 사용자가 근로하기로 정한 날을 의미하므로, 근로자와 사용자가 법령상 사전에 근로하기로 정할 없거나 또는 약정에 의하여 사전에 근로하지 않기로 한 주휴일, 근로자의 날, 사업장의 약정휴일 등은 소정근로일수를 계산할 때 제외한다.

(2) 특별한 사유로 근로제공의무가 정지되는 날

취업규칙 또는 단체협약 등에서 당초 근로하기로 하였으나 근로자 또는 사용자가 사전에 예측할 수 없는 특별한 사유가 발생하여 근로제공의무가 정지되는 경우, 예컨대 사용자의 귀책사유로 인한 휴업기간, 적법한 쟁의행위기간, 육아휴직기간 등에 있어서는 이 기간을 제외한 '나머지 소정근로일수'에 대한 출근율에 따라 산출된 일수에 당해 사업장의 연간 총소정근로일수에 대한 위의 나머지 소정근로일수 비율을 곱하여 산정한다.

(3) 법령상 또는 그 성질상 출근한 것으로 보아야 하는 날

법령상 또는 그 성질상 출근한 것으로 보아야 하는 날이 있다. 예컨대 업무상재해로 인한 휴업기간, 산전후휴가기간, 예비군훈련기간, 민방위훈련 또는 동원기간, 공민권행사를 위한 휴무일, 연차유급휴가, 생리휴가 등의 경우에는 소정근로일수 계산에는 포함하되 출근한 것으로 본다.

Q29. 산전후휴가 및 육아휴직을 사용하는 경우 연차유급휴가는 어떻게 계산하나요?

A29. 근로기준법 제60조 제6항은 연차유급휴가를 산정할 때에는 산전후휴가기간동안에 근로자가 소정근로일에 출근하지 않았지만 그 휴가기간 동안을 출근한 것으로 보도록 하고 있습니다. 따라서 소정근로일수를 계산할 때에는 산전후휴가기간을 포함하고, 산전후휴가기간 동안은 개근한 것으로 보게 됩니다. 따라서 예컨대, 1년(2014. 1. 1.~2014. 12. 31.) 동안 90일(2014. 3. 1~2014. 5. 30)간 산전후휴가를 다녀온 입사 2년차 여성근로자의 경우는 15일의 연차유급휴가를 받을 수 있습니다.
소정근로일수를 계산함에 있어 산전후휴가기간을 포함하여 연차유급휴가일수를 계산합니다. 예를 들면, 1년(2013. 1. 1~2013. 12. 31)동안 90일(2013. 6. 1~8. 30)간의 출산전후 휴가를 다녀온 여자 근로자의 2013년도 연차유급휴가 발생일수는 15일이 됩니다.
육아휴직 기간 동안은 근로자(남녀불문)의 근로제공의무가 정지되므로, 소정근로일수를 계산할 때에 이 기간은 제외하게 됩니다. 예컨대 사업장의 통상 연간 소정근로일수가 200일인데 육아휴직을 60일 사용했다면, 이 근로자의 연차유급휴가 산정 기준이 되는 소정근로일수는 200일-60일=140일이 됩니다. 그리고 이 140일동안 모두 개근했다면 출근율은 100%가 됩니다. 따라서 정상적인 연차유급휴가일수인 15일에 140일/200일을 곱하여 산출된 10.5일이 이 근로자가 받을 수 있는 연차유급휴가일수가 됩니다($15일 \times \frac{140일}{200일} = 10.5일$).

3) 휴가의 청구

사용자는 근로자가 청구한 시기에 연차유급휴가를 주어야 하고, 그 기간에 대하여는 취업규칙 등에서 정하는 통상임금 또는 평균임금을 지급하여야 한다.[89] 시기지정은 근로자에게 발생한 연차휴가권

89) 근로기준법 제50조 제5항 전문

을 구체적으로 실현하는 방법[90]이므로 시기지정권을 근로자에게 주는 것이다. 다만, 근로자가 청구한 시기에 휴가를 주는 것이 사업 운영에 막대한 지장이 있는 경우에는 그 시기를 변경할 수 있다.[91] 사용자가 회사운영에 막대한 지장이 있어 시기변경권을 행사하였음에도 불구하고 일방적으로 연차유급휴가를 사용한 경우에 사용자는 해당일을 결근으로 처리할 수 있다.[92] 시기변경권의 전제조건인 사업운영에 막대한 지장이 있는지 여부는 기업의 규모, 업무의 성질, 작업의 바쁜 정도, 대행자의 배치난이도, 같은 시기에 휴가청구자의 수 등을 종합적으로 고려하여 판단한다.[93]

연차휴가는 1년간 행사하지 아니한 때에는 소멸된다. 다만, 사용자의 귀책사유로 사용하지 못한 경우에는 그러하지 아니하다.[94] 즉, 사용자가 시기변경권을 행사하여 근로자가 휴가를 사용하지 못한 경우에는 휴가청구권 행사기간인 1년이 지나더라도 청구권이 소멸되지 아니한다. 이 경우 휴가발생일로부터 1년이 경과한 후 근로자가 희망하는 경우에는 이월된 휴가를 휴가 미사용수당으로 대체하여 지급할 수 있으며,[95] 실무상 많은 사업장에서 휴가발생일로부터 1년이 경과한 후에는 휴가청구권의 이월 대신 연차휴가미사용수당을 지급하고 있다.

1년 미만 근속기간 중 월별로 발생한 연차휴가 또한 발생일로부터 1년간 사용할 수 있으나, 최초 1년간 80퍼센트 이상 출근하여 새로

---

90) 김형배. 앞의 책. 479쪽.
91) 근로기준법 제50조 제5항 후문
92) 기준 1455.9-7666, 198
93) 근기 01254-3454, 1990. 3. 8
94) 근로기준법 제60조 제7항
95) 근기 68207-62, 1994. 1. 8

발생한 연차휴가 전체에 대해 다시 그때로부터 1년간의 사용기간이 주어지게 된다.

4) 연차유급휴가수당

연차휴가는 유급휴가이므로 연차휴가기간 중에 근로자가 근로를 제공하지 않더라도 사용자는 임금을 지급하여야 한다. 이를 연차유급휴가수당이라고 한다. 연차유급휴가수당은 평균임금 또는 통상임금으로 지급하도록 규정되어 있으므로,[96] 사용자는 이 둘 중 어느 하나의 임금으로 지급하면 되고, 실무상 주로 통상임금으로 지급된다.

연차유급휴가를 1년 내에 모두 사용하지 못한 경우 또는 연차유급휴가 청구권 행사기간 중에 근로관계가 종료된 경우에는 사용하지 못한 연차휴가일수 전부에 상응하는 연차유급휴가수당을 사용자에게 청구할 수 있다.[97] 1년 미만 근속자가 퇴직하는 경우에도 연차유급휴가 미사용수당의 청구가 가능하다. 사용자는 1년 미만 근속자가 1월간 개근하여 1일씩 발생한 연차휴가 중에서 사용하지 못한 휴가일수에 해당하는 통상임금 또는 평균임금을 퇴직 시 지급하여야 한다.

5) 연차휴가사용촉진제도

연차유급휴가는 앞서 설명한 바와 같이 근로자의 건강을 유지하고 사회적·문화적 시민생활을 누릴 수 있게 하기 위한 제도이다. 그런데 우리나라에서는 연차휴가제도를 본래의 취지와는 다르게 연차유급휴가

---

96) 근로기준법 제60조 제5항

97) 대판 2000. 12. 22. 선고 99다10806

를 사용하지 아니하고 그 미사용수당을 통해 임금 인상의 수단으로 사용하는 경우가 많다. 본래 제도의 취지에 맞도록 휴가사용을 장려하기 위하여 2003년 아래와 같은 연차휴가사용촉진제도를 도입하였다.

사용자가 연차 유급휴가의 사용을 촉진하기 위하여 다음의 조치를 하였음에도 불구하고 근로자가 휴가를 사용하지 아니하여 소멸된 경우에는 그 미사용휴가에 대하여 사용자는 보상할 의무가 없고, 휴가권 소멸에 대한 사용자의 귀책사유도 인정되지 않는다.[98] 첫째, 사용자는 연차휴가 청구권 행사기간이 끝나기 6개월 전을 기준으로 10일 이내에 근로자별로 사용하지 않은 휴가 일수를 알려주고, 근로자가 그 사용시기를 정하여 사용자에게 통보하도록 서면으로 촉구한다. 둘째, 근로자가 촉구를 받은 때부터 10일 이내에 사용하지 아니한 휴가의 전부 또는 일부의 사용 시기를 정하여 사용자에게 통보하지 아니하면 연차휴가 사용기간이 끝나기 2개월 전까지 사용자가 사용하지 아니한 휴가의 사용 시기를 정하여 근로자에게 서면으로 통보한다.

6) 유급휴가의 대체

사용자는 근로자 대표와의 서면합의에 따라 연차유급휴가일을 갈음하여 특정한 근로일에 근로자를 휴무시킬 수 있다.[99] 연차휴가의 대체는 사용자가 근로자 대표와 합의하여 시행하는 것이므로 개인의 찬반여부에 상관 없이 사업장 전체 근로자에게 적용된다. 만약 단체협약으로 사용자에게 대체근로일 특정권을 부여하였다면 별도의 서면합의 없이도 휴가일 대체가 가능하다.[100]

---

98) 근로기준법 제61조

99) 근로기준법 제62조

Q30. 취업규칙의 변경을 통해 공휴일을 연차휴가로 대체하기로 규정하였습니다. 과반수 직원의 동의를 받아 취업규칙을 변경했음에도 불구하고 별도의 근로자대표와의 서면합의가 반드시 필요한가요?

A30. 근로기준법은 사용자는 근로자대표와 서면합의에 의하여 제57조의 규정에 의한 월차유급휴가일 또는 제59조의 규정에 의한 연차유급휴가일에 갈음하여 특정근로일에 근로자를 휴무시킬 수 있다고 규정하고 있으므로, 연·월차유급휴가일 모두 근로기준법 제60조의 규정에 의한 유급휴가의 대체가 가능합니다. 근로기준법 제97조에 의한 취업규칙 변경절차를 거쳐 유급휴가의 대체를 취업규칙에 규정하였다면 근로기준법 제60조에 규정된 사용자와 근로자와의 별도 서면합의가 없어도 당해 취업규칙상 유급휴가의 대체규정은 유효합니다.[101]

다. 선택적 보상휴가제

사용자는 근로자 대표와의 서면합의에 따라 연장근로·야간근로 및 휴일근로에 대하여 임금을 지급하는 것을 갈음하여 휴가를 줄 수 있다.[102] 다만 근로기준법은 보상휴가제 도입 근거만을 규정하고, 그 방법에 관하여는 구체적으로 정하고 있지 않으므로, 예컨대 보상휴가를 어느 정도의 기간 동안 사용할 수 있게 할 것인지, 보상휴가만을 인정할지 또는 보상휴가와 임금청구권 중 근로자가 선택할 수 있게 할 것인지 등은 노사가 자유롭게 협의할 수 있다.

그러나 보상휴가는 연장·야간·휴일근로에 대한 임금만큼의 가치를 가져야 하므로, 근로기준법 제56조에 의한 가산임금을 감안하여 산정하여야 한다. 예컨대 근로자가 휴일에 4시간의 근로를 제공

---

100) 근로기준과-5454, 2004. 10. 12

101) 근기68207-1585, 2000. 5. 24

102) 근로기준법 제57조

하였다면, 임금은 50%가 가산되어 총 6시간분의 임금이 지급되게 되므로 보상휴가제를 실시하려고 한다면 적어도 6시간의 휴가가 제공되어야 한다.

제4장 임금제도

1. 임금의 의의

가. 임금의 정의

근로계약을 체결하면 근로자는 근로를 제공할 의무를 지고, 사용자는 임금을 지급해야 할 의무가 발생한다. 보통의 계약관계에서는 서로의 의무를 행하지 않은 것은 민사책임이 문제가 되지만, 근로계약은 근로자의 생존권이 결부되어 있으므로 근로자의 최소한의 인간다운 생활을 보장하기 위해 그 지급시기, 방법 등이 구체적으로 법령으로 규정되어 있고 이를 위반한 사용자는 민사적으로 지급할 의무가 있을 뿐 아니라 강행규정인 근로기준법 등의 위반으로 인해 형사책임(징역 및 벌금)을 져야 한다. 그러므로 형사책임이 규정된 근로기준법이 적용되는 임금의 정의, 범위, 방법에 대하여 정확히 아는 것이 매우 중요하다. 또한 다음에 설명할 통상임금과 평균임금은 각각 다른 개념일 뿐 아니라 산정기초로 쓰이는 경우가 달라지므로 그 개념을 아는 것이 중요하다. 논란이 있기는 하지만 사용자가 근로자에게 지급하는 모든 금품이 근로기준법상 임금에 해당하지는 않는다. 그러므로 임금의 판단기준과 근로기준법에서 사용하는 각종 임금의 종류에 대하여 명확히 이해해야 할 필요성이 존재한다.

근로기준법에서는 임금을 사용자가 근로의 대가로 근로자에게 임금, 봉급, 그 밖에 어떠한 명칭으로든지 지급하는 일체의 금품으로 정의하고 있다.[1] 그러므로 사용자가 근로자에 지급하는 것 중 근로의 대가로서 지급하는 기본급, 시간외수당, 고정수당, 고정 상여금 등이 이에 해당한다.

---

1) 근로기준법 제2조 제1항 제5호

또한 임금은 근로제공에 대한 대가로 사용자가 지불하는 것이므로 결근·휴직·쟁의·군복무 등으로 인하여 근로자가 근로를 제공하지 않았다면 무노동·무임금의 원칙에 의해 법령이나 취업규칙 등에 따로 정함이 없다면 사용자에게 임금지급 의무가 없다.

월 급여 구성내역

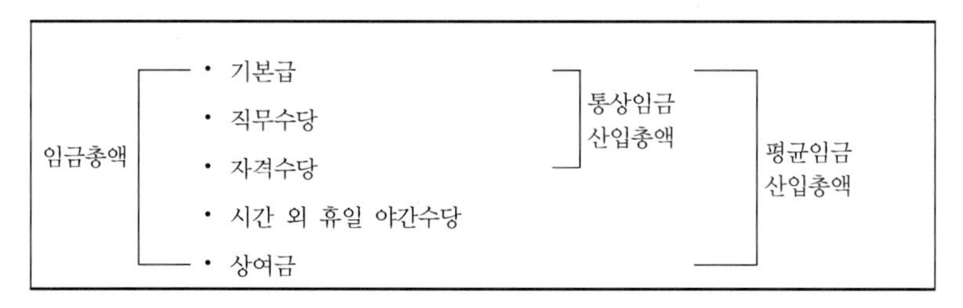

나. 임금의 판단기준

임금에 해당하기 위해서는 「근로의 대가」로 사용자에게 지급의무가 있어야 한다. 어떤 금품이 근로의 대가로 지급된 것이냐를 판단하기 위해서는 그 금품 지급의무의 발생이 근로제공과 직접적으로 관련되거나 그것과 밀접하게 관련된 것으로 볼 수 있어야 한다. 그러므로 근로의 대가가 아닌 실비 변상적으로 지급하는 것, 의례적, 임의적이거나 호의적, 은혜적인 의미에서 지급하는 것, 근로자의 복지후생을 위한 시설이나 비용으로 지급하는 것은 임금에 해당하지 않는다. 실비변상적인 작업용품비, 판공비, 출장비, 각종 경조사비, 자녀학비보조금, 현물인 급식 등을 그 예로 들 수 있다. 또한 지급의무나 당사자 간에 약정 없이 경영성과에 따라 은혜적으로 지급하는 특별성과상여금 등은 임금의 범주에 포함되지 않고 기타 금품이라는 개념을 사용하여 임금과 구분하고 있다.[2)]

판례도 "평균임금 산정의 기초가 되는 임금 총액에는 사용자가 근로의 대상으로 근로자에게 지급하는 금품으로서, 근로자에게 계속적·정기적으로 지급되고 단체협약·취업규칙·급여규정·근로계약·노동관행 등에 의하여 사용자에게 그 지급의무가 지워져 있는 것은 그 명칭 여하를 불문하고 모두 포함된다 할 것이나, 근로자가 특수한 근무조건이나 환경에서 직무를 수행함으로 말미암아 추가로 소요되는 비용을 변상하기 위하여 지급되는 실비 변상적 금원 또는 사용자가 지급의무 없이 은혜적으로 지급하는 금원 등은 평균임금 산정의 기초가 되는 임금 총액에 포함되지 아니한다."라고 판단하고 있다.[3)] 다만 실비변상적인 비용이라고 하더라고 이러한 금품이 모든 근로자에게 지급된다면 통상임금으로 판단하여야 한다. 이러한 기준은 통상임금 편에서 더 구체적으로 살펴볼 것이다.

Q31. 저는 회사의 임원입니다. 제가 받는 보수는 임금인가요? 그리고 만약에 제가 근로자에 해당하여 해외에 파견되어 해외근무수당을 받는다면 이것은 임금에 해당하나요?

A31. 회사의 업무집행권을 가진 이사 등 임원은 회사로부터 일정한 사무처리의 위임을 받은 자(실질적으로 근로계약이 아닌 위임계약)로 회사와의 관계에서 근로기준법상 근로자라고 볼 수 없습니다. 그러므로 이러한 임원들의 보수는 사용종속관계하에 근로제공의 대가로 볼 수 없어 근로기준법상의 임금이라고 판단할 수 없습니다. 그러므로 이러한 보수를 지급받지 못한 경우 민사법원에서 채무불이행을 이유로 청구할 수 있을 뿐이고, 근로기준법 위반으로 고용노동청관서에 신고할 수 없습니다.
근로자가 특수한 근무조건이나 환경에서 직무를 수행하게 됨으로 말미암아 추가로 소요되는 비용을 변상하기 위하여 지급되는 것은 이른바 실비변상적 급여로 근로의 대상으로 지급되는 것으로 볼 수 없는 것입니다(대판 1990. 11. 9. 90다카4683).

---

2) 근로기준법 제36조

3) 대판 2003. 4. 22. 2003다10650

2. 통상임금

가. 개념

통상임금은 근로자에게 정기적이고 일률적으로 소정근로 또는 총 근로에 대해 지급하기로 정한 시간급·일급·주급·월급 또는 도급 금액을 말한다.[4] 통상임금은 연장근로 등에 대한 가산임금 등 법정 근로 수당 산정의 기준이 된다.

우리나라는 장시간 근로관행으로 인하여 각종 가산수당이 증가하고, 이는 사용자 측의 부담으로 작용하여 왔다. 이러한 수당에 대한 부담을 피하고자 대부분의 사업장의 임금 구성은 복잡한 방식을 지니고 있다. 지금까지 법원과 고용노동부는 통상임금의 범위에 대한 해석에서 불일치하고 있으며 이를 해소하고자 노사정위원회에서 논의가 이루어지고 있다. 최근 2013. 12. 19. 전원합의체 판결을 통해 대판은 통상임금에 대해서 다시 한번 명확하게 정의하였으며, 이에 고용노동부는 법원의 해석을 종합적으로 정리하여 제시하였다.[5]

즉, 통상임금인지 여부에 대해서는 금품의 명칭이 아니라 실질을 기준으로 판단하므로, 지급조건과 운용실태 등 객관적 성질을 기준으로 통상임금성을 판단하는데 다음의 객관적 성질 중 세 가지 요건을 모두 갖추어야 한다.

첫째로 정기성이다. 일정한 간격을 두고 계속적으로 지급되어야 함을 의미하는 것으로 지급주기가 1개월을 넘어도 무방하다.

---

4) 근로기준법 시행령 제6조

5) 대판 2013. 12. 19. 2012다94643

둘째로 일률성이다. '모든 근로자'뿐 아니라 '일정한 조건 또는 기준에 달한 모든 근로자'에게 지급되는 임금을 의미한다. '일정한 조건 또는 기준'에는 각종 자격, 면허, 근속기간도 포함된다.

셋째로 고정성이다. 통상임금은 각종 초과근로수당의 산정을 위한 기초임금이므로 미리 확정되어 있는 사전적인 개념이어야 하므로, 고정성은 그 지급조건이 초과근로수당을 제공할 당시 충족되어 있는지를 판단할 수 있어야 한다는 것을 의미한다. 즉, '특정시점에 재직 중인 근로자에게만 지급되는 임금'은 초과근로를 제공하는 시점에서 보았을 때, 그 근로자가 그 특정시점에 재직하고 있을지 여부가 불확실하므로 고정성이 부인된다.

나. 적용

통상임금은 사용자가 근로자에게 정기적이고 일률적으로 소정근로 또는 총 근로에 대하여 지급하기로 정한 시간급 금액, 일급 금액, 주급 금액, 월급 금액 또는 도급금액을 말하며 이는 시간외근로수당, 야간근로수당, 휴일근로수당이나 해고 예고 수당 등의 산정 기초가 된다.[6]

6) 근로기준법 시행령 제6조 제1항

다. 통상임금 예시 범위

임금명목	임금의 특징	통상임금 해당 여부
기술수당	기술이나 자격보유자에게 지급되는 수당(자격수당, 면허수당 등)	통상임금 ○
근속수당	근속기간에 따라 지급여부나 지급액이 달라지는 임금	통상임금 ○
가족수당	부양가족 수에 따라 달라지는 가족수당	통상임금 × (근로와 무관한 조건)
	부양가족 수와 관계없이 모든 근로자에게 지급되는 가족수당분	통상임금 ○ (명목만 가족수당, 일률성 인정)
성과급	근무실적을 평가하여 지급여부나 지급액이 결정되는 임금	통상임금 × (조건에 좌우됨, 고정성 인정 ×)
	최소한도가 보장되는 성과급	그 최소한도만큼만 통상임금 ○ (그만큼 일률적·고정적 지급)
상여금	정기적인 지급이 확정되어 있는 상여금(정기상여금)	통상임금 ○
	기업실적에 따라 일시적, 부정기적, 사용자 재량에 따른 상여금 (경영성과분배금, 격려금, 인센티브)	통상임금 × (사전 미확정, 고정성 인정 ×)
특정시점 재직 시에만 지급되는 금품	특정시점에 재직 중인 근로자만 지급받는 금품 (명절귀향비나 휴가비의 경우 그러한 경우가 많음)	통상임금 × (근로의 대가 ×, 고정성 ×)
	특정시점 되기 전 퇴직 시에는 근무일수에 비례하여 지급되는 금품	통상임금 ○ (근무일수 비례하여 지급되는 한도에서는 고정성 ○)

Q32. 저는 은행원인데 짝수 달에는 성과에 관계없이 일률적인 정기상여금(기본급의 100%)을 지급 받고 있습니다. 현재까지 연차 미사용수당이나 퇴직금 산정에 있어서 정기상여금을 제외한 기본급을 기준으로 지급하는 것이 저희 회사의 관행이었습니다. 그런데 2013. 12. 18. 대판 판결로 정기상여금이 통상임금에 포함된다고 들었는데 저의 경우 적용되는 것인지요?

A32. 귀하의 경우 정기성·고정성·일률성이 충족되는 정기상여금이라면 법률상 통상임금에 해당하는 임금을 통상임금 산정에 포함하여 다시 계산한 미사용 연차수당 등에 대한 추가임금을 청구할 수 있습니다. 즉 '노사합의'로 법률상 통상임금에 해당하는 임금을 통상임금에서 제외시킨 경우에도 그러한 노사합의는 무효이므로 추가임금을 청구할 수 있는 것이 원칙입니다. 다만, 정기상여금에 기한 추가임금 청구는 다음과 같이 신의칙에 의해 제한될 수 있습니다. 판례는 신의칙상 추가임금 청구가 허용되지 않는 경우의 요건으로, ① 정기상여금의 경우에, ② 이 판결로 정기상여금을 통상임금에서 제외하는 노사합의가 무효임이 명백하게 선언되기 이전에 노사가 정기상여금이 통상임금에 해당하지 않는다고 신뢰한 상태에서 이를 통상임금에서 제외하는 합의를 하고 이를 토대로 임금 등을 정하였는데, 근로자가 그 합의의 무효를 주장하며 추가임금을 청구할 경우 예측하지 못한 새로운 재정적 부담을 떠안게 될 ③기업에게 중대한 경영상 어려움을 초래하거나 기업의 존립 자체가 위태롭게 된다는 사정이 인정된다면, 추가임금의 청구는 신의칙에 반하여 허용되지 아니한다는 입장[7]입니다.
귀하의 회사의 정기상여금의 규모나 지급 관행이 위 신의칙이 적용될 경우인지에 대해서는 아직 구체적인 사례가 집적되지 않은 상황에서 확답을 하기는 어려우나, 노사의 신뢰나 예측 가능성 및 기업의 경영상의 어려움 등은 다툼이 있는 경우 사측에서 입증해야 할 부분이 됩니다. 한편 위 신의칙이 적용은 정기상여금에 한정된 문제이며, 통상임금 제외에 대한 합의가 없거나 합의를 하였더라도 위와 같은 사정들이 인정되지 않는다면 신의칙은 적용되지 않으므로 추가임금을 청구할 수 있다는 것이 판례의 입장입니다.

7) 대판 전원합의체 2013. 12. 18. 선고 2012다94643

라. 시간급 통상임금 산정방법

통상임금 산정시간은 소정근로시간과 주휴 등 유급휴일시간을 합산한 시간으로, 연장・야간・휴일근로수당 등의 법정수당을 산정하기 위해서는 임금액이 시간급 금액으로 산정을 하는 방법을 아는 것이 중요하다. 시간급 통상임금은 일・주 월급 금액을 일・주・월 소정근로시간으로 나눈 것을 의미한다. 소정근로시간이란 실제로 근로한 시간이 아닌 사전적으로 근로를 제공하기로 약속한 시간을 의미한다. 소정근로시간에서 주 15시간 이상 근로한 자에 대해서는 일주일에 한 번의 주휴일을 환산한 시간이 포함되어 있음을 유의하여야 한다. 임금을 시급으로 받는 경우에는 시급을 정확히 알기 때문에 계산이 용이하지만, 일당제나 주급・월급제인 경우에는 다음과 같은 방법으로 시간급 통상임금을 산정하여 각종 수당의 기초로 삼아야 한다.

$$* \text{ 시간급 통상임금 } = \frac{\text{일급(주급, 월급) 금액}}{\text{1일(주, 월)의 소정근로시간}}$$

통상임금 계산방법

1. 시간급 통상임금 = 일급금액(주급, 월급) ÷ 1일(주, 월)의 소정근로시간
2. 주 40시간제 근로자의 한 달 소정근로시간(주휴일 발생함)
   - 209시간 = {40(1주)시간 + 8시간(주휴)} × 365일 ÷ 7일 ÷ 12개월
3. 주 13시간제 근로자의 한 달 평균 소정근로시간(주 15시간 이상 근무자에게만 주휴수당이 발생한다는 점을 유의)
   - 56.4시간 = (13시간) × 365일 ÷ 7일 ÷ 12개월
4. 시간급 통상임금 × 1일의 소정근로시간 수 = 일급 통상임금

3. 평균임금

가. 개념

평균임금은 이를 산정하여야 할 사유가 발생한 날 이전 3개월 동안에 그 근로자에게 지급된 임금의 총액을 그 기간의 총 일수로 나눈 금액을 말한다.[8] '평균임금을 산정해야 할 사유가 발생한 날'이라 함은 평균임금을 기초로 하는 각종 급여를 지급하거나 감액하여야 할 사유가 발생한 날을 뜻한다. 그리고 '3개월 동안의 총일 수'란 산정할 사유가 발생한 날에 노무의 제공을 하지 않은 경우가 일반적이므로 초입은 불산입하여 그날 전날부터 역산하여 3개월의 일수를 계산하면 된다.

나. 산정기간 내에 지급된 '임금'의 범위

1) 평균임금 산정기간 동안 근로자에게 '지급된' 임금

평균임금 산정기간에 근로자에 지급된 임금뿐 아니라 지급해야 할 임금도 포함된다. 앞에서 설명한 임금에 해당하는 모든 것이 이에 산입된다. 그러므로 근로기준법에 정해진 기준을 충족한 시간외근로수당・야간근로수당・휴일근로수당・연차휴가수당・산전산후휴가수당 등의 법정수당이 모두 포함된다.

---

8) 근로기준법 제2조 제1항 제6호

2) 산정기간이 아닌 다른 기간에 제공한 근로의 대상으로 지급받은 것의 계산

가) 연차휴가수당

평균임금은 3월간에 그 근로자에 대하여 지급된 임금의 총액을 그 기간의 총일수로 나누어 계산하는 것이나 연차휴가근로수당은 매월 지급되는 임금이 아니라는 점을 감안, 1년분의 연차휴가근로수당을 근로월별로 균등하게 산입하는 것이므로 연차휴가수당의 경우에는 산정기간에 해당하는 부분은 3개월분으로 연차휴가수당의 3/12으로 계산하여야 한다.[9] 다만 행정해석으로는 연차유급휴가 미사용수당이 평균임금에 포함되기 위해서는 퇴직함으로 인하여 지급사유가 발생하는 연차유급휴가 미사용수당은 '퇴직금 산정을 위한 평균임금 산정 기준 임금'에 포함되지 않는다고 판단하므로, 퇴직하기 전 이미 발생한 연차유급휴가 미사용수당(즉, 퇴직 전전년도 출근율에 의하여 퇴직 전년도에 발생한 연차유급휴가 미사용수당)만이 그 기초가 된다고 판단함으로써, 법원과 행정부의 견해가 다르다.[10]

나) 상여금

평균임금 산정 시 상여금 취급에 대해서는 상여금이 단체협약, 취업규칙 기타 근로계약에 미리 지급 조건 등이 명시돼 있거나 관례로서 계속 지급해 온 사실이 인정되는 경우에는 평균임금 산정 시 산입해야 하고, 그 산입 방식은 상여금 지급이 평균임금을 산정해야

9) 대판 1994. 5. 24. 93다4649 ; 임금 68207-173, 1999. 11. 1

10) 임금근로시간정책팀-3295, 2007. 11. 5

할 사유가 발생한 때로부터 이전 12개월 중에 지급받은 상여금 전액을 그 기간의 근로 월수로 분할 계산해 평균임금 산정 시 산입해야 한다. 다시 말하면 연간 총 지급액을 3개월분으로 나누어 평균임금에 산입하여야 한다.[11] 예를 들어, 일 년에 총 4번 정기상여금을 100만 원씩 받는 근로자가 평균임금을 계산할 경우에, 일 년 총 400만 원의 3/12가 평균임금 산정대상이 되는 임금으로 합산되어야 할 것이다.

> Q33. 저는 2014. 4. 3.부터 퇴직하겠다는 의사를 밝혔습니다. 퇴직금을 계산해보려고 하는데, 3개월 동안의 총 일수를 어떻게 계산하여야 하나요?
>
> A33. 2013. 4. 3.에 퇴사를 한다면, 초입은 불산입하고 이를 역산하여 2013. 1. 3.~2013. 4. 2.의 기간이 3개월이라고 할 것이고 이의 날수를 계산하면, 90일이 됩니다. 그러므로 3개월 동안의 총 일수는 언제 퇴직했느냐에 따라 89일에서 92일까지 다양해질 수 있습니다.

다. 적용

평균임금은 퇴직금,[12] 휴업수당,[13] 연차휴가수당,[14] 재해보상금,[15] 제재조치로서 감액,[16] 산업재해보상보험법상의 휴업급여・장해급여・유족급여・상병보상연금・장의비[17]를 산정하는 데 기초가 된다.

---

11) 대판 1989. 4. 11. 89다카2901 ; 근로조건지도과-3100, 2008. 8. 8
12) 근로기준법 제34조 ; 근로자퇴직급여보장법 제8조
13) 근로기준법 제46조
14) 근로기준법 제60조 제5항
15) 근로기준법 제78조 내지 제83조
16) 근로기준법 제95조

라. 조정

퇴직금 등에 대해서는 평균임금으로 산정하여야 하는 것이 원칙이나 평균임금이 통상임금보다 적을 경우에는 그 통상임금을 평균임금으로 해야 한다. 즉, 평균임금을 구했을 경우 최소한의 통상임금보다는 높아야 사용이 가능하다는 것이다.[18]

또한 평균임금을 산정에 들어가는 기간에서 i) 수습사용 중의 기간, ii) 사용자의 귀책사유로 인하여 휴업한 기간, iii) 출산 전후 휴가기간과 육아휴직기간, iv) 업무상 부상 또는 질병으로 요양하기 위하여 휴업한 기간, v) 적법한 쟁의행위 기간, vi) 병역법이나 향토예비군 설치법, 민방위기본법에 따른 의무를 이행하기 위하여 휴직하거나 근로하지 못한 기간(다만 그 기간에 임금을 지급받은 경우에는 포함), vii) 업무 외 부상이나 질병, 그 밖의 사유로 사용자의 승인을 받아 휴업한 기간과 그 기간에 지급된 임금은 평균임금 산정기준이 되는 기간과 임금의 총액에서 각각 제외된다.[19]

다만 의도적으로 평균임금을 높이기 위한 행위가 존재하였을 경우 평균임금을 그 산정의 기초로 하는 퇴직금제도는 직급, 호봉 등에 따른 근로자의 통상의 생활을 종전과 같이 보장하려는 데 그 취지가 있다고 할 것이므로 퇴직급여가 특수하고 우연한 사정에 의하여 통상의 경우보다 현저하게 많거나 적은 금액으로 되는 것은 그 제도의 근본취지에 어긋난다고 할 것이다. 그러므로 판례는 "근로자의 의도적 행위로 평균임금이 현저하게 높아진 경우 근로자의 의도적 행위

17) 산업재해보상보험법 제38조, 제40조 내지 제45조
18) 근로기준법 제2조 제2항
19) 근로기준법 시행령 제2조

에 해당하는 금액을 계산해 내는 것이 쉽지 않으므로 그러한 행위가 있었던 기간을 뺀 직전 3개월간의 임금을 기준으로 평균임금을 산정하여야 한다"고 판단한다.[20]

4. 최저임금

가. 의의

최저임금제는 근로자에 대하여 임금의 최저수준을 보장함으로써, 근로자의 생활안정과 노동력의 질적 향상을 기여하여 국민경제의 건전한 발전에 이바지하게 함을 목적으로 하는 제도다. 우리나라는 헌법에 근거하여, 1986년 12월 31일 「최저임금법」이 제정·공포되어 1988년 1월 1일부터 시행되고 있다.[21] 최저임금의 결정기준은 근로자의 생계비, 유사근로자의 임금, 노동생산성 및 소득분배율 등을 고려하여 정하고, 최저임금액 결정 단위는 시간·일·주 또는 월을 단위로 정하며, 일·주 또는 월을 단위로 하여 최저임금액을 정하는 때에는 시간급으로도 이를 표시한다. 최저임금의 적용을 받는 근로자와 사용자 사이의 근로계약 중 최저임금액에 미치지 못하는 금액을 임금으로 정한 부분은 무효로 하며, 이 경우 무효로 된 부분은 이 법으로 정한 최저임금액과 동일한 임금을 지급하기로 한 것으로 본다.[22]

---

20) 대판 1995. 2. 28. 94다8613

21) 헌법 제32조 제1항

22) 최저임금법 제6조

나. 최저임금액 및 적용대상

매년 최저임금위원회의 심의를 거쳐 고용노동부장관이 최저임금액을 발표하고 있는데, 1명 이상 근로자를 사용하는 모든 사업 또는 사업장으로 사업의 종류별 구분 없이 동일하게 적용된다. 2014년 적용 최저임금은 일반근로자의 경우 시간급 5,210원 또는 일급(8시간 기준) 41,680원이다.[23] 적용 제외 근로자는 동거하는 친족만을 사용하는 사업과 가사사용인과 선원법의 적용을 받는 선원 및 선원을 사용하는 선박소유자이다.[24] 또한 정신 또는 신체의 장애가 업무 수행에 직접적으로 현저한 지장을 주는 것이 명백하다고 인정되는 사람으로 고용노동부장관의 인가를 받은 경우에는 1년의 범위 내에서 최저임금법의 적용이 제외된다.[25] 고령자의 경우나 18세 미만 자에게도 적용되는 것을 유의해야 한다.

그리고 수습 사용 중에 있는 자로서 수습 사용한 날부터 3개월 이내인 사람과 감시·단속적으로 근로에 종사하는 자로서 사용자가 고용노동부장관의 승인을 받은 사람에 대해서는 시간급 최저임금액에서 100분의 10을 뺀 금액을 그 근로자의 시간급 최저임금액으로 한다.[26]

---

23) 소득세법 기타 사회보장에 관한 법률에 의하여 근로소득세, 의료보험료 등을 임금에서 공제하는 경우 공제 전의 임금을 기준으로 판단함

24) 최저임금법 제3조

25) 최저임금법 제7조, 같은법 시행령 제6조, 같은법 시행규칙 제3조

26) 최저임금법 제5조, 같은법 시행령 제3조

다. 최저임금액 산정에 포함되는 범위

최저임금적용을 위해 최저임금인지 여부를 판단할 때, 단체협약, 취업규칙 또는 근로계약에 임금항목으로서 지급근거가 명시되어 있거나 관례에 따라 지급하는 임금 또는 수당, 미리 정해진 지급요건과 지급률에 따라 소정 근로에 대해 매월 1회 이상 정기적·일률적으로 지급하는 임금 또는 수당이어야 한다는 것이어야 한다는 것이 공통요건으로서 요구된다. 개별적인 기준은 다음과 같으며 이는 대체적으로 통상임금의 범위와 유사하다.

① 직무수당·직책수당 등 미리 정해진 지급조건에 따라 담당하는 업무와 직책의 경중에 따라 지급하는 수당
② 물가수당·조정수당 등 물가변동이나 직급 간의 임금 격차 등을 조정하기 위하여 지급하는 수당
③ 기술수당·면허수당·특수작업수당·위험작업수당 등 기술이나 자격·면허증 소지나 특수작업종사 등에 따라 지급하는 수당
④ 벽지수당·한냉지근무수당 등 특수지역에서 근무하는 자에게 일률적으로 지급하는 수당
⑤ 승무수당·항공수당·항해수당 등 버스, 택시, 화물자동차, 선박, 항공기 등에 승무하여 운행·조정·항해·항공 등의 업무에 종사하는 사람에게 매월 일정한 금액을 지급하는 수당
⑥ 생산장려수당 등 생산기술과 능률을 향상시킬 목적으로 매월 일정한 금액을 지급하는 수당
⑦ 기타 공통요건에 해당하는 것이 명백하다고 인정되는 임금 또는 수당

Q34. 저는 임금은 기본급이 90만 원이고 직무수당 20만 원, 식대 10만 원 교통비 5만 원을 매월 정기적으로 지급받고 있습니다. 주 40시간 근로자인데 제가 최저임금에 위반되는 임금을 받고 있나요?

A34. 기본적으로 최저임금에 해당하는 금액은 통상임금과 유사한 기준으로 판단하는바, 근로계약, 취업규칙이나 단체협약에 의해 임금항목으로서 지급근거가 명시되어 있거나 관례에 따라 정기적으로 지급하는 것은 임금에 해당합니다. 그러므로 질문자의 임금 중 기본급, 직무수당은 최저임금을 계산하는 임금에 해당하게 될 것이고, 식대와 교통비는 위와 같은 원칙에 따라 판단해야 할 것입니다. 그러므로 질문자의 기본급이 90만 원이고, 직무수당도 임금에 해당하는바, 최저임금은 2014년 기준으로 1,088,890원(209시간×5210원)이므로 식대와 교통비의 최저임금에 산입하는 임금에 해당하는지와 관계없이 최저임금법에 위반되지 않는다고 할 것입니다.[27]

입법예고(2014-7-14～2014-8-2마)

최저임금법 일부개정법률안

가. 단순노무종사자는 수습을 이유로 한 최저임금 감액 대상에서 제외함(안 법 제5조 제2항)
나. 최저임금 위반 시 즉시 과태료를 부과하고, 시정 시 과태료를 100분의 50 범위 내에서 감경하도록 함(안 법 제31조)
다. 2년간 기간 중 재위반할 경우 3년 이하 징역 또는 3천만 원 이하 벌금을 부과하도록 함(안 법 제28조)

부 칙

제1조(시행일) 이 법은 공포 후 6개월이 경과한 날부터 시행한다.
제2조(벌칙 및 과태료에 관한 경과조치) 이 법 시행 전의 행위에 대한 벌칙 및 과태료의 적용은 종전의 규정에 따른다.

27) 최저임금법 시행령 별표

5. 임금지급 방법

임금은 근로자들에게 유일한 생계수단이 되는 것이 대부분이므로, 근로기준법은 사용자의 임금지급의 방법에 대해서 그 기준을 구체적으로 규정하고 있다. 즉, 근로기준법 제43조에 의하면 i) 임금은 통화로 직접 근로자에게 그 전액을 지급하여야 한다. 다만 법령 또는 단체협약에 특별한 규정이 있는 경우에는 임금의 일부를 공제하거나 통화 이외의 것으로 지급할 수 있다, ii) 임금은 매월 1회 이상 일정한 날짜를 정하여 지급하여야 한다. 다만 임시로 지급하는 임금, 수당, 그 밖에 이에 준하는 것, 또는 대통령령으로 정하는 임금에 대하여는 그러하지 아니하다고 규정하고 있다. 그러므로 임금과 임금의 성질을 가지고 있는 퇴직금은 다음과 같은 원칙에 따라 지급되어야 한다. 이를 위반한 경우에는 사용자는 징역 3년 이하 또는 벌금 2천만 원 이하의 형사처벌을 받게 된다.[28]

가. 통화불원칙

임금은 법령 또는 단체협약에 특별한 규정이 있는 경우 외에는 통화로 지급하여야 함이 원칙이다. 그러므로 회사가 자신들이 제조하는 물건이 과다 생산되었다는 이유로 이를 임금 대신 지급하거나 하는 것은 위법한 것이다. 다만 임금이 아닌 기념품으로 창립기념일과 같은 날에 회사상품을 지급하는 것은 가능하다. 또한 행정해석에 의하면 통화는 국내에서 강제통용력이 있는 화폐(한국은행법 제48조)로

---

28) 근로기준법 제109조

지급해야 하며 달러나 유로로 지급하는 것은 금지되어 있다. 다만 금융제도가 현대에는 매우 발달되어 있으므로 은행에 의해 그 지급이 보증되는 보증수표로 임금을 지급하는 것은 이 원칙에 위배되는 것이 아니다.[29)]

나. 직접불원칙

임금은 반드시 근로자 본인에게 직접 지급해야 한다는 것이 직접불원칙이다. 예를 들어, 본인 명의 계좌입금이나 사자(심부름꾼)에 지나지 않는 자에게 임금을 지급하는 것은 가능하나, 법정 대리인(부모)에게 지급하는 것이나 노동조합에 지급하는 것은 위법하다. 다만 임금채권이 양도된 경우가 문제되는바(임금채권의 양도는 가능하다), 대판은 "근로기준법 제36조 제1항 에서 임금직접지급의 원칙을 규정하는 한편 동법 제109조에서 그에 위반하는 자는 처벌하도록 하는 규정을 두어 그 이행을 강제하고 있는 취지가 임금이 확실하게 근로자 본인의 수중에 들어가게 하여 그의 자유로운 처분에 맡기고 나아가 근로자의 생활을 보호하고자 하는 데 있는 점에 비추어 보면 근로자가 그 임금채권을 양도한 경우라 할지라도 그 임금의 지급에 관하여는 같은 원칙이 적용되어 사용자는 직접 근로자에게 임금을 지급하지 아니하면 안 되는 것이고 그 결과 비록 양수인이라고 할지라도 스스로 사용자에 대하여 임금의 지급을 청구할 수는 없다"라고 하여 근로자가 임금채권을 제3자에게 양도하는 것은 가능하지만 양도되었다고 하더라도 사용자가 채권양수인에게 지급하는 것을 금지한다.[30)]

---

29) 임금 68207-552, 2002. 7. 29

30) 대판 1988. 12. 13. 87다카2803

Q35. 미성년자인 딸이 아르바이트를 하는데, 아르바이트비를 엄마인 제 통장으로 받을 수는 없나요?

A35. 임금은 반드시 근로자 본인에게 지급하여야 하므로 근로자가 아무리 미성년자라고 하더라도 사업주는 원칙적으로 미성년자에게 직접 지급해야 함이 원칙입니다.

다. 전액불원칙[31)]

임금은 공제하지 않고 전액을 지급해야 함이 원칙이다. 다만 법령이나 단체협약에 근거한 공제는 가능한데, 예를 들어, 법령에 따른 각종 세금, 의료보험, 국민연금 등의 공제와 단체협약에 따른 조합비 일괄공제는 가능하다. 그러나 취업규칙이나, 개별적인 계약의 경우 근로자가 상대적으로 취약한 입장으로 판단되므로 이에 의한 공제는 불가능하다. 불법행위나 취업규칙 및 근로계약 위반으로 발생하는 채무, 손해배상액에 대해서도 임금・퇴직금과 상계해서는 안 된다. 그러므로 사용자가 근로자의 퇴직 후, 근로자가 끼친 손해가 발생하였다면 손해배상금을 퇴직금에서 임의로 공제하여 지급한 경우에 이는 전액불원칙 위반과 임금미지급에 해당하게 된다. 다만 사용자의 손해배상채권을 기초로 사용자가 법원으로부터 근로자의 임금에 압류 또는 가압류 결정을 받은 경우 및 제3자가 근로자의 임금에 압류 또는 가압류를 하는 경우는 법률에 의한 공제이므로 허용된다.[32)]

또한 임금채권이 상계금지채권인지에 대하여 법원은 "근로기준법

---

31) 위헌심사에서 합헌으로 결정된 바 있음.(헌재결 2005. 9. 29, 2002헌바1가)

32) 근기 68207-481, 1997. 4. 11

제42조 제1항 본문이 임금 전액지급의 원칙을 선언한 취지는 사용자가 일방적으로 임금을 공제하는 것을 금지하여 근로자에게 임금 전액을 확실하게 지급받게 함으로써 근로자의 경제생활을 위협하는 일이 없도록 그 보호를 도모하려는 데 있으므로, 사용자가 근로자에 대하여 가지는 채권을 가지고 일방적으로 근로자의 임금채권을 상계하는 것은 금지된다고 할 것이지만, 사용자가 근로자의 동의를 얻어 근로자의 임금채권에 대하여 상계하는 경우에 그 동의가 근로자의 자유로운 의사에 터 잡아 이루어진 것이라고 인정할 만한 합리적인 이유가 객관적으로 존재하는 때에는 근로기준법 제42조 제1항 본문에 위반하지 아니한다고 보아야 할 것이고, 다만 임금 전액지급의 원칙의 취지에 비추어 볼 때 그 동의가 근로자의 자유로운 의사에 기한 것이라는 판단은 엄격하고 신중하게 이루어져야 한다"라고 해석함으로써 사용자의 일방적인 상계는 전액불원칙에 위반하고, 근로자의 자유로운 의사에 대한 동의가 반드시 상계의 요건이 되어야 한다고 판단하고 있다.[33] 그리고 법원은 "일반적으로 임금은 직접 근로자에게 전액을 지급하여야 하므로 사용자가 근로자에 대하여 가지는 채권과 상계를 하지 못하는 것이 원칙이나, 계산의 착오 등으로 임금이 초과 지급되었을 때 그 행사의 시기가 초과 지급된 시기와 임금의 정산, 조정의 실질을 잃지 않을 만큼 합리적으로 밀접되어 있고 금액과 방법이 이미 예고되는 등 근로자의 경제생활의 안정을 해할 염려가 없는 경우나, 근로자가 퇴직한 후에 그 재직 중 지급되지 아니한 임금이나 퇴직금을 청구하는 경우에는, 초과 지급된 임금의 반환청구권을 자동채권으로 하여 상계할 수 있고, 따라서 이 법

33) 대판 2001. 10. 23. 2001다25184

리에 비추어 근로자가 일정기간의 미지급법정수당을 청구하는 경우에 사용자가 같은 기간 법정수당의 초과지급부분이 있음을 이유로 상계나 그 충당을 주장하는 것도 허용된다"라고 하여 과지급된 임금에 대하여 부분적으로 상계를 인정하고 있다.[34)]

참고로 임금채권 포기는 지급시기가 도래하여 임금채권이 발생한 경우에는 근로자의 재산이 되므로 이에 대한 근로자의 포기의 의사표시는 가능하지만, 이러한 포기는 근로자의 명시적이고, 개별적인 동의로 효력이 발생한다. 또한 근로계약 중에는 퇴직금 포기의 의사표시를 할 수 없고, 근로계약이 종료된 후에는 자유로운 의사에 기해 퇴직금의 포기나 부제소특약 등이 가능하다.[35)]

라. 정기불원칙

임금은 지급시기를 정해야 하고 이에 따라 매월 1회 이상 일정한 날에 지급하여야 한다. 다만 임시로 지급하는 임금, 수당, 그 밖에 이에 준하는 것 또는 다음과 같은 것은 매월 1회 이상 지급하여야 할 임금의 예외이다.[36)]

① 1개월을 초과하는 기간의 출근 성적에 따라 지급하는 정근수당
② 1개월을 초과하는 일정기간을 계속하여 근무한 경우에 지급되는 근속수당
③ 1개월을 초과하는 기간에 걸친 사유에 따라 산정되는 장려금,

34) 대판 1995. 6. 29. 94다18553
35) 대판 2005. 7. 29. 2003다9254
36) 근로기준법 시행령 제23조

능률수당 또는 상여금

④ 그 밖에 부정기적으로 지급되는 모든 수당

연봉제라고 하여도 임금정기불원칙에 따라 매월 1회 이상 지급해야 한다. 연봉제라는 것은 임금계산단위가 1년이라는 의미이고 지급방법을 1년에 1회로 두는 것이 아니기 때문이다. 정기불원칙에 위반한 경우에는 채무의 이행지체에 따른 지연이자와 손해배상책임이 발생함은 당연하다.

6. 가산임금

가. 개념

근로기준법에서는 법정 근로시간을 하루 8시간, 주 40시간으로 규정하고 있음에도 우리나라는 OECD국가 평균 38.6시간을 훨씬 상회하여 평균 44.6시간의 장시간근로를 하는 국가이다.[37] 시간외 · 야간 · 휴일근로에 대해서는 신체의 피로도가 높기 때문에 이에 대하여 50%의 할증임금을 주도록 근로기준법에서 정하고 있다.[38]

37) 2011. OECD자료

38) 근로기준법 제56조

나. 연장근로

연장근로란 근로기준법 제50조에서 규정하고 있는 1일 8시간, 1주 40시간을 초과하는 근로를 의미한다. 15세 이상 18세 미만인 연소자의 근로시간은 1일 7시간, 1주일에 40시간을 초과하지 못한다. 다만 당사자 사이의 합의에 따라 1일 1시간, 1주일에 6시간을 한도로 연장할 수 있다.[39] 법적으로 가능한 연장근로시간을 상회하여 근로자에게 일을 하도록 한 경우 연장근로제한의 위반에 대한 벌칙으로 징역 2년 또는 벌금 1천만 원 이하에 처해질 수 있다.[40] 연장근로는 1주 40시간, 1일 8시간이라는 법정 근로시간을 초과하는 시간에 대해서 발생하는 것이다. 다만 사용자는 특별한 사정이 있으면 고용노동부장관의 인가와 근로자의 동의를 받아 법정근로시간 이상으로 근로시간을 연장할 수 있다. 다만 사태가 급박하여 고용노동부장관의 인가를 받을 시간이 없는 경우에는 사후에 지체 없이 승인을 받아야 한다. 고용노동부장관은 이러한 근로시간 연장이 부당하다고 인정하면 그 후 연장시간에 상당하는 휴게시간이나 휴일을 줄 것을 명할 수 있다.[41]

사용자는 산후 1년이 지나지 않은 여성에 대하여는 단체협약이 있다고 하여도 1일에 2시간, 1주일에 6시간, 1년에 150시간을 초과하는 시간외근로를 시키지 못한다.[42] 이에 대해서도 위와 같은 벌칙이 존재한다.

---

39) 근로기준법 제69조

40) 근로기준법 제110조

41) 근로기준법 제53조

42) 근로기준법 제71조

근로기준법상의 탄력적 근로시간제를 도입했을 경우에는 취업규칙이나 노사합의로 규정한 소정근로시간의 범위 내에서는 법정근로시간을 초과했다 하더라도 가산임금 지급의무는 없다.

Q36. 저는 하루 6시간씩 근무하기로 하고, 아르바이트를 하고 있습니다. 그러나 매번 한 시간 정도씩 근로를 더 하는데, 이에 대해서 할증된 연장근로수당을 청구할 수 있나요?

A36. 질문자가 「기간제 및 단시간 근로자에 관한 법률」에 해당하는 1주 동안의 소정근로시간이 그 사업장에서 같은 종류의 업무에 종사하는 통상 근로자의 1주 동안의 소정근로시간에 비하여 짧은 근로자일 경우에는 이 법의 적용을 받아, 2014. 9. 19.부터 시행되는 개정 법률에 의해 주 6시간 근로함이 약정되었으나 1시간씩 더 근무를 하는 경우에는 할증된 연장근로수당을 청구할 수 있습니다. 참고로 개정법률 적용 전에는 1일 8시간까지는 단시간 근로자라 하더라도 할증 연장근로수당을 청구할 수 없었습니다.

Q37. 저는 포괄임금제로 월급을 받고 있는데, 주당 4시간의 연장근로수당이 항상 월급에 포함되어 있습니다. 다만 항상 주 12시간씩 연장근로 및 야간근로를 하는 경우 8시간분의 연장근로수당 및 야간근로수당을 더 청구할 수 있나요?

A37. 네. 포괄임금제 계약에 미리 산입된 가산수당보다 실질적으로 더 초과근로를 하여 청구할 임금이 있다고 할 경우 청구가 가능합니다. 그러므로 포괄임금제로 계약을 맺은 근로자는 월급에 산입된 연장, 야간 근로수당이 근로기준법에 따른 통상임금 및 실근로시간을 기준으로 산정한 법정수당 액수에 미달하는지를 확인하여야 할 것입니다. 미달되는 경우, 이러한 포괄임금계약은 무효이며 사업주는 그 차액을 지급하여야 합니다(대판 2010. 5. 13. 2008다6052).

다. 야간 및 휴일근로

야간근로란 22:00부터 6:00까지의 근로를 말한다.[43] 휴일근로는 일요일이나 국경일 등 관공서의 공휴일이 아니라 단체협약·취업규칙 등에서 휴일로 정한 날을 의미하며, 그 휴일의 무급 또는 유급여부를 불문한다.

근로자들과 사용자들이 반드시 확인해야 할 것은 관공서의 공휴일이 사업장의 휴일로 지정되어 있는지 또는 지정할 것인지 여부이다. 원칙적으로 관공서의 공휴일은 근로자에게 법상 지급된 휴일이 아니고, 근로자에게 법상 부여되는 휴일은 근로자의 날과(5월 1일), 주휴일[44]뿐이다. 그러므로 각 사업장에서는 관공서의 공휴일을 휴일로 할지, 한다면 유급인지 무급인지, 아니면 연차휴가에서 일괄공제하는 방식을 취할지 등을 자율적으로 결정할 수 있다.

Q38. 제가 지각을 하여 원래 출근시간보다 1시간 늦게 출근을 하였기에 한 시간 늦게 퇴근하게 되었습니다(9시 출근-18시 퇴근이 원칙이나, 10시 출근-19시 퇴근함, 중간에 휴게시간 1시간 있음). 이런 경우 지각한 1시간에 대해서 임금을 받을 수 있는지와, 지각으로 인하여 1시간 더 근로를 하게 된 것에 대해서 연장근로수당을 청구할 수 있나요?

A38. 무노동무임금의 원칙에 의하여 근로자가 지각이나 조퇴로 근로를 제공하지 않은 경우 그에 해당하는 임금을 지급하지 않는 것이 원칙입니다. 하지만 10분 지각을 하였는데 30분 공제의 약정이 있는 등은 손해배상예정금지 원칙에 따라 근로기준법에 위반되며, 시간당 임금을 공제할 수 있을 뿐입니다. 그리고 정해진 근로시간보다 더 근로

43) 근로기준법 제56조

44) 근로기준법 제55조

한 시간에 대해서는 다른 경우와 마찬가지로 연장근로수당을 청구할 수 있습니다(근기 68207-3181, 2000. 10. 13).

Q39. 저는 주말에만 아르바이트를 하고 있습니다. 저는 약정된 시급에서 휴일근로수당을 가산하여 받을 수 있나요?

A39. 아닙니다. 휴일근로라고 함은 소정근로시간이 아닌 사용자와 근로자 사이에 휴일로 지정된 날에 근로를 제공하는 것을 의미하므로, 주말이 소정근로일로 정해져 있다고 하면 주말이 근로자에게는 휴일 근로가 아니므로 휴일근로 수당이 발생하지 않습니다.

Q40. 한 달에 한 번 주말에 당직을 서는데, 당직수당은 따로 받지 않습니다. 이것에 대하여 휴일, 연장근로수당을 청구할 수 있을까요?

A40. 당직의 근로내용에 따라 판단하여야 합니다. 당직이 통상근로와는 달리 사업장 내 시설이나 장비 등을 유지·보호하기 위해 특별히 제공하는 근로로서 연장근로 또는 야간근로와는 그 성질이 다른 것인 경우 그 수당은 청구할 수 없음이 원칙이고, 숙·일직 시 그 업무의 내용이 본래의 업무가 연장된 경우는 물론이고 그 내용과 질이 통상의 근로와 마찬가지로 평가되는 경우에는 그러한 초과근무에 대하여는 야간·연장·휴일근로수당 등을 지급하여야 합니다(근기 01254-5391, 1987. 4. 2.; 서울동부지법 2013. 8. 13. 2012가합104180).

라. 가산임금 중복의 경우 계산법

가산수당의 지급 요건들이 각각 중복되었을 경우에는 피로도의 가중만큼 임금도 중복 가산되어야 한다는 것이 대판과 행정해석의 공통적인 견해로 확립되어 있다.[45] 즉, 사용자는 근로자의 근로가 휴일·연장·야간 중 두 개가 겹칠 경우 통상임금의 100% 가산임금을 근

45) 근기 01254-1099, 1993. 5. 31. ; 대판 1991. 3. 22. 90다6545

로자에게 지급하여야 하고, 세 개 모두가 겹칠 경우에는 150%의 가산임금을 지급하여야 한다.

Q41. 저는 월요일에서부터 금요일까지 근무를 하기로 약정되어 있고, 주휴일이 일요일입니다. 일요일에 회사 업무를 급히 처리해달라는 사장님의 요청으로 출근하여 오전 9시부터 오후 8시까지(점심 1시간 휴게) 근무하였습니다. 저의 가산수당은 어떻게 계산되어야 할까요?

A41. 질문자의 근로는 휴일, 연장근로로 판단됩니다. 그러므로 통상임금 시급을 계산하여 다음과 같이 계산합니다.
① 근로시간 10시간(9:00~20:00, 단 휴게시간 1시간 제외) × 시급
② 연장근로 2시간(18:00~20:00) × 시급 × 0.5(휴일근로는 연장근로가 아니고 하루 8시간 이상만 연장근로에 해당함)
③ 휴일근로 10시간(9:00~20:00, 단 휴게시간 1시간 제외) × 시급 × 0.5
합계 ①+②+③이 질문자의 연장, 휴일 근로수당입니다.

마. 휴일근로가 연장근로에 해당하는지 여부

1주일에 12시간을 한도로 제50조의 근로시간을 연장할 수 있다는 규정에서의 연장근로시간에는 휴일근로시간이 포함되지 아니한다. 즉, 근로기준법 제56조의 연장근로와 휴일근로를 명확하게 구분하여 규정하고 있으므로 휴일근로는 연장근로에 포함되지 않는다는 것이 고용노동부의 입장이다. 하지만 하급심판결이지만 법원에서는 "휴일 외 다른 날의 근로시간이 1주에 40시간을 넘은 경우 휴일에 한 근로시간은 모두 휴일근로시간임과 동시에 연장근로시간에 해당하고, 그 근로시간에 대하여는 모두 휴일근로수당과 연장근로수당을 중첩적으로 지급하여야 한다"라는 판결을 낸 바 있다.[46] 이를 입법적으로 해

결하자고 하는 견해가 팽배하지만 아직 실무의 해석은 휴일근로는 연장근로에 해당하지 않는다고 보는 고용노동부의 지침을 따르고 있다.

7. 비상시 지불

가. 개념

사용자는 근로기준법상 임금지급일에 정기적으로 임금을 지급하거나, 근로자가 사망, 퇴직한 경우, 그 사유가 발생한 때로부터 14일 이내에 임금을 지급하면 되는 것이 원칙이다. 임금근로자들은 임금지급일이 도래하기 전에는 일반적으로 임금채권을 가지고 있으나 청구권을 행사하지 못한다. 그러나 경험칙상 인생에는 다급하게 돈이 필요한 예측할 수 없는 상황에 처하는 경우가 생기므로 근로자가 제공한 근로에 대한 대가로 지급이 확정되어 있는 임금에 대해서 사업주가 반드시 지급해야 한다는 것을 법령으로 규정함으로써 이러한 상황을 대비하고 있다.

나. 요건

지급이 확정되어 있는 임금에 대해서 임금지급기일 전에 사업주가 반드시 지급해야 하는 사정이 어떠한 경우를 의미하는지에 대해서는

46) 대구민지판 2012. 1. 20. 2011가합376

다음과 같이 규정되어 있다.[47)]

① 출산하거나 질병에 걸리거나 재해를 당한 경우
② 혼인 또는 사망한 경우
③ 부득이한 사유로 1주일 이상 귀향하게 되는 경우

이러한 질병에 걸리거나 재해를 당한 경우는 업무상이든 업무외이든 무관하며, 재해의 경우 홍수·화재 등을 의미한다고 할 것이다. 이와 같은 사유가 존재하고, 근로자가 이미 근로를 제공하여 받을 임금이 존재하는 경우에는 청구요건을 충족시키고 근로자가 청구하면 사용자는 지급의무가 발생한다고 할 것이다. 법령의 의미에 맞게 지급은 청구한 즉시 지체 없이 지급하는 것으로 해석된다. 장래에 발생할 임금에 대해서는 이 법조문을 근거로 비상시 지불에 대한 청구권이 존재하는 것은 아님을 유의할 것이다.

8. 휴업수당

가. 의의

근로계약을 맺은 두 당사자는 각각 근로를 제공할 의무와 근로를 수령할 의무가 있다. 사용자가 사업의 일시적 악화 등으로 인해 근로자의 근로제공을 수령하지 않으면 이는 계약상 채권자 지체에 해

47) 근로기준법 시행령 제25조

당한다. 이에 대해서 근로자는 임금전액에 대해서 청구할 수 있지만, 민사소송절차에서 이러한 청구권을 행사하는 것은 근로자가 사용자의 고의, 과실을 입증하는 등 많은 시간과 비용과 노력이 필요하다. 그러므로 근로기준법에서는 이러한 경우를 미리 대비하여, 평균임금의 70%를 지급하도록 규정하고 이를 어길 경우 형사책임을 부과함으로써 더욱 신속하고 간편하게 근로자의 임금채권을 보장하고 있다. 또한 이는 손해배상에 대한 예정이 아닌 임금의 성격으로 보아 채무자회생 및 파산에 관한 법률에 의해서도 공익채권으로 분류된다.[48] 또한 휴업수당이 최종 3개월 임금에 해당한다면, 이는 최우선변제채권에도 해당하게 된다.

나. 요건

사용자의 귀책에 의한 휴업의 경우에 근로자가 휴업수당을 청구할 수 있으므로 어떠한 경우 사용자의 귀책에 의한 것인지를 판단해야 한다. 또한 부득이한 사유로 사업이 불가능한 경우에 노동위원회의 승인을 얻은 경우에는 법정 범위인 평균임금의 70% 이하로 지급할 수 있다. 판례 및 행정 해석에서 사용자의 귀책사유를 인정한 사례와 부득이한 사유로 인정하여 휴업수당의 감액을 인정한 경우를 살펴본다.

① 사용자의 귀책사유를 인정한 사례(휴업수당 인정 사례)

- 경영상 휴업과 공장 이전

48) 대판 2013. 10. 11. 2012다12870

- 원료 부족, 판매 부진, 주문량 감소
- 행정적 제재처분에 의한 영업정지
- 유통구조 차질에 따른 작업량 감소

② 부득이한 사유로 인정한 사례(감액된 사례)
- 유일한 자재공급원의 상실
- 전체 공장의 침수
- 계절적 사업인 천일염업체의 휴업
- 천재 기타 자연현상 등에 의한 휴업

Q42. 저는 사용자가 경영상 어렵고, 일감이 없다고 하여 대기발령을 받았는데 사용자는 이를 무급휴직이라고 합니다. 이런 경우 저는 근로기준법상 휴업수당을 청구할 수 없나요?

A42. 청구할 수 있습니다. 근로기준법상 휴업의 의미에는 근로자가 근로계약으로 근로를 제공할 의사가 있음에도 사용자가 이를 거부하는 경우의 휴직도 그 개념에 포함이 됩니다. 그러므로 질문자와 같은 경우의 대기발령은 휴업에 해당하는 휴직에 해당하므로 이에 대해서 사용자는 근로자에게 휴업수당을 지급할 의무가 있습니다(대판 2013. 10. 11. 2012다12870).

9. 기타의 임금

가. 연차휴가수당

연차휴가제도는 여가이용으로 근로자의 일, 가정양립과 사회·문화적 생활을 도모하고자 하는 제도로 이를 사용하는 것이 목적이지만, 근로기준법상 부여되는 연차휴가를 모두 사용하지 못한 경우에는 판례와 행정해석을 통해 미사용 연차에 대한 연차휴가수당이 발생한다고 판단한다. 다만 사용자가 연차유급휴가의 사용촉진을 법에 적합하게 시행하였음에도 근로자가 사용하지 않은 경우에는 사용자는 이를 보상할 의무가 없다.[49]

또한 연차휴가수당의 기초가 되는 임금이 평균임금인지 통상임금인지는 법에 정함이 없으므로 노사 간에 자유롭게 취업규칙 등에서 결정할 수 있다.

나. 주휴수당

사용자는 근로자에게 1주일에 평균 1회 이상의 유급휴일을 주어야 하는바, 이를 주휴일이라고 표현하고 있으며, 이날에 대해서는 근로를 하지 않고 임금을 지급받는바. 이를 주휴수당이라고 한다.[50] 주휴일은 1주 15시간 이상 근무한 자에게 모두 지급되는 것이므로 보통 월급에 포함되어 있지만, 시급을 받는 근로자들은 반드시 챙겨야 하는 법상 임금이다.

---

49) 근로기준법 제61조

50) 근로기준법 제55조

Q43. 저는 시급 6,000원을 받고 주말에 8시간씩 카페에서 근로를 하는 아르바이트생입니다. 저도 주휴수당을 받을 수 있는지요, 그리고, 월급을 얼마를 더 받아야 되는 것인가요?

A43. 질문자는 일주일에 15시간 이상 근무하므로 법상 주휴수당이 발생합니다. 통상근로자는 주 40시간을 기준으로 주휴수당이 8시간분에 해당하는 임금이지만, 단시간 근로자의 경우에는 근로시간에 비례하여 짧아집니다. 그러므로 16/40×8로 계산하면 매주 3.2시간에 해당하는 주휴수당을 지급하여야 합니다.

10. 포괄임금제

가. 의의

원칙적인 임금산정방식은 사용자가 근로자의 소정근로시간에 대한 통상임금을 정하고 여기에 더하여 연장근로수당・야간근로수당・휴일근로수당 등의 시간외근로수당을 지급하는 방식이지만, 포괄임금제는 이와 달리 실제 근로시간을 따지지 않고 매월 일정액의 시간외근로수당을 지급하거나 기본임금에 제 수당을 포함해 지급하는 임금산정방식으로 판례에 의하여 인정되기 시작한 것이다.

나. 포괄임금제 성립요건

이처럼 포괄임금제는 원칙적이 아닌 예외적인 임금산정방식이기 때문에 근로형태, 업무의 성질에 따라 근로시간이 불규칙하거나 근로자가 재량으로 자신의 근로시간을 정할 수 있는 경우 등 시간외근로수당을 확정하기 어려운 경우에 한하여, 근로자의 승낙하에 기본임금에 제 수당이 포함되어 지급된다는 내용이 명시된 근로계약서로 체결되어야 인정할 수 있을 것이다. 그러나 판례는 포괄임금제 존재 자체는 인정하지만 그 성립요건에 대하여 아직 일관된 태도를 보이는 것은 아니다.

판례는 업무성질・근로형태 등을 종합적으로 판단하여 시간외・야간・휴일근로가 당연히 예상되는 경우에 포괄임금제 성립을 인정하기도 하였다.

실제 근로시간과 무관하게 단순히 연장근로수당이라는 명목으로 매월 금 110,200원씩을 지급하기로 약정되었고, 그러한 약정에 따라 원고는 별다른 이의 없이 매월 확정금 110,200원을 연장근로수당 명목으로 지급받아 왔던 사실을 인정하고, 이를 바탕으로 원고가 제공한 근로는 신체 또는 정신적 긴장이 적은 감시적 업무로서 경비・순찰이라는 근로형태의 특수성으로 인하여 근로기준법상의 기준 근로시간을 초과한 연장근로, 야간근로 및 휴일근로가 당연히 예상된다 할 것이어서, 원고와 피고 사이에는 기준 근로시간을 초과한 근로 등에 대하여 매월 일정액을 제 수당으로 지급한다는 내용의 포괄임금제에 의한 임금지급계약이 체결되었다고 판단하였다(대판 2002. 6. 14. 2002다16958).

위 금액에는 근로기준법상 각종 수당을 포함하는 것으로 약정한 사실, 피고인이 근로자들의 의견을 수렴하여 관할 군산지방노동청에 신고한 취업규칙에는 사용자가 각종 법정 수당을 지급하는 것으로 규정되어 있으나, 다른 한편 월급제 및 연봉제 임금은 유급휴일 및 휴가일에 지급되는 통상임금과 기타 수당을 포함하는 포괄임금으로 할 수 있다고 규정되어 있는 사실을 각 인정할 수 있고, 위 인정 사실 및 공소 외 주식회사가 불특정의 관람객들을 상대로 조련된 원숭이들과 악어들의 공연을 관람하게 하는 것을 주된 업무로 하여 관람객들이 주로 공휴일에 집중되어 근로자들로 하여금 일반 공휴일에 휴무를 하게 하기 곤란한 점에 비추어 보면, 피고인이 위 각 근로자들과 맺은 계약은 앞서 본 포괄임금제 계약에 해당한다(전주지판 2005. 6. 14. 2005노195).

물류서비스업체 운영자가 입고된 물품에 가격표를 부착하는 업무를 수행하는 근로자와 명시적으로 포괄임금제에 관한 근로계약서를 작성한 것은 아니지만, 업무 특성상 야간근무가 당연히 예상되고 단순 작업임에 비해 최저임금을 상회하는 시급이 지급되었던 사정 등을 고려해 볼 때, 사용자와 근로자 사이에 기준근로시간 외 근로에 대한 시간외수당을 포함한 포괄임금계약이 체결되었다고 볼 수 있고 그것이 근로자들에게 불리하거나 부당하지 아니하여 유효하므로, 사용자가 야간근로수당을 별도로 지급하지 않은 것이 근로기준법에 위배되지 않는다(수원지판 2008. 6. 3. 2007노4706).

회사의 각종 규칙 등에 각종 수당이 세부항목으로 규정되어 있거나, 시간급 개념이 규정되어 있다면 포괄임금제 성립을 부정한 판례도 있었다.[51]

포괄임금제에 관한 약정이 성립하였는지 여부는 근로시간, 근로형태와 업무의 성질, 임금 산정의 단위, 단체협약과 취업규칙의 내용, 동종 사업장의 실태 등 여러 사정을 전체적·종합적으로 고려하여 구체적으로 판단하여야 하며, 비록 개별 사안에서 근로형태나 업무의 성격상 연장·야간·휴일근로가 당연히 예상된다고 하더라도 기본급과는 별도로 연장·야간 휴일근로수당 등을 세부항목으로 명백히 나누어 지급하도록 단체협약이나 취업규칙, 급여규정 등에 정하고 있는 경우는 포괄임금제에 해당하지 아니한다고 할 것이고, 단체협약 등에 일정 근로시간을 초과한 연장근로시간에 대한 합의가 있다거나 기본급에 수당을 포함한 금액을 기준으로 임금인상률을 정하였다는 사정 등을 들어 바로 위와 같은 포괄임금제에 관한 합의가 있다고 섣불리 단정할 수는 없다(대판 2009. 12. 10. 2008다57852).

51) 이 사건 근로자들은 체력단련장 내 식당에서 봉사원이나 조리사로 근무하는 근무원이었다.

최근 대법원 판례는 감시단속적근로자가 아니며 근로시간 산정이 어렵지 않다면 포괄임금제 성립 여부를 엄격하게 판단해야 한다고 판시하여 앞으로의 추이가 주목된다.

감시·단속적 근로 등과 같이 근로시간의 산정이 어려운 경우가 아니라면 달리 근로기준법상의 근로시간에 관한 규정을 그대로 적용할 수 없다고 볼 만한 특별한 사정이 없는 한 근로기준법상의 근로시간에 따른 임금지급의 원칙이 적용되어야 할 것이므로, 이러한 경우에도 근로시간 수에 상관없이 일정액을 법정수당으로 지급하는 내용의 포괄임금제 방식의 임금 지급계약을 체결하는 것은 그것이 근로기준법이 정한 근로시간에 관한 규제를 위반하는 이상 허용될 수 없다(대판 2010. 5. 13. 2008다6052).

고용노동부는 포괄임금제 성립 여부를 판단하는 기준에 대해서는 기본적으로 판례에서 언급된 기준들[52]을 따르고 있으며 '당해 근로자의 실제 연장, 야간, 휴일근로시간에 대하여 근로기준법의 규정에 의하여 계산된 임금 및 수당이 포괄임금제로 지급되는 고정급보다도 상회할 때는 그 차액을 추가로 지급해야 한다'[53]라고 하여 포괄임금제를 적용한 결과 근로자 임금수준이 불리해졌다면 포괄임금과 별도로 이를 보전해야 한다고 한다.

52) 대판 2005. 8. 19. 2003다2003 ; 대판 1999. 5. 28. 99다2881 등 다수

53) 임금 68207-393, 2002. 6. 5.

11. 연봉제

가. 의의

근로자의 능력 및 실적을 평가하여 근로자와 사용자 간의 개별 계약에 의하여 연간임금액을 결정하고 이를 매월 분할하여 정기 지급하는 능력중시형 임금지급체계로서 근로자 직무의 종류에 따라 임금이 달라지는 직무급이나 근로자의 연령·성별·근속연수 등에 따라 달라지는 연공급과 대비되는 개념이며 생산량·판매량에 따라 달라지는 인센티브와도 다른 개념이다.

나. 연봉제 장단점

미국에서 일반적인 형태인 연봉제 도입의 장점으로는 능력과 실적이 임금과 직결되어 있으므로 능력주의·실적주의를 통하여 근로자에게 동기를 부여하고 의욕을 고취시킬 수 있으며 연공급의 복잡한 임금체계와 임금지급구조를 단순화시켜 임금관리의 효율성을 증대시키는 효과를 들 수 있다. 단점으로는 평가결과의 객관성과 공정성에 대한 시비가 제기될 수 있고 호봉제 등 기존 임금제에 따른 임금보다 결과적으로 연봉액이 삭감되는 경우에는 사기가 저하될 수 있으며 공정한 평가에 따른 연봉액이 책정되지 않는다면 근로자의 불안감이 증대될 수 있는 점을 들 수 있다.

다. 연봉제 도입 시 유의점

첫째, 연봉제라도 정기일지급의 원칙이 준수되어야 하므로 매월 1회 이상 일정한 날짜를 정하여 임금을 지급하여야 한다. 둘째, 연봉제에 의하여 임금이 연간단위로 결정되더라도 연장・야간・휴일근로에 대한 수당 지급의 원칙이 배제될 수는 없다. 따라서 연봉제 금액 안에 위 제 수당이 포함되었다고 보기 위해서는 포괄임금제 성립이 유효하여야 한다.[54] 셋째, 통상임금액이 매년 새롭게 결정되기 때문에 새로운 근로계약 체결과 유사할 수 있으나 근로계약이 새롭게 채결되는 것이 아니라 임금이 매년 변경되는 것에 불과하므로 기간제 근로계약을 갱신하는 것과 구별하여야 한다. 마지막으로 기존에 지급되던 상여금과 각종 수당들이 하나의 연봉액으로 책정되면 통상임금이 증가하는 것으로 간주될 수도 있으므로 개별 임금 항목을 구체화하여 각 항목이 갖는 성격으로 판단하여야 한다.

54) 포괄임금제 성립요건에 대해 대해서는 대판 2002. 6. 14. 2002다16958 ; 대판 2009. 12. 10. 2008다57852 ; 대판 2010. 5. 13. 2008다6052 ; 임금 68207-393, 2002. 6. 5. 등을 참고

제5장 인사와 징계, 영업양도

근로관계가 유지되는 동안 근로자의 생활 및 신분에 영향을 끼치는 여러 형태의 근로관계의 변동이 이루어질 수 있다. 이러한 변동은 같은 기업 안에서 이루어지느냐(기업 내 인사이동), 같은 기업은 아니지만 계열사 안에서 이루어지느냐(기업 간 인사이동), 전혀 관련 없는 기업 사이에 이루어지느냐(근로관계의 이전)로 구분할 수 있다. 이와 같은 구분은 그 형태에 따라 사용종속관계의 변동 여부, 근로조건의 유지 여부 등이 달라진다는 점에서 중요한 의미를 가진다. 기업 내 인사이동, 기업 간 인사이동을 합쳐서 인사이동으로 부른다. 인사이동의 경우 징계와 밀접한 관련이 있다. 근로관계의 이전에는 다양한 형태가 존재하는데, 영업양도와 합병이 가장 큰 비중을 차지하며, 그중에서도 영업양도에 다양한 쟁점이 존재한다.

1. 인사와 징계

인사이동은 같은 기업 안에서 근로자의 업무내용이나 업무장소를 변경하는 전직과 기업그룹 내의 특정 계열사에서 다른 계열사로 근로자의 소속을 변경하는 전출·전적으로 구분된다. 이는 사용자의 변동을 가져오거나 근로자로 하여금 이사를 하게끔 하거나 출·퇴근 시간에 변동을 가져오는 등 불이익을 초래한다. 전직의 경우 해당 근로자의 사용자가 변경되지 않지만, 전출·전적의 경우에는 사용자가 변경된다. 이는 근로자의 생활 및 신분에 영향을 미치는 정도에도 큰 차이를 가져온다. 따라서 해당 인사조치의 정당성 판단하는 기준도 달라진다.

또한 사용자는 소정의 직장규율을 위반한 근로자에 대해 징계 처분을 할 수 있다. 이러한 인사조치와 징계처분은 근로자에게 불이익을 가져오기 때문에 「근로기준법」 제23조 제1항은 '사용자는 근로자에게 정당한 이유 없이 해고, 휴직, 정직, 전직, 감봉, 그 밖의 징벌을 하지 못 한다'고 규정하였다.

가. 인사이동

전직 및 전출·전적과 관련한 분쟁은 ⅰ) 근로자가 해당 인사조치 자체의 정당성을 다투는 유형, ⅱ) 근로자가 해당 인사조치를 따르지 않아서 행해진 징계처분의 정당성을 다투는 유형으로 구분된다. 후자의 경우 인사조치와 징계처분은 상호 연관되어 하나의 사건으로 이어지기 쉽다.

한편, 근로자는 인사조치의 정당성을 다투기 위하여 ⅰ) 민사상 소를 제기하거나(무효 확인의 소), ⅱ) 노동위원회에 구제를 신청할 수 있다(근로기준법 제28조). 따라서 인사조치 관련 법정 분쟁은 민사소송 또는 행정소송의 형태로 나타난다.

1) 전직

가) 의의

전직(기업 내 인사이동)은 동일한 기업 내에서 근로자의 업무, 장소 등을 상당한 기간에 걸쳐 변경하는 인사이동이다. 근로장소의 변경으로 이사를 가야 하거나 출·퇴근에 변동이 오는 경우를 전근이라 하고, 업무에만 변동이 오는 경우를 배치전환이라고 하여 전직을 세분하기도 한다. 그러나 같은 기업 내에서 이루어지는 인사이동으로 사용자의 변동이 없다는 점에서 동일하다.

인사이동 명령은 사용자의 인사권에 근거를 두고 있기 때문에 업무상 필요한 범위 내에서는 원칙적으로 유효하다. 그러나 전직은 근로자가 수행해야 할 업무의 내용과 근무 장소 등에 변동을 가져오기 때문에 근로자에게 불리할 수 있다. 이에 근로기준법 제23조 제1항은 전직의 경우 정당한 이유가 있어야 한다고 규정하였다.

나) 정당한 사유

전직이 유효한지 여부를 결정하는 기준에 대해 판례는 "근로자에 대한 전보나 전직은 원칙적으로 인사권자인 사용자의 권한에 속하므로 업무상 필요한 범위 내에서는 사용자는 상당한 재량을 가지며, 그것이 근로기준법에 위반되거나 권리남용에 해당되는 등의 특별한 사정이 없는 한 유효하고, 전보처분 등이 권리남용에 해당하는지 여부는 전보처분 등의 업무상의 필요성과 전보 등에 따른 근로자의 생활상의 불이익을 비교·교량하여 결정되어야 하고, 업무상의 필요에 의한 전보 등에 따른 생활상의 불이익이 근로자가 통상 감수하여야 할 정도를 현저하게 벗어난 것이 아니라면, 이는 정당한 인사권의 범위 내에 속하는 것으로서 권리남용에 해당하지 않는다"고 하여 전직의 업무상 필요성과 그에 따른 근로자의 생활상 불이익을 비교하여 결정한다고 판시하였다.[1]

또한 "전보처분 등을 함에 있어서 근로자 본인과 성실한 협의절차를 거쳤는지 여부는 정당한 인사권의 행사인지 여부를 판단하는 하

1) 대판 1995. 10. 13. 94다52928

나의 요소라고는 할 수 있으나, 그러한 절차를 거치지 아니하였다는 사정만으로 전보처분 등이 권리남용에 해당하여 당연히 무효가 된다고는 할 수 없다"고 하여 신의칙상 요구되는 절차(해당 근로자나 노조와 협의를 했는지 여부 등)를 거쳤는지도 고려요소로 삼고 있다.

(1) 업무상 필요성

업무상 필요성은 사용자가 사업을 운영하는 데 있어서 그 근로자를 전직시켜야 할 객관적인 필요성을 의미한다. 이에 대해서는 전직에 부당한 동기나 목적이 있는 것은 아닌지, 기업의 운영을 위해 필요한지 여부에 따라 사안마다 개별적 · 구체적으로 판단해야 한다.

서울의 공장이 비도시형 공장으로 판정되어 서울특별시의 공해배출업소이전계획에 따라 수차 이전명령을 받고 그 명령 불이행으로 인한 약식명령까지 받게 되면서 서울공장을 지방으로 속히 이전하여야 할 업무상 필요가 있었던 점을 근거로 전직의 정당성을 인정한 판례[2]가 있고, 회사 내 위계질서를 어지럽히거나 동료와의 불화를 이유로 전직명령을 한 데 대해 업무상 필요성이 크다고 본 판례[3]가 있다. 반면 기능직 사원을 사무직으로, 다시 사무직에서 기능직으로 수차에 걸쳐 수시로 전직시킨 경우에 대해 업무상 필요성을 부정하기도 하였다.[4]

(2) 생활상 불이익

근로자의 생활상 불이익에는 통근 소요시간, 주거의 변동, 가정생

2) 대판 1991. 7. 12. 91다12752
3) 대판 1994. 5. 10. 93다47677
4) 대판 1991. 5. 28. 90다8046

활 등 사실상의 여러 불이익이 포함된다. 구체적으로는 부부가 별거하게 되는 상황, 가족의 간호, 자녀교육 등이 문제될 수 있다. 그러나 생활상의 불이익이 있다는 점만으로 전직명령이 권리남용에 해당되는 것은 아니다. 앞서 살펴본 업무상의 필요성과 생활상의 불이익을 비교하여 권리남용에 해당하는지 여부를 판단하게 된다.

판례는 "업무상 필요성이 그다지 크지 않는 데 비하여 참가인들이 출퇴근하는 것이 현실적으로 매우 곤란하다는 등 참가인들에게 큰 생활상 불이익을 준다"고 하여 출퇴근의 불이익을 이유로 전직의 부당성을 인정하였고,[5] 또한 "근로자가 근무지를 서울에서 제주로 변경하게 되면 주거나 교통, 자녀 교육, 부부생활 등의 점에서 상당한 생활상의 불이익을 입을 것으로 보인다"고 하여 부당전직으로 본 판례[6]도 있다. 반면 근로자가 20여 년간 서울에서 거주하여 왔고, 85세의 노모를 모시면서 자녀들을 서울 시내의 중·고등학교에 보내고 있었으며, 한국방송통신대학에 등록하는 등 생활상의 불이익이 큼에도 업무상 필요성이 더 크다고 하여 전직이 정당하다고 본 판례가 있다.[7]

(3) 신의성실의 원칙 준수 여부

판례는 "전직 처분이 정당한 인사권의 범위 내에 속하는지 여부는 전직명령의 업무상의 필요성과 전직에 따른 근로자의 생활상 불이익과의 비교교량, 근로자 본인과의 협의 등 그 전직명령을 하는 과정에서 신의칙상 요구되는 절차를 거쳤는지의 여부에 의하여 결정되어야 한다"고 하여 근로자 본인과의 협의도 고려한다고 보았다.[8] 근로

---

5) 대판 1995. 2. 17. 94누7959

6) 대판 1997. 12. 12. 97다36316

7) 대판 1997. 7. 22. 97다18165, 18172

자와 협의는 근로자가 속하는 노동조합과 할 수 있으며 노동조합이 없으면 근로자 본인과 할 수 있다.[9]

업무상 필요성과 근로자의 생활상 불이익을 비교하는 것은 권리남용 여부를 판단하는 데 필수적인 요소이지만 판례는 "전보처분 등을 함에 있어서 근로자 본인과 성실한 협의절차를 거쳤는지의 여부는 정당한 인사권의 행사인지의 여부를 판단하는 하나의 요소라고는 할 수 있으나, 그러한 절차를 거치지 아니하였다는 사정만으로 전보처분 등이 권리남용에 해당하여 당연히 무효가 된다고는 볼 수 없다"고 하여 신의성실 원칙 준수 여부를 부수적인 고려 요소로 보고 있다.[10]

(4) 근로자의 동의

「근로기준법」 제17조는 '사용자는 근로계약을 체결할 때 근로자에게 다음 각 호의 사항을 명시해야 한다. 근로계약 체결 후 다음 각 호의 사항을 변경하는 경우에도 또한 같다'고 규정하였고, 제5호에서 '그 밖에 대통령령으로 정하는 근로조건'을 규정하였다. 이에 대해 시행령 제8조 제1호는 '취업의 장소와 종사해야 할 업무에 관한 사항'을 규정하고 있다. 따라서 근로계약을 체결하거나 변경할 때에는 취업의 장소와 종사해야 할 업무에 관한 사항을 명시해야 한다.

판례는 근로계약상 근로의 장소가 국회현장으로 되어 있는 미화원인 근로자를 다른 곳으로 전직 명령한 사안에서 "근로계약상 근로의 장소가 특정되어 있는 경우에 이를 변경하는 전직이나 전보명령을 하려면 근로자의 동의가 있어야 한다"고 판시하면서 실제로는 승진

8) 대판 1995. 5. 9. 93다51263

9) 대판 1991. 7. 12. 91다12752

10) 대판 1997. 7. 22. 97다18165, 18172

에 해당할지라도 이와 같은 전직이 근로자의 의사에 반하여 이루어진 것이라면 인사권의 남용이라 하였다.[11)]

따라서 근로계약에 근무 장소나 업무내용이 특정된 경우는 물론, 업무나 근무장소가 특정된 것으로 볼 수 있는 경우에는 근로자의 동의가 정당한 전직인지 여부를 따지는 데 고려요소가 된다. 다만 업무의 변경이나 장소의 변경이 있었더라도 근로자의 동의가 필요한 정도인지는 구체적인 상황에 따라 달라진다.[12)]

나. 전출 · 전적

기업 간 인사이동은 전출과 전적으로 구분된다. 전출은 근로자가 원래 기업에 고용된 상태에서 다른 기업의 지휘 · 감독을 받아 근로를 제공하는 것이다. 이에 반해 전적은 원래 기업과의 근로계약을 종료하고, 새로운 기업과 근로계약을 맺는 형태를 띤다.

전출과 전적은 해당 인사이동이 유효한 것으로 인정되기 위한 요건이 다르고, 사용자 책임을 누가, 어느 범위까지 지는지와 관련해서도 차이가 있다.

---

11) 대판 1992. 1. 21. 91누5204

12) 대판 1993. 9. 28. 93누3837 '호텔의 전화교환원은 외국어 구사 능력과 전화교환기 조작 기능이 요구되는 특수전문직종이고 … 원고를 전화교환원으로서 직무내용을 특정하여 채용하였고 8년 동안 계속 교환원으로 근무시켜 오고 있으므로 … 원고와의 사전 협의 또는 동의 없이 원고를 전화교환원이라는 자격, 근무내용, 보수가 다른 객실부 하우스키핑 내 오더테이커로 전보한 피고의 인사명령은 위법하여 무효'라고 판시하였다.

1) 의의

전출은 근로자가 사용자와의 근로계약을 유지하면서 다른 기업의 업무에 종사하는 것으로, 주로 원래 기업과 근로계약을 유지하되 휴직으로 처리하고 다른 기업에서 근무하는 형태를 띤다.

전출은 원래 기업과 근로계약을 유지하고 있다는 점에서 전적과 구별된다. 또 처음에는 원래의 기업에서 근무하다가 다른 기업에서 근무를 한다는 점, 원래의 기업으로 복귀가 예정되어 있다는 점에서 처음부터 다른 기업에서 일할 것을 예정하는 파견과 구분된다.

전적은 근로계약상의 사용자가 변경된다는 점에서 다른 인사이동과 구별된다. 전적은 주로 기존 사용자와의 근로계약을 해지하고, 새로운 사용자와의 근로계약을 체결하는 형식을 취한다.

2) 요건

「민법」 제657조 제1항은 '사용자는 노무자의 동의 없이 그 권리를 제삼자에게 양도하지 못한다'고 규정하였다. 전적은 물론 전출의 경우에도 사용자가 지휘·감독에 관한 권한 중 일부 또는 전부를 새로운 사용자에게 양도하는 것이므로 근로자의 동의가 필요하다. 판례도 "근로자의 동의를 전적의 요건으로 하는 이유는 근로관계에 있어서 업무지휘권의 주체가 변경됨으로 인하여 근로자가 받을 불이익을 방지하려는 데 있다"고 하여 근로자의 동의를 요건으로 하고 있다.[13)]

---

13) 대판 1993. 1. 26. 92다11695

가) 전출

전출의 경우 기존 사용자와의 근로계약이 유지되기 때문에 포괄적인 동의가 가능하다. 행정해석은 근로자를 채용할 때 경영상 필요한 경우 인사발령에 의해 모회사에 전출시킬 수 있다는 내용의 포괄적 동의서(전출근무기간, 모회사에서 수행할 직무를 명기)를 받아둔 경우 전출의 정당성에 대해 "근로자의 동의는 개별적 동의만을 의미하는 것은 아니며, 사전의 포괄적 동의가 있으면 가능하다고 판단하였다.[14] 단, 포괄적인 사전동의를 받는 경우에는 전출기업을 특정하고 그 기업에서 종사하여야 할 업무에 관한 사항 등 기본적인 근로조건을 명시해야 한다"고 하여 기본적인 근로조건이 명시된 경우 사전·포괄적 동의를 받는 경우도 유효한 전출로 인정하였다.

나) 전적

전적의 경우 기존 기업과의 근로관계를 종료하고 새로운 기업과 근로계약을 체결하는 형태이므로 전적이 유효하기 위한 근로자의 동의는 전출에서의 동의보다 엄격하게 해석해야 한다. 따라서 전출과 같이 사전적·포괄적 동의로는 부족하고 개별적 동의를 받아야 하는 것이 원칙이다.

판례는 "기존 기업이 계열회사 간의 원활한 인력수급조정과 효율적인 인사정책의 수행 등을 위하여 종합기획실을 설치하여 그룹차원의 인원수급업무를 관장하면서, 사원을 일괄 채용하여 신입사원 연수를 마친 뒤 각 계열회사의 인원수급사정과 본인의 희망을 고려하여 각 계열회사로 배정하고 있고, 근로자도 회사에 채용되기 전에

14) 근기 68207-1549, 2000. 5. 20

계열회사 간의 인사이동에 대한 설명을 들어서 이를 알고 입사하였으며, 원고 회사가 취업규칙과 단체협약에서 근로자를 계열회사에 인사이동시킬 수 있는 규정을 두고 있다 하더라도, 그와 같은 사유만으로는 회사가 전적에 관한 사항을 명시하여 근로자의 포괄적인 사전 동의를 얻은 것이라고 보기 어렵다."고 하여 포괄적인 사전 동의도 가능한 것처럼 판시하였다. 그러나 실제로는 사안에 관한 구체적인 판단에서 사실상 개별적 동의를 받은 것으로 볼 수 있을 정도가 아닌 경우 포괄적인 사전 동의를 받은 것으로 보지 않음으로써 '사전에 동의를 받을 것'이라는 요건을 매우 엄격하게 해석하고 있다.[15]

또한 판례는 "전적은 동일 기업 내의 인사이동인 전근이나 전보와 달라 특별한 사정이 없는 한 근로자의 동의를 얻어야 효력이 생기고, 나아가 기업그룹 등과 같이 그 구성이나 활동 등에 있어서 어느 정도 밀접한 관련성을 갖고 사회적 또는 경제적 활동을 하는 일단의 법인체 사이의 전적에 있어서 그 법인체들 내에서 근로자의 동의를 얻지 아니하고 다른 법인체로 근로자를 전적시키는 관행이 있어서 그 관행이 근로계약의 내용을 이루고 있다고 인정하기 위해서는 그와 같은 관행이 그 법인체들 내에서 일반적으로 근로관계를 규율하는 규범적인 사실로서 명확히 승인되거나, 그 구성원이 일반적으로 아무런 이의도 제기하지 아니한 채 당연한 것으로 받아들여 기업 내에서 사실상의 제도로서 확립되어 있어야 한다."고 하여 근로자의 동의를 받지 않고 전적을 시키는 관행이 있으면 유효하다고 판시하였다.[16] 그러나 이 경우에도 실제로 사안에 대한 구체적인 판단에서는 관행성립 여부에 대해 엄격하게 해석함으로써 동의를 받지 않고

15) 대판 1993. 1. 26. 92누8200
16) 대판 2006. 1. 12. 2005두9873

전적을 시킬 수 있을 만한 관행이 성립되지 않았다고 판시하였다.

3) 위법한 인사이동의 효과

위법한 인사이동으로 판명되면 그 인사이동의 효력은 무효이다. 사용자의 인사이동 명령이 부당한 경우 근로기준법 제28조 제1항에 따라 근로자는 노동위원회에 구제를 신청할 수 있다. 단, 제2항에 따라 부당한 인사이동이 있었던 날부터 3개월 이내에 신청해야 한다. 또한 법원에 부당한 인사이동의 무효를 구하는 소송을 제기할 수 있다. 실무적으로는 먼저 노동위원회에 구제를 신청하고, 이것이 받아들여지지 않을 경우 행정소송을 제기하는 경우가 일반적이다.

근로자가 인사이동 명령을 따르지 않으면 사용자는 이를 사유로 징계할 수 있다. 그러나 인사이동이 부당한 경우 그 명령을 따르지 않았다는 사유로 이루어진 징계는 효력이 없다. 반대로 인사이동이 정당하다고 인정될 경우 인사이동을 따르지 않았다는 이유로 이루어진 징계 역시 유효하다.[17] 그러나 인사이동이 위법한 지 여부는 노동위원회 혹은 법원에 의해 사후에 판명되므로, 근로자 입장에서는 섣불리 해당 인사이동이 부당한 것으로 판명될 것이라는 예측에 따라 해당 인사이동 명령을 따르지 않기가 어려운 측면이 있다.

17) 대판 1995. 8. 11. 95다10778

다. 징계

1) 의의

징계제도는 사업장에서 직장규율 내지 기업질서를 유지하기 위해 그것을 위반한 근로자에 대해 제재를 가하는 제도이다. 사용자는 정당한 이유 없이 근로자를 징계할 수 없다. 정당한 징계인지 여부는 ⅰ) 징계사유의 정당성 여부(징계사유의 존부, 징계 대상 근로자의 행위가 소정의 징계사유에 해당하는지 여부), ⅱ) 징계절차의 정당성 여부(징계사유가 인정되더라도 소정 징계절차를 준수했는지 여부), ⅲ) 징계양정의 적정성 여부(비행의 정도 등 제반사정에 비추어볼 때 해당 징계 처분이 과하여 징계권의 남용에 해당하는지 여부) 등을 고려하여 판단한다. 즉, 징계사유의 정당성이 인정되더라도 소정의 징계절차를 위반하였거나 징계의 정도가 적정하지 않은 경우에 해당 징계처분은 무효로 될 수 있다. 또한 징계에 관한 사항은 취업규칙의 필요적 기재사항이다. 따라서 징계의 종류・내용・요건 등은 단체협약・취업규칙 등에 정해져야 하고, 이를 준수하여 이루어져야 한다. 「근로기준법」 제23조 제1항은 징계를 '해고, 휴직, 정직, 전직, 감봉, 그 밖의 징벌'이라고 규정하였다. 이는 예시적 규정에 해당하므로, 구체적으로 언급되지 않은 징벌(예컨대 강등이나 직위해제, 대기발령 등)에도 본 규정이 적용된다.

2) 종류

징계처분은 해고·휴직·정직·전직·감급 등 다양한 형태로 이루어진다. 이처럼 징계처분은 세부적으로 다양한 명칭·형태를 띠지만 이를 근로제공 의무·임금지급 여부를 기준으로 세 가지 유형으로 구분할 수 있다. 근로를 제공하고 임금도 지급되지만 근로장소나 업무내용이 바뀌는 전직, 근로를 제공하지 않으며 임금도 지급되지 않는 휴직, 근로를 제공하되 임금의 일부를 지급하지 않는 감급의 형태이다. 이와 같이 구분하는 이유는 징계의 명칭과 그 내용이 각양각색인 데다 근로조건에 여러 변동을 가져오는 경우 어떤 형태의 징계로 보는 것이 타당한지가 실무적으로 문제되기 때문이며, 근로자의 입장에서도 근로제공 의무가 있는지, 임금은 지급되는지 여부가 생활상 매우 중요한 부분이기 때문이다.

가) 전직

광의의 전직은 근로를 제공하고 임금도 지급되나 근무 장소 또는 업무내용이 바뀌는 일련의 징계처분을 말한다. 이를 세분하면 새로운 업무를 담당하거나 근무 장소를 옮기면서 임금 등 다른 근로조건에는 변동이 없는 협의의 전직이 있고, 그 외에 일시적으로 근로자에게 부여되었던 직위를 박탈함으로써 직무에 종사하지 못 하게 만드는 직위해제, 새로운 업무로 전환하거나 징계를 내리기 위해 대기시키는 대기발령, 직급이나 호봉을 낮추는 강등·승급정지 등도 전직에 포함된다.

전직은 인사이동을 목적으로 하는지 징계를 목적으로 하는지에 따라 그 정당성을 판단하는 기준이 달라진다. 인사이동을 목적으로 하는 전직의 경우에는 위에서 살펴본 대로 사용자의 인사권이 권리남용에 해당하는지 여부에 따라 그 유효성이 결정된다. 반면 징계를 목적으로 하는 전직의 경우에는 근로기준법 제23조 제1항에 의거 정당한 이유가 있는지 여부에 따른다.

나) 휴직

휴직은 근로제공에 어려움이 있거나 근로제공이 부적당하다고 판단될 때 근로계약은 유지하되 일정 기간 동안 근로제공을 면제하거나 금지하는 처분이다. 휴직은 사용자의 귀책사유로 인한 휴업 시 휴업수당을 지급해야 하는데 이를 회피하는 목적으로 활용되기도 한다. 이에 대해 행정해석[18]은 “정리해고 대신 무급휴직을 실시한 경우 사용자는 휴업수당을 지급해야 할 의무가 없다”고 하였으나 구체적인 판단에서는 경영상 이유에 따른 해고의 절차를 충실히 거친 경우에만 휴업수당을 지급할 의무가 없다고 보았다. 즉, 휴업수당의 지급을 회피하기 위한 목적으로 휴직을 실시한 경우에는 정당하지 않다고 본 것이다.

휴직은 사용자의 일방적인 의사표시로 이루어지는 형성행위이다. 다만 현실적으로 근로자와의 합의 또는 근로자의 청구에 따라 이루어지는 경우가 많다. 원칙적으로 휴직명령을 내리거나 근로자가 휴직을 청구했을 때 이를 승인할지 여부는 사용자의 재량에 달려 있다.

그러나 판례는 “휴직신청 당시 근로자가 근무부서의 상사·동료로부터 여러 차례에 걸친 폭행·협박으로 불안한 직장생활을 감당할 수 없게 되었고 자신에게 폭행·협박 등 부당노동행위를 한 직원들

---

18) 근기 68207-388, 1999. 2. 13

을 수사기관에 고소까지 제기한 상태인 점 등을 종합하면, 근로자로서는 근무부서에서 상당한 기간에 걸쳐 근로를 제공함이 매우 부적당한 상태에 있었다고 할 것이므로 그 휴직신청에는 상당한 이유가 있었다고 할 것인바, 그럼에도 회사가 휴직신청 사유의 사실 유무에 관하여 면밀히 조사하지도 아니한 채 정당한 휴직사유가 아니라는 이유로 휴직신청을 승인하지 아니한 조치는 부당하다."고 하여 근로자의 휴직신청을 거절하는 것이 인사권의 범위를 넘어선 것으로 보았다. 이는 원칙적으로 휴직처분이 사용자의 형성권에 기한다고 보지만 "상당한 이유"가 있었는지 여부에 따라 이를 제한할 수 있다는 입장으로 해석된다.[19)]

다) 감급

감급은 근로를 제공하되 임금을 감액하는 형태이다. 근로를 제공함에도 임금을 감액하기 때문에 그만큼 근로자에게 불이익이 큰 징계 방법이다. 이에 「근로기준법」 제95조는 취업규칙에서 근로자에 대한 감급의 제재를 정할 경우 그 감액은 '1회의 금액이 평균임금의 1일분의 2분의 1을, 총액이 1임금지급기에 있어서의 임금총액의 10분의 1을 초과하지 못한다.'고 별도로 규정하고 있다.

주의할 것은 근로자가 개인적인 사유로 결근이나 지각을 한 경우 무노동 무임금 원칙에 따라 임금이 줄어드는 것은 징계가 아니므로 애초에 감급에 해당하지 않는다는 점이다. 또한 휴직이나 대기발령 등 다른 징계에 의해 임금이 감소되는 효과가 발생하는 경우에도 이는 감급의 문제로 접근할 것이 아니라 감급의 효과를 발생시킨 원 처분

---

19) 대판 1997. 7. 22. 95다53096

즉, 휴직이나 대기발령 자체가 정당한지 여부에 대해 다투어야 한다.

Q44. 근로자의 비위행위로 인해 감급의 징계를 하려고 합니다. 근로자의 월급은 240만 원이고, 일당은 8만 원입니다. 적법한 범위 내에서 감급의 제제를 하려는데, 그 범위는 어떻게 되나요?

A44. 근로기준법 제95조는 취업규칙에 따라 감급의 제제를 할 때 그 근거가 되는 임금을 평균임금으로 규정하였습니다. 일당이나 월급은 평균임금과 다를 수 있으나 동일하다고 가정한다면 해당 근로자는 1일 평균임금이 80,000원이고 1임금지급기가 월급형태이며 월평균임금이 2,400,000원입니다. 감급 1회의 액수는 1일 평균임금 80,000원의 반액인 40,000원을 초과하지 않는 범위 내에서 가능합니다. 또한 감급총액은 1임금지급기 임금총액의 10분의 1인 240,000원을 초과하여 감액할 수 없습니다. 따라서 1개월(1회) 40,000원을 기준으로 6개월 동안 총 240,000원을 감액할 수 있습니다.

라. 정당성 요건

정당한 징계인지 여부는 징계사유가 정당한지, 징계절차가 정당한지, 징계양정이 적정한지에 따라 판단한다.

1) 징계의 사유

징계는 취업규칙 등에서 정한 징계사유에 근거하여 소정의 징계절차에 따라 행한다. 주로 문제되는 징계 사유는 이력서의 허위기재(학력 · 경력의 사칭이나 은폐), 무단결근 내지 불량근무, 인사 · 업무명령의 위반, 범죄행위, 사생활상의 비행, 위법한 조합 활동, 쟁의행위 등이다. 징계는 근로자에게 불이익한 제재이고, 해고는 근로자에게 가장 불이익한 제재이다. 따라서 해고보다 가벼운 제재로 징계목적을 달성할 수 있음에도 가장 중한 제재인 해고를 택한 경우 징계권의 남용에 해당하고, 그 정당성은 부정된다. 따라서 징계해고가 정당화될 수 있으려면 해고가 불가피한 사유 내지 불가피한 것으로 볼 수 있는 객관적인 상황이 존재해야 한다.

「근로기준법」 제93조 제11호에 따라 징계에 관한 사항은 취업규칙에 규정이 되어 있어야 한다. 그러나 근로자의 행위가 취업규칙에 규정된 내용이라고 하여 그 자체로 정당성이 인정되는 것은 아니다. 또한 취업규칙에 정해 놓은 사항이 아니라고 하더라도 사회통념상 징계사유에 해당된다면 정당한 징계로 인정될 수 있다. 결국 근로자의 해당 행위가 징계사유로 취업규칙에 규정되어 있는지 여부가 핵심이 아니라 사회통념상 정당한 징계사유에 해당되는지 여부가 중요하다.

2) 징계의 절차

근로기준법은 징계절차에 관해 특별히 규정하고 있지 않다. 판례에 의하면 취업규칙 등에 징계절차가 정해져 있으면 그 절차는 정당한 징계로 인정되기 위한 요건이라 할 것이나 징계에 관한 규정에 징계혐의 사실의 고지, 변명의 기회부여 등의 절차가 규정되어 있지 않는 경우에는 그와 같은 절차를 밟지 않고 한 징계처분도 정당하다.[20] 다만, 판례의 태도에 따르더라도 제재에 관한 사항은 취업규칙의 필요적 기재사항이므로, 이를 기재하지 않은 행위에 대해서는 징

20) 대판 1992. 4. 14. 선고 91다4775

계와는 별도로 위법한 행위로 문제될 수 있을 것이다.

징계절차와 관련된 법적 쟁점은 취업규칙이나 단체협약 등에서 징계회부 및 징계사유의 사전 통보, 징계 대상자에 대한 소명기회의 부여, 징계위원회의 구성, 조합원 또는 조합간부의 해고에 대한 노조와의 사전 협의 내지 합의 등이 규정되어 있는 경우 그 절차를 준수했는지 여부와 절차를 위반하여 징계가 내려진 경우 해당 징계의 효력유무에 관한 부분이다.

판례에 의하면 징계절차상의 사전통지를 결한 징계는 원칙적으로 무효이고, 사전통지의 시기와 방법에 관해 특별히 규정한 바가 없어도 소명의 준비에 충분한 시간적 여유를 두어 통지해야 하지만 출석통지서의 수령 거부 등 진술권의 포기로 간주할 수 있는 경우 재차 통지할 필요 없이 서면심사만으로 징계할 수 있다.[21]

또한 노조 등 근로자 측 대표자를 참여시켜 징계위원회를 구성하도록 징계절차가 규정된 경우 그 절차 위반에 따른 징계는 원칙적으로 무효이나 근로자 측이 징계위원 선정을 스스로 포기한 경우에는 근로자 측 징계위원이 참석하지 않은 징계위원회에서의 징계처분은 유효하다.[22]

3) 징계의 양정

근로자의 행위가 징계사유에 해당하고, 적법한 징계절차에 따라 징계가 진행되었더라도 징계의 양정이 상당하지 않으면 해당 징계는 무효가 된다. 징계의 양정은 근로자 행위의 성격과 종류, 직장에 입

21) 대판 1992. 7. 28. 92다14786 ; 대판 1993. 5. 25. 92누8699

22) 대판 1997. 5. 16. 96다47074

힌 손해 등을 고려하여 그 상당성을 판단한다.

판례는 "취업규칙 등에 징계처분을 당한 근로자는 시말서를 제출하도록 규정되어 있는 경우 징계처분에 따른 시말서를 제출하지 않은 행위는 사용자의 업무상 정당한 명령을 거부한 것으로서 징계사유가 될 수 있으므로 시말서 제출을 통보받은 근로자들이 기한 내에 시말서를 제출하지 아니한 것은 징계사유가 된다."고 하여 징계사유에 해당한다고 인정하면서도 "해당 징계사유가 종전 징계처분에 뒤따르는 시말서 불제출이라는 가벼운 비위인 데다가 징계대상 근로자들이 기한 후에라도 시말서를 제출하려 하였던 점이나 그 제출하기까지의 경위 등에 비추어 위 징계사유에 대하여 징계종류 중 가장 무거운 파면처분을 선택한 것은 그 징계권의 범위를 일탈한 것"이라고 하여 징계양정이 상당성을 결하였다는 이유로 무효라고 판시하였다.[23]

또한 판례는 정식직원으로 채용된 근로자가 익숙하지 못한 새 직장에서 안정을 찾아 정착하기까지 다소 마찰을 빚어 언쟁을 벌인다거나 1회 조퇴한 정도, 날씨가 춥고 냉장고에 자주 드나드는 관계로 보온을 위하여 몇 차례 위생복 위에 사복을 덧입는 등의 행위를 했다는 이유로 해고당한 사안에서 "이와 같은 행위는 회사의 취업규칙상 해고사유에 해당한다고 볼 수 없거나, 또는 취업규칙의 해고사유에 해당한다고 하더라도 그것 때문에 회사가 근로자와의 고용계약관계를 계속 유지하는 것이 객관적으로 보아 심히 부당하거나 현저히 불공평할 정도에는 이르지 못하므로 위와 같은 사유만으로 근로자를 해고하는 것은 현저히 징계권을 남용한 것으로 인정된다."고 판시하여 징계권을 남용한 경우 해당 징계는 무효라고 보았다.[24]

---

23) 대판 1991. 12. 24. 90다12991

24) 대판 1991. 11. 26. 90다4914

마. 구제절차

부당한 징계는 사법상 무효이다. 사용자가 근로자에게 부당한 징계를 했더라도 이에 대한 직접적인 처벌 규정은 없다. 그러나 해당 근로자는 노동위원회에 신청하여 구제를 받을 수 있고, 법원에 제소(예컨대, 해고무효 확인의 소)하여 사법적 구제를 받을 수 있다. 사용자가 해고를 비롯해 부당한 징계를 근로자에게 한 경우 이에 대해 노동위원회의 구제절차를 활용하거나 법원에 제소하는 방법 외에 위자료를 청구할 수 있는지 문제된다.

판례는 "일반적으로 사용자가 근로자를 징계 해고한 것이 정당하지 못하여 무효로 판단되는 경우 그 해고가 무효로 되었다는 사유로 곧바로 그 해고가 불법행위를 구성한다고 할 수 없음은 당연하다."고 하여 원칙적으로 징계가 부당하다고 하여 바로 위자료 지급을 인정할 만한 불법행위를 구성하는 것은 아니라고 판시하였다.[25)]

그러나 다른 판례에서는 "사용자가 근로자를 징계해고할 만한 사유가 전혀 없는데도 오로지 근로자를 사업장에서 몰아내려는 의도하에 고의로 어떤 명목상의 해고사유를 만들거나 내세워 징계라는 수단을 동원하여 해고한 경우나, 해고의 이유로 된 어느 사실이 취업규칙 등 소정의 해고사유에 해당되지 아니하거나 해고사유로 삼을 수 없는 것임이 객관적으로 명백하고 또 조금만 주의를 기울이면 이와 같은 사정을 쉽게 알아볼 수 있는데도 그것을 이유로 징계해고에 나아간 경우 등 징계권의 남용이 우리의 건전한 사회통념이나 사회상규상 용인될 수 없음이 분명한 경우에 있어서는 그 해고가 근로기

---

25) 대판 1993. 10. 12. 92다43586

준법 第27조 제1항에서 말하는 정당성을 갖지 못하여 효력이 부정되는 데 그치는 것이 아니라, 위법하게 상대방에게 정신적 고통을 가하는 것이 되어 근로자에 대한 관계에서 불법행위를 구성한다."고 하여 해당 징계가 무효일 뿐만 아니라 위법하게 상대방에게 정신적 고통을 가하는 것이 되어 불법행위를 구성한다고 판시하였다.[26] 따라서 예외적으로 사용자의 징계권 남용이 사회통념이나 사회상규상 용인될 수 없음이 분명한 경우에는 위자료가 인정될 수 있을 것이다.

2. 영업양도

근로관계의 변동과 관련한 문제는 합병, 영업양도, 외부용역, 조직변경, 경매로 인한 양도, 법령에 의한 사업주의 변경 등 다양한 형태로 나타난다. 이 중 현실에서 자주 문제가 되는 형태는 합병과 영업양도이다. 합병의 경우 피 합병기업의 모든 권리·의무는 합병기업에 포괄적으로 승계된다고 상법에 명시되어 있기 때문에 법률관계가 명쾌하다. 즉, 근로관계의 권리·의무 역시 합병기업에 포괄적으로 승계된다.[27] 그러나 영업양도의 경우에는 양도인과 그 근로자 사이의 근로관계가 양수인에게 승계되는지가 문제된다. 현행 노동관계법

---

26) 대판 1999. 2. 23. 98다12157

27) 상법 제235조는 합명회사의 경우 '합병 후 존속한 회사 또는 합병으로 인하여 설립된 회사는 합병으로 인하여 소멸된 회사의 권리의무를 승계한다.'고 규정하였다. 이로써 기업 합병의 경우 근로관계와 관련된 소멸회사의 권리·의무가 존속회사에 승계된다. 합자회사의 경우 상법 제269조에서, 주식회사의 경우 상법 제530조 제2항에 의해, 유한회사의 경우 상법 제603조에 의해 상법 제235조가 준용되고 있다.

령이 영업양도의 경우 근로관계(근로관계가 승계되는지, 승계 이후의 근로조건은 어떻게 되는지)가 어떻게 변하는지에 대해 명문의 규정을 두지 않고 있기 때문이다. 이에 일련의 문제들은 판례에 의해 해결되고 있다.

판례는 영업양도의 경우 근로관계는 원칙적으로 승계된다고 본다. 즉, 영업양도의 당사자 사이에 근로관계의 일부를 승계의 대상에서 제외하기로 하는 특약이 있는 경우에는 그에 따라 근로관계의 승계가 이루어지지 않을 수 있으나 그러한 특약은 실질적으로 해고와 다름없으므로 「근로기준법」 제23조 제1항의 정당한 이유가 있어야 유효하며 영업양도 그 자체만을 사유로 근로자를 해고하는 것은 정당한 이유가 없다고 본다. 따라서 영업양도 시 양수 회사가 종전 근로자의 일부만을 인수하려는 경우 미리 양도 회사에서 경영상 이유에 의한 해고 등 적법한 절차에 따라 고용조정을 이루어야 한다.

근로관계의 승계는 근로계약 당사자의 변경에 불과하므로, 반드시 그 효과로 근로조건의 변경을 수반하는 것은 아니다. 즉, 기업변동에 의하여 근로관계가 포괄적으로 승계되면 근로자의 기존 근로계약상의 지위도 그대로 승계된다. 따라서 양수기업은 종전의 취업규칙 또는 근로계약에서 정한 근로조건을 준수해야 하므로, 퇴직금 산정 등을 위한 계속근로기간의 계산에서는 종전회사에서의 근로기간도 통산되고 원칙적으로 종전회사의 퇴직금규정에 따라 퇴직금을 계산해야 한다. 아래에서 영업양도의 개념 및 판례가 제시하는 영업양도에 관한 법리를 살펴보도록 한다.

가. 영업양도의 개념

판례는 "영업양도란 일정한 영업목적에 의하여 조직화된 업체 즉 인적 물적 조직을 그 동일성을 유지하며 일체로서 이전하는 것을 말한다."고 판시하였다.[28] 영업의 일부를 양도하는 것도 가능하지만 이 경우에도 해당 영업부문의 인적·물적 조직이 동일성을 유지하면서 일체로서 이전되어야 영업양도로 인정된다. 여기에서 무엇이 '영업'인지, '동일성'의 정도는 어떠한지 그 개념이 문제된다.

1) 영업의 개념

상법상 영업이란 일정한 영업목적에 의하여 조직화된 '유기적 일체로서의 기능적 재산'을 말한다. 유기적 일체로서의 기능적 재산이란 영업을 구성하는 유형·무형의 재산과 경제적 가치를 갖는 사실관계가 서로 유기적으로 결합하여 수익의 원천으로 기능한다는 것과 이와 같이 유기적으로 결합한 수익의 원천으로서의 기능적 재산이 마치 하나의 재화와 같이 거래의 객체가 된다는 것을 뜻한다.[29]

2) 동일성의 개념

영업의 동일성을 유지하였는지 여부는 일반 사회관념에 의하여 결정되어야 할 사실인정의 문제이다. 판례는 "어떠한 영업재산이 어느

---

28) 대판 1997. 6. 24. 96다2644

29) 대판 1997. 11. 25. 97다35085

정도로 이전되어 있는가에 의하여 결정되는 것이 아니고 거기에 종래의 영업조직이 유지되어 그 조직이 전부 또는 중요한 일부로서 기능할 수 있는가에 의하여 결정되어져야 하는 것이므로 영업재산의 전부를 양도했어도 그 조직을 해체하여 양도했다면 영업의 양도는 되지 않는 반면에 그 일부를 유보한 채 영업시설을 양도했어도 그 양도한 부분만으로 종래의 조직이 유지되어 있다고 사회관념상 인정되면 그것을 영업의 양도라 볼 수 있다"고 할 뿐 동일성 여부 판단에 대하여 구체적인 기준을 제시하지는 않고 있다.[30]

3) 영업양도의 유형

영업양도는 일반적으로 ⅰ) 영업 주체인 회사로부터 영업 일체를 양수하여 회사와는 별도의 주체인 양수인이 양수한 영업을 영위하는 경우와, ⅱ) 회사의 주식이나 지분권을 그 소유자로부터 양수받아 양수인이 회사의 새로운 지배자로서 회사를 경영하는 경우로 나누어진다. 전자는 영업의 주체인 회사가 양도인이 되어 양수인과 계약을 체결하고 양도·양수 후에도 양수인은 그 회사와는 별도의 주체로서 양수한 영업을 영위하나, 후자는 영업 자체를 양도·양수하는 것이 아니라 영업의 주체인 회사의 주식이나 지분권을 양도·양수하는 것이므로, 이 경우는 회사의 주식 또는 지분권을 소유하고 있는 주주 또는 지분권자 개인이 양도인이 되고 회사가 양도인이 될 수 없다.[31] 단순히 경영주체가 변경될 경우 그 각 경영주체와 근로자들의 근로관계는 새로운 경영주에게 포괄 승계된다.[32] 따라서 실무에서 문제

30) 대판 2001. 7. 27. 99두2680

31) 대판 1995. 8. 25. 95다20904

되는 영업양도는 주로 전자의 경우이다.

나. 영업양도의 판단요소

판례는 영업양도 인정을 위한 구체적인 요소를 명확히 제시하지 않고 있다. 이에 판례의 각 구체적인 사례에 대해 판단한 내용을 검토한다면 법원은 다음과 같은 기준을 중심으로 영업양도 여부를 판단하고 있는 것으로 보인다.

1) 영업양도에 대한 계약 유무

판례는 영업양도 당사자 사이에 영업양도에 대한 명시적 또는 묵시적 계약이 있었는지 여부를 고려 요소로 삼는다.[33] 본 판례는 "… 영업양도 당사자 사이의 명시적 또는 묵시적 계약이 있어야 할 것인바, 이 사건에서 양 당사자 사이에 영업양도에 관한 계약이 있었다는 점은 기록상 전혀 찾아볼 수 없고, 기중기선단에 대한 보관위탁계약 기간이 종료됨에 따라 기중기선단에 대한 보관사업을 폐지하고 이에 따라 그 사업 부문에 종사하던 관리요원을 면직하였다. 영업양도 당사자 사이에 새로이 기중기선단에 대한 보관위탁계약을 체결하고 그 보관사업의 수행을 위하여 22명을 신규 채용하였을 따름이다" 라고 하여 영업양도가 되기 위해서는 영업양도에 대한 명시적 또는 묵시적 계약이 있어야 한다고 판시하였다.

---

32) 대판 2001. 11. 13. 2000다18608

33) 대판 1997. 6. 24. 96다2644

2) 자산의 승계여부 및 정도

판례는 "자산과 부채의 포괄적인 승계는 종래 영업조직이 동일성을 유지하면서 양도되어 그 조직이 전부 또는 중요한 일부로서 기능할 수 있는가를 참작하여 비록 자산과 부채 중의 일부가 누락되어 양도되더라도 양도된 자산과 부채만으로도 종래의 조직이 유지되어 양도 전 기업과의 동일성이 있다고 인정될 정도이면 족하다."고 하여 일단 자산과 부채의 포괄적인 승계를 고려요소로 삼고 있으나 승계의 정도는 일부가 누락되더라도 동일성이 인정될 정도면 된다고 판시하였다.[34)]

그 외에도 양도된 업체의 생산시설, 판매시설 및 기타 토지, 건물, 구축물, 기계장치, 공기구 등 생산・판매시설과 관련된 부동산, 동산의 승계 정도를 고려요소로 삼는 판례가 있다.[35)] 또한 특허권, 실용신안권, 의장권 등 산업재산권, 등록에 관련된 권리, 인허가, 기타 영업권 등 무형의 재산적 가치에 대한 승계정도 등을 감안한 판례도 존재한다.

3) 근로관계의 승계여부와 승계정도

본 요건은 인적・물적 동일성 여부 중에서 인적조직의 동일성이 인정될 수 있는지와 관련된 내용이다. 양수 기업으로 이동한 근로자의 비율이 어떠한지, 실질적인 퇴사와 입사 절차를 거쳤는지, 직급체계, 보수체계, 연월차휴가부여일수, 근로 장소 등 양도업체의 근로조건을 어느 정도로 유지하는 지 여부가 구체적인 판단기준이다.

---

34) 대판 2005. 6. 24. 2005다8200

35) 대판 2005. 6. 9. 2002다70822

판례는 "근로자 176명이 제출한 재취업신청서를 넘겨받아 선별 없이 1998. 4. 1.자로 모두 신규 채용한 사실, 소속 근로자들만을 신규채용의 형식으로 다시 고용하여 그들이 일하고 있던 부서와 동일한 부서(그 명칭은 상이하나 업무 내용은 동일하다)에 같은 직급으로 발령하여 이전의 업무를 계속 수행하도록 하였으며, 이 사건 계약상으로는 참가인 회사가 동해의 근로자들에 대한 근로관계를 승계하지 않는 것을 전제로 소정의 인원만을 입사전형절차를 거쳐 신규채용하기로 하였고 이에 따라 기존 회사의 근로자들이 사직서를 제출하고 새로 입사하는 형식을 취하였지만, 실제로는 입사시험을 치르는 등 실질적인 입사절차는 거치지 않은 채 소정의 기한 내에 입사의사를 표시한 동해의 근로자 전부를 채용하였던 점, 신규채용의 형태로 다시 고용한 양도회사의 근로자는 199명 중 176명에 달하여 대부분의 근로자가 다시 채용되었을 뿐만 아니라, 양도회사 소속 근로자들만을 신규채용의 형태로 고용하였을 뿐 실제 공개채용의 형태로 동해 소속 근로자 이외의 근로자를 신규채용하지는 않았던 점, 양도회사 소속 근로자들이 기존의 직급에 상응하는 직급을 참가인 회사에서 부여받아 그 이전에 수행하던 업무를 그대로 수행하고 있는 점 등에 비추어 영업양도가 인정된다."는 취지로 판시하였다.[36]

4) 사업목적의 동일성 여부 등

사업목적의 동일성 여부를 판단할 때는 해당 업체를 인수한 목적이 무엇인지를 고려한다. 즉, 해당 업체를 인수한 목적이 동일한 영

36) 대판 2002. 3. 29. 2000두8455

업을 영위하기 위한 경우 영업양도가 인정될 수 있다. 이를 판단하기 위해 양도 기업과 양수 기업이 생산하는 품목의 동일성 여부를 검토한다. 또한 기존 거래처와 계속하여 거래를 하는지도 판단 요소이다.

그 외에도 양도계약 체결의 경위, 채권·채무의 승계 여부(예컨대, 사업을 영위하는 건물을 임대한 경우 임차인의 지위를 승계하는지 여부), 이전 상호를 계속 사용하는지 여부 등도 고려한다.[37)]

다. 근로관계 승계와 관련된 쟁점

영업이 양도되면 양도인과 근로자 사이의 근로관계는 양수인에게 포괄적으로 승계된다는 것이 판례의 일관된 입장이다. 그러나 영업양도가 인정되는 경우라고 하더라도 근로관계의 승계 범위와 근로자의 의사, 퇴직금과 관련된 기간 산정 문제, 집단적 노사관계의 승계 여부 등 근로관계 승계와 관련하여 다양한 쟁점이 존재한다.

1) 근로관계 승계

「민법」 제657조 제1항은 '사용자는 노무자의 동의 없이 그 권리를 제삼자에게 양도하지 못한다'고 규정하였다. 따라서 사용자는 근로자의 동의 없이 그 권리를 제3자에게 양도하지 못한다. 이는 근로관계에 사용자와 근로자의 인적 결합이라는 특수성이 있기 때문이다. 즉, 사용자의 의사만으로 근로관계의 일방이 변경되면 근로자의 신분, 근로조건 등에 커다란 변화가 올 수 있으므로 근로자에게 불리

37) 대판 2009. 9. 14. 2009마1136

할 수 있기 때문이다.

영업양도 시 근로관계가 양도회사에 승계됨으로써 근로관계가 유지되는 경우 기존의 근로계약 상대방과는 다른 사용자와의 근로관계가 형성된다. 이는 근로관계의 존속 보호에는 충실할 수 있으나, 당사자의 자유로운 의사결정으로 법률관계를 형성한다는 계약자유의 원칙 입장에서 볼 때, 실질적으로는 근로자 스스로가 자유롭게 선택하지 않은 사용자와의 근로관계가 강제되는 것과 같은 결과를 초래하여 자기결정의 원리에 반할 수 있다. 따라서 근로관계의 승계 문제는 근로관계 존속 보호와 근로자의 자기결정의 원리가 조화를 이룰 수 있도록 해결하여야 한다.[38]

가) 근로관계 승계의 범위

(1) 근로관계가 정지된 자

영업양도 시 승계되는 근로자의 범위와 관련하여 현재 실제로 근무하고 있는 근로자인지 아니면 휴직자, 노조전임자, 연수자 등과 같이 근로관계의 주된 부분이 정지된 자까지 계승되는지 여부가 문제된다. 이에 대하여 행정해석은 "영업의 일부 양도 시 휴직자, 연수자, 노조전임자와 같이 근로관계가 일시 정지되어 있는 근로자도 근로계약에 의한 근로자의 지위가 계속 유지되고 있으므로 양도되는 영업부문에 전속되어 있다면 달리 볼 사정이 없는 한 고용승계 대상에 포함될 것"이라고 하여 근로관계가 승계된다고 본다.[39]

또한 판례는 근로자의 동의를 얻어야 효력이 생기는 전적의 경우,

---

38) 서울행판 2008. 9. 11. 2007구합45583

39) 근기 68207-2196, 2002. 6. 12

사용자의 전근 명령에 대해 근로자가 동의하지 않은 사안에서 이 경우 전적명령 자체가 아무런 효력을 갖게 될 수 없음이 객관적으로 명확하게 되었으므로 영업양도가 있을 당시 전적명령이 아무런 효력이 없게 된 사실을 알고 있었음이 명백하므로 양수기업은 근로관계를 그대로 승계해야 한다는 취지로 판시하였다.[40]

(2) 해고의 효력을 다투는 자

판례는 "영업양도 계약에 따라 승계되는 근로관계는 계약 체결일 현재 실제로 근무하고 있는 근로자와의 근로관계만을 의미하고 계약 체결일 이전에 근무하다가 해고된 근로자로서 해고의 효력을 다투는 근로자와의 근로관계까지 승계되는 것은 아니며, 사업양도 계약의 당사자는 양도 과정에 소요되는 기간 등을 고려하여 근로관계 승계 기준일을 계약 체결일과 다른 일자로 정할 수 있다."고 하여 해고의 효력을 다투는 근로자와의 근로관계는 승계되지 않는다는 입장이다.[41]

예외적으로 판례는 "해고처분을 받은 근로자가 별도의 임금청구소송을 제기하여 승소판결이 확정되었으며 이 판결은 해고가 무효여서 여전히 근로자로서의 지위를 가지고 있음을 전제로 해고 이후 복직시까지의 임금의 지급을 명하는 것이라면, 비록 현실적인 복직조치가 없었다 하더라도 위 근로자는 영업양도 당시 양도회사와 적법 유효한 근로관계에 있었다고 보아야 하므로 그 근로자와 양도회사와의 근로관계는 양수회사에게 승계된다."고 하여 영업양도 시에 해고되어 실제로 그 영업 부문에서 근무하고 있지 않은 근로자라 하더라도 그 영업양도 이전에 이미 판결을 통하여 해고가 무효임이 객관적으

---

40) 대판 1996. 4. 26. 95누1972

41) 대판 1995. 9. 29. 94다54245

로 명확하게 된 경우에는 그 근로관계가 승계된다고 보았다.[42)]

결국 원칙적으로는 해고의 효력을 다투는 근로자와의 근로관계는 승계되지 않지만 예외적으로 영업양도 이전에 이미 해고가 무효임이 객관적으로 명확하게 된 경우에는 승계된다고 볼 수 있다.

나) 승계 배제 특약의 효력

영업양도 당사자 사이에 근로자 중 일부를 승계 대상에서 제외하기로 하는 특약이 존재하는 경우 그 효력이 문제된다. 판례는 "영업이 양도되면 반대의 특약이 없는 한 양도인과 근로자 사이의 근로관계는 원칙적으로 양수인에게 포괄적으로 승계되고, 영업양도 당사자 사이에 근로관계의 일부를 승계의 대상에서 제외하기로 하는 특약이 있는 경우에는 그에 따라 근로관계의 승계가 이루어지지 않을 수 있으나, 그러한 특약은 실질적으로 해고나 다름이 없으므로 근로기준법 제30조 제1항 소정의 정당한 이유가 있어야 유효하며, 영업양도 그 자체만을 사유로 삼아 근로자를 해고하는 것은 정당한 이유가 있는 경우에 해당한다고 볼 수 없다"고 하여 승계 배제 특약은 곧 해고와 다름없어서 근로기준법이 정한 정당성 요건을 충족해야 비로소 그 효력이 인정될 수 있다는 입장이다.[43)]

다) 근로자의 반대 의사

영업양도는 양수기업과 양도기업 사이에서 결정될 뿐이어서 원칙적으로 근로자들의 의사가 반영되기 어렵다. 그러나 근로자 입장에서는 본인이 근무해야 할 기업 및 근로조건에 크고 작은 변화가 생

42) 대판 1994. 6. 28. 93다33173
43) 대판 2002. 3. 29. 2000두8455

기므로 이는 매우 중요한 쟁점이다. 따라서 근로자가 영업양도 시 고용이 승계되는 것을 반대할 수 있는지 여부가 문제된다.

판례는 "영업양도가 이루어진 경우에는 원칙적으로 해당 근로자들의 근로관계가 양수하는 기업에 포괄적으로 승계되지만 근로자가 반대 의사를 표시함으로써 양수기업에 승계되는 대신 양도기업에 잔류하거나 양도기업과 양수기업 모두에서 퇴직할 수도 있다. 또한 이와 같은 경우 근로자가 자의에 의하여 계속근로관계를 단절할 의사로 양도기업에서 퇴직하고 양수기업에 새로이 입사할 수도 있다"고 하여 근로자가 계속 근무 여부를 결정할 수 있다고 본다.[44]

또한 위 판례는 "이때 근로관계 승계에 반대하는 의사는 근로자가 영업양도가 이루어진 사실을 안 날부터 상당한 기간 내에 양도기업 또는 양수기업에 표시하여야 하고, 상당한 기간 내에 표시하였는지는 양도기업 또는 양수기업이 근로자에게 영업양도 사실, 양도 이유, 양도가 근로자에게 미치는 법적·경제적·사회적 영향, 근로자와 관련하여 예상되는 조치 등을 고지하였는지 여부, 그와 같은 고지가 없었다면 근로자가 그러한 정보를 알았거나 알 수 있었던 시점, 통상적인 근로자라면 그와 같은 정보를 바탕으로 근로관계 승계에 대한 자신의 의사를 결정하는 데 필요한 시간 등 제반 사정을 고려하여 판단하여야 한다"고 하여 근로관계 승계에 반대하는 의사표시를 상당한 기간 내에 해야 한다고 본다.

44) 대판 2012. 5. 10. 2011다45217

2) 퇴직금 관련 쟁점

퇴직금과 관련한 쟁점은 퇴직금 산정을 위한 계속근로기간을 어떻게 볼 것인지가 가장 먼저 쟁점이 된다. 또한 많은 쟁점들이 영업양도 시 퇴직금을 받은 경우 중간정산을 받은 것으로 볼 수 있는지, 볼 수 있다면 얼마를 추가로 지급해야 하는지와 관련되어 있다.

가) 퇴직금 수령과 계속근로 여부

기업이 사업부문의 일부를 다른 기업에 양도하면서 그 물적 시설과 함께 근로자들의 소속을 변경시킨 경우에는 원칙적으로 해당근로자들의 근로관계가 양수하는 기업에 승계되어 근로의 계속성이 유지된다. 이 경우 근로자가 사직서를 제출하고, 퇴직금까지 지급받은 경우 계속근로가 단절된 것으로 볼 수 있을지가 문제된다.

판례는 "영업양도의 경우에는 특단의 사정이 없는 한 근로자들의 근로관계 역시 양수인에 의하여 계속적으로 승계되는 것으로, 영업양도 시 퇴직금을 수령하였다는 사실만으로 전 회사와의 근로관계가 종료되고 인수한 회사와 새로운 근로관계가 시작되었다고 볼 것은 아니고 다만, 근로자가 자의에 의하여 사직서를 제출하고 퇴직금을 지급받았다면 계속근로의 단절에 동의한 것으로 볼 여지가 있지만, 이와 달리 회사의 경영방침에 따른 일방적 결정으로 퇴직 및 재입사의 형식을 거친 것이라면 퇴직금을 지급받았더라도 계속근로관계는 단절되지 않는 것이다."고 하여 사직서를 제출하고 퇴직금까지 수령했더라도 근로자의 자의가 아닌 경우에는 계속근로가 유지된다고 보았다.[45)]

나) 퇴직금의 범위

영업양도가 이루어지면 근로관계가 승계되어 영업양도 전후의 근속연수가 합산된다. 따라서 퇴직금은 근속기간을 통산하여 전 기간에 대해 지급해야 한다. 문제는 자의에 의한 것은 아니지만 퇴직금을 수령한 경우 얼마를 지급해야 하는지가 문제된다. 이에 대해 판례는 "근로자가 최종적으로 사업을 양수한 기업에서 퇴직하면 그 기업은 합산한 계속근로연수에 상응하는 퇴직금에서 이미 지급된 퇴직금을 공제한 나머지를 지급할 의무가 있다"고 하여 영업양도 전후 전 기간을 계속근로기간으로 하여 산정한 퇴직금액에서 기 지급된 퇴직금액을 공제한 나머지를 지급해야 한다고 본다.[46]

다) 부당이득반환의 문제

영업양도 시 근로자가 퇴직금을 수령했더라도 자의가 아니어서 계속근로가 유지되는 경우 합산한 계속근로연수에 상응하는 퇴직금에서 이미 지급된 퇴직금을 공제한 나머지를 지급할 의무가 있다. 여기서 영업양도 시 퇴직금을 지급한 시점과 최종적으로 퇴사한 후 퇴직금을 지급해야 하는 시점 사이에는 시기적 차이가 존재한다. 따라서 이미 지급한 퇴직금을 공제할 때 그 이자 부분도 부당이득으로 공제해야 하는지 문제된다.

이에 대해 판례는 "사용자가 근로자에 대하여 중간퇴직처리를 하면서 퇴직금을 지급하였으나 그 퇴직처리가 무효로 된 경우 이는 착오로 인하여 변제기에 있지 아니한 채무를 변제한 경우에 해당한다고 할 수 없으므로 이미 지급한 퇴직금에 대한 지급일 다음날부터

45) 대판 2001. 11. 13. 2000다18608

46) 대판 1992. 7. 14. 91다40276

최종 퇴직 시까지의 연 5푼의 비율에 의한 법정이자 상당액은 부당이득에 해당하지 않는다"고 하여 부당이득이 성립하지 않는다고 보았다. 또 "근로자가 퇴직금 수령으로 인하여 이익을 얻었다는 점을 인정할 증거도 없다"고 하여 부당이득이 성립하지 않는다고 판시하였다.[47]

라) 근속기간을 배제하는 특약의 효력

양도회사와 양수회사 사이에 영업양도 시에 근로자의 퇴직금 산정기간에 관하여 종전 양도회사의 근속기간은 근속연수에서 제외하기로 특약을 둔 경우 그 효력이 문제된다. 판례는 "종업원의 퇴직금산정기간에 한하여 근속연수에 산입하지 않기로 하는 단서 조항을 삽입하였다는 것이나, 이는 종전의 근로계약관계를 포괄적으로 승계하면서 근속기간에 관한 근로자의 기득권을 제한하는 예외 조항을 설정한 것이므로 근로자의 동의가 없는 한 근로자에게 구속력이 미치지 않는다"고 한다.[48]

이와 같은 판례의 태도는 영업양도가 이루어지면 근로관계가 승계된다는 원칙에 입각한 것으로, 영업양도 당사자 간에 특약을 통해 승계와 관련된 효과를 배제하는 것은 인정될 수 없음을 보여준다. 즉, 영업양도로 근로관계의 승계가 인정되면 근로자의 동의 여부나 양수인과 양도인 사이의 합의는 승계의 요건이 되지 않는다는 것이다.

47) 대판 2005. 7. 8. 2003다40798, 40804
48) 대판 1991. 11. 12. 91다12806

3) 집단적 노사관계의 승계

기업의 합병이나 영업양도 등 기업변동은 기존 노동조합의 지위에 원칙적으로 영향을 미치지 않는다. 다만, 합병기업이나 양수 기업에 복수의 노동조합이 존재하는 경우 교섭창구단일화절차가 적용된다.[49] 한편, 영업양도로 근로관계를 승계한 양수 기업은 양도기업이 종전에 체결한 단체협약상의 권리・의무 역시 승계한다. 또 판례에 따르면 승계된 근로자들에게 적용되던 종전의 취업규칙에 따른 퇴직금제도와 양수 회사의 취업규칙에 따른 퇴직금제도가 병존하는 상황이 발생하더라도 퇴직금 차등제도설정 금지의 원칙에 위배되지 않는다.[50] 퇴직금제도의 병존은 종전의 근로계약상의 지위가 승계된 결과이기 때문이다.

4) 임금체불에 관한 책임

임금체불이 있는 상황에서 영업양도가 이루어진 경우 민・형사상 책임을 누가 지는지 문제된다.

---

49) 노조법 제29조의 2, 법률 제5310호 부칙 제5조 제1항은 '하나의 사업 또는 사업장에 노동조합이 조직되어 있는 경우에는 제5조의 규정에도 불구하고, 2009년 12월 31일까지는 그 노동조합과 조직대상을 같이 하는 새로운 노동조합을 설립할 수 없다'고 규정하였다. 이에 과거에는 영업양도 시 양수 기업에 복수의 노동조합이 존재하게 되는 경우가 발생하면 이를 어떻게 볼 것인지가 문제되었으나 판례는 양수 기업에 복수의 노동조합이 존재하더라도 위 부칙에 위반되지 않는다고 보았다. 이후 2010년 1월 1일 노동조합 및 노동관계조정법 개정안이 국회 본회의를 통과함에 따라 2011년 7월 1일부터 복수노조 설립이 가능하게 되었다.

50) 대판 1995. 12. 26. 95다41659

가) 민사상 책임

먼저 임금체불과 관련된 민사상 책임에 대하여 행정해석은 "종전 기업의 근로관계가 새로운 기업에 승계된 때에는 종전기업의 미지급 임금에 대한 지급의무가 새로운 기업에 승계된다 할 것이므로, 당해 근로자들은 새로운 기업에게 민사절차에 따라 임금의 지급을 구할 수 있음"이라고 하여 임금 지급의무가 양수인에게 있다고 본다. 이는 영업양도와 이에 따른 근로관계의 이전에 대해 근로자가 명시적·묵시적으로 동의한 경우를 전제로 한 해석이다.[51] 영업양도가 이루어지더라도 근로관계 이전을 원하지 않는 근로자는 양도인과의 근로관계를 그대로 유지하거나, 양도·양수기업 모두에서 퇴직할 수 있다. 이 경우 민법에 따르며 근로자의 동의가 없다면 양도·양수 당시에 이미 발생한 근로자의 임금채권 등에 대한 양도인의 의무는 존속된다.[52]

나) 형사상 책임

행정해석은 "종전의 사용자에게 발생한 임금 미지급에 따른 형사적인 책임은 새로운 사용자에게 승계될 수 없는 것이므로 새로운 사용자에게 근로기준법 위반의 책임을 물을 수 없는 것"이라고 하여 양도인에게 형사상 책임이 있다고 본다.[53]

---

51) 근기 01254-390, 1993. 3. 15

52) 민법 제454조(채무자와의 계약에 의한 채무인수)
① 제삼자가 채무자와의 계약으로 채무를 인수한 경우에는 채권자의 승낙에 의하여 그 효력이 생긴다.
② 채권자의 승낙 또는 거절의 상대방은 채무자나 제삼자이다.

53) 근기 01254-390, 1993. 3. 15

Q45. 저는 A아파트 관리사무소에서 2010. 4. 1.부터 2012. 12. 31.까지 관리소장으로 근무하였습니다. 아파트 관리 업무는 처음에 입주자대표회의(14개월)에서 자치관리를 하였고, 이후 관리업체 B(9개월), 관리업체 C(10개월)가 순차적으로 담당하였습니다. 관리주체가 변경되는 동안에도 저는 동일한 업무를 계속 수행해왔습니다. 저는 전체 근로기간에 대해 퇴직금을 받을 수 있는지요? 받을 수 있다면 누구로부터 받아야 하는지 궁금합니다.

A45. 만약 계속근로가 인정되지 않는다면 근로자는 입주자대표회의에서 일한 기간(이하 'a기간')에 대해서만 입주자대표회의에 퇴직금을 청구할 수 있을 것입니다. a기간의 경우 1년 이상 근무했고, 이 기간 동안의 사용자는 입주자대표회의임이 분명하기 때문입니다. 그러나 나머지 기간은 계속근로연수가 1년 미만이므로 퇴직금이 발생하지 않습니다. 반면 자치관리를 하다가 관리업체 B가 담당한 기간(이하 'b기간'), 관리업체 B가 담당하다가 관리업체 C가 담당한 기간(이하 'c기간')이 각각 1년 미만이라도, 이 부분이 영업양도로 인해 근로관계가 승계될 경우 계속근로기간이 달라지고, 퇴직금을 지급해야 할 사용자도 달라집니다. 이에 대해 판례와 행정해석은 관리주체가 변경되는 형태에 따라 근로관계가 승계되는지 여부를 다르게 보고 있습니다.
먼저 관리주체가 입주자대표회의에서 관리업체 B로 변경된 경우를 살펴보겠습니다. b기간에 대하여 행정해석은 입주자대표회의가 자치관리를 하다가 위탁관리를 하는 경우[54] 혹은 그 반대의 경우[55]에는 근로관계가 승계된다고 봅니다. 이는 관리업무의 동질성이 변경되지 않은 상태에서 단순히 사업주체의 변경에 불과하다고 판단했기 때문입니다. 따라서 a기간과 b기간이 계속근로기간에 포함되고, 퇴직금의 지급주체도 관리업체 B가 됩니다.
문제는 c기간처럼 관리주체가 관리업체에서 다른 관리업체로 변경되는 경우입니다. 판례는 관리업체 사이에 영업양도 계약이 없는 경우 근로관계의 승계를 부정하였습니다(서울고판 1998. 1. 9. 97구32774). 또한 '종전 근로자를 우선 재고용 한다.'라는 문구가 있는 경우에도 이를 "주민 편의를 보장하는 범위 내에서 입찰조건을 수락한 것"으로 보아 근로관계의 승계를 부정한 판례도 있습니다(서울고판 2003. 5. 1. 2002누8406). 결국 판례와 행정해석은 관리주체가 입주자대표회의에서 관리업체로 혹은 그 반대의 경우 영업양도로 인한 근로관계의 승계를 인정하지만 관리업체에서 관리업체로 변경된 경우 영업양도로 인한 근로관계의 승계를 부정한다고 정리할 수 있습니다. 따라서 질문자의 경우 관리업무의 동질성이 유지되었다면 b기간에 대해서는 영업양도로 인해 근로관계가 승계되었고, 계속근로가 인정될 것입니다. 그러나 c기간에 대해서는 별도로 관리업체 B와 관리업체 C 사이에 영업양도 계약이 없었다면 영업양도가 인정되지 않고, 근로관계의 승계도 부정되어 계속근로가 인정되지 않을 것입니다.

그러나 관리업체에서 다른 관리업체로 변경된 경우여서 영업양도가 인정되지 않는다 하더라도 예외적으로 계속근로가 인정되는 경우를 상정할 수 있습니다. 입주자대표회의에서 관리업체 B, 관리업체 C로 관리주체가 변경되었지만 만약 이와 같은 변경이 형식에 불과하고 실질적으로는 입주자대표회의가 계속해서 사용자인 경우입니다.

이러한 경우 행정해석[56]은 "입주자대표회의가 사용자의 지위를 갖는 범위 내에서는 실질적으로 당해 아파트를 자치관리한 것과 다를 바 없으므로 입주자 대표회의가 기존의 주택관리업체와의 위・수탁계약을 해지하고 새로운 주택관리업체와 위・수탁계약을 체결한 경우에도 이는 단순한 입주자 대표회의의 노무지휘권한을 수임받은 자의 변경에 불과하여 특별한 사유가 없다면 고용은 유지되어야 할 것"이라고 하여 입주자대표회의 소속으로 계속 근로한 것으로 보았습니다.

단, 판례[57]는 "아파트 입주자 대표회의가 아파트 관리업자와 체결한 위수탁관리계약상의 지위에 기한 감독권의 범위를 넘어 일부 직원의 채용과 승진에 관여하거나 관리사무소 업무의 수행상태를 감독하기도 하고, 또 관리사무소 직원들의 근로조건인 임금, 복지비 등의 지급수준을 독자적으로 결정하여 오기는 하였으나, 관리업자 혹은 그를 대리한 관리사무소장이 근로계약 당사자로서 갖는 관리사무소 직원들에 대한 임면, 징계, 배치 등 인사권과 업무지휘명령권이 모두 배제 내지 형해화되어 그 직원들과 체결한 근로계약이 형식적인 것에 지나지 않는다고 할 수 없고, 또 입주자 대표회의가 관리사무소 직원들의 업무내용을 정하고 그 업무수행 과정에 있어 구체적・개별적인 지휘・감독을 행하고 있다고 볼 수도 없는 경우, 입주자 대표회의가 그 관리사무소 직원들과 근로계약관계에 있는 사용자라고 볼 수 없다."고 하여 입주자대표회의가 상당부분 관리업체의 인사에 관여해왔는데도 관리업체의 인사권・지휘명령권이 모두 배제된 것은 아니므로 입주자대표회의를 사용자로 볼 수 없다고 보았습니다.

---

54) 근기 68207-343, 1999. 10. 16. '입주자대표회의가 자치관리 하다가 주택관리업자에게 위탁관리 하는 경우 고용승계가 원칙이다.'

55) 근기 68207-147, 1999. 9. 28. '사업주체가 관리하다가 입주자대표회의가 자치관리하기로 한 경우 고용승계가 타당하다.'

행정해석 역시 입주자대표회의의 회장과 주택관리업자가 관리계약을 체결한 후 입주자대표회의의 회장이 대표자로 고유번호증을 세무서로부터 발급받아 관리사무소에서 직원의 임금을 직접 지급한 후 갑종근로소득세와 4대보험을 고용주로서 납부하는 반면, 주택관리업자는 관리계약의 대가로 관리직원의 인건비 등 일반관리비를 제외한 이윤의 성격인 위탁수수료만을 받고 있는 상황에서도 원칙적으로 주택관리업자가 사용자라고 보았고, 예외적으로 "입주자대표회의가 관리업무종사자에게 정기적으로 지급되는 임금·퇴직금 등의 지급·결정에 있어서 최종 결재권을 행사하고, 채용·해임·승진·배치전환·징계 등 인사조치와 관련하여 위탁관리업체에게 지시하거나 최종적으로 결재하는 등 외형상 위탁관리방식을 취하면서도 관리업무 전반에 대한 사실상의 집행권과 관리업무종사자에 대한 실질적인 사용자의 권한을 행사하는 경우라면 입주자대표회의를 근로기준법상 사용자로 볼 수 있는 것."이라고 하여 판례의 태도와 마찬가지로 관리업체의 인사권·집행권이 형해화된 경우에야 비로소 입주자대표회의를 실질적인 사용자로 인정하고 있습니다. 따라서 입주자대표회의에서 관리업체로 관리업무의 주체가 변경되었는데도 입주자대표회의를 계속해서 사용자로 인정되는 경우는 매우 제한적이라고 할 수 있습니다.

실제로 입주자대표회의와 관리업체 사이에 공동주택 위·수탁관리 계약을 체결하면서 계약서에 "관리주체가 변경된 경우 관리사무소에 근무하는 직원은 공동주택관리업무의 계속성을 위하여 입주자대표회의의 동의에 의하여 그 고용을 승계하는 것을 원칙으로 한다." 또는 "관리사무소의 인원배치 및 신규채용, 퇴직 시 반드시 입주자 대표회의 회장과

56) 근기 68207-1872, 1998. 8. 6. "주택관리업체가 비록 외형상으로는 아파트 입주자 대표회의로부터 아파트 관리업무를 수탁받아 관리하고 있을지라도 입주자 대표회의가 상당기간 동안 관리업무 종사자의 채용·해임·승진·배치전환·징계 등 인사조치에 대하여 이를 최종적으로 결재하거나 공식적으로 당해 아파트를 위탁관리하는 주택관리업체(또는 관리소장)에게 특정인을 채용·해임 등 인사조치토록 지시·요구하는 경우 또는 관리업무 종사자에게 정기적으로 지급되는 임금·각종 수당·퇴직금 등 회계처리에 있어 최종 결재권을 행사하는 등 입주자 대표회의가 사실상 근로자를 사용하며 지휘·감독을 하였다면 외형상 위탁관리 형태에도 불구하고 노사관계는 사실행위에 따라 판단되어야 하므로 그러한 범위 내에서는 입주자 대표회의도 당해 아파트 관리업무에 종사하는 근로자와의 관계에 있어서 근로기준법상의 사용자로서의 지위를 갖는다."

57) 대판 1999. 7. 12. 99마628

상의 후 결정해야 한다."고 약정하는 경우가 많습니다. 이는 입주자대표회의가 관리업체의 인사권에 매우 깊게 관여하는 경우로 볼 수 있습니다. 그러나 이 경우에도 앞서 살펴본 판례와 행정해석의 태도에 의하면 입주자대표회의를 사용자로 인정할 가능성은 낮아 보입니다.

제6장 근로관계의 종료

1. 근로관계 종료 사유

근로관계의 종료 사유는 근로자의 의사나 동의에 의하여 이루어지는 퇴직·근로자의 의사에 반하여 사용자의 일방적 의사에 의하여 이루어지는 해고, 근로자나 사용자의 의사와는 관계없이 이루어지는 자동소멸 등[1]이 있다. 퇴직에는 사직·정년퇴직 등이 있고, 해고에는 징계해고·일반해고·경영상해고 등이 있으며, 자동소멸 사유에는 근로자사망, 계약기간만료, 사용자파산 등이 있다. 근로기준법은 근로자의 보호를 위해 해고에 대해서는 규정하고 있지만, 다른 근로관계 종료의 사유에 대해서는 규정하고 있지 않다. 따라서 해고 외의 다른 근로관계 종료의 사유에 대한 다툼이 있다면 민법이 적용된다. 한편, 사용자는 근로자가 사망 또는 퇴직한 경우에는 그 지급사유가 발생한 때부터 14일 이내에 임금, 보상금, 그 밖에 일체의 금품을 지급하여야 하고,[2]이러한 금품청산 의무를 해태한 사용자에 대해서는 형사처벌 규정[3]도 있는바, 만약 근로자가 퇴직 후 14일이 지나도록 사용자로부터 임금·퇴직금 등을 지급받지 못한 경우에는 관할 지방고용노동청에 신고할 수 있다.

1) 대판 1993. 10. 26. 92다54210
2) 근로기준법 제36조
3) 근로기준법 제109조

가. 퇴직

1) 사직

가) 의의

사직은 근로자가 근로계약을 해지하는 것이다. 사직의 의사표시에는 근로자가 근로계약을 종료시키는 취지의 해약의 고지와 사용자의 승낙을 전제로 근로계약의 합의해지 청약이 있다. 법원은 사직의 의사표시는 특별한 사정이 없는 한 당해 근로계약을 종료시키는 취지의 해약의 고지로 보고 있고, 이와 같은 경우 사직의 의사표시가 사용자에게 도달한 후에는 사용자의 동 없이는 사직의 의사표시를 철회할 수 없다.[4] 다만 사직서의 기재내용, 사직서 작성·제출의 동기 및 경위, 사직 의사표시 철회의 동기 기타 여러 사정을 참작해 볼 때, 근로자가 사직원을 제출하여 근로계약관계의 해지를 청약하는 경우라고 인정될 경우에는 근로자의 사직 의사표시 철회가 사용자에게 예측할 수 없는 손해를 주는 등 신의칙에 반한다고 인정되는 특별한 사정이 없는 한,[5] 그에 대한 사용자의 승낙 의사가 형성되어 그 승낙의 의사표시가 근로자에게 도달하기 이전에는 그 의사표시를 철회할 수 있다. 따라서 정당한 사직의사 철회 이후에 종전의 사직원에 기하여 의원면직 처분한 것은 무효이다.[6]

---

4) 대판 2000. 9. 5. 99두8657

5) 대판 2000. 9. 5. 99두8657

6) 대판 1992. 4. 10. 91다43138

Q46. 회사에서 사직서를 수리하지 않으면 어떻게 해야 하나요?

A46. 근로계약기간의 약정이 없는 근로자는 언제든지 사직의 통고를 할 수 있습니다. 사직의 의사표시는 구두로 하여도 유효하지만 통상 사직원을 제출하는 방식을 취합니다. 이때 사용자가 근로자의 사직원을 수리하면 당사자가 정한 퇴직일이 근로관계종료일이 됩니다. 그런데 만약 사용자가 사직서 수리를 거부할 경우 근로자는 어떻게 대응해야 할까요?
근로자의 일방적인 사직의 통고는 사업주가 그 통고를 받은 날로부터 1월이 경과하면 효력이 생깁니다.[7] 만약 월급제 근로자였다면 사직의 통고를 한 당기후의 1임금지급기를 경과해야 효력이 발생합니다.[8] 즉, 월초부터 월말까지 계산된 월급여를 익월 10일에 지급받는 기간의 정함이 없는 근로계약 관계에 있는 근로자가 1월 15일 사직의 의사표시를 하였으나 수리되지 않았을 경우에는 당기(1월)후의 1기(2월)가 지난 3월 1일에 퇴직의 효력이 발생합니다.[9] 따라서 사용자가 사직원의 수리를 거부할 경우, 근로자는 사직원 제출일을 증명할 만한 자료를 구비한 후, 위 기간이 지난 후 퇴사하셔야 합니다. 만약 사직의 통고를 한 후 사직의 효력이 발생하기 전에 무단결근을 하게 되면, 계약 위반으로서 손해배상책임이 발생할 수도 있고, 퇴직금 산정에서도 손해를 볼 수 있습니다.

실무에서는 근로관계 종료 사유 중 해고와 권고사직의 구별이 종종 문제된다. 해고의 경우에는 근로자가 부당해고 구제신청으로 해고의 부당함을 다툴 수도 있고, 사용자가 해고 예고를 적법하게 하지 않은 경우 해고예고수당도 지급받을 수 있는 반면에, 권고사직은 그렇지 않기 때문이다. 권고사직은 회사의 사직요청에 대해 근로자가 이를 수용하는 것으로 당사자 간의 합의에 의한 퇴직이고, 이 경

7) 민법 제660조 제2항

8) 민법 제660조 제3항

9) 근기 68207-2498, 1993. 12. 6.

우 통상 회사는 근로자로 하여금 사직원을 작성·제출하게 한다. 법원은 사용자가 사직의 의사 없는 근로자로 하여금 어쩔 수 없이 사직서를 작성·제출하게 한 후 이를 수리하는 이른바 의원면직의 형식을 취하여 근로계약관계를 종료시키는 경우에는 실질적으로 사용자의 일방적인 의사에 의하여 근로계약관계를 종료시키는 것이어서 해고에 해당한다고 하여, 사직서를 제출 하였다는 사유만을 가지고 권고사직으로 판단하고 있지는 않지만, 실제로 근로자가 사직의 의사가 없었는지에 대한 판단을 하기는 쉽지 않다.[10] 따라서 회사에서 권고사직을 요구할 경우 사직의 의사가 없는 근로자는 사직서를 제출하지 않는 것이 향후 해고에 대한 효력을 다툴 때 유리하다.

나) 진의 아닌 사직의 의사표시의 문제

사용자가 해고에 따른 부수적인 문제를 회피하고자, 근로자로 하여금 어쩔 수 없이 사직서를 작성·제출하게 하여 근로관계를 종료시키는 경우가 있다. 이 경우 사직의 의사표시의 효력이 있는지 문제되고, 이에 대해서는 민법의 의사표시 규정이 적용된다. 의사표시는 표의자가 진의 아님을 알고 한 것이라도 그 효력이 있지만 상대방이 표의자의 진의 아님을 알았거나 이를 알 수 있었을 경우에는 무효이다.[11] 여기서 진의란 특정한 내용의 의사표시를 하고자 하는 표의자의 생각을 말하는 것이지 표의자가 진정으로 마음속에서 바라는 사항을 뜻하는 것은 아니므로, 표의자가 의사표시의 내용을 진정으로 마음속에서 바라지는 아니하였다고 하더라도 당시의 상황에서는 그것을 최선이라고 판단하여 그 의사표시를 하였을 경우에는 이

10) 대판 2001. 1. 19. 2000다51919

11) 민법 제107조 제1항

를 진의라고 본다.[12] 만약 근로자의 사직서 제출이 진의 아닌 의사표시에 해당하여 무효인 경우는 사용자의 사직서 수리행위를 실질적으로 사용자의 일방적 의사에 의하여 근로계약관계를 종료시키는 해고로 볼 수 있다.[13] 예를 들어 사용자가 사직의 의사 없는 근로자로 하여금 어쩔 수 없이 사직서를 작성 제출케 하여 그중 일부만을 선별 수리하여 이들을 의원면직 처리한 것은 정당한 이유나 정당한 절차를 거치지 아니한 해고조치로서 강행법규에 위배되어 당연 무효이다.[14]

2) 정년퇴직

가) 의의

정년제는 일정한 연령에 도달하면 근로자의 근로계속의 의사 및 능력 여하에 불구하고 근로계약을 종료시키는 제도이다.[15] 정년으로 인한 퇴직처리는 법률상 당연히 발생한 퇴직의 사유 및 시기를 공적으로 확인하여 알려주는 '관념의 통지'에 불과할 뿐 근로자의 신분을 상실시키는 '해고처분'과 같은 새로운 형성적 행위가 아니다.[16] 정년 규정은 당해 사업장에 있어서 근로자가 제공하는 근로의 성질, 내용, 근무형태 등 제반여건에 따라 합리적인 기준을 둔다면 같은 사업장 내에서도 직책 또는 직급에 따라 서로 차등을 둘 수 있다.[17]

---

12) 대판 2000. 4. 25. 99다34475
13) 대판 2000. 4. 25. 99다34475
14) 대판 1992. 5. 26. 92다3670
15) 근기 01254-5124, 1990. 4. 11
16) 대판 2008. 2. 29. 2007다85997
17) 대판 1991. 4. 9. 90다16245

나) 정년 이후 계속 근무하는 경우

근로자가 정년이 지난 후에도 사용자의 동의[18] 아래 기간의 정함이 없이 사용자와의 근로관계를 계속 유지하여 왔다면, 사용자는 특별한 사정이 없는 한 단순히 당해 근로자가 정년이 지났다거나 고령이라는 이유만으로 근로관계를 해지할 수는 없고, 당해 근로자를 해고하기 위해서는 근로기준법 제23조 소정의 정당한 이유가 있어야 한다.[19] 사용자는 정년 퇴직자를 정년 연장 없이[20] 촉탁직 등으로 재고용할 수도 있다. 이 경우 당사자 간의 합의에 의하여 근로기준법 제34조에 따른 퇴직금과 같은 법 제60조에 따른 연차유급 휴가일수 계산을 위한 계속근로기간을 산정할 때 종전의 근로기간을 제외할 수 있으며 임금의 결정을 종전과 달리할 수 있다.[21] 즉, 이러한 재고용은 정년의 연장이 아니고, 새로운 근로계약의 체결이므로 계약의 내용을 새롭게 정할 수 있는 것이다.

다) 근로자에게 정년연장 요구권이 있는지 여부

취업규칙 등에 명시된 정년에 도달하여 당연퇴직하게 된 근로자에 대하여 사용자가 그 정년을 연장하는 등의 방법으로 근로관계를 계속 유지할 것인지 여부는 특별한 사정이 없는 한 사용자의 권한에 속하는 것으로서, 해당 근로자에게 정년연장을 요구할 수 있는 권리가 없다.[22] 사용자가 해당 근로자에게 정년연장을 허용하지 아니한

---

18) 사용자의 묵시적인 동의도 포함한다.(서울고판 2010. 9. 29. 2009누2929사)

19) 대판 2003. 12. 12. 2002두12809

20) 정년퇴직처리를 하고 재고용하는 것을 의미한다.

21) 고용상 연령차별금지 및 고령자고용촉진에 관한 법률 제21조

22) 대판 1989. 3. 28. 88누4812 ; 대판 1994. 5. 24. 94누873 ; 대판 1997. 7. 22. 95다6991 ; 대판 1998. 2. 13. 96다52236

조치의 정당성은 사용자의 행위가 법률과 취업규칙 등의 규정 내용이나 규정 취지에 위배되는지 여부에 의하여 판단해야 하며, 단지 정년연장을 허용하지 아니하는 것이 해당 근로자에게 가혹하다든가 혹은 다른 근로자의 경우에 비추어 형평에 어긋난다는 사정만으로 그 정당성이 없는 것으로 단정할 수는 없다.[23)]

나. 해고

1) 해고의 제한

해고는 사용자의 일방적인 의사에 의하여 근로관계를 종료시키는 것이다. 고용의 유지는 근로자의 경제적 생활의 기반이 되므로, 사용자에 의하여 일방적으로 이루어지는 해고는 근로자의 생활에 중대한 타격을 주게 된다. 특히 우리나라와 같이 사회안전망이 완비되지 못한 사회에서는 해고는 근로자의 생존권과도 직결된다고 볼 수 있다. 이러한 사정을 고려하여 근로기준법은 해고의 자유를 제한하고 있다.

2) 정당한 이유 없는 해고금지

가) 정당한 이유의 판단기준

사용자는 근로자에게 정당한 이유 없이 해고를 하지 못하고,[24)] 여기에서의 '정당한 이유'라 함은 사회통념상 고용계약을 계속시킬 수

---

23) 대판 2008. 2. 29. 2007다85997

24) 근로기준법 제23조

없을 정도로 근로자에게 책임 있는 사유가 있다든가, 부득이한 경영상의 필요가 있는 경우를[25] 말하며, 사회통념상 당해 근로자와의 고용관계를 계속할 수 없을 정도인지 여부는 당해 사용자의 사업의 목적과 성격, 사업장의 여건, 당해 근로자의 지위 및 담당직무의 내용, 비위행위의 동기와 경위, 이로 인하여 기업의 위계질서가 문란하게 될 위험성 등 기업질서에 미칠 영향, 과거의 근무태도 등 여러 가지 사정을 종합적으로 검토하여 판단한다.[26] 정당한 이유가 인정되는 해고의 유형은 일신상 사유에 의한 해고로서 통상해고, 행태상 사유에 의한 해고로서 징계해고, 그리고 경영상 이유에 의한 해고로 분류될 수 있다. 일신상 사유에 해당하는 사례로는 질병, 공무원의 경우 국가공무원법상 당연퇴직사유의 발생, 자격 등의 상실, 업무능력의 상실 등 직권면직사유의 발생 등이 있다. 행태상의 사유에 해당하는 사례로는 학력·경력의 사칭·은폐, 이력서 허위기재, 무단결근 등 불성실근무, 전근·전보·전적 등 인사명령 불응, 업무상 지시 위반, 동료 또는 상사에 대한 폭력 행사, 범죄행위와 중대 사고로 인한 손해 야기, 사생활 비행, 경업·겸직 금지 위반, 사업장 내 업무 외 활동 금지 위반, 쟁의행위 관련, 형사상 범죄와 유죄 판결, 회사에 대한 비방, 진정, 회사 비밀 누설 등 다양하다. 이러한 유형별 구체적 사유에 있어서도 정당한 이유의 유무는 여러 가지 사정을 종합적으로 고려하여 개별적으로 판단할 수밖에 없다.[27]

---

25) 대판 1992. 5. 22. 91누5884

26) 헌재결 2013. 12. 26. 2012헌바375

27) 헌재결 2013. 12. 26. 2012헌바375

나) 정당한 해고의 유형

(1) 신체장해로 인한 노동능력 상실

근로자가 신체장해를 입게 되어 노동능력을 상실했다는 사유는 정당한 해고사유가 될 수 있다. 다만 근로자가 신체장해를 입었다는 사실만으로 정당한 해고사유가 되는 것은 아니고, 근로자가 신체장해를 입게 된 경위 및 그 사고가 사용자의 귀책사유 또는 업무상 부상으로 인한 것인지의 여부, 근로자의 치료기간 및 치료 종결 후 노동능력 상실의 정도, 근로자가 사고를 당할 당시 담당하고 있던 업무의 성격과 내용, 근로자가 그 잔존노동능력으로 감당할 수 있는 업무의 존부 및 그 내용, 사용자로서도 신체장해를 입은 근로자의 순조로운 직장 복귀를 위하여 담당 업무를 조정하는 등의 배려를 하였는지 여부, 사용자의 배려에 의하여 새로운 업무를 담당하게 된 근로자의 적응노력 등 제반 사정을 종합적으로 고려하여 합리적으로 그 정당성을 판단하여야 한다.[28]

(2) 학력 · 경력 사칭

기업이 근로자를 고용하면서 학력 또는 경력을 기재한 이력서나 그 증명서를 요구하는 이유는 단순히 근로자의 근무능력, 즉 노동력을 평가하기 위해서만이 아니라 노사 간의 신뢰 형성과 기업질서 유지를 위해서는 근로자의 지능과 경험, 교육정도, 정직성 및 직장에 대한 정착성과 적응성 등 전인격적 판단을 거쳐 고용 여부를 결정할 필요가 있으므로 그 판단자료로 삼기 위한 것이다. 이와 같은 목적

28) 대판 1996. 12. 6. 95다45934

으로 제출이 요구되는 이력서에 허위의 경력을 기재한다는 것은 그 자체가 그 근로자의 정직성에 대한 중요한 부정적인 요소가 됨은 물론, 기업이 고용하려고 하는 근로자들에 대한 전인격적인 판단을 그르치게 하는 것이므로, 근로자의 채용 시의 허위경력기재행위 내지 경력은폐행위를 징계해고사유로 규정하는 취업규칙 등은 허위사항의 기재가 작성자의 착오로 인한 것이거나 그 내용이 극히 사소하여 그것을 징계해고사유로 삼는 것이 사회통념상 타당하지 않다는 등의 특별한 사정이 없는 한, 정당한 해고사유를 규정한 것으로 유효하고 이에 따른 징계해고는 정당하다.[29)]

(3) 불성실 근무

근로자가 무단결근을 반복하는 것은 근로제공의무를 위반한 것으로 정당한 해고사유가 될 수 있다. 근로자에 대한 정당한 전근명령에 불응한 채 무단결근한 사례,[30)] 운전수인 근로자가 질병 등으로 승무를 할 수 없는 사정이 있다거나 운행할 차량이 아주 노후되어 승무업무수행이 운전수의 안전을 해할 우려가 있다는 등의 특별한 사정이 없음에도 사용자의 배차지시 곧 승무지시를 거부한 사례[31)] 등에서 법원은 무단결근에 따른 해고가 정당하다고 판단하였다.

택시회사 운전기사의 합승행위 적발로 인한 과징금이 부과된 경우, 계속 반복적인 근무해태의 경우, 무단결근의 경우에도 정당한 이유에 해당한다고 본 사례도 있다.[32)]

29) 대판 1999. 3. 26. 98두4672
30) 대판 1992. 12. 8. 91누11025
31) 대판 1994. 9. 13. 94누576
32) 대판 1992. 4. 24. 91다17931

(4) 인사명령 불응

근로자에 대한 전직이나 전보는 근로자가 제공하여야 할 근로의 종류와 내용 또는 장소 등에 변경을 가져온다는 점에서 근로자에게 불이익한 처분이 될 수 있으나 원칙적으로 인사권자인 사용자의 권한에 속하므로 업무상 필요한 범위 안에서는 상당한 재량을 인정하여야 한다. 따라서 그것이 근로기준법 제23조에 위반하거나 권리남용에 해당하는 등 특별한 사정이 없는 한 무효라고 할 수 없다. 전보명령이 무효가 아니라면 근로자로서는 이에 따라야 할 의무가 있고 유효한 전보명령에 불응하여 부임을 거부하는 것은 정당한 해고사유가 된다.[33)]

(5) 업무상 지시위반

여객자동차운송사업을 영위하는 사업체에 있어서 사용자가 승무직 근로자인 운전사에 대하여 행하는 배차행위 또는 배차 지시는 통상적인 업무수행명령에 속한다 할 것이므로 근로자인 운전사는 특별한 사정이 없는 한 이러한 사용자의 배차 지시에 따라야 할 것이고, 이를 거부하는 것은 근로계약에 따른 근로자의 본질적이고 기본적인 의무인 근로제공의무를 이행하지 않는 것으로서 이는 채무불이행이 될 뿐 아니라 일반적으로 해고사유가 된다.[34)]

(6) 동료 또는 상사에 대한 폭력 행사

회사근무 질서를 저해할 정도로 폭행, 폭언, 위협 등이 있을 경우는 정당한 해고 사유가 된다. 대규모 제조업체인 회사가 사원들의

---

33) 대판 1995. 8. 11. 95다10778

34) 대판 1997. 11. 28. 97다33119

폭력행위를 징계해고 대상으로 삼을 수 있다고 정한 단체협약 등의 규정에 의하여 16세 연상의 선배 사원을 폭행한 근로자에 대하여 한 해고처분이 비행의 동기나 경위 등에 비추어 정당하다고 한 사례,[35] 근로자가 직장 상사에게 부당한 언동을 하고 책상서랍을 던져 상사에게 신체적 위협을 가하였으며 동료사원과의 대화내용을 몰래 녹음하는 등 회사 내 복무질서를 문란하게 하였다는 이유로 한 해고를 정당하다고 한 사례[36] 등이 있다.

(7) 범죄행위와 중대 사고로 인한 손해 야기 및 사생활 비행

횡령,[37] 금품수수 등 업무와 관련한 범죄행위 및 근로자의 범죄행위가 직장질서의 유지나, 회사의 명예와 신용을 심히 훼손할 정도에 이른다면 정당한 해고사유가 된다.

한편, 다수의 회사가 취업규칙이나 단체협약상의 해고사유로 '형사사건으로 기소된 자가 금고 이상의 형의 판결을 받았을 때'를 규정하고 있고, 이러한 규정을 두고 있는 취지는 통상 그러한 유죄판결로 인하여 ⅰ) 근로자의 기본적인 의무인 근로제공의무를 이행할 수 없는 상태가 장기화되어 근로계약의 목적을 달성할 수 없게 되었기 때문일 뿐만 아니라, ⅱ) 기업 내의 다른 종업원과의 신뢰관계나 인간관계가 손상되어 직장질서의 유지를 저해하거나, ⅲ) 당해 근로자의 지위나 범죄행위의 내용 여하에 따라서는 회사의 명예와 신용을 심히 훼손하거나 거래관계에까지 악영향을 미치게 되기 때문이다.[38]

---

35) 대판 1992. 3. 13. 91다39559

36) 대판 2011. 3. 24. 2010다21962

37) 대판 1990. 11. 23. 90다카21589

38) 대판 1997. 9. 26. 97누1600

여기서의 '금고 이상의 형의 판결'이 반드시 실형판결만을 의미하는 것은 아니고, 집행유예나 선고유예도 유죄의 범위에 포함된다.[39]

(8) 경업·겸직 금지 위반

근로자가 경쟁업체를 설립하여 경업을 한 행위는 경업금지의무를 위반한 것으로 정당한 해고사유이다.[40]

다) 해고절차의 정당성

근로기준법은 통상해고와 징계해고의 절차에 대해서 규정하고 있지 않다. 따라서 이러한 해고의 절차는 단체협약이나 취업규칙 등에 정한 바에 따라야 한다. 단체협약이나 취업규칙 또는 이에 근거를 둔 징계규정에서 징계절차를 규정한 것은 징계권의 공정한 행사를 확보하고 징계제도의 합리적인 운영을 도모하기 위한 것이고, 이러한 징계절차를 위배하여 징계해고를 하였다면 이러한 징계권의 행사는 징계사유가 인정되는 여부에 관계없이 절차에 있어서의 정의에 반하는 처사로서 무효[41]이다. 그러나 단체협약이나 취업규칙에 해고에 대한 아무런 절차를 규정하고 있지 않다면, 그러한 절차를 거침이 없이 원고에게 일방적으로 해고를 했어도 절차상의 하자는 없다.[42][43] 또한 단체협약이나 취업규칙 등에 일정한 사유(이하 '전자의 사유'라 한다)를 이유로 하여 해고처분 등을 할 때에는 반드시 일정

---

39) 대판 1997. 9. 26. 97누1600
40) 대판 2012. 9. 27. 2010다99279
41) 대판 1991. 7. 9. 90다8077
42) 대판 1998. 11. 27. 97누14132
43) 해고의 정당한 사유는 인정되어야 유효한 해고이다.

한 절차를 거치도록 규정하는 한편, 그와 달리 일정한 사유(이하 '후자의 사유'라 한다)에 대하여는 아무런 절차 없이 해고처분 등을 할 수 있도록 규정하고 있다면, 이러한 경우 위 전·후자 각각의 사유 중 어느 것이 동일한 사유로서 중복되는 등의 특별한 사정이 없는 한, 사용자가 후자의 사유를 이유로 하여 해고처분 등을 할 때에는 전자의 사유를 이유로 하여 해고처분 등을 하는 경우와는 달리 어떠한 절차도 거치지 않고 할 수 있다.[44] 한편 징계해고에 관한 절차 위반을 이유로 해고무효 판결이 확정된 경우 소급하여 해고되지 아니한 것으로 보게 될 것이지만, 그 후 같은 징계사유를 들어 새로이 필요한 제반 징계절차를 밟아 다시 징계처분을 하는 것은 가능하다.[45]

3) 경영상 이유에 의한 해고의 제한

가) 의의

경영상 해고란 긴급한 경영상의 필요에 의하여 기업에 종사하는 인원을 줄이기 위하여 일정한 요건 아래 근로자를 해고하는 것으로서 기업의 유지·존속을 전제로 그 소속 근로자들 중 일부를 해고하는 것을 가리킨다.[46] 경영상 해고는 대상 근로자 수가 많고, 근로자의 귀책은 고려되지 않으며, 대상 근로자 및 그 가족들의 생활에 큰 변화가 수반되기 때문에 사회문제로 대두될 가능성이 높다. 따라서 근로기준법은 경영상 해고를 엄격히 제한하고 있다.

---

44) 대판 2008. 9. 25. 2006두18423

45) 대판 1995. 12. 5. 95다36138(이는 일사부재리의 원칙이나 신의칙에 위배된다고 볼 수 없을뿐더러, 법원의 판결을 잠탈하는 것도 아니라고 한다)

46) 대판 2003. 4. 25. 2003다7005

나) 요건

(1) 긴박한 경영상의 필요

사용자가 경영상 이유에 의하여 근로자를 해고하려면 긴박한 경영상의 필요가 있어야 한다.[47] 긴박한 경영상의 필요라 함은 반드시 기업의 도산을 회피하기 위한 경우에 한정되지 아니하고, 장래에 올 수도 있는 위기에 미리 대처하기 위하여 인원삭감이 필요한 경우도 포함되지만, 그러한 인원삭감은 객관적으로 보아 합리성이 있다고 인정되어야 한다.[48] 종래 대판은 "기업이 경영상 이유에 의한 해고를 하려면 해고를 하지 않으면 기업경영이 위태로울 정도의 급박한 경영상의 필요성이 존재하여야 한다"[49]고 판시하면서 기업의 도산을 회피하기 위한 경우만 긴박한 경영상의 필요가 있다고 인정하였다가 점진적으로 그 범위를 장래 발생할 수 있는 위기에 대처하기 위한 경우까지 그 범위를 넓혀 왔고, 구체적으로 생산성의 향상, 경쟁력의 회복 내지 증강에 대처하기 위한 작업형태의 변경, 신기술의 도입이라는 기술적인 이유와 그러한 기술혁신에 따라 생기는 산업의 구조적 변화를 이유로 하여 이루어지는 인원삭감이 객관적으로 보아 합리성이 있다고 인정될 때,[50] 사업물량의 감소로 인한 경영난을 해소하기 위하여 해당 사업부의 업종을 폐지·전환하기로 함에 따라 잉여인력을 감축한 경우,[51] 건물관리 회사가 경영상의 필요에 의하여

---

47) 근로기준법 제24조 제1항 전단
48) 대판 2012. 2. 23. 2009두15401
49) 대판 1989. 5. 23. 87다카2132
50) 대판 1991. 12. 10. 91다8647
51) 대판 1997. 9. 5. 96누8031

건물의 시설관리업무를 전문용역업체에 위탁함에 따라 직제가 폐지되는 근로자들을 수탁업체가 현 급여를 보장하면서 전원 인수하기로 합의한 경우,[52] 계속된 적자 등으로 인한 경영난을 해소하기 위하여 해당 사업부문을 외부 하도급제로 운영하기로 함에 따라 잉여인력을 감축한 경우[53]에 긴박한 경영상의 필요성을 인정하였다.

나아가 경영 악화를 방지하기 위한 사업의 양도·인수·합병은 긴박한 경영상의 필요가 있는 것으로 본다.[54]

(2) 해고회피노력

경영상 이유에 의한 해고의 두 번째 요건은 해고회피노력이다.[55] 해고회피노력의 방법과 정도는 확정적·고정적인 것이 아니라 당해 사용자의 경영위기의 정도, 정리해고를 실시하여야 하는 경영상의 이유, 사업의 내용과 규모, 직급별 인원현황 등에 의하여 달라지는 것이고, 사용자가 해고를 회피하기 위한 방법에 관하여 노동조합 또는 근로자대표와 성실하게 협의하여 정리해고 실시에 관한 합의에 도달하였다면 이러한 사정도 해고회피노력의 판단에 참작되어야 한다.[56] 구체적으로는 사용자가 근로자의 해고범위를 최소화하기 위하여 경영방침이나 작업방식의 합리화, 신규채용의 금지, 일시휴직 및 희망퇴직의 활용 및 전근 등의 가능한 조치를 취하는 것을 의미한다.[57]

---

52) 대판 1999. 5. 11. 99두1809
53) 대판 1995. 12. 22. 94다52119
54) 근로기준법 제24조 제1항 후단
55) 근로기준법 제24조 제2항
56) 대판 2005. 6. 9. 2004도7218
57) 대판 1992. 12. 22. 92다14779

(3) 합리적이고 공정한 기준에 따라 해고대상자 선정

사용자가 경영상 이유에 의하여 근로자를 해고하려면 합리적이고 공정한 해고의 기준을 정하고 이에 따라 그 대상자를 선정하여야 한다. 이 경우 남녀의 성을 이유로 차별하여서는 아니 된다.[58] 이때 합리적이고 공정한 기준이 확정적·고정적인 것은 아니고 당해 사용자가 직면한 경영위기의 강도와 정리해고를 해야 하는 경영상 이유, 정리해고를 시행한 사업 부문의 내용과 근로자의 구성, 정리해고 시행 당시의 사회경제상황 등에 따라 달라지는 것이기는 하지만, 객관적 합리성과 사회적 상당성을 가진 구체적인 기준이 마련되어야 하고 그 기준을 실질적으로 공정하게 적용하여 정당한 해고대상자의 선정이 이루어져야 한다.[59] 사용자가 해고의 기준에 관하여 노동조합 또는 근로자대표와 성실하게 협의하여 해고의 기준에 관한 합의에 도달하였다면 이러한 사정도 해고의 기준이 합리적이고 공정한 기준인지의 판단에 참작되어야 한다.[60]

(4) 근로자대표에 50일 전 통보 및 협의

사용자는 근로자를 경영상 해고하려면 해고를 피하기 위한 방법과 해고의 기준 등에 관하여 근로자대표에게 해고를 하려는 날의 50일 전까지 통보하고 성실하게 협의하여야 한다.[61] 근로자대표란 그 사업 또는 사업장에 근로자의 과반수로 조직된 노동조합이 있는 경우에는 그 노동조합, 근로자의 과반수로 조직된 노동조합이 없는 경우

58) 근로기준법 제24조 제2항

59) 대판 2012. 5. 24. 2011두11310

60) 대판 2002. 7. 9. 2001다29452

61) 근로기준법 제24조 제3항

에는 근로자의 과반수를 대표하는 자를 말한다.

(5) 요건 구비 여부 판단방법

경영상 이유에 의한 해고의 각 요건의 구체적 내용은 확정적·고정적인 것이 아니라 구체적 사건에서 다른 요건의 충족 정도와 관련하여 유동적으로 정해지는 것이므로 구체적 사건에서 경영상 이유에 의한 당해 해고가 위 각 요건을 모두 갖추어 정당한지 여부는 위 각 요건을 구성하는 개별사정들을 종합적으로 고려하여 판단하여야 한다.[62)]

사용자가 위 요건을 갖추어 근로자를 해고한 경우에는 근로기준법 제23조 제1항에 따른 정당한 이유가 있는 해고를 한 것으로 본다.[63)]

최근 판례는 기업의 잉여인력 중 적정한 인원이 몇 명인지는 상당한 합리성이 인정되는 한 경영자의 판단을 존중하여야 하며, 해고대상자의 선별 기준은 사용자 측의 경영상 이해관계와 관련된 사정도 객관적 합리성이 인정되는 한 함께 고려하여 정할 수 있다[64)]고 하여 경영상 이유에 있어서는 사용자 측의 입장을 좀 더 넓게 고려하고 있으며 이는 쌍용자동차 정리해고 사건[65)]에서 재차 확인되었다.

다) 우선 재고용 등

경영상 이유에 의한 해고를 한 사용자는 근로자를 해고한 날부터 3년 이내에 해고된 근로자가 해고 당시 담당하였던 업무와 같은 업무를 할 근로자를 채용하려고 할 경우 경영상 이유에 의한 해고를

---

62) 대판 2002. 11. 8. 2001다15729

63) 근로기준법 제24조 제5항

64) 대판 2011다60193, 2013. 06. 13

65) 대판 2014다20875·20882, 2014. 11. 13.

당한 근로자가 원하면 그 근로자를 우선적으로 고용하여야 한다.[66]

한편 정부는 경영상 이유에 의한 해고를 당한 근로자에 대하여 생계안정, 재취업, 직업훈련 등 필요한 조치를 우선적으로 취하여야 한다.[67]

4) 해고시기의 제한

가) 원칙

사용자는 근로자가 '업무상 부상 또는 질병의 요양을 위하여 휴업한 기간과 그 후 30일 동안' 또는 '산전 · 산후의 여성이 근로기준법에 따라 휴업한 기간과 그 후 30일 동안'은 해고하지 못한다.[68] 또한 사업주는 육아휴직 기간에는 그 근로자를 해고하지 못한다.[69]

나) 예외

업무상 부상 또는 질병의 요양의 경우는 사용자가 근로기준법 제84조[70]에 따라 일시보상을 하였을 경우는 해고시기의 제한을 받지 아니한다.[71] 또한 사업을 계속할 수 없게 된 경우에는 위 해고시기의 제한을 받지 아니한다.[72]

---

66) 근로기준법 제25조 제1항

67) 근로기준법 제25조 제2항

68) 근로기준법 제23조 제2항

69) 남녀고용평등과일가정양립지원에관한법률 제19조 제3항

70) 근로기준법 제84조(일시보상)
제78조에 따라 보상을 받는 근로자가 요양을 시작한 지 2년이 지나도 부상 또는 질병이 완치되지 아니하는 경우에는 사용자는 그 근로자에게 평균임금 1,340일분의 일시보상을 하여 그 후의 이 법에 따른 모든 보상책임을 면할 수 있다.

71) 근로기준법 제23조 제2항 단서

72) 근로기준법 제23조 제2항 단서

5) 특정 사유로 인한 해고 금지

사용자의 근로기준법 위반 사실을 근로감독관에게 통보하였다는 이유로 근로자를 해고하지 못한다.[73] 또한 사용자는 근로자가 노동조합에 가입 또는 가입하려고 하였거나 노동조합을 조직하려고 하였거나 기타 노동조합의 업무를 위한 정당한 행위를 한 것을 이유로 하거나 근로자가 정당한 단체행위에 참가한 것을 이유로 하거나 또는 노동위원회에 대하여 부당노동행위를 신고하거나 그에 관한 증언을 하거나 기타 행정관청에 증거를 제출한 것을 이유로 그 근로자를 해고할 수 없다.[74]

6) 해고 예고

가) 원칙

사용자는 근로자를 해고(경영상 이유에 의한 해고를 포함한다)하려면 적어도 30일 전에 예고를 하여야 하고, 30일 전에 예고를 하지 아니하였을 때에는 30일분 이상의 통상임금(해고예고수당)을 지급하여야 한다.[75] 해고예고를 할 것인지 해고예고수당의 지급을 할 것인지의 여부는 사용자가 선택할 수 있다. 해고예고제도는 근로자에게 새로운 직장을 구하기 위한 구직시간을 부여하여 갑작스러운 해고로 인한 경제적 곤란을 방지하기 위한 제도이다. 해고예고제도는 해고에만 관련된 제도로서 임의퇴직, 합의퇴직(권고사직), 기간의 정함이

73) 근로기준법 제104조

74) 노동조합 및 노동관계조정법 제81조 제1호, 제5호

75) 근로기준법 제26조

있는 근로계약의[76] 경우에는 적용되지 않는다.

나) 위반 시 효력

사용자가 해고예고의무를 위반한 경우 2년 이하의 징역 또는 1천만 원 이하의 벌금에 처한다.[77]

정당한 해고의 경우 해고의 예고를 하지 아니하였다고 하더라도 사용자에게 위 벌칙이 적용되고 근로자가 해고예고수당을 청구할 수 있는 것은 별론으로 하더라도 해고자체는 유효하다.[78] 반면에 부당해고의 경우는 해고예고를 하였거나 해고예고수당을 지급하더라도 해고로서의 효력이 없다.[79]

다) 예외

천재・사변, 그 밖의 부득이한 사유로 사업을 계속하는 것이 불가능한 경우 또는 근로자가 고의로 사업에 막대한 지장을 초래하거나 재산상 손해를 끼친 경우로서 고용노동부령으로 정하는 사유에[80] 해

---

76) 일정한 기간을 정한 근로계약에 의하여 임시채용된 자에 대하여는 근로기준법 소정의 사전예고를 필요로 하지 않는다.(대판 1965. 11. 30. 65다159다)

77) 근로기준법 제110조

78) 대판 1993. 11. 9. 93다7464

79) 근기 68207-807, 1999. 12. 6

80) 해고 예고의 예외가 되는 근로자의 귀책사유는 다음과 같다.
1. 납품업체로부터 금품이나 향응을 제공받고 불량품을 납품받아 생산에 차질을 가져온 경우, 2. 영업용 차량을 임의로 타인에게 대리운전하게 하여 교통사고를 일으킨 경우, 3. 사업의 기밀이나 그 밖의 정보를 경쟁관계에 있는 다른 사업자 등에게 제공하여 사업에 지장을 가져온 경우, 4. 허위 사실을 날조하여 유포하거나 불법 집단행동을 주도하여 사업에 막대한 지장을 가져온 경우, 5. 영업용 차량 운송 수입금을 부당하게 착복하는 등 직책을 이용하여 공금을 착복, 장기유용, 횡령 또는 배임한 경우, 6. 제품 또는 원료 등을 몰래 훔치거나 불법 반출한 경우, 7. 인사・경리・회계담당 직원이 근로자의 근무상황 실적을 조작하거

당하는 경우에는 해고예고의무가 면제된다.[81]

또한 일용근로자로서 3개월을 계속 근무하지 아니한 자, 2개월 이내의 기간을 정하여 사용된 자, 월급근로자로서 6개월이 되지 못한 자, 계절적 업무에 6개월 이내의 기간을 정하여 사용된 자, 수습 사용 중인 근로자는 해고예고의 적용이 제외된다.[82]

> Q47. **사업주가 2월 10일에 해고통보를 하면서 2월 28일을 퇴사일로 정했습니다. 해고예고수당을 청구할 수 있을까요?**
>
> A47. 사용자는 근로자를 해고하려면 적어도 30일 전에 예고를 하여야 하고, 30일 전에 예고를 하지 아니하였을 때에는 30일분 이상의 통상임금을 지급하여야[83] 합니다. 해고예고제도는 근로자가 갑자기 직장을 잃게 되어 생활이 곤란해지는 것을 예방하기 위한 제도입니다. 다만 일용근로자로서 3개월을 계속 근무하지 아니한 자, 2개월 이내의 기간을 정하여 사용된 자, 월급근로자로서 6개월이 되지 못한 자, 계절적 업무에 6개월 이내의 기간을 정하여 사용된 자, 수습 사용 중인 근로자는 해고예고 조항이 적용되지 않습니다.[84]

7) 해고의 서면통지

사용자는 근로자를 해고하려면 해고사유와 해고시기를 서면으로 통지하여야 한다.[85] 그렇지 않으면 해고로서 효력이 없다. 해고사유

나 허위 서류 등을 작성하여 사업에 손해를 끼친 경우, 8. 사업장의 기물을 고의로 파손하여 생산에 막대한 지장을 가져온 경우, 9. 그 밖에 사회통념상 고의로 사업에 막대한 지장을 가져오거나 재산상 손해를 끼쳤다고 인정되는 경우

81) 근로기준법 제26조 단서

82) 근로기준법 제35조

83) 근로기준법 제26조

84) 근로기준법 제35조

등의 서면통지를 통해 사용자로 하여금 근로자를 해고하는 데 신중을 기하게 함과 아울러, 해고의 존부 및 시기와 그 사유를 명확하게 하여 사후에 이를 둘러싼 분쟁이 적정하고 용이하게 해결될 수 있도록 하고, 근로자에게도 해고에 적절히 대응할 수 있게 하기 위한 취지이다. 따라서 사용자가 해고사유 등을 서면으로 통지할 때는 근로자의 처지에서 해고사유가 무엇인지를 구체적으로 알 수 있어야 하고, 특히 징계해고의 경우에는 해고의 실질적 사유가 되는 구체적 사실 또는 비위내용을 기재하여야 하며 징계대상자가 위반한 단체협약이나 취업규칙의 조문만 나열하는 것으로는 충분하다고 볼 수 없다.[86)]

사용자가 해고의 예고를 해고사유와 해고시기를 명시하여 서면으로 한 경우에는 해고 서면통지를 한 것으로 본다.[87)]

8) 부당해고구제절차

가) 2원적 구제철차

근로자가 부당해고를 당했을 경우에는 노동위원회에 구제신청을[88)] 하거나 법원에 해고무효확인소송을 제기할 수 있다.

---

85) 근로기준법 제27조 제1항

86) 대판 2011. 10. 27. 2011다42324

87) 근로기준법 제27조 제3항

88) 근로기준법 제28조 제1항

나) 노동위원회 구제절차

(1) 도입 취지

노동위원회의 부당해고구제신청제도는 근로자가 행정적 구제절차에 의해 신속·간이하게 권리를 구제받도록 하고, 노·사 간의 법률적 분쟁을 조속히 확정시켜 국가 경제 전체의 이익을 도모하기 위해 도입된 제도이다.

(2) 구제신청

구제신청의 대상은 부당해고 등이다.[89] 부당해고 등이란 해고, 휴직, 정직, 전직, 감봉, 그 밖의 징벌을 말한다.[90] 구제신청은 부당해고 등이 있었던 날부터 3개월 이내에 하여야[91] 한다. 해고 등의 불이익처분이 일정한 기간이 경과한 후에 그 효력을 발생하는 경우에는 위 기간은 그 효력발생일부터 기산하는 것으로 보아야 한다.[92]

(3) 조사

노동위원회는 구제신청을 받으면 지체 없이 필요한 조사를 하여야 하며 관계 당사자를 심문하여야 하고, 심문을 할 때에는 관계 당사자의 신청이나 직권으로 증인을 출석하게 하여 필요한 사항을 질문할 수 있으며, 관계 당사자에게 증거 제출과 증인 대한 반대심문을 할 수 있는 충분한 기회를 주어야 한다.[93]

---

89) 근로기준법 제28조 제1항

90) 근로기준법 제23조 제1항

91) 근로기준법 제28조 제2항

92) 대판 2002. 6. 14. 2001두11076

(4) 구제명령

(가) 원직복직

노동위원회는 심문을 끝내고 부당해고 등이 성립한다고 판정하면 사용자에게 구제명령을 하여야 하며, 부당해고 등이 성립하지 아니한다고 판정하면 구제신청을 기각하는 결정을 하여야 한다.[94] 구제명령의 일반적 모습은 원직복직이다. 해고 이후 복직 시까지 해고가 유효함을 전제로 이미 이루어진 인사질서, 사용자의 경영상의 필요, 작업환경의 변화 등을 고려하여 복직 근로자에게 그에 합당한 일을 시킨 경우, 그 일이 비록 종전의 일과 다소 다르더라도 이는 사용주의 고유권한인 경영권의 범위에 속하는 것이므로 정당한 원직복직에 해당한다.[95]

(나) 임금상당액 지급

이와 더불어 해고기간 동안 정상적으로 근무했다면 받을 수 있었던 임금상당액 지급도 구제명령으로 하고 있다. 사용자의 부당한 해고처분이 무효이거나 취소된 때에는 그동안 피해고자의 근로자로서의 지위는 계속되고 있었던 것이 되고, 근로자가 그간 근로의 제공을 하지 못한 것은 사용자의 귀책사유로 인한 것이라 할 것이니 근로자는 계속 근로하였을 경우에 받을 수 있는 임금 전부의 지급을 청구할 수 있기 때문이다.[96][97] 다만, 해고기간 중 근로자가 징역형의

93) 근로기준법 제29조

94) 근로기준법 제30조 제1항

95) 대판 1997. 5. 16. 96다47074

96) 민법 제538조(채권자귀책사유로 인한 이행불능)
① 쌍무계약의 당사자 일방의 채무가 채권자의 책임있는 사유로 이행할 수 없

선고를 받아 상당기간 구속된 경우 해고가 무효라고 하더라도 구속기간 동안에는 근로자가 근로의 제공을 할 수 없는 처지였으므로 구속기간 동안의 임금을 청구할 수 없다.[98]

여기에서 근로자가 지급을 청구할 수 있는 임금은 근로기준법 제2조에서 규정하는 임금을 의미하므로, 사용자가 근로의 대가로 근로자에게 지급하는 일체의 금원으로서, 근로자에게 계속적・정기적으로 지급되고 그 지급에 관하여 단체협약, 취업규칙, 급여규정, 근로계약, 노동관행 등에 의하여 사용자에게 지급의무가 지워져 있다면 그 명칭 여하를 불문하고 모두 이에 포함되며 (평균임금산정의 기초가 되는 임금의 총액에 포섭될 임금[99]이 전부 포함된다) 반드시 통상임금으로 국한되는 것은 아니다.[100]

한편 최근 판례[101]는 부당해고기간 중에는 근로자가 받을 수 있었던 임금 전부를 지급하여야 한다는 법리를 통해 연차휴가수당의 경우에도 근로자가 부당해고기간 중에 받을 수 있었던 임금에 해당하

게 된 때에는 채무자는 상대방의 이행을 청구할 수 있다. 채권자의 수령지체 중에 당사자쌍방의 책임 없는 사유로 이행할 수 없게 된 때에도 같다

97) 대판 1981. 12. 22. 81다626 ; 대판 1995. 11. 21. 94다45753, 45760

98) 대판 1995. 1. 24. 94다40987

99) 대판 1993. 12. 21. 93다11463

100) 대판 2012. 2. 9. 2011다20034, 이 판결에서는 회사의 단체협약에 조합원이 1년간 개근할 경우 연말에 금 1돈(3.75g)을, 정근(지각 3회 이하)할 경우 연말에 금 반 돈을 교부하여 표창하도록 규정되어 있으므로, 표창 역시 특별한 사정이 없는 한 원고들이 계속 근로하였을 경우에 받을 수 있는 임금에 포함된다고 판시하였다.

101) 대판 2014. 3. 13. 2011다95519, 이 판결에서는 사용자의 부당해고로 인하여 근로자가 출근하지 못한 기간은 근로자에 대하여 불리하게 고려할 수는 없으므로, 그 기간은 연간 소정근로일수 및 출근일수에 모두 산입되는 것으로 보는 것이 타당하며, 설령 부당해고기간이 연간 총근로일수 전부를 차지하고 있는 경우에도 달리 볼 것이 아니라고 판시하였다.

는 이상 사용자에게 지급의무가 있다고 하였다.

(다) 중간수입 공제

근로자가 해고기간에 다른 곳에 취업하여 임금을 받는 등 다른 수입이 있었다면 사용자는 임금상당액에서 중간수입을 공제할 수 있다. 이 중간수입은 근로자가 '자기의 채무(근로제공 의무)를 면함으로써 얻은 이익'이기 때문에 사용자는 민법 제538조 제2항[102]에 의하여 그 상환을 요구할 수 있기 때문이다.[103] 이때 공제할 수 있는 중간수입은 채무를 면한 것과 상당인과관계에 있는 것에 한다.[104] 근로자가 해고기간에 노동조합기금으로부터 지급받은 금원은 그가 노무제공을 면한 것과 상당인과관계에 있는 이익이라고는 볼 수 없기 때문에 공제할 수 없다.[105]

한편 임금상당액에서 중간수입을 공제하더라도 이 중간수입 전체를 공제할 수는 없고, 휴업수당을 초과하는 금액범위에서만 공제할 수 있다. 근로기준법 제46조는 근로자의 최저생활을 보장하려는 취지에서 사용자의 귀책사유로 인하여 휴업하는 경우에는 사용자는 휴업기간에 당해 근로자에게 그 평균임금의 100분의 70 이상의 수당을 지급하여야 한다고 규정하고 있고, 여기서의 휴업에는 개개의 근로자가 근로계약에 따라 근로를 제공할 의사가 있음에도 불구하고 그 의사에 반하여 취업이 거부되거나 또는 불가능하게 된 경우도 포

---

102) 제538조(채권자귀책사유로 인한 이행불능)
② 전항의 경우에 채무자는 자기의 채무를 면함으로써 이익을 얻은 때에는 이를 채권자에게 상환하여야 한다.

103) 대판 1991. 12. 13. 90다18999

104) 대판 1991. 5. 14. 91다2656

105) 대판 1991. 5. 14. 91다2656

함되므로 근로자가 사용자의 귀책사유로 인하여 해고된 경우에도 위 휴업수당에 관한 근로기준법이 적용될 수 있으며 이 경우에 근로자가 지급받을 수 있는 해고기간의 임금액 중 위 휴업수당의 한도에서는 이를 위 중간수입공제의 대상으로 삼을 수 없고, 그 휴업수당을 초과하는 금액범위에서만 공제하여야 한다.[106]

(라) 금전보상

노동위원회는 부당해고에 대한 구제명령을 할 때에 근로자가 원직복직을 원하지 아니하면 원직복직을 명하는 대신 근로자가 해고기간에 근로를 제공하였더라면 받을 수 있었던 임금 상당액 이상의 금품을 근로자에게 지급하도록 명할 수 있다.[107] 이를 금전보상이라고 하는데 그 금품은 해고기간의 임금상당액과 위로금이[108] 된다. 구체적인 금액은 노동위원회의 재량에 맡겨져 있다.

(5) 구제명령 등의 확정

(가) 재심

지방노동위원회의 구제명령이나 기각결정에 불복하는 사용자나 근로자는 구제명령서나 기각결정서를 통지받은 날부터 10일 이내에 중앙노동위원회에 재심을 신청할 수 있다.[109]

---

106) 대판 1991. 12. 13. 90다18999
107) 근로기준법 제30조 제3항
108) 하갑래, 근로기준법 25판, 733쪽 참조
109) 근로기준법 제31조 제1항

(나) 행정소송

중앙노동위원회의 재심판정에 대하여 사용자나 근로자는 재심판정서를 송달받은 날부터 15일 이내에 「행정소송법」의 규정에 따라 소를 제기할 수 있다.[110]

(다) 확정

위에서 언급한 기간 내에 재심을 신청하지 아니하거나 행정소송을 제기하지 아니하면 그 구제명령, 기각결정 또는 재심판정은 확정된다.[111]

(6) 구제명령 등의 효력

노동위원회의 구제명령, 기각결정 또는 재심판정은 중앙노동위원회에 대한 재심 신청이나 행정소송 제기에 의하여 그 효력이 정지되지 아니한다.[112]

(7) 이행강제금

(가) 부과금액

노동위원회는 구제명령을 받은 후 이행기한까지 구제명령을 이행하지 아니한 사용자에게 2천만 원 이하의 이행강제금을 부과한다.[113] 노동위원회는 최초의 구제명령을 한 날을 기준으로 매년 2회의 범위에서 구제명령이 이행될 때까지 반복하여 제1항에 따른 이행강제금

---

110) 근로기준법 제31조 제2항
111) 근로기준법 제31조 제3항
112) 근로기준법 제32조
113) 근로기준법 제33조 제1항

을 부과·징수할 수 있다. 이 경우 이행강제금은 2년을 초과하여 부과·징수하지 못한다.[114]

(나) 부과절차

노동위원회는 이행강제금을 부과하기 30일 전까지 이행강제금을 부과·징수한다는 뜻을 사용자에게 미리 문서로 알려주어야 한다.[115] 이행강제금을 부과할 때에는 이행강제금의 액수, 부과 사유, 납부기한, 수납기관, 이의제기방법 및 이의제기기관 등을 명시한 문서로 하여야 한다.[116] 노동위원회는 이행강제금 납부의무자가 납부기한까지 이행강제금을 내지 아니하면 기간을 정하여 독촉을 하고 지정된 기간에 이행강제금을 내지 아니하면 국세 체납처분의 예에 따라 징수할 수 있다.[117]

(다) 구제명령 이행시 처리

노동위원회는 구제명령을 받은 자가 구제명령을 이행하면 새로운 이행강제금을 부과하지 아니하되, 구제명령을 이행하기 전에 이미 부과된 이행강제금은 징수하여야 한다.[118]

(8) 확정된 구제명령 미이행 시 처벌

확정된 구제명령 또는 구제명령을 내용으로 하는 재심판정을 이행

114) 근로기준법 제33조 제5항
115) 근로기준법 제33조 제2항
116) 근로기준법 제33조 제3항
117) 근로기준법 제33조 제7항
118) 근로기준법 제33조 제6항

하지 아니한 자는 1년 이하의 징역 또는 1천만 원 이하의 벌금에 처한다.[119] 확정된 구제명령을 이행하지 않는 위반행위는 노동위원회의 고발이 있어야 공소를 제기할 수 있고, 검사는 이러한 위반행위가 있음을 노동위원회에 통보하여 고발을 요청할 수 있다.[120]

다) 사법적 구제절차

부당해고에 대하여 근로자는 법원에 해고무효확인소송을 제기할 수도 있는데, 이에 대해서는 제소기간의 제한이 없다. 다만 법원은 사용자로부터 해고된 근로자가 퇴직금 등을 수령하면서 아무런 이의의 유보나 조건을 제기하지 않았다면 특별한 사정이 없는 한 그 해고의 효력을 인정하였다고 할 것이고, 따라서 그로부터 오랜 기간이 지난 후에 그 해고의 효력을 다투는 소를 제기하는 것은 신의칙이나 금반언의 원칙에 위배되어 허용될 수 없다는 입장이다.[121][122] 한편, 사용자에게 부당해고에 대한 고의·과실이 인정되는 경우는 불법행위가 성립되므로[123] 위자료를 청구할 수도 있다. 불법행위가 성립되는 경우에 대해 법원은 '사용자가 근로자에 대하여 징계해고 등을 할 만한 사유가 전혀 없는데도 오로지 근로자를 사업장에서 몰아내려는 의도하에 고의로 어떤 명목상의 해고사유 등을 내세워 징계라는 수단

119) 근로기준법 제111조

120) 근로기준법 제112조

121) 다만 이와 같은 경우라도 해고의 효력을 인정하지 아니하고 이를 다투고 있었다고 볼 수 있는 객관적인 사정이 있다거나 그 외에 상당한 이유가 있는 상황하에서 이를 수령하는 등 반대의 사정이 있음이 엿보이는 때에는 명시적인 이의를 유보함이 없이 퇴직금을 수령한 경우라고 하여도 일률적으로 해고의 효력을 인정하였다고 보아서는 안 된다는 것이 판례의 태도이다.

122) 대판 1993. 9. 24. 93다21736

123) 대판 1996. 4. 23. 95다6823

을 동원하여 해고 등의 불이익처분을 한 경우나, 해고 등의 이유로 된 어느 사실이 취업규칙 등 소정의 징계사유에 해당되지 아니하거나 징계사유로 삼을 수 없는 것임이 객관적으로 명백하고 또 조금만 주의를 기울였더라면 이와 같은 사정을 쉽게 알아볼 수 있는데도 그것을 이유로 징계해고 등의 불이익처분을 한 경우' 등을 들고 있다.

다. 근로관계 자동소멸

1) 근로자 사망, 폐업, 사용자파산

근로계약은 근로자와 사용자 간의 일신전속적 계약(민법 제657조[124] 참조)으로서 근로자가 사망하면 그 계약은 당연히 소멸한다. 사업장의 폐업은 사업의 물적 요소가 없어지는 것으로서 특별한 조치를 취함이 없이 근로관계가 자동적으로 소멸된다.[125] 사용자가 그 경영의 사업체를 폐업하고, 이에 따라 그 소속 근로자 전원을 해고하는 것은 원칙적으로 기업경영의 자유에 속하는 것으로 유효하다.[126]

---

124) 민법 제657조(권리의무의 전속성)
① 사용자는 노무자의 동의없이 그 권리를 제삼자에게 양도하지 못한다.
② 노무자는 사용자의 동의없이 제삼자로 하여금 자기에 가름하여 노무를 제공하게 하지 못한다.
③ 당사자 일방이 전2항의 규정에 위반한 때에는 상대방은 계약을 해지할 수 있다.

125) 하갑래, 근로기준법 제25판, 636쪽

126) 대판 1993. 6. 11. 93다7457

2) 계약기간 만료

촉탁근로자와 같이 계약기간을 정하여 임용된 근로자는 임용의 근거가 된 법령 등의 규정이나 임용계약 등에서 임용권자에게 임용기간이 만료된 근로자를 다시 임용할 의무를 지우거나 그 요건 등에 관한 근거규정을 두지 않는 한, 그 기간이 만료됨으로써 근로자로서의 신분관계는 당연히 종료된다.[127]

2. 퇴직급여 제도

가. 총설

1) 의의

퇴직급여제도란 근로자의 안정적인 노후생활을 보장을 위한 제도로서 퇴직연금제도(확정급여형 및 확정기여형) 및 퇴직금제도를 의미한다.[128] 이에 대해서는 근로자퇴직급여 보장법이 적용된다.

2) 적용대상

근로자퇴직급여 보장법은 근로자를 사용하는 모든 사업 또는 사업

127) 대판 1995. 6. 30. 95누528

128) 근로자퇴직급여보장법 제2조 제6호

장에 적용된다. 다만 동거하는 친족만을 사용하는 사업 및 가구 내 고용활동에는 적용되지 아니한다.[129] 또한 공무원, 군인, 사립학교 교직원, 선원 등 관련법에 따라 별도의 퇴직급여제도를 적용받는 자에 대해서도 적용이 제외된다.[130] 한편, 근로자가 아닌 임원에 대해서 퇴직연금 적용대상으로 할지 여부는 사업장별로 자유로이 정할 수 있으나,[131] 근로기준법상 근로자가 아닌 임원만을 대상으로 퇴직연금제도를 설정할 수는 없다.[132] 참고로 상시 4명 이하의 근로자를 사용하는 사업 또는 사업장에 대해서는 2010년 12월 1일부터 퇴직급여제도가 적용되었고, 이에 대한 퇴직급여 및 부담금 수준은 2010년 12월 1일부터 2012년 12월 31일까지는 100분의 50이 적용되고, 2013년 1월 1일부터 100분의 100이 적용된다.[133]

3) 퇴직급여제도 설정

사용자는 퇴직하는 근로자에게 급여를 지급하기 위하여 퇴직급여제도 중 하나 이상의 제도를 설정하여야 한다. 다만 계속근로기간이 1년 미만인 근로자, 4주간을 평균하여 1주간의 소정근로시간이 15시간 미만인 근로자에 대하여는 그러하지 아니하다.[134] 이 경우에 하나의 사업에서 급여 및 부담금 산정방법의 적용 등에 관하여 차등을 두어서는 아니 된다.[135] 2012. 7. 26.[136] 이후 새로 성립(합병·분할

129) 근로자퇴직급여보장법 제3조
130) '퇴직급여제도 업무처리 매뉴얼', 고용노동부
131) 퇴직급여보장팀-1090, 2007. 3. 15.
132) 퇴직연금복지과-227, 2009. 1. 30.
133) 근로자퇴직급여보장법 부칙 제8조
134) 근로자퇴직급여보장법 제4조 제1항

된 경우는 제외한다)된 사업의 사용자는 근로자대표의 의견을 들어 사업의 성립 후 1년 이내에 확정급여형퇴직연금제도나 확정기여형퇴직연금제도를 설정하여야 한다.[137] 근로자가 안정성(확정급여형)과 수익성(확정기여형)을 동시에 누릴 수 있게 개별 가입자별로 확정급여형과 확정기여형을 혼합하여 동시에 설정할 수 있다.[138] 이 경우 제도별 가입비율의 합이 1 이상이 되도록 하여야 한다.[139]

4) 퇴직급여제도 변경

사용자가 퇴직급여제도를 설정하거나 설정된 퇴직급여제도를 다른 종류의 퇴직급여제도로 변경하려는 경우에는 근로자의 과반수가 가입한 노동조합이 있는 경우에는 그 노동조합, 근로자의 과반수가 가입한 노동조합이 없는 경우에는 근로자 과반수(이하 '근로자대표'라 한다)의 동의를 받아야 하고,[140] 사용자가 설정되거나 변경된 퇴직급여제도의 내용을 변경하려는 경우에는 근로자대표의 의견을 들어야 한다. 다만 근로자에게 불리하게 변경하려는 경우에는 근로자대표의 동의를 받아야 한다.[141]

---

135) 근로자퇴직급여보장법 제4조 제2항
136) 법률 제10967호 근로자퇴직급여 보장법 전부개정법률 시행일
137) 근로자퇴직급여보장법 제5조
138) '퇴직급여제도 업무처리 매뉴얼', 고용노동부
139) 근로자퇴직급여보장법 제6조
140) 근로자퇴직급여보장법 제4조 제3항
141) 근로자퇴직급여보장법 제4조 제4항

나. 퇴직금제도

1) 의의

퇴직금제도를 설정하려는 사용자는 계속근로기간 1년에 대하여 30일분 이상의 평균임금을 퇴직금으로 퇴직 근로자에게 지급할 수 있는 제도를 설정하여야 한다.[142] 퇴직금의 법적 성질에 대해 판례는 계약이 종료되는 때에 비로소 지급의무가 생기는 후불임금의 성격을 가지고 있다고 한다.[143] 사용자가 퇴직급여제도나 개인형 퇴직연금제도를 설정하지 아니한 경우에는 퇴직금제도를 설정한 것으로 본다.[144]

2) 계속근로기간

퇴직금 계산을 위한 계속근로기간은 일반적으로 근로계약을 체결한 날로부터 근로계약 관계가 종료될 때까지의 근로기간 즉, 재직기간을 말한다.[145]

형식적으로 일용근로자라 하더라도 일용관계가 중단되지 않고 계속되어 온 경우에는 상용근로자로 보아야 하고 사용자로서는 취업규칙 및 보수규정상의 직원에 준하여 일용관계가 계속된 기간을 계속근로기간으로 계산하나, 근무의 단절이 상당 기간 지속되어 사회통념상 계속근로로 인정되기 어려운 경우에는 명시적인 퇴직의 의사표

---

142) 근로자퇴직급여보장법 제8조 제1항

143) 헌재결 1998. 6. 25. 96헌바27 ; 대판 1973. 10. 10. 73다278

144) 근로자퇴직급여보장법 제11조

145) 임금 68207-735, 2001. 10. 26.

시가 없었더라도 근로관계가 묵시적으로 합의 해지되어 종료되었다고 본다.[146)]

업무상 재해 또는 사용자 귀책으로 인한 휴업기간은 사용종속관계가 유지되므로 계속근로기간에 포함되고, 근로자의 귀책사유로 인한 휴직기간은 원칙적으로 사용종속관계가 유지되는 한 퇴직금 산정을 위한 계속근로기간에 포함되어야 할 것이나 단체협약·취업규칙 등에 따로 있다면 이에 따라야 할 것이다.[147)] 그러나 군복무로 인한 휴직기간은 계속근로기간에 포함되지 않는다.[148)]

영업양도의 경우 근로자가 자의에 의하여 사직서를 제출하고 퇴직금을 지급받은 후 인수한 회사에 재입사하였다면 계속근로기간은 단절된 것이나, 회사의 경영방침에 따른 일방적 결정으로 퇴직 및 재입사의 형식을 거친 것이라면 퇴직금을 지급받았더라도 계속근로관계는 단절되지 않는다.[149)] 이러한 논리는 동일 회사에서 근로자가 재입사한 경우에도 그대로 적용된다.[150)]

근로기준법을 적용받던 근로자가 공무원신분으로 전환된 경우,[151)] 근로자가 근로기준법상 근로자로 볼 수 없는 임원으로 승진한 경우,[152)] 계속근로기간이 단절된다.

1주 소정근로시간이 15시간 이상·미만을 반복하는 단시간 근로자의 경우는 근로기준법이 적용되는 기간만 합산한 것이 계속근로기

---

146) 대판 2006. 4. 28. 2004다66995

147) 임금 68207-326, 1993. 5. 27.

148) 대판 1993. 1. 15. 92다41986

149) 대판 2001. 11. 13. 2000다18608

150) 대판 2001. 9. 18. 2000다60630

151) 대판 1981. 1. 13. 80다2395

152) 임금 68200-814, 2001. 11. 27.

간이 되고,[153] 근로기준법상의 퇴직금 규정 비적용 대상이던 사업체가 법령의 개정으로 적용 대상 사업체로 된 경우,[154] 비적용 대상 기간의 재직기간을 퇴직금 산정의 계속근로기간에서 제외된다.[155]

3) 퇴직금 산정의 기준이 되는 임금

사용자가 퇴직 근로자에게 지급해야 하는 퇴직금은 계속근로기간 1년에 대하여 30일분 이상의 평균임금이다.[156] 평균임금이란 근로기준법 제2조 제1항 제6호에 따른 평균임금을 말한다.[157]

4) 퇴직금 중간정산

가) 퇴직금 중간정산 사유 및 취지

사용자는 주택구입 등 대통령령으로 정하는 사유로 근로자가 요구하는 경우에는 근로자가 퇴직하기 전에 해당 근로자의 계속근로기간에 대한 퇴직금을 미리 정산하여 지급할 수 있다. 이 경우 미리 정산하여 지급한 후의 퇴직금 산정을 위한 계속근로기간은 정산시점부터 새로 계산한다.[158] 퇴직금 중간정산 사유로는 ⅰ) 무주택자인 근

---

153) 임금 68207-735, 2001. 10. 26.

154) 상시근로자 수 4인 이하 사업장의 경우는 2012. 12. 1. 이전 기간은 퇴직금 산정을 위한 계속근로기간에서 제외되고, 2010. 12. 1.~2012. 12. 31.까지는 법정퇴직금의 100분의50만 적용되는 기간이며, 2013. 1. 1.부터는 법정퇴직금 전부가 적용되는 기간이 된다.

155) 대판 1996. 12. 10. 96다42024

156) 근로자퇴직급여 보장법 제8조 제1항

157) 근로자퇴직급여 보장법 제2조 제4호

158) 근로자퇴직급여 보장법 제8조 제2항

로자가 본인 명의로 주택을 구입하는 경우, ii) 무주택자인 근로자가 주거를 목적으로 「민법」 제303조에 따른 전세금 또는 「주택임대차보호법」 제3조의2에 따른 보증금을 부담하는 경우,[159] iii) 근로자, 근로자의 배우자 또는 「소득세법」 제50조제1항에 따른 근로자 또는 근로자의 배우자와 생계를 같이하는 부양가족이 질병 또는 부상으로 6개월 이상 요양을 하는 경우, iv) 퇴직금 중간정산을 신청하는 날부터 역산하여 5년 이내에 근로자가 「채무자 회생 및 파산에 관한 법률」에 따라 파산선고를 받은 경우 및 개인회생절차개시 결정을 받은 경우, v) 「고용보험법 시행령」 제28조 제1항 제1호 및 제2호에 따른 임금피크제를 실시하여 임금이 줄어드는 경우, vi) 그 밖에 천재지변 등으로 피해를 입는 등 고용노동부장관이 정하여 고시하는 사유와 요건에 해당하는 경우가 있다.[160] 퇴직금의 노후소득보장 기능을 강화하기 위해서 근로자퇴직급여 보장법 시행령 제3조에 따른 퇴직금 중간정산 사유 외에는 퇴직금 중산정산을 받을 수 없게 제도화한 것이다.[161]

나) 요건

퇴직금 중간정산제도는 근로자의 요구와 사용자의 승낙이라는 요건을 필요로 하므로, 근로자의 요구가 없는 경우에 사용자가 일방적으로 지급한 퇴직금 중간정산은 유효한 중간정산으로 인정되지 않고, 근로자가 퇴직금 중간정산을 요청한다고 해도 사용자가 반드시 중간정산을 하여야 하는 것은 아니다.[162][163]

---

159) 이 경우 근로자가 하나의 사업 또는 사업장(이하 '사업'이라 한다)에 근로하는 동안 1회로 한정한다.

160) 근로자퇴직급여 보장법 시행령 제3조 제1항

161) '퇴직급여제도 업무처리 매뉴얼', 고용노동부

다) 효과

(1) 유효한 중간정산의 효과

유효한 중간정산이 이루어졌을 경우 퇴직금산정을 위한 계속근로기간은 정산시점부터 새로 계산한다. 하지만 근속연수와 관련 있는 여타 근로조건(승진, 승급, 호봉, 상여, 연차유급휴가)은 변동되지 않는다.[164] 퇴직금 중간정산 이후 퇴직금 산정을 위한 계속근로연수가 1년 미만인 근로자의 경우에도 전체 근로연수는 1년 이상이므로, 중간정산 이후의 1년 미만이 되는 기간에 대해서는 1년간의 퇴직금에 비례하여 퇴직금을 지급해야 한다.[165]

(2) 법정 요건을 갖추지 않은 중간정산의 효력

사용자가 근로자퇴직급여 보장법 시행령 제3조 제1항 각호의 중간정산 요건을 갖추지 않은 근로자에게 퇴직금을 중간정산 하여 지급한 경우는 유효한 중간정산 퇴직금으로 볼 수 없으므로 퇴직 시 유효한 중간정산이 이루어지지 않은 기간을 포함한 전체 계속근로기간에 대하여 퇴직금 전액을 지급해야 한다. 계속근로기간 전체에 대한 퇴직금을 지급하지 않을 경우 퇴직금 체불로 인한 민·형사상 책임을 지게 되고, 기지급한 금품은 근로자에게 착오로 과다 지급한 금품에 해당하므로 부당이득반환 소송 등 민법상으로 해결해야 할 것이다.[166]

---

162) '퇴직급여제도 업무처리 매뉴얼', 고용노동부

163) 사용자는 경영상의 사유 등이 있으면 근로자의 중간정산 요구를 승낙하지 않을 수 있다.

164) '퇴직급여제도 업무처리 매뉴얼', 고용노동부

165) '퇴직금 중간정산제도 업무처리지침 개정' [근로복지과-3121, 2012. 9. 17.]

166) '퇴직금 중간정산제도 업무처리지침 개정' [근로복지과-3121, 2012. 9. 17.]

사용자와 근로자가 매월 지급하는 월급이나 매일 지급하는 일당과 함께 퇴직금으로 일정한 금원을 미리 지급하기로 약정(이하 '퇴직금 분할 약정'이라 한다)하였다면, 최종 퇴직 시 발생하는 퇴직금청구권을 근로자가 사전에 포기하는 것으로서, 강행법규인 근로자퇴직급여 보장법 제8조에 위배되어 무효이다. 한편 사용자가 근로자에게 퇴직금 명목의 금원을 실질적으로 지급하였음에도 불구하고 정작 퇴직금 지급의 효력이 인정되지 아니할 뿐만 아니라 임금 지급의 효력도 인정되지 않는다면, 근로자는 수령한 퇴직금 명목의 금원을 부당이득으로 사용자에게 반환하여야 한다.[167][168] 하지만 사용자와 근로자가 체결한 해당 약정이 그 실질은 임금을 정한 것에 불과함에도 사용자가 퇴직금 지급을 면탈하기 위하여 퇴직금 분할 약정의 형식만을 취한 것인 경우에는 위와 같은 법리를 적용할 수 없다.[169]

5) 퇴직금 지급

사용자는 근로자가 퇴직한 경우에는 그 지급사유가 발생한 날부터 14일 이내에 퇴직금을 지급하여야 한다. 다만 특별한 사정이 있는 경우에는 당사자 간의 합의에 따라 지급기일을 연장할 수 있다.[170] 퇴직금

167) 대판(전) 2010. 5. 20. 2007다90760

168) 사용자와 근로자 사이에 월급이나 일당 등에 퇴직금을 포함하고 퇴직 시 별도의 퇴직금을 지급하지 않는다는 취지의 합의가 존재할 뿐만 아니라, 임금과 구별되는 퇴직금 명목 금원의 액수가 특정되고, 위 퇴직금 명목 금원을 제외한 임금액수 등을 고려할 때 퇴직금 분할 약정을 포함하는 근로계약 내용이 종전 근로계약이나 근로기준법 등에 비추어 근로자에게 불이익하지 아니하여야 하는 등, 사용자와 근로자가 임금과 구별하여 추가로 퇴직금 명목으로 일정한 금원을 실질적으로 지급할 것을 약정한 경우에 한하여 위와 같은 법리가 적용된다.

169) 대판 2012. 12. 13. 2012다77006

을 받을 권리는 3년간 행사하지 아니하면 시효로 인하여 소멸한다.[171]

다. 퇴직연금제도

1) 종류

가) 확정급여형퇴직연금제도(DB, Defined Benefit)

확정급여형퇴직연금제도란 근로자가 받을 급여(퇴직금과 동일)의 수준이 사전에 결정되어 있는 퇴직연금제도를 말한다.[172] 사용자는 매년 부담금을 금융기관에 사외 적립하여 운용하며, 퇴직 시 근로자는 사전에 확정된 급여수준(가입자의 퇴직일을 기준으로 산정한 일시금이 계속근로기간 1년에 대하여 30일분의 평균임금에 상당하는 금액 이상이 되도록 하여야 한다[173])만큼의 연금 또는 일시금으로 수령한다.[174]

나) 확정기여형퇴직연금제도(DC, Defined Contribution)

확정기여형퇴직연금제도란 급여의 지급을 위하여 사용자가 부담하여야 할 부담금의 수준(연간 임금총액의 1/12 이상)이 사전에 결정되어 있는 퇴직연금제도를 말한다.[175] 사용자는 금융기관에 개설한 근

170) 근로자퇴직급여 보장법 제9조
171) 근로자퇴직급여 보장법 제10조
172) 근로자퇴직급여 보장법 제2조 제8호
173) 근로자퇴직급여 보장법 제15조
174) '퇴직급여제도 업무처리 매뉴얼', 고용노동부
175) 근로자퇴직급여 보장법 제2조 제9호

로자 개별계좌에 부담금을 불입하고, 근로자는 자기책임하에 적립금을 운용하여 퇴직 시 연금 또는 일시금으로 수령한다. 급여수준은 근로자의 운용성과에 따라 변동되게 된다.[176]

다) 개인형퇴직연금제도(IRP, Individual Retirement Pension)

개인형퇴직연금제도란 가입자[177]의 선택에 따라 가입자가 납입한 일시금이나 사용자 또는 가입자가 납입한 부담금을 적립・운용하기 위하여 설정한 퇴직연금제도로서 급여의 수준이나 부담금의 수준이 확정되지 아니한 퇴직연금제도를 말한다.[178] 이직 시 수령한 퇴직급여를 적립・축적하여 노후소득 재원으로 활용할 수 있도록 한 장치이고, 퇴직연금 가입 근로자가 이직 시 퇴직급여를 가입자의 IRP계좌로 이전하고, 연금수령 시점까지 적립된 퇴직급여를 과세 이연 혜택을 받으며 운영하다 일시금 또는 연금으로 수령하게 된다.[179] 퇴직급여제도의 일시금을 수령한 사람, 확정급여형퇴직연금제도 또는 확정기여형퇴직연금제도의 가입자로서 자기의 부담으로 개인형퇴직연금제도를 추가로 설정하려는 사람, 자영업자 등 안정적인 노후소득 확보가 필요한 사람으로서 대통령령으로 정하는 사람이 개인형퇴직연금제도를 설정할 수 있다.[180]

---

176) '퇴직급여제도 업무처리 매뉴얼', 고용노동부

177) 가입자란 퇴직연금제도에 가입한 사람을 말한다.(근로자퇴직급여 보장법 제2조 제11호)

178) 근로자퇴직급여 보장법 제2조 제10호

179) '퇴직급여제도 업무처리 매뉴얼', 고용노동부

180) 근로자퇴직급여 보장법 제24조 제2항

2) 퇴직연금제도 설정 · 가입기간

퇴직연금제도를 설정하려는 사용자는 확정급여형퇴직연금과 확정기여형퇴직연금 중 하나를 선택하거나 두 종류 퇴직연금을 동시에 설정할 수 있다. 이 경우 사용자는 근로자대표의 동의를 얻거나 의견을 들어 퇴직연금규약을 작성하여 고용노동부장관에게 신고해야 한다.[181] 퇴직연금규약에 공통적으로 기재 되어야 할 사항은 퇴직연금사업자 선정, 가입자, 가입기간, 급여의 종류 및 수급요건 등, 운용관리업무 및 자산관리업무의 수행을 내용으로 하는 계약의 체결 및 해지와 해지에 따른 계약의 이전, 운용현황의 통지, 가입자의 퇴직 등 급여 지급사유 발생과 급여의 지급절차, 퇴직연금제도의 폐지 · 중단 사유 및 절차이다.[182] 이외에 확정급여형퇴직연금규약에는 급여수준, 급여지급능력 확보, 그 밖에 확정급여형퇴직연금제도의 운영을 위하여 대통령령으로 정하는 사항이 포함되어야 하고,[183] 확정기여형퇴직연금규약에는 부담금의 부담 · 납입, 적립금의 운용 · 운용방법 및 정보의 제공, 적립금의 중도인출, 그 밖에 확정기여형퇴직연금제도의 운영에 필요한 사항으로서 대통령령으로 정하는 사항이 포함되어야 한다.[184] 퇴직연금제도의 가입기간은 제도 설정 이후 해당 사업에서 근로를 제공하는 기간으로 한다. 해당 퇴직연금제도의 설정 전에 해당 사업에서 제공한 근로기간에 대하여도 가입기간으로 할 수 있다. 이 경우 퇴직금을 미리 정산한 기간은 제외한다.[185]

---

181) 근로자퇴직급여 보장법 제13조, 제19조

182) 근로자퇴직급여 보장법 제13조, 제19조

183) 근로자퇴직급여 보장법 제13조

184) 근로자퇴직급여 보장법 제19조

3) 지급기한

확정급여형퇴직연금제도의 경우 사용자는 가입자의 퇴직 등 급여를 지급할 사유가 발생한 날부터 14일 이내에 퇴직연금사업자로 하여금 적립금의 범위에서 지급의무가 있는 급여 전액을 지급하도록 하여야 한다. 다만 퇴직연금제도 적립금으로 투자된 운용자산 매각이 단기간에 이루어지지 아니하는 등 특별한 사정이 있는 경우에는 사용자, 가입자 및 퇴직연금사업자 간의 합의에 따라 지급기일을 연장할 수 있다.[186] 사용자는 퇴직연금사업자가 지급한 급여수준이 근로자퇴직급여 보장법에 따른 수준에 미치지 못할 때에는 급여를 지급할 사유가 발생한 날부터 14일 이내에 그 부족한 금액을 해당 근로자에게 지급하여야 한다. 이 경우 특별한 사정이 있는 경우에는 당사자 간의 합의에 따라 지급기일을 연장할 수 있다.[187]

확정기여형퇴직연금제도의 경우 사용자는 부담금을 납부함으로써 사용자의 급여지급의무는 완수하는 것이나, 만약 가입자의 퇴직 등 급여를 지급할 사유가 발생한 때에 그 가입자에 대한 부담금을 미납한 경우에는 그 사유가 발생한 날부터 14일 이내에 부담금 및 지연이자를 해당 가입자의 확정기여형퇴직연금제도 계정에 납입하여야 한다.[188]

---

185) 근로자퇴직급여 보장법 제14조, 제19조 제2항

186) 근로자퇴직급여 보장법 제17조 제2항

187) 근로자퇴직급여 보장법 제17조 제3항

188) 근로자퇴직급여 보장법 제20조 제5항

4) 급여 종류 및 수급요건

확정급여형퇴직연금과 확정기여형퇴직연금의 급여 종류 및 수급요건은 같다. 급여 종류는 연금 또는 일시금이다. 수급요건은 연금의 경우 55세 이상으로서 가입기간이 10년 이상이어야 하고, 이 경우 연금의 지급기간은 5년 이상이어야 하며, 일시금은 연금수급 요건을 갖추지 못하거나 일시금 수급을 원하는 가입자에게 지급된다.[189]

5) 급여지급 방법

퇴직급여가 연금수급 개시 연령(55세)까지 노후재원으로 보존될 수 있도록 퇴직급여는 가입자가 지정한 개인형퇴직연금제도(IRP)로 이전하여야 한다.[190] 다만 i) 가입자가 55세 이후에 퇴직하여 급여를 받는 경우, ii) 가입자가 퇴직연금급여를 담보로 대출받은 금액 등을 상환하기 위한 경우(이 경우 가입자가 지정한 개인형퇴직연금제도의 계정으로 이전하지 아니하는 금액은 담보대출 채무상환 금액을 초과할 수 없음), iii) 퇴직급여액이 150만 원 이하인 경우[191]는 예외적으로 가입자에게 직접 지급할 수 있다.

6) 퇴직연금제도의 폐지 · 중단

퇴직연금제도가 폐지되거나 운영이 중단된 경우에는 폐지된 이후

189) 근로자퇴직급여 보장법 제17조 제1항, 제19조 제2항

190) '퇴직급여제도 업무처리 매뉴얼', 고용노동부

191) 근로자퇴직급여 보장법 시행령 제9조

또는 중단된 기간에 대하여는 퇴직금제도를 적용한다.[192] 사용자와 퇴직연금사업자는 퇴직연금제도가 폐지되어 가입자에게 급여를 지급하는 경우에 가입자가 지정한 개인형퇴직연금제도의 계정으로 이전하는 방법으로 지급하여야 한다. 가입자가 개인형퇴직연금제도의 계정을 지정하지 아니한 경우에는 해당 퇴직연금사업자가 운영하는 계정으로 이전한다.[193] 퇴직연금제도가 폐지되어 가입자가 급여를 받은 경우에는 중간정산되어 받은 것으로 본다.[194]

7) 수급권의 보호

「근로자퇴직급여 보장법」제7조 제1항은 퇴직연금제도의 급여를 받을 권리는 양도하거나 담보로 제공할 수 없다고 규정하고 있다. 한편「민사집행법」제246조 제1항 제4호에서는 퇴직연금 그 밖에 이와 비슷한 성질을 가진 급여채권의 2분의 1에 해당하는 금액만을 압류하지 못하는 것으로 규정하고 있어, 퇴직연금제도의 급여를 받을 권리에 대해 압류가 가능한지[195]가 문제되었는데, 대판은 근로자퇴직급여 보장법 제7조의 양도금지 규정은 민사집행법 제246조 제1항

---

192) 근로자퇴직급여 보장법 제38조 제1항

193) 근로자퇴직급여 보장법 제38조 제4항

194) 근로자퇴직급여 보장법 제38조 제5항

195) 채무자의 제3채무자에 대한 금전채권이 법률의 규정에 의하여 양도가 금지된 경우에는 특별한 사정이 없는 한 이를 압류하더라도 현금화할 수 없으므로 피압류 적격이 없는데(대판 2000. 7. 4. 2000다21048), 근로자퇴직급여 보장법에서는 퇴직연금제도의 급여를 받을 권리에 대한 양도를 금지하고 있는 반면, 민사집행법에서는 퇴직연금 채권의 2분의 1에 해당하는 금액만을 압류하지 못한다고 규정하고 있어 양 법률의 규정 중 어느 규정이 우선하느냐에 대한 다툼이 있었다.

제4호의 규정에 대해 특별법의 관계에 있는 동시에 강행법규에 해당하고, 따라서 퇴직연금제도의 급여를 받을 권리에 대한 압류명령은 실체법상 무효라고 판단했다.[196] 따라서 채무가 있는 근로자도 퇴직연금은 압류됨이 없이 전액을 지급받을 수 있다.

한편, 담보에 있어서는 근로자퇴직급여 보장법은 예외조항을 두어서 근로자의 편의를 도모하였다. 즉, ⅰ) 무주택자인 가입자가 본인 명의로 주택을 구입하는 경우, ⅱ) 가입자, 가입자의 배우자 또는 「소득세법」 제50조제1항에 따른 가입자 또는 가입자의 배우자와 생계를 같이하는 부양가족이 질병 또는 부상으로 6개월 이상 요양을 하는 경우, ⅲ) 담보를 제공하는 날부터 역산하여 5년 이내에 가입자가 「채무자 회생 및 파산에 관한 법률」에 따라 파산선고를 받은 경우, ⅳ) 담보를 제공하는 날부터 역산하여 5년 이내에 가입자가 「채무자 회생 및 파산에 관한 법률」에 따라 개인회생절차개시 결정을 받은 경우, ⅴ) 그 밖에 천재지변 등으로 피해를 입는 등 고용노동부장관이 정하여 고시하는 사유와 요건에 해당하는 경우에는[197] 퇴직연금제도의 급여를 받을 권리를 담보로 제공할 수 있다.[198]

한편 퇴직연금 수급권이 이혼 시 재산분할 청구의 대상이 되는지에 대하여, 대법원은 최근 전원합의체 판결로써 지급액을 확정할 수 없는 퇴직연금수급권이라 하더라도 부부 쌍방의 협력으로 이룩한 재산에 해당하므로 재산분할의 대상이 될 수 있고, 구체적으로는 그가 매월 수령하는 연금액 중 일정 비율에 해당하는 금액을 상대방에게 정기적으로 지급하는 방식의 재산분할도 가능하다고 하여 이에 반하

196) 대판 2014. 1. 23. 2013다71180

197) 근로자퇴직급여 보장법 시행령 제2조

198) 근로자퇴직급여 보장법 제7조 제2항

는 기존 대법원 판례를 변경[199]하였다. 이러한 법리는 장래 받을 것으로 예상되는 퇴직급여 상당액의 채권도 역시 재산분할의 대상이 된다는 최근 전원합의체 판례[200]와 맥을 같이한다.

199) 대법원 2014. 7. 16. 선고 2012므2888 전원합의체 판결, 이 판결에서는 위와 같이 공무원 퇴직연금수급권에 대한 재산분할을 하는 경우, 가액을 특정할 수 없는 공무원 퇴직연금수급권의 특성 등을 고려하여 공무원 퇴직연금수급권과 일반재산을 구분하여 개별적으로 분할비율을 정할 수 있다고 판시하였다.

200) 대법원 2014. 7. 16. 선고 2013므2250 전원합의체 판결, 이 판례를 통해 부부가 혼인 중 형성한 재산관계를 이혼에 즈음하여 공평하게 청산·분배하는 것을 본질로 하는 재산분할제도의 취지에 비추어 볼 때, 부부의 일방이 아직 재직 중이어서 실제 퇴직급여를 수령하지 않았더라도 퇴직급여채권은 이혼소송의 사실심 변론종결 시에 이미 경제적 가치의 평가가 가능한 재산으로서 재산분할의 대상에 포함시킬 수 있고, 구체적으로는 이혼소송의 사실심 변론종결시를 기준으로 그 시점에서 퇴직할 경우 받을 것으로 예상되는 퇴직급여 상당액의 채권이 그 대상이 된다고 하여 이에 반하는 기존 대법원 판례를 변경하였다.

제7장 고용보험제도

1. 고용보험제도의 목적

「고용보험법」은 고용보험의 시행을 통하여 실업의 예방, 고용의 촉진 및 근로자의 직업능력의 개발과 향상을 꾀하고, 국가의 직업지도와 직업소개 기능을 강화하며, 근로자가 실업한 경우에 생활에 필요한 급여를 실시하여 근로자의 생활안정과 구직 활동을 촉진함으로써 경제·사회 발전에 이바지하는 것을 목적으로 한다. 고용보험은 이러한 목적을 이루기 위하여 고용보험사업의 일환으로 고용안정·직업능력개발 사업, 실업급여, 육아휴직 급여 및 출산전후휴가 급여 등을 실시한다.

2. 고용보험법의 적용 대상

가. 사업 또는 사업장

고용보험법은 근로자를 사용하는 모든 사업 또는 사업장에 적용한다. 다만, 산업별 특성 및 규모 등을 고려하여 대통령령으로 정하는 사업에 대하여는 적용하지 아니한다.[1] 고용보험이 당연히 적용되는

---

1) 고용보험법 제8조 (적용 범위)
① 법 제8조 단서에서 '대통령령으로 정하는 사업'이란 다음 각 호의 어느 하나에 해당하는 사업을 말한다. [개정 2008. 9. 18, 2009. 3. 12.]
1. 농업·임업·어업 또는 수렵업 중 법인이 아닌 자가 상시 4명 이하의 근로자를 사용하는 사업
2. 다음 각 목의 어느 하나에 해당하는 공사. 다만, 법 제15조제2항 각 호에 해당하는 자가 시공하는 공사는 제외한다.

사업장이 아니라도 근로자과반수의 동의를 얻어 근로복지공단의 승인을 받으면 임의적용사업장으로 고용보험에 가입할 수 있다.

나. 근로자

다음 i) 65세 이후에 고용되거나 자영업을 개시한 자, ii) 소정근로시간이 대통령령으로 정하는 시간 미만인 자, iii) 「국가공무원법」과 「지방공무원법」에 따른 공무원. 다만, 대통령령으로 정하는 바에 따라 별정직공무원, 「국가공무원법」 제26조의5 및 「지방공무원법」 제25조의5에 따른 임기제공무원의 경우는 본인의 의사에 따라 고용보험(제4장에 한한다)에 가입할 수 있다. iv) 「사립학교교직원연금법」의 적용을 받는 자 v) 그 밖에 대통령령으로 정하는 자 중 어느 하나에 해당하는 근로자에게는 고용보험법을 적용하지 아니한다.[2] 다만, i)호의 근로자 또는 자영업자에 대한 고용안정·직업능

가. 「고용보험 및 산업재해보상보험의 보험료징수 등에 관한 법률 시행령」 제2조제1항제2호에 따른 총공사금액(이하 이 조에서 '총공사금액'이라 한다)이 2천만원 미만인 공사

나. 연면적이 100제곱미터 이하인 건축물의 건축 또는 연면적이 200제곱미터 이하인 건축물의 대수선에 관한 공사

3. 가사서비스업

② 제1항 각 호의 어느 하나에 해당하는 사업의 범위에 관하여는 법 또는 이 영에 특별한 규정이 있는 경우 외에는 「통계법」 제22조에 따라 통계청장이 고시하는 산업에 관한 표준분류(이하 '한국표준산업분류표'라 한다)에 따른다.

③ 총공사금액이 2천만 원 미만인 건설공사가 설계 변경(사실상의 설계 변경이 있는 경우를 포함한다)으로 인하여 2천만 원 이상의 건설공사에 해당하게 되거나 「고용보험 및 산업재해보상보험의 보험료징수 등에 관한 법률」(이하 '보험료징수법'이라 한다) 제8조제1항 및 제2항에 따라 일괄적용을 받게 되는 경우에는 그 때부터 법의 규정의 전부를 적용한다.

2) 고용보험법 시행령 제3조 (적용 제외 근로자)

① 법 제10조 제2호에서 '소정근로시간이 대통령령으로 정하는 시간 미만인 자'

력개발 사업에 관하여는 그러하지 아니하다.

3. 고용보험제도의 운영

가. 관리운영기구

고용보험은 고용노동부가 관장하고 급여는 직업안정기관(고용센터), 징수는 공단을 통해 그 업무를 수행한다. 고용보험의 시행과 관

란 1개월간 소정근로시간이 60시간 미만인 자(1주간의 소정근로시간이 15시간 미만인 자를 포함한다)를 말한다. 다만, 생업을 목적으로 근로를 제공하는 자 중 3개월 이상 계속하여 근로를 제공하는 자와 법 제2조 제6호에 따른 일용근로자(이하 '일용근로자'라 한다)는 제외한다.

② 법 제10조제5호에서 '그 밖에 대통령령으로 정하는 자'란 다음 각 호에 해당하는 자를 말한다. [개정 2010. 7. 12 제22269호(고용노동부와 그 소속기관 직제), 2011. 11. 1. 제23274호(출입국관리법 시행령)] [[시행일 2011. 12. 15.]]

1. 외국인 근로자. 다만, 다음 각 목의 어느 하나에 해당하는 자는 제외한다.

가. 「출입국관리법 시행령」 제12조에 따른 외국인의 체류자격 중 주재(D-7), 기업투자(D-8) 및 무역경영(D-9)의 체류자격을 가진 자(법에 따른 고용보험에 상응하는 보험료와 급여에 관하여 그 외국인의 본국법이 대한민국 국민에게 적용되지 아니하는 경우는 제외한다)

나. 「출입국관리법 시행령」 제23조 제1항에 따른 취업활동을 할 수 있는 체류자격을 가진 자(고용노동부령으로 정하는 바에 따라 보험 가입을 신청한 자만 해당한다)

다. 「출입국관리법 시행령」 제23조 제2항 제1호·제2호 및 제3호에 해당하는 자

라. 「출입국관리법 시행령」 제12조에 따른 외국인의 체류자격 중 재외동포(F-4)의 체류자격을 가진 자(고용노동부령으로 정하는 바에 따라 보험 가입을 신청한 자만 해당한다)

마. 「출입국관리법 시행령」 제12조에 따른 외국인의 체류자격 중 영주(F-5)의 체류자격을 가진 자

2. 「별정우체국법」에 따른 별정우체국 직원

련한 주요사항은 고용노동부의 고용보험위원회에서 심의하게 된다.

나. 피보험자격 신고

사업주는 그 사업에 고용된 근로자의 피보험자격의 취득 및 상실 등에 관한 사항을 대통령령으로 정하는 바에 따라 고용노동부장관에게 신고하여야 한다. 피보험자 또는 피보험자였던 자는 언제든지 고용노동부장관에게 피보험자격의 취득 또는 상실에 관한 확인을 청구할 수 있다.[3)]

사업주나 하수급인은 고용노동부장관에게 그 사업에 고용된 근로자의 피보험자격 취득 및 상실에 관한 사항을 신고하거나 고용노동부장관에게 피보험 단위기간, 이직 사유 및 이직 전에 지급한 임금·퇴직금 등의 명세를 증명하는 서류(이하 '이직확인서'라 한다)를 제출하려는 경우에는 그 사유가 발생한 날이 속하는 달의 다음 달 15일까지(근로자가 그 기일 이전에 신고하거나 제출할 것을 요구하는 경우에는 지체 없이) 신고하거나 제출하여야 한다.[4)] 이 경우, 사업주나 하수급인이 해당하는 달에 고용한 일용근로자의 근로일수, 임금 등이 적힌 근로내용 확인신고서를 그 사유가 발생한 날의 다음 달 15일까지 고용노동부장관에게 제출한 경우에는 피보험자격의 취득 및 상실을 신고하거나 이직확인서를 제출한 것으로 본다.

이때 신고를 하지 아니하거나 거짓으로 신고한 사업주, 보험사무대행기관의 대표자 또는 대리인·사용인, 그 밖의 종업원에게는 300만 원 이하의 과태료를 부과한다.[5)]

---

3) 고용보험법 제17조

4) 고용보험법 시행령 제7조

다. 고용보험 비용부담

고용보험법에 따른 보험 사업에 드는 비용을 충당하기 위하여 징수하는 보험료와 그 밖의 징수금에 대하여는 보험료징수법으로 정하는 바에 따른다. 보험사업에 드는 비용에 충당하기 위하여 보험가입자로부터 고용안정・직업능력개발사업 및 실업급여의 보험료를 징수한다. 보험료징수법에 따라 징수된 고용안정・직업능력개발 사업의 보험료 및 실업급여의 보험료는 각각 그 사업에 드는 비용에 충당한다. 다만 실업급여의 보험료는 육아휴직 급여 및 출산전후휴가 급여 등에 드는 비용에 충당할 수 있다.

고용보험비용은 실업급여보험료와 고용안정・직업능력개발사업보험료 중 실업급여보험료는 근로자와 사용자가 각 1/2씩 부담하고, 고용안정・직업능력개발사업보험료는 사용자가 부담한다. 고용보험 가입자인 근로자가 부담하여야 하는 고용보험료는 자기의 보수총액에 실업급여의 보험료율의 2분의 1을 곱한 금액으로 한다. 다만 65세 이후에 고용되거나 자영업을 개시한 자에 대하여는 고용보험료 중 실업급여의 보험료를 징수하지 아니한다.

5) 고용보험법 제118조 제1항

※ 참고로 2014년 현재 사업별 보험료율은 다음 각 호와 같다.
○ 고용안정·직업능력개발사업의 보험료율: 다음 각 목의 구분에 따른 보험료율
가. 상시근로자 수가 150명 미만인 사업주의 사업: 1만 분의 25
나. 상시근로자 수가 150명 이상인 사업주의 사업으로서 「고용보험법 시행령」 제12조에 따른 우선지원 대상기업의 범위에 해당하는 사업: 1만 분의 45
다. 상시근로자 수가 150명 이상 1천명 미만인 사업주의 사업으로서 나목에 해당하지 않는 사업: 1만 분의 65
라. 상시근로자 수가 1천 명 이상인 사업주의 사업으로서 나목에 해당하지 않는 사업 및 국가·지방자치단체가 직접 하는 사업: 1만 분의 85
○ 실업급여의 보험료율: 1천 분의 13

4. 실업의 인정

실업급여는 비자발적인 이유로 실업상태에 있는 근로자가 생계를 유지하면서 자신의 적성과 능력에 맞는 직장을 구하여 재취업할 수 있도록 지원하는 데 그 목적이 있다. 실업급여의 권리는 양도 또는 압류하거나 담보로 제공할 수 없으며, 실업급여는 구직급여와 취업촉진 수당으로 구분한다. 취업촉진 수당은 조기재취업 수당, 직업능력개발 수당, 광역 구직활동비, 이주비로 나뉜다.

가. 구직급여

1) 의의

구직급여는 근로의 의사와 능력이 있음에도 불구하고 실업상태에 있는 피보험자로 일정한 자격이 있는 자가 직장을 구하는 기간 중 일부기간에 대하여 지원을 하는 데 목적을 두고 있다.

2) 자격

구직급여는 이직한 피보험자가 i) 이직일 이전 18개월간 피보험 단위기간이 통산하여 180일 이상, ii) 근로의 의사와 능력이 있음에도 불구하고 취업(영리를 목적으로 사업을 영위하는 경우를 포함한다)하지 못한 상태에 있고, iii) 이직 사유가 수급자격의 제한 사유[6]

---

6) 고용보험법 제58조 (이직 사유에 따른 수급자격의 제한)
제40조에도 불구하고 피보험자가 다음 각 호의 어느 하나에 해당한다고 직업안정기관의 장이 인정하는 경우에는 수급자격이 없는 것으로 본다. [개정 2010. 6. 4. 제10339호(정부조직법)] [[시행일 2010. 7. 5.]]
1. 중대한 귀책사유로 해고된 피보험자로서 다음 각 목의 어느 하나에 해당하는 경우
가. 「형법」 또는 직무와 관련된 법률을 위반하여 금고 이상의 형을 선고받은 경우
나. 사업에 막대한 지장을 초래하거나 재산상 손해를 끼친 경우로서 고용노동부령으로 정하는 기준에 해당하는 경우
다. 정당한 사유 없이 근로계약 또는 취업규칙 등을 위반하여 장기간 무단 결근한 경우
2. 자기 사정으로 이직한 피보험자로서 다음 각 목의 어느 하나에 해당하는 경우
가. 전직 또는 자영업을 하기 위하여 이직한 경우
나. 제1호의 중대한 귀책사유가 있는 자가 해고되지 아니하고 사업주의 권고로 이직한 경우
다. 그 밖에 고용노동부령으로 정하는 정당한 사유에 해당하지 아니하는 사유로

에 해당하지 아니하고, iv) 재취업을 위한 노력을 적극적으로 하며, v) 수급자격 인정신청일 이전 1개월 동안의 근로일수가 10일 미만이며, vi) 최종 이직일 이전 기준기간의 피보험 단위기간 180일 중 다른 사업에서 수급자격의 제한 사유에 해당하는 사유로 이직한 사실이 있는 경우에는 그 피보험 단위기간 중 90일 이상을 일용근로자로 근로하였을 것 등의 요건을 모두 갖춘 경우에 지급한다. 다만 v)호와 vi)는 최종 이직 당시 일용근로자였던 자만 해당한다.[7]

3) 신청

구직급여를 지급받으려는 자는 이직 후 지체 없이 직업안정기관에 출석하여 실업을 신고하여야 한다. 구직급여를 지급받으려는 자는 직업안정기관의 장으로부터 구직급여의 수급 요건을 갖추었다는 사실의 인정을 받아야 한다. 직업안정기관의 장은 수급자격의 인정신청을 받으면 그 신청인에 대한 수급자격의 인정 여부를 결정하고, 대통령령으로 정하는 바에 따라 신청인에게 그 결과를 알려야 한다.[8]

4) 지급액

구직급여지급액은 구직급여일액을 기초로 산정한다.[9] 구직급여일액은 기초일액의 50%이나 최저기초일액의 경우에는 90%를 최저구

이직한 경우

7) 고용보험법 제40조

8) 고용보험법 제43조

9) 고용보험법 제46조

직급여일액으로 한다. 하나의 수급자격에 따라 구직급여를 지급받을 수 있는 날을 소정급여일수라 하며 대기기간(실업의 신고일부터 계산하기 시작하여 7일간)이 끝난 다음날부터 계산하기 시작하여 피보험기간과 연령에 따라 90~240일간 소정급여일수를 인정받게 된다.

피보험기간 / 이직일 현재 연령	1년 미만	1년 이상~3년 미만	3년 이상~5년 미만	5년 이상~10년 미만	10년 이상
30세 미만	90일	90일	120일	150일	180일
30세 이상~50세 미만	90일	120일	150일	180일	210일
50세 이상 및 장애인	90일	150일	180일	210일	240일

일정한 요건을 갖출 경우 소정급여일수를 초과하여 연장급여를 지급할 수 있으며 훈련연장급여, 개별연장급여, 특별연장급여 등이 있다. 훈련연장급여란 직업안정기관의 장이 수급자격자의 연령·경력 등을 고려할 때 재취업을 위하여 직업능력개발 훈련 등이 필요하면 그 수급자격자에게 직업능력개발 훈련 등을 받도록 지시할 수 있으며 최대 2년의 훈련기간 동안 구직급여를 연장하여 주는 제도이다. 개별연장급여란 취업이 특히 곤란하고 생활이 어려운 수급자격자로서 대통령령으로 정하는 자에게는 구직급여의 70%를 60일간 연장하여 지급하는 제도를 말한다.[10]

10) 고용보험법 시행령 제73조 (개별연장급여의 지급 등)

구분	대상	연장일수	급여수준
훈련연장급여	직업능력개발훈련을 받는 수급자격자	훈련기간 (최대 2년)	구직급여일액의 100%
개별연장급여	취업이 특히 곤란하고 생활이 어려운 수급자격자	60일 이내	구직급여일액의 70%
특별연장급여	소정급여일수가 종료되고 재취업이 되지 않은 수급 자격자	60일 이내	구직급여일액의 70%

특별연장급여는 실업의 급증 등 대통령령으로 정하는 사유가 발생한 경우에는 60일의 범위에서 수급자격자가 실업의 인정을 받은 날에 대하여 소정급여일수를 초과하여 구직급여를 연장하여 지급할 수 있는 제도를 말한다.

이외에도 수급자격자가 실업의 신고를 한 이후에 질병・부상 또는 출산으로 취업이 불가능하여 실업의 인정을 받지 못한 날에 대하여는 그 수급자격자의 청구에 의하여 구직급여에 갈음하여 상병급여를 지급할 수 있다.

Q48. 저는 A 사업장에서 2014. 1. 1.부터 동년 6. 29. 근무를 하던 중 해고를 당하여 고용센터에 실업급여를 신청하였으나 거부당하였습니다. 그 이유가 무엇인가요?

A48. 구직급여는 근로의 의사와 능력이 있음에도 불구하고 해고를 당하는 등의 사유로 실업상태에 있는 경우 생활에 필요한 급여를 지급하여 근로자의 생활안정과 구직 활동을 촉진함으로써 경제・사회 발전에 이바지하는 것을 목적으로 합니다.
이때 근로자는 이직일 이전 18개월간 피보험 단위기간이 통산하여 180일 이상 근로를 하였어야 합니다. 피보험 단위기간이란 피보험기간 중 보수지급의 기초가 된 날의 합을 말하며 근로한 날, 유급휴일, 70% 이상 평균임금을 받은 휴업기간 등이 포함됩니다. 만일 이전에 수급 자격을 인정받은 사실이 있는 경우에는 그 수급 자격과 관련된 이직일 이전의 보수 지급의 기초가 된 날은 피보험 단위기간 산입에서 제외하되, 구직 급여를 받은 사실이 없는 경우에는 피보험단위기간 및 피보험기간에 합산하게 됩니다.
질문자의 질의와 같이 6개월간 근무를 하였다 하여도 피보험 단위기간은 근무를 하지 아니한 날짜를 제외하면 180일이 되지 아니할 가능성이 높습니다. 근로자가 위 기간 하루도 쉬지 않고 근로를 하였어야만 피보험 단위기간이 180일이 되기 때문입니다. 즉, 질문자는 피보험 단위기간이 부족하여 구직급여 신청이 거부 되었다고 보입니다.

Q49. **구직급여의 지급기간 및 산정 기준 및 급여의 수준은 어떻게 되나요?**

A49. 근로자는 실업을 신고한 날부터 실업급여를 바로 수령하는 것이 아니라 대기기간이라 하여 실업을 신고한 날부터 7일의 기간 동안 급여를 지급하지 않습니다. 또한 이직한 다음 날부터 기산하여 12개월 이내의 기간을 수급기간이라고 하여 구직급여 소정급여일수(최소 90일 최대 240일)가 남아 있다 하더라도 수급기간 내에서만 실업기간을 받을 수 있습니다. 다만 임신·출산·육아·질병·부상 등으로 취직할 수 없는 상태가 계속된 경우에는 최대 4년만큼 수급기간을 연장 할 수 있습니다.
구직급여의 산정기초가 되는 임금일액은 급여기초임금일액이라 하며 근로기준법에 의한 평균임금으로 하게 됩니다. 급여기초임금일액의 최고액은 고용보험법 시행령 제68조에 의거하여 80,000원이며 최저액은 최저임금을 기준으로 하게 됩니다. 구직급여일액이란 수급자격자가 실업인정을 받은 1일에 지급받은 구직급여액이며 고용보험법 제46조에 의거하여 최고액은 40,000원 최저액은 최저임금의 90%가 됩니다.

나. 취업촉진수당

취업촉진 수당은 조기재취업 수당, 직업능력개발 수당, 광역 구직활동비, 이주비로 나뉜다.

조기재취업 수당은 수급자격자가 안정된 직업에 재취직하거나 스스로 영리를 목적으로 하는 사업을 영위하는 경우로 대기기간이 지난 후 재취업한 날의 전날을 기준으로 소정급여일수를 2분의 1 이상 남기고 재취업한 경우로 12개월 이상 계속하여 고용된 경우나 12개월 이상 계속하여 사업을 영위한 경우에 지급하되 2년 이내에 조기재취업수당을 지급받은 사실이 없어야 한다.

직업능력개발수당은 수급자격자가 직업안정기관의 장이 지시한 직업능력개발훈련 등을 받는 수급자격자에게 그 기간에 대하여 대통령령에 따라 지급한다.

광역구직활동비는 수급자격자가 직업안정기관장의 소개에 의하여 광범위한 지역에 걸쳐 구직활동을 하는 경우에 지급할 수 있는 것으로서 교통비 및 숙박료를 광역구직활동을 한 거리 및 숙박 수에 따라 지급한다.

이주비는 수급자격자가 취업하거나 지방노동관서의 장이 지시한 직업능력개발훈련 등을 받기 위해 그 주거를 이전하는 경우에 지급할 수 있다.

5. 이의제기

피보험자격의 취득·상실에 대한 확인, 실업급여 및 육아휴직 급여와 출산전후휴가 급여 등에 관한 처분에 이의가 있는 자는 고용보험심사관에게 심사를 청구할 수 있고, 그 결정에 이의가 있는 자는 심사위원회에 재심사를 청구할 수 있다.[11] 심사의 청구는 확인 또는 처분이 있음을 안 날부터 90일 이내에, 재심사의 청구는 심사청구에

11) 고용보험법 제87조

대한 결정이 있음을 안 날부터 90일 이내에 각각 제기하여야 한다. 심사 및 재심사의 청구는 시효중단에 관하여 재판상의 청구로 본다.

심사청구인 또는 재심사청구인은 법정대리인 외에 i) 청구인의 배우자, 직계존속·비속 또는 형제자매, ii) 청구인인 법인의 임원 또는 직원, iii) 변호사나 공인노무사, iv) 심사위원회의 허가를 받은 자 중 어느 하나에 해당하는 자를 대리인으로 선임할 수 있다. 심사의 청구는 원처분 등을 한 직업안정기관을 거쳐 심사관에게 하여야 하며 직업안정기관은 심사청구서를 받은 날부터 5일 이내에 의견서를 첨부하여 심사청구서를 심사관에게 보내야 한다.

제8장 산업재해

1. 업무상 재해와 보상

가. 산업재해보상보험법의 의의

재해보상 제도란 업무상의 사유로 근로자가 부상·질병·신체장해 또는 사망한 경우에 재해를 입은 근로자나(이하 '피재근로자') 그 가족을 보호하기 위하여 마련된 제도이다. 근로기준법 제8장의 재해보상 편에는 사용자에게 근로자의 업무상 재해에 대한 사업주의 보상책임을 규정하고 있다.

하지만 근로기준법의 규정이 있다 하더라도 실제로 업무상 재해가 발생하였을 경우 사업주의 부담이 크기 때문에 피재근로자가 현실적인 보상을 받기는 쉽지가 않다. 이에 업무상 재해를 당한 피재근로자와 그 가족의 보호를 위하여 산업재해보상보험법이 제정되었다. 즉, 「산업재해보상보험법」은 국가(근로복지공단)가 보험제도를 운영하고 사용자는 의무적으로 산재보험에 가입하여 보험료를 납부함으로써 산업재해를 당한 근로자가 국가로부터 보상급여를 받을 수 있도록 사회보장제도의 성격으로 만든 법률이다. 이는 '근로자의 업무상의 재해를 신속하고 공정하게 보상하며, 재해근로자의 재활 및 사회 복귀를 촉진하기 위하여 이에 필요한 보험시설을 설치·운영하고, 재해 예방과 그 밖에 근로자의 복지 증진을 위한 사업을 시행하여 근로자 보호에 이바지하는 것을 목적으로 한다'는 산업재해보상보험법(이하 '산재보험법')의 목적에도 분명히 드러나 있다.

나. 산재보험법의 기본원리

1) 무과실책임주의

무과실책임이란 가해자의 침해행위로 인하여 손해가 발생한 경우에 그 손해에 대하여 가해자의 고의나 과실이 없더라도 그 손해를 가해자가 배상할 책임을 져야 한다는 것을 말한다.

2) 정률보상방식

정률보상방식이란 피재근로자의 연령직종 근무기간 등의 제반조건을 고려하지 아니하고 당해 근로자의 평균임금을 기초로 법령에서 정하는 기준에 따라 획일적으로 산정하여 보상하는 방식을 말한다.

3) 사회보험방식

사회보험방식은 정부기관이 아닌 보험자가 재원을 마련하여 보장받는 방식으로 독일의 비스마르크가 창시하여 비스마르크 방식이라고도 한다. 이는 보험원리에 의해 1차적으로 보험자의 보험료에 의해 재원을 조달하고 국가는 2차적 지원과 후견적 지도기능을 수행함에 따라 보험자의 1차적 부담의무가 전제된 제도이다. 산재보험의 경우에는 사용자에 의한 개별적이고 직접접인 보상방식이 아닌 사용자 단체에게 책임을 부과하는 보험형태를 통하여 사업주의 위험을 분산하고 보험료의 부담을 완화시키고 있다.

4) 합리적 보상주의

산재보험은 사회보장적인 특성으로 인하여 피재근로자와 그 가족들의 생활을 영위할 수 있도록 만든 제도이다. 따라서 그 취지에 부합 되도록 보험 급여의 보상 내용이나 수준이 합리적인 관점에서 이루어지도록 하여야 한다.

2. 산재보험법의 적용 범위

가. 산재보험적용 사업

원칙적으로 산재보험법은 근로자를 사용하는 모든 사업 또는 사업장에 적용된다. 다만 사업의 위험률, 규모 및 사용 장소 등을 참작하여 대통령령으로 정하는 사업은 그러하지 아니하다.[12)]

산재보험법상의 적용사업은 강제적용사업과 임의적용사업으로 분류된다. 강제적용사업이란 사업이 개시되거나 사업이 소정의 요건을 충족하게 되었을 때 사업주의 의사와는 관계없이 보험관계가 성립하는 사업을 말하며 당연적용사업이라고도 한다. 임의적용사업이란 강제적용사업에 해당하지 아니하는 사업으로써 산재보험에 대한 가입여부가 사업주의 자유의사에 일임 되어 있는 사업을 말한다. 임의적용사업의 경우에 사업주는 근로복지공단의 승인을 얻어 산재보험에 가입할 수 있다.[13)] 원칙적으로 모든 사업 또는 사업장은 산재보험법상

12) 산업재해보상보험법 제5조

의 강제적용사업에 해당되는 것이 원칙이나 특별법에 의하여 보호를 받거나, 사업으로 볼 수 없는 경우에 법적용을 제외시키고 있다.[14]

나. 산재보험적용 근로자

산재보험법상 근로자라 함은 근로기준법상 근로자로서 직업의 종류를 불문하고 사업 또는 사업장에 임금을 목적으로 근로를 제공하는 자를 말한다.[15] 따라서 산재보험적용 대상자로서 근로자인지 여부는 근로기준법에 따라 판단하게 된다. 산재보험은 고용보험법상 적용제외 대상인 '1개월간 소정근로시간이 60시간 미만인자' 또한 포함 되므로 주의가 요구된다.

다. 산재보험적용의 특례

산재보험법은 모든 사업 또는 사업장에 적용되지만, 중소기업사업주, 특수형태근로종사자, 학생 등은 근로자에 해당하지 않기 때문에 원칙적으로는 보험가입이 제외 되어야 한다. 하지만 산재보험법은 아래와 같이 특례 조항에 의거하여 당연 적용의 형식으로 보험 가입을 허용하고 있다.

---

13) 고용보험 및 산업재해보상보험의 보험료징수 등에 관한 법률 제5조 제4항

14) 산업재해보상보험법 시행령 제2조 제1항

15) 산업재해보상보험법 제4조

1) 국외사업의 특례

국외 사업의 경우에는 속지주의 원칙에 따라 산재보험법이 적용 될 수 없는 것이 원칙이나 국외에서 취업 중이거나 대한민국 밖의 지역에서 하는 사업에 근로시키기 위하여 근로복지공단에 보험 가입 신청을 하여 승인을 받으면 해외파견자를 그 가입자의 대한민국 영역 안의 사업에 사용하는 근로자로 보아 산재보험법을 적용할 수 있다.[16]

2) 현장실습생에 대한 특례

산재보험법이 적용되는 사업에서 현장 실습을 하고 있는 학생 및 직업훈련생 중 고용노동부장관이 정하는 현장실습생은 그 사업에 사용되는 근로자로 본다.[17] 본 규정은 학생의 신분으로 산업체에서 현장실습을 하던 도중 발생한 재해에 대하여 근로자가 아니라는 이유로 산재보험의 적용을 받을 수 없는 문제점을 제거하기 위하여 생긴 특례 조항이다.

3) 중소기업 사업주에 대한 특례

대다수의 중소기업 사업주는 일반근로자와 같이 사실상 근로를 제공하고 있는 것이 현실이다. 이에 근로자와 동일한 재해위험에 노출되어 있으나 사업의 영세성으로 인하여 보험혜택을 제대로 받지 못

---

16) 산업재해보상보험법 제122조

17) 산업재해보상보험법 제123조

하는 중소기업 사업주들에 대한 사회 보장의 일환으로 중소기업 사업주에 대한 특례 규정이 존재한다.[18)]

4) 특수형태근로종사자에 대한 특례

특수형태근로종사자들은 근로기준법상의 근로자와 유사한 노무를 제공하지만 판례나 행정해석에 의하여 근로기준법상의 근로자성을 인정받지 못하고 있다. 이에 산재보험법은 계약의 형식에 관계없이 근로자와 유사하게 노무를 제공함에도「근로기준법」등이 적용되지 아니하여 업무상의 재해로부터 보호할 필요가 있는 자로서 ⅰ) 주로 하나의 사업에 그 운영에 필요한 노무를 상시적으로 제공하고 보수를 받아 생활하고, ⅱ) 노무를 제공함에 있어서 타인을 사용하지 아니할 경우 등의 두 조건에 모두 해당하는 자 중 대통령령으로 정하는 직종[19)]에 종사하는 자의 노무를 제공받는 사업은 산재보험법상의

---

18) 산업재해보상보험법 제124조

19) 산업재해보상보험법 시행령 제125조
1. 보험 또는 공제를 모집하는 사람으로서 다음 각 목의 어느 하나에 해당하는 자
가.「보험업법」제83조제1항제1호에 따른 보험설계사
나. 삭제[2011. 1. 24 제22637호(보험업법 시행령)]
다.「농업협동조합법」에 따른 공제를 모집하는 사람
라.「우체국 예금·보험에 관한 법률」에 따른 우체국보험의 모집을 전업으로 하는 사람
2.「건설기계관리법」제3조제1항에 따라 등록된 콘크리트믹서트럭을 소유하여 그 콘크리트믹서트럭을 직접 운전하는 사람
3. 한국표준직업분류표의 세세분류에 따른 학습지 교사
4.「체육시설의 설치·이용에 관한 법률」제19조에 따라 체육시설업의 등록을 한 골프장에서 골프경기를 보조하는 골프장 캐디
5. 한국표준직업분류표의 세분류에 따른 택배원인 사람으로서 택배사업(소화물을 집화·수송 과정을 거쳐 배송하는 사업을 말한다)에서 집화 또는 배송 업무를 하는 사람

사업내지 사업장으로 본다.[20] 이 사업장의 특수형태근로종사자는 산재보험법을 적용할 때에는 적용 제외를 신청하지 않는 한 근로자로 보게 된다.

3. 업무상 재해

산재보험법은 근로자가 근로 중에 업무상의 재해를 입은 경우에 해당 피재근로자나 유족을 보호하기 위하여 마련된 제도이다. 이때 '업무상 재해'라 함은 업무상의 사유에 의한 근로자의 부상·질병·신체 장해 또는 사망을 말한다.[21] 여기서 '부상'의 의미가 생래적 신체인지에 대하여, 국민건강보험법은 장애인에 대한 특례규정이 있는 반면 산재보험법은 아무런 규정을 두고 있지 않아 그 해석이 문제되었으나, 최근 판례[22]는 근로자에게 업무상 사고로 발생한 의족 파손을 근로자의 부상에 해당하는 것으로 보아 산재보험법상 요양급여 대상으로 인정하였다. 업무상 재해에 해당하기 위하여는 업무상의 사유에 해당되어야 하며 업무상의 사유란 업무수행성과 업무기인성의 두 가지 요소로 이루어진다.

---

6. 한국표준직업분류표의 세분류에 따른 택배원인 사람으로서 고용노동부장관이 정하는 기준에 따라 주로 하나의 퀵서비스업자로부터 업무를 의뢰받아 배송 업무를 하는 사람

20) 산업재해보상보험법 제125조

21) 산업재해보상보험법 제37조

22) 대판 2014. 7. 10. 2012두20991

가. 업무수행성

업무수행성이란 '근로계약 등에 기초한 담당업무에 종사하고 있는 상태'를 말한다는 견해와 '사용자의 지배관리하에 있는 상태'로 보아야 한다는 견해로 나누어진다. 판례는 업무수행성이란 사용자의 지배관리하에 이루어지는 당해 근로자의 업무수행 및 그에 수반되는 통상적인 것을 말한다고 한다.[23] 통상 업무수행성이 인정되면 업무기인성은 추정되므로 피재근로자로서는 업무수행성이 업무상 재해를 인정받기 위한 최초의 관문이 된다. 즉, 근로자가 업무상 재해로 인하여 부상을 입었다는 사실을 인정받기 위해서는 업무를 수행하는 도중에 재해가 발생하였다는 선행조건이 있어야 하는 것이다. 다만 업무상 재해의 요건인 업무수행성은 반드시 근로자가 현실적으로 업무수행에 종사하는 동안만 인정할 수 있는 것이 아니라 업무수행에 수반되는 활동과정에서 일어난 재해도 업무수행성이 인정된다.[24]

나. 업무기인성

업무기인성이란 근로자의 업무 또는 업무행위와 관련하여 종사하였거나 종사 중에 수반하는 위험이 현실화된 것으로 경험법칙상 업무와 재해 사이에 인과관계가 인정되는 것을 말한다.[25] 즉, 업무와 재해 사이에 그 업무에 종사하지 않았더라면 당해 재해는 발생하지 않았을 것이라든가 또는 재해발생의 원인이 된 상황 아래서 그와 같

23) 대판 1994. 10. 25. 94누9498

24) 대판 1995. 3. 14. 94누7935

25) 이상국, 산재보험법, 청암미디어, 2001, 209쪽

은 업무에 종사한다면 당해 재해가 발생할 수 있다고 인정될 때 업무기인성이 인정된다.[26]

다. 업무수행성과 업무기인성의 관계

업무상 재해가 인정되기 위해서는 업무수행성과 업무기인성이 충족되어야 한다. 일반적으로 피재근로자에게 업무수행성이 긍정되면 특별한 반증이 없는 한 업무기인성도 인정받을 수 있다. 업무수행성은 근로자의 재해를 인정받기 위한 1차 적인 요건이며 업무기인성은 2차적인 요건이 되기 때문이다.

4. 업무상 재해의 유형

업무상 재해라 함은 근로자가 업무수행 중 그 업무에 기인하여 발생한 재해를 말하므로 업무와 재해 사이에 상당인과관계가 있어야 하고, 그와 같은 인과관계는 이를 주장하는 측에서 증명하여야 한다. 하지만 반드시 의학적·자연과학적으로 명백히 입증하여야 하는 것은 아니고 제반 사정을 고려할 때 업무와 재해 사이에 상당인과관계가 있다고 추단되는 경우에도 그 증명이 있다고 할 것이므로, 재해발생 원인에 관한 직접적인 증거가 없는 경우라도 간접적인 사실관계 등에 의거하여 경험법칙상 가장 합리적인 설명이 가능한 추론에 의하여 업무기인성을 추정할 수 있는 경우에는 업무상 재해라고 보아야 한다.[27]

---

26) 박상필, 한국노동법, 대왕사, 1989, 327~328쪽

가. 근로자가 근로계약에 따른 업무나 그에 따르는 행위를 하던 중 발생한 사고[28]

근로자가 ⅰ) 근로계약에 따른 업무수행 행위, ⅱ) 업무수행 과정에서 하는 용변 등 생리적 필요 행위, ⅲ) 업무를 준비하거나 마무리하는 행위, ⅳ) 그 밖에 업무에 따르는 필요적 부수행위, ⅴ) 천재지변·화재 등 사업장 내에 발생한 돌발적인 사고에 따른 긴급피난·구조행위 등 사회통념상 예견되는 행위 중에 발생한 사고는 업무상 사고로 본다. 또한 근로자가 사업주의 지시를 받아 사업장 밖에서 업무를 수행하던 중에 발생한 사고도 업무상 사고로 본다. 다만 사업주의 구체적인 지시를 위반한 행위, 근로자의 사적 행위 또는 정상적인 출장 경로를 벗어났을 때 발생한 사고는 업무상 사고로 보지 않는다. 업무의 성질상 업무수행 장소가 정해져 있지 않은 근로자의 경우에는 최초로 업무수행 장소에 도착하여 업무를 시작한 때부터 최후로 업무를 완수한 후 퇴근하기 전까지 업무와 관련하여 발생한 사고를 업무상 사고로 본다.

나. 사업주가 제공한 시설물 등의 결함이나 관리소홀로 발생한 사고

시설물의 결함 등에 의한 사고란 사업주가 소유하거나 지배관리를 하고 있는 각종 시설물의 하자나 결함 등과 관련하여 업무상 재해가

27) 대판 2009. 3. 12. 2008두19147

28) 산업재해보상보험법 시행령 제27조 제1항

발생하는 것을 말한다. 또한 사업주가 관리하고 있는 시설의 결함 또는 사업주의 시설관리 소홀로 인하여 재해가 발생하거나 또는 그와 같은 시설의 결함이나 관리 소홀이 다른 사유와 경합하여 재해가 발생한 때에도 피재근로자의 자해행위 등으로 인한 경우를 제외하고는 업무상 재해로 보게 된다.[29]

다. 사업주의 지배관리하에서 출퇴근 중 발생한 사고

출퇴근 중 재해는 통근재해라고 하며 근로자가 통상적으로 업무수행을 위해 사업 또는 사업장에 출퇴근 도중에 발생한 사고를 말한다. 근로자의 통근행위는 노무의 제공이라는 업무와 밀접불가분의 관계에 있다 하더라도 일반적으로 통근방법과 경로의 선택이 근로자에게 유보되어 있어 통상 사업주의 지배관리하에 있다고 할 수 없다. 따라서 통근 중에 발생한 재해가 업무상의 재해로 인정되기 위해서는 사업주가 제공한 교통수단을 근로자가 이용하거나 또는 사업주가 이에 준하는 교통수단을 이용하도록 하는 등 근로자의 통근과정이 사업주의 지배관리하에 있다고 볼 수 있는 경우여야 한다.[30]

라. 사업주가 주관하거나 지시에 따라 참여한 행사나 행사준비 중에 발생한 사고

행사 중의 사고란 노무관리 또는 사업운영상의 필요에 따라 근로

29) 대판 1999. 1. 26. 98두10103
30) 대판 1994. 6. 14. 93누24155

자가 사업주의 지시에 따라 행사에 참가하던 중에 발생한 업무상 재해를 말한다. 근로자가 운동경기, 야유회, 등산대회, 회식, 위탁교육, 사원연수 및 훈련 등 각종행사 중 또는 행사참가를 위한 준비연습 중에 발생한 사고가 i) 사업주가 행사에 참가한 근로자에 대하여 행사에 참가한 시간을 근무한 시간으로 인정하는 경우, ii) 사업주가 그 근로자에게 행사에 참가하도록 지시한 경우, iii) 사전에 사업주의 승인을 받아 행사에 참가한 경우, iv) 위 규정에 준하는 경우로서 사업주가 그 근로자의 행사 참가를 통상적·관례적으로 인정한 경우에 해당하면 업무상 사고로 본다.

판례는 근로자가 근로계약에 의하여 통상 종사할 의무가 있는 업무로 규정되어 있지 아니한 회사 외의 행사나 모임에 참석하던 중 재해를 당한 경우가 업무상 재해로 인정되기 위해서는 그 행사나 모임의 주최자, 목적, 내용, 참가인원과 그 강제성 여부, 운영방법, 비용부담 등의 사정에 비추어 사회통념상 그 행사나 모임의 전반적인 과정이 사용자의 지배한 관리를 받는 상태에 있어야 한다고 판시하였다.[31]

따라서 회식에 관련된 사고에 있어서도 그 업무수행성이 인정되는 한 업무상 재해라 할 것이지만, 그 회식이 업무의 연장 또는 업무의 원활을 기하기 위한 것이 아니라 참석자들의 사적이거나 자의적인 유흥행위에 지나지 아니할 때에는 업무수행성을 인정할 수 없고, 따라서 그와 같은 행위에 즈음하여 발생한 재해는 업무기인성을 인정할 여지가 없게 되어 업무상 재해로 보지 않는다.[32]

---

31) 대판 1995. 5. 26. 94다60509

32) 대판 1992. 7. 10. 92누6280

마. 휴게시간 중 사업주의 지배관리하에 있다고 볼 수 있는 행위로 발생한 사고

휴게시간 중의 근로자의 행위는 휴게시간 종료 후의 노무제공과 관련되어 있다고 하더라도 기본적으로는 근로자에게는 휴게시간을 자유로이 이용하는 것이 보장되어 있어 통상 사업주의 지배·관리하에 있다고 할 수 없다. 따라서 근로자가 휴게시간 중에 사업장 내 시설을 이용하여 어떠한 행위를 하다가 사망하게 된 경우에 그것이 업무상 재해로 인정되기 위해서는, 그 행위가 당해 근로자의 본래의 업무행위 또는 그 업무의 준비행위 내지 정리행위, 사회통념상 그에 수반되는 것으로 인정되는 생리적 행위 또는 합리적·필요적 행위이거나, 그 행위과정이 사업주의 지배·관리하에 있다고 볼 수 있는 경우, 또는 그 이용하는 시설의 하자로 인하여 부상을 입은 경우이어야 할 것이다.[33]

바. 그 밖에 업무와 관련하여 발생한 사고

사회통념상 근로자가 사업장 내에서 할 수 있다고 인정되는 행위를 하던 중 태풍·홍수·지진·눈사태 등의 천재지변이나 돌발적인 사태로 발생한 사고는 근로자의 사적 행위, 업무 이탈 등 업무와 관계없는 행위를 하던 중에 사고가 발생한 것이 명백한 경우를 제외하고는 업무상 사고로 본다. 또한 업무상 부상 또는 질병으로 요양을 하고 있는 근로자에게 ⅰ) 요양급여와 관련하여 발생한 의료사고,

---

33) 대판 1996. 8. 23. 95누14633

ⅱ) 요양 중인 산재보험 의료기관(산재보험 의료기관이 아닌 의료기관에서 응급진료 등을 받는 경우에는 그 의료기관) 내에서 업무상 부상 또는 질병의 요양과 관련하여 발생한 사고가 발생하면 업무상 사고로 본다. 제3자의 행위로 근로자에게 사고가 발생한 경우에도 그 근로자가 담당한 업무가 사회통념상 제3자의 가해행위를 유발할 수 있는 성질의 업무라고 인정되면 그 사고는 그 밖에 업무와 관련하여 발생한 사고에 해당한다.

사. 근로자의 고의·자해행위나 범죄행위 또는 그것이 원인이 되어 발생한 사고

근로자의 고의·자해행위나 범죄행위 또는 그것이 원인이 되어 발생한 부상·질병·장해 또는 사망은 업무상의 재해로 보지 아니한다. 다만 그 부상·질병·장해 또는 사망이 정상적인 인식능력 등이 뚜렷하게 저하된 상태에서 한 행위로 발생한 경우로서 대통령령으로 정하는 사유가 있으면 업무상의 재해로 본다.

5. 업무상 질병

가. 업무상 질병의 의의

업무상 질병은 근로자가 업무수행과정에서 물리적 인자 화학물질 분진 병원체 신체에 부담을 주는 업무 등 근로자의 건강에 장해를 일으킬 수 있는 요인을 취급하거나 이에 노출되어 질병에 걸리거나 업무상 부상이 원인이 되어 발생한 질병에 걸린 경우 또는 그밖에 업무와 관련성을 갖고 질병에 걸린 경우를 말한다.

나. 업무상 질병의 인정기준

1) 업무수행과정에서 유해 물질을 취급하거나 노출되어 질병에 걸린 경우

업무수행과정에서 유해물질을 계속・반복적으로 취급하거나 꾸준히 노출되는 경우에는 유해물질이 체내에 서서히 축적되고 점진적으로 건강이 훼손되어 질병에 걸리게 된다. 이러한 직업성 유해요인에 의하여 발병한 질병을 보통 '직업병'이라고 하며 직업병의 경우 질병의 발생에 시간의 흐름이 필요하므로 업무와의 관련성을 판단하기가 쉽지가 않다. 산재보험법은 업무상 질병에 대하여 근로기준법 시행령 제44조 제1항 및 같은 법 시행령 별표5에 따른 업무상 질병의 범위에 속하는 질병에 걸린 경우 다음 각호의 요건 모두에 해당하면 업무상 질병으로 본다.[34)]

---

34) 산업재해보상보험법 시행령 제34조제1항

1. 근로자가 업무수행 과정에서 유해・위험요인을 취급하거나 유해・위험요인에 노출된 경력이 있을 것
2. 유해・위험요인을 취급하거나 유해・위험요인에 노출되는 업무시간, 그 업무에 종사한 기간 및 업무 환경 등에 비추어 볼 때 근로자의 질병을 유발할 수 있다고 인정될 것
3. 근로자가 유해・위험요인에 노출되거나 유해・위험요인을 취급한 것이 원인이 되어 그 질병이 발생하였다고 의학적으로 인정될 것

2) 업무상 부상이 원인이 되어 발생한 질병

업무상 부상이 원인이 되어 발생한 질병은 업무상 부상을 입은 근로자에게 발생한 질병이 ⅰ) 업무상 부상과 질병 사이의 인과관계가 의학적으로 인정되고, ⅱ) 기초질환 또는 기존 질병이 자연발생적으로 나타난 증상이 아닌 경우 등의 요건 모두에 해당하면 업무상 질병으로 본다.[35]

3) 업무상 질병의 판단

근로복지공단은 근로자의 업무상 질병 또는 업무상 질병에 따른 사망의 인정 여부를 판정할 때에는 그 근로자의 성명·연령·건강정도 및 체질 등을 고려하여야 한다. 따라서 원칙적으로 업무상 질병은 산재보험법에 규정된 질병의 예시규정에 해당되어야 하지만 업무수행과 상당인과 관계가 인정되면 예시규정에 해당되지 아니할 경우에도 업무상 질병으로 인정될 수 있다.

6. 진폐증

가. 진폐증의 의의

진폐란 분진을 흡입하여 폐에 생기는 섬유증식성 변화를 주된 증

35) 산업재해보상보험법 시행령 제34조 제2항

상으로 하는 질병을 말한다.[36] 즉, 진폐증이랑 분진을 흡입함으로써 폐조직에 단순히 침착된 상태가 아니라 침착된 분진이 폐세포의 염증과 섬유화라는 병리적인 변화를 일으켜 폐장 내에 병적인 변화를 가져오는 질병을 말한다. 근로자가 진폐에 걸릴 우려가 있는 작업으로서 암석, 금속이나 유리섬유 등을 취급하는 작업 등 고용노동부령으로 정하는 분진작업에 종사하여 진폐에 걸리면 산재보험법에 따른 업무상 질병으로 본다.[37]

이 외에도 근로자가 분진 작업에 종사하면서 분진을 흡입하여 진폐증에 걸린 경우에는 이를 업무상 재해로 본다. 이때 분진작업이란 토석・암석 또는 광물을 취급하는 작업 중 그 작업에 종사하는 근로자가 진폐에 걸릴 우려가 있는 것으로서 대통령령으로 정하는 작업을 말한다.[38]

나. 산재보험급여와 진폐위로금

1) 산재보험급여

진폐증에 대한 산재보험급여는 진폐보상연금과 진폐유족연금으로 구성된다. 진폐보상연금은 업무상 질병인 진폐에 걸린 근로자에게 지급하며 그 지급기준은 산재보험법상에 규정된 평균임금을 기준으로 하여 진폐장해등급별 진폐장해연금과 기초연금을 합산한 금액으로 한다. 이 경우 기초연금은 최저임금액의 100분의 60에 365를 곱

36) 진폐의 예방과 진폐근로자의 보호 등에 관한 법률 제2조 제1호
37) 산업재해보상보험법 제91조의 2
38) 진폐의 예방과 진폐근로자의 보호 등에 관한 법률 제2조 제3호

하여 산정한 금액으로 한다. 진폐유족연금은 진폐근로자가 진폐로 사망한 경우에 유족에게 지급하며 그 금액은 사망 당시 진폐근로자에게 지급하고 있거나 지급하기로 결정된 진폐보상연금과 같은 금액으로 한다. 이 경우 진폐유족연금은 산재보험법 제62조 제2항 및 별표 3에 따라 산정한 유족보상연금을 초과할 수는 없다.

2) 진폐위로금

진폐의 예방과 「진폐근로자의 보호 등에 관한 법률」(이하 '진폐보호법'이라 한다)에 따른 진폐위로금은 작업전환수당과 진폐재해위로금으로 이루어진다. 고용노동부장관은 이 진폐보호법 제21조 제2항에 따라 고용노동부령이 정하는 기준에 해당하는 자를 분진작업이 아닌 작업에 종사하도록 조치할 것을 사업주에게 권고하거나 지시할 수 있다. 이때 사업주는 고용노동부령이 정하는 바에 따라 진폐근로자의 작업장소 변경, 근로시간의 단축, 그 밖에 필요한 조치를 하여야 한다. 작업전환수당은 권고에 따른 작업전환조치의 경우에는 근로기준법에 따른 평균임금의 35일분, 지시에 따른 작업전환조치의 경우에는 평균임금의 70일분에 해당하는 금액을 지급받게 된다.

진폐재해위로금은 산재보험법 제91조의8의 진폐판정에 따른 진폐장해등급이 결정된 근로자에게 지급하며 진폐장해등급이 결정되지 아니한 근로자가 진폐로 사망한 경우에는 산재보호법 제91조의4 제3항에 따라 진폐유족연금을 산정할 때 결정되는 진폐장해등급을 기준으로 그 유족에게 지급한다.

7. 산재보험의 보험 급여

가. 산재보험법상 재해보상급여의 종류

산재보험법상 재해보상급여는 i) 요양급여, ii) 휴업급여, iii) 장해급여, iv) 간병급여, v) 유족급여, vi) 상병보상연금, vii) 장의비, viii) 직업재활급여로 이루어져 있다.

1) 요양급여

요양급여는 근로자가 업무상의 사유로 부상을 당하거나 질병에 걸린 경우에 그 근로자에게 지급한다. 업무상의 부상 또는 질병이 3일 이내의 요양으로 치유될 수 있으면 요양급여를 지급하지 아니하며 이 경우에는 근로기준법에 따라 사용자가 요양보상을 하여야 한다. 산재보험법상 요양급여의 범위는 요양급여의 범위는 i) 진찰 및 검사, ii) 약재 또는 진료재료와 의지 그 밖의 보조기의 지급, iii) 처치, 수술, 그 밖의 치료, iv) 재활치료, v) 입원, vi) 간호 및 간병, vii) 이송 viii) 그 밖에 고용노동부령으로 정하는 사항 등으로 이루어진다. 요양은 근로복지공단이 설치한 보험시설이나 지정한 의료기관에서 행한다. 다만 인근에 지정 의료기관이 없거나 지정 의료기관이 시설·장비를 갖추지 못하여 그 근로자의 요양에 적합하지 않다고 인정되는 때에는 다른 보험시설 또는 의료기관을 지정하여 요양하게 하거나 요양을 갈음하여 요양비를 지급할 수 있다.

업무상의 재해로 요양 중인 근로자는 i) 그 업무상의 재해로 이미 발생한 부상이나 질병이 추가로 발견되어 요양이 필요한 경우, ii) 그 업무상의 재해로 발생한 부상이나 질병이 원인이 되어 새로운 질병이 발생하여 요양이 필요한 경우 중 어느 하나에 해당하는 경우에는 추가상병에 대한 요양급여를 신청할 수 있다. 또한 요양급여를 받은 자가 치유 후 요양의 대상이 되었던 업무상의 부상 또는 질병이 재발하거나 치유 당시보다 상태가 악화되어 이를 치유하기 위한 적극적인 치료가 필요하다는 의학적 소견이 있으면 재요양을 받을 수도 있다.

2) 휴업급여

휴업급여는 요양으로 인하여 취업할 수 없다는 의학적인 소견이 있을 경우에 당해 기간에 대하여 지급하는 것이다. 즉, 휴업급여는 업무상 사유로 부상을 당하거나 질병에 걸린 근로자에게 요양으로 취업하지 못한 기간에 대하여 지급하되, 1일당 지급액은 평균임금의 100분의 70에 상당하는 금액으로 한다. 다만 취업하지 못한 기간이 3일 이내이면 지급하지 아니한다. 요양 또는 재요양을 받고 있는 근로자가 그 요양기간 중 일정기간 또는 단시간 취업을 하는 경우에는 그 취업한 날 또는 취업한 시간에 해당하는 그 근로자의 평균임금에서 그 취업한 날 또는 취업한 시간에 대한 임금을 뺀 금액의 100분의 90에 상당하는 금액을 지급할 수 있다. 다만 최저임금액을 1일당 휴업급여 지급액으로 하는 경우에는 최저임금액에서 취업한 날 또는 취업한 시간에 대한 임금을 뺀 금액을 지급할 수 있다.

3) 장해보상

업무상의 사유로 부상을 당하거나 질병에 걸려 치유된 후 신체 등에 장해가 있는 경우에 그 근로자에게 장해보상을 지급한다. 장해급여는 장해등급에 따라 장해보상연금 또는 장해보상일시금으로 하되, 그 장해등급의 기준은 아래 산재보험법 시행령 별표2와 같이 정하고 있다. 장해보상연금 또는 장해보상일시금은 장해가 제7급 이상인 경우에는 수급권자의 선택에 따라 지급한다. 다만 장해등급이 제3급 이상인 노동력을 완전히 상실한 근로자의 경우에는 장해보상연금을 지급한다. 또한 장해급여 청구사유 발생 당시 대한민국 국민이 아닌 자로서 외국에서 거주하고 있는 근로자에게는 장해보상일시금을 지급한다.

[별표 2]

장해급여표

(평균임금기준)

장해등급	장해보상연금	장해보상일시금
제1급	329일분	1,474일분
제2급	291일분	1,309일분
제3급	257일분	1,155일분
제4급	224일분	1,012일분
제5급	193일분	869일분
제6급	164일분	737일분
제7급	138일분	616일분
제8급	-	495일분
제9급	-	385일분
제10급	-	297일분
제11급	-	220일분
제12급	-	154일분
제13급	-	99일분
제14급	-	55일분

4) 간병급여

치료의 종경 후에도 의학적으로 상시 또는 수시로 간병이 필요하여 실제로 간병을 받는 장해 1·2급의 장해가 남아 있는 자에게는 산재보험법 제61조에 의거하여 간병급여를 지급한다. 간병급여는 상시간병급여와 수시간병급여로 구분되며, 수시 간병급여의 대상자에게 지급할 간병급여의 금액은 상시 간병급여의 지급 대상자에게 지급할 금액의 3분의 2에 해당하는 금액으로 한다. 다만 간병급여의 대상자가 무료요양소 등에 들어가 간병 비용을 지출하지 않았거나, 지급기준보다 적은 금액을 지출한 경우에는 실제 지출한 금액을 지급한다. 또한 간병급여 수급권자가 재요양을 받는 경우 그 재요양 기간 중에는 간병급여를 지급하지 않는다.

5) 유족급여

근로자가 업무상의 사유로 사망한 경우에 피재근로자의 유족에게 유족급여를 지급한다. 유족급여는 연금지급이 원칙이지만, 유족보상연금을 받을 수 있는 자격이 있는 자가 원하면 유족보상일시금의 100분의 50에 상당하는 금액을 일시금으로 지급하고 유족보상연금은 100분의 50을 감액하여 지급할 수 있다. 또한 유족보상연금을 받을 수 있는 자격이 있는 자가 없거나 외국에 거주하는 등의 연금지급이 곤란한 경우에도 일시금을 지급할 수 있다. 이때 유족보상일시금은 평균임금의 1,300일분이다.

유족보상연금을 받을 수 있는 자격이 있는 자, 즉 유족보상연금 수급자격자는 근로자가 사망할 당시 그 근로자와 생계를 같이 하고 있던 유족(그 근로자가 사망할 당시 대한민국 국민이 아닌 자로서 외국에서 거주하고 있던 유족은 제외한다) 중 배우자와 자녀 부모 손 조부모 또는 형제자매 중 근로자의 사망 당시 그에 의하여 부양되고 있던 자로서 배우자 이외에는 근로자의 사망 당시에 i) 부모 또는 조부모로서 각각 60세 이상인 자, ii) 자녀 또는 손자녀로서 각각 19세 미만인 자, iii) 형제자매로서 19세 미만이거나 60세 이상인 자, iv) 제1호부터 제3호까지의 규정 중 어느 하나에 해당하지 아니하는 자녀·부모·손자녀·조부모 또는 형제자매로서 「장애인복지법」 제2조에 따른 장애인 중 「장애인복지법 시행규칙」 별표 1에 따른 장애등급 제2급(같은 표 제3호의 시각장애인의 경우에는 제3급) 이상에 해당하는 자와 같은 요건을 갖추어야 한다. 유족보상연금 수급자격자 중 유족보상연금을 받을 권리의 순위는 배우자·자녀·부모·손자녀·조부모 및 형제자매의 순서로 한다.

6) 상병보상연금

요양급여를 받는 근로자가 요양을 시작한 지 2년이 지난 날 이후에 i) 그 부상이나 질병이 치유되지 아니한 상태일 것, ii) 그 부상이나 질병에 따른 폐질의 정도가 대통령령으로 정하는 폐질등급 기준에 해당할 것, iii) 요양으로 인하여 취업하지 못하였을 것 등의 요건 모두에 해당하는 상태가 계속되면 휴업급여 대신 상병보상연금을 그 근로자에게 지급한다. 상병보상연금을 산정할 때 그 근로자의 평균임금이 최저임금액에 70분의 100을 곱한 금액보다 적을 때에는 최저임금액의 70분의 100에 해당하는 금액을 그 근로자의 평균임금으로 보아 산정한다. 산재보험법에 따른 상병보상연금액을 365로 나는 1일당 상병보상연금 지급액이 산재보험법 제54조에서 정한 저소득근로자의 1일당 휴업급여 지급액보다 적으면 동법 제54조에서 정한 바에 따라 산정한 금액을 1일당 상병보상연금 지급액으로 한다. 상병보상연금을 받는 근로자가 61세가 되면 그 이후의 상병보상연금은 연령별로 따로 산정한 1일당 상병보상연금 지급기준에 따라 산정한 금액을 지급한다.

7) 장의비

근로자가 업무상의 사유로 사망한 경우에 장의비를 지급하되, 평균임금의 120일분에 상당하는 금액을 그 장제를 지낸 유족에게 지급한다. 다만 장제를 지낼 유족이 없거나 그 밖에 부득이한 사유로 유족이 아닌 자가 장제를 지낸 경우에는 평균임금의 120일분에 상당하는 금액의 범위에서 실제 드는 비용을 그 장제를 지낸 자에게 지급한다.

8) 직업재활급여

피재근로자가 노동력을 회복하여 재활할 수 있도록 직업재활급여를 지급할 수 있으며, ⅰ) 장해급여 또는 진폐보상연금을 받은 자나 장해급여를 받을 것이 명백한 자로서 취업을 위하여 직업훈련이 필요한 자에 대하여 실시하는 직업훈련에 드는 비용 및 직업훈련수당, ⅱ) 업무상의 재해가 발생할 당시의 사업에 복귀한 장해급여자에 대하여 사업주가 고용을 유지하거나 직장적응훈련 또는 재활운동을 실시하는 경우에 각각 지급하는 직장복귀지원금, 직장적응훈련비 및 재활운동비 등으로 이루어진다.

나. 이의 제기

1) 심사청구

보험급여에 관한 결정에 대하여 불복이 있는 경우 당해 결정을 행한 공단의 소속기관을 거쳐 공단에 심사청구를 할 수 있으며, 심사청구는 보험급여에 관한 결정이 있음을 안 날로부터 90일 이내에 하여야 한다. 보험급여 결정 등에 대하여는 행정심판법에 따른 행정심판을 제기할 수 없다. 공단은 심사청구서를 받은 날부터 60일 이내에 심사위원회의 심의를 거쳐 심사청구에 대한 결정을 하여야 한다. 다만 부득이한 사유로 그 기간 이내에 결정을 할 수 없으면 1차에 한하여 20일을 넘지 아니하는 범위에서 그 기간을 연장할 수 있다. 이때 심사청구기간이 지난 후에 제기된 심사청구 등 대통령령으로 정하는 사유[39]에 해당하는 경우에는 심사위원회의 심의를 거치지 아

---

39) 산업재해보상보험법 시행령 제102조 (심사위원회의 심의 제외 대상)
① 법 제105조제2항에서 '대통령령으로 정하는 사유'란 해당 심사청구가 다음 각 호의 어느 하나에 해당하는 경우를 말한다. [개정 2010. 7. 12. 제22269호(고용노동부와 그 소속기관 직제), 2010. 11. 15.] [[시행일 2010. 11. 21.]]
1. 법 제38조에 따른 업무상질병판정위원회의 심의를 거쳐 업무상 질병의 인정 여부가 결정된 경우
2. 진폐인 경우
3. 이황화탄소 중독인 경우
4. 제97조제1항에 따른 각하 결정 사유에 해당하는 경우
5. 진료비 또는 약제비(법 제40조제2항 단서에 따른 요양비 중 진료비 또는 약제비에 해당하는 비용을 포함한다)에 관한 결정에 불복하여 심사청구가 제기된 경우
6. 그 밖에 심사청구의 대상이 되는 보험급여 결정 등이 적법한지를 명백히 알 수 있는 경우
② 제1항에도 불구하고 제1항 각 호의 어느 하나에 해당하는 심사청구 중 공단이 심사위원회의 심의를 거쳐 결정할 필요가 있다고 인정하는 경우에는 심사위

니할 수 있다.

2) 재심사청구

심사청구에 대한 결정에 불복하는 자는 그 보험급여 결정 등을 한 공단의 소속 기관을 거쳐 산업재해보상보험재심사위원회에 재심사청구를 할 수 있다. 다만 판정위원회의 심의를 거친 보험급여에 관한 결정에 불복하는 자는 심사청구를 하지 아니하고 재심사청구를 할 수 있다. 재심사청구는 심사청구에 대한 결정이 있음을 안 날부터 90일 이내에 제기하여야 한다. 다만 심사청구를 거치지 아니하고 재심사청구를 하는 경우에는 보험급여에 관한 결정이 있음을 안 날부터 90일 이내에 제기하여야 한다.

3) 행정소송

심사청구도 행정소송의 대상이 되는 행정처분이므로 행정소송의 대상이 된다. 산업재해보상보험법 제88조 제1항 , 제90조 제1항, 제3항 , 제94조 제2항의 규정에 의하면, 보험급여에 관한 결정에 대하여는 심사청구 및 재심사청구를 할 수 있고 다만 재심사청구를 하고자 할 때에는 심사청구를 거쳐 그에 대한 결정의 통지를 받은 날로부터 소정의 기간 내에 하여야 한다고 되어 있다. 따라서 보험급여에 관한 결정에 대하여 불복이 있는 사람으로서는 산업재해보상보험법상의 심사청구 및 재심사청구를 거치지 아니하고 바로 취소소송을 제

원회의 심의를 거쳐 결정할 수 있다

기할 수 있고 임의적으로 심사청구 및 재심사청구를 모두 거친 후에 비로소 취소소송을 제기할 수도 있을 뿐만 아니라, 임의적으로 심사청구만을 하여 그 결정을 받은 후 바로 취소소송을 제기할 수도 있는 것으로 해석하여야 할 것이다. 이와 같이 임의적으로 심사청구만을 거친 채 취소소송을 제기할 경우에는 행정소송법 제20조 제1항[40]의 규정에 따라 그 제소기간은 심사청구에 대한 결정의 정본을 송달받은 날로부터 기산하여야 한다.[41]

4) 민사소송

피재근로자 또는 그 유족은 근로기준법과 산재보험법에 의해 보상을 받는 것과는 별개로 민사소송을 제기할 수 있다. 또한 위 법률에 의하여 보상을 받더라도 추가로 민사소송을 제기할 수도 있다.[42]

5) 소멸시효

근로기준법에 따른 재해보상청구권과, 산재보험법에 규정된 각종

---

40) 행정소송법 제20조 (제소기간)
① 취소소송은 처분 등이 있음을 안 날부터 90일 이내에 제기하여야 한다. 다만 제18조제1항 단서에 규정한 경우와 그 밖에 행정심판청구를 할 수 있는 경우 또는 행정청이 행정심판청구를 할 수 있다고 잘못 알린 경우에 행정심판청구가 있은 때의 기간은 재결서의 정본을 송달받은 날부터 기산한다.
② 취소소송은 처분 등이 있은 날부터 1년(제1항 단서의 경우는 재결이 있은 날부터 1년)을 경과하면 이를 제기하지 못한다. 다만 정당한 사유가 있는 때에는 그러하지 아니하다.
③ 제1항의 규정에 의한 기간은 불변기간으로 한다. [전문개정 94. 7. 27.]

41) 대판 2002. 11. 26. 2002두6811

42) 대판 1971. 8. 31. 71다1194 ; 대판 1977. 4. 12. 76다2920

의 보험급여는 3년간 행사하지 아니하면 시효로 소멸한다. 산재보험법 상의 소멸시효 기산점은 요양급여청구권의 경우 요양에 필요한 비용이 구체적으로 확정된 날의 다음 날, 장해급여청구권의 경우 상병이 치유된 날의 다음날, 유족급여청구권의 경우 사망한 날의 다음 날이다.

8. 산재보험법과 근로기준법의 관계

수급권자가 산재보험법에 따라 보험급여를 받았거나 받을 수 있으면 보험가입자는 동일한 사유에 대하여 근로기준법이나 민법 등 그 밖의 법령에 따른 재해보상 책임이나 그 금액의 한도 안에서 손해배상 책임이 면제된다. 이 경우 장해보상연금 또는 유족보상연금을 받고 있는 자는 장해보상일시금 또는 유족보상일시금을 받은 것으로 본다. 만일 수급권자가 동일한 사유로 민법이나 그 밖의 법령에 따라 이 법의 보험급여에 상당한 금품을 받으면 공단은 그 받은 금품을 대통령령으로 정하는 방법에 따라 환산한 금액의 한도 안에서 산재보험법에 따른 보험급여를 지급하지 아니한다. 다만 장해보상일시금 또는 유족보상일시금에 해당하는 연금액에 대하여는 그러하지 아니하다.[43]

산재보험법이 적용되는 사업장은 산재보험법 제80조의 규정에 의거 근로기준법에 의한 모든 재해보상책임이 면제되므로 근로기준법 제78조 내지 제89조의 재해보상규정을 적용하여서는 아니 된다. 즉, 당해 사업장이 산재보험 적용 사업장이라면 비록 당해 재해가 근로

43) 산업재해보상보험법 제80조

복지공단으로부터 업무상 재해로 인정받지 못하는 등 실제적으로 보험급여를 지급받지 못했다 하더라도 이는 산재보험법이 정하는 바에 따라 다투어야 하며, 근로기준법의 영역으로 가져올 수는 없기 때문에 근로기준법 위반으로 고용노동부에 신고할 수는 없다. 다만 산재보험 적용사업장이라 할지라도 산재보험법 제40조(요양급여), 제41조(휴업급여)에 의거 산재보험금이 지급되지 않는 3일 이내 요양을 요하는 재해로서 사업주가 이를 보상하지 아니한 경우에는 근로기준법의 재해보상 관련 규정이 적용된다.

9. 근로기준법상의 산재 보상

근로자가 업무상 부상 또는 질병에 걸리면 사용자는 그 비용으로 필요한 요양을 행하거나 필요한 요양비를 부담하여야 한다(요양급여). 요양보상 이외에도 근로기준법상 피재근로자는 휴업보상·장해보상·유족보상·장의비 등을 사용자에게 청구할 수 있다.

가. 휴업보상

사용자는 업무상 부상 또는 질병에 걸려 요양 중에 있는 근로자에게 그 근로자의 요양 중 평균임금의 100분의 60의 휴업보상을 하여야 한다. 만일 휴업보상을 받을 기간에 그 보상을 받을 자가 임금의 일부를 지급받은 경우에는 사용자는 평균임금에서 그 지급받은 금액을 뺀 금액의 100분의 60의 휴업보상을 하여야 한다.

나. 장해보상

근로자가 업무상 부상 또는 질병에 걸리고, 완치된 후 신체에 장해가 있으면 사용자는 그 장해 정도에 따라 근로기준법 시행령에서 정한 신체장해등급의 정도에 따라 평균임금의 1,340일분 내지 50일분의 장해보상을 하여야 한다. 업무상 부상 또는 질병에 걸린 원인이 근로자가 중대한 과실로 인한 경우에는 사용자가 그 과실에 대하여 노동위원회의 인정을 받으면 휴업보상이나 장해보상을 하지 아니할 수 있다.

다. 유족보상

산재보험법과 같이 근로자가 업무상 사망한 경우에는 사용자는 근로자가 사망한 후 지체 없이 그 유족에게 평균임금 1,000일분의 유족보상을 하여야 한다.

라. 장의비

근로자가 업무상 사망한 경우에는 사용자는 근로자가 사망한 후 지체 없이 평균임금 90일분의 장의비를 지급하여야 한다.

마. 일시보상

근로기준법상의 요양급여에 따라 보상을 받는 근로자가 요양을 시작한 지 2년이 지나도 부상 또는 질병이 완치되지 아니하는 경우에는 사용자는 그 근로자에게 평균임금 1,340일분의 일시보상을 하여 그 후의 이 법에 따른 모든 보상책임을 면할 수 있다.

제9장 취약 근로자에 대한 보호

1. 취약근로자 보호

근로자 중에서도 일반 근로자에 비해 상대적으로 열악하거나 불안정한 상황에서 근로를 제공하는 취약계층이 있다. 여성근로자의 경우 가정과 직장의 균형 문제, 성별에 따른 차별 문제에서 일반적으로 남성에 비해 열악한 부분이 있다. 연소자나 고령자나 장애인은 일반적으로 신체적·정신적으로 일반 성인 근로자에 비해 근로능력이 떨어지므로 근로자로써 불리한 면이 있다. 비정규직 역시 고용이 불안정한 상태에서 정규직에 비해 열악한 근로조건에서 일하거나 복리후생 혜택에서도 제외되는 경우가 많다. 파견 근로자나 도급 근로자처럼 소속 회사와 일하는 회사가 다른 간접 고용 근로자들 역시 대부분 저임금과 불안정한 고용 환경에 놓여 있다.[1]

이러한 취약근로자들도 헌법상 인간의 존엄과 가치와 행복추구권, 평등권, 인간다운 생활을 할 권리와 국가의 사회복지의무[2]에 근거하여, 일반 근로자에 비해 차별받지 않으면서, 보다 나은 환경에서 근로할 권리가 있다. 취약근로자 보호의 법제화는 크게 두 줄기로 구체화되는데, 우선은 차별 금지를 통해 최소한의 근로조건을 보호하고, 나아가 특별한 보호를 함으로써 두 방향의 상호작용을 통해 취약 근로자와 그 가족들이 사회의 소외계층으로 영원히 자리하지 않고 일반 근로자들과 동일선상에서 경쟁할 수 있도록 배려한다.

---

1) 취약근로자에는 이외에도 장애인, 외국인, 연소자, 고령자 등 광범위한 대상이 포함되며 이들에 대한 보호는 개별법을 통해 이루어지고 있다. 본장에서는 우선 취약근로자들 중 가장 일반적이고 그에 대한 논의가 장시간 이루어진 여성 근로자에 대해 논하고, 최근 그에 대한 보호법제 논의가 활발한 비정규직 근로자에 대해 장을 바꾸어 서술한다.

2) 헌법 제10조, 제11조, 제34조 제1항, 제2항

헌법은 '법 앞의 평등' 원칙을 천명하여, '성별, 종교 또는 사회적 신분에 의하여 경제적·사회적·문화적 생활의 모든 영역에서 차별받지 않는다'고 규정하며, 이러한 이념을 실현하고자 노동법은 고용 및 근로관계에 있어서 불합리한 차별을 금지하는 규정을 각각의 개별법에서 규정한다. 근로기준법 제6조는 '사용자는 근로자에 대하여 남녀의 성을 이유로 차별적 대우를 하지 못하고, 국적, 신앙 또는 사회적 신분을 이유로 근로조건에 대해 차별적 처우를 하지 못한다'고 규정한다. 단순한 차별금지 규정만으로는 이미 여러 조건들에 있어서 취약한 상태에 놓여 있는 근로자들을 열악한 근로환경에서 빠져나올 수 있게 할 수 없다. 적극적으로 모집, 채용, 근로조건 설정 단계 등의 근로관계 전반에 있어서 특별한 보호가 필요하다. 즉, 사회적 기본권의 시각에서 복지 제도적인 접근이 필요한 것이다.

복지제도로 실현되는 사회적 기본권의 영역은 국가의 경제적 성장을 저해하지 않으면서, 예산의 한도에서만 보장이 가능하다는 입법정책상의 한계를 지니므로, 사회변화에 따라 세부 정책 및 법령의 변화가 자주 있게 된다. 그러므로 근로자들은 보호 법령의 변화에 관심을 가지고 유연하게 대처한다면, 국가에서 보장하는 권리를 주장하여 현행 제도의 혜택 또한 충분히 누릴 수 있을 것이다.

2. 여성 근로자

가. 여성 근로자 보호의 근거 법

1) 근거법규

우리 헌법은 여성의 근로에 대해 특별한 보호와 고용·임금 및 근로조건에 있어서 차별금지를 명시하고,[3] 국가는 여자의 복지와 권익의 향상을 위해 노력하여야 하며,[4] 혼인과 가족생활의 양성평등을 보장 및 모성 보호를 국가의 의무로 규정하고 있다.[5]

근로기준법 제6조는 균등처우원칙을 명언하고 여성 근로자에 대한 특별한 보호 규정들을 두고 있으며, 여성 근로자에 대한 특별법으로는 「남녀고용평등법」이 1987년 제정되어 시행되다가, 2007년에 「남녀고용평등과 일·가정 양립 지원에 관한 법률」(이하 '고평법')로 법명을 바꾸고 시행 중이다. 고평법은 '남녀고용평등실현과 일·가정 양립에 관하여 다른 법률에 특별한 규정이 있는 경우 외에는 이 법에 따른다'고 규정하여 남녀고용평등과 일·가정양립지원과 관련하여 기본법으로서의 성격을 가진다.

---

3) 헌법 제32조 제4항
4) 헌법 제34조 제3항
5) 헌법 제36조 제1,2항

2) 입법 지향점의 변화

여성근로자 보호입법은 「남녀고용평등법」의 제정 전후와 2007년 법명 변경시점을 기준으로 그 방향성의 진보가 두드러진다. 제정 근로기준법상의 여성 근로자 보호규정들은 여성의 신체적 열악함에 대한 배려로 수혜적인 관점에서 비롯했음에 반해, 남녀고용평등법은 여성 근로자의 근로능력은 남성과 동등하다는 전제하에, 근로 기회의 균등을 통해 능력을 발휘할 환경을 제공하는 데 주안점을 두었다. 또한 육아휴직제도를 처음으로 도입하면서 모성보호규정을 구체화하여 일·가정양립지원의 기반을 다졌다. 이후 2007년 고평법은 '일·가정양립지원'을 법명에 포함시키며 모성보호제도의 취지는 더 이상 여성 근로자에의 특혜로써 남녀를 대립각이 세우는 것이 아닌, 가정생활의 삶의 질 향상이란 공동의 목표라는 시각에서 접근한다. 이는 고평법 제1조가 법의 목적을 '헌법의 평등이념에 따라 고용에 있어 남녀고용평등을 실현함과 아울러 일과 가정의 양립을 지원함으로써 모든 국민의 삶의 질 향상에 이바지하는 것'이라고 하는 데서 잘 드러난다. 이렇듯 고평법은 '모든 국민의 삶의 질 향상'을 위함으로 그 입법적 정당성을 부여받고, 최근에는 배우자출산휴가, 육아기 근로시간 단축 등을 강화하면서 일·가정의 양립을 모성보호의 일부가 아닌 노동법이념의 독립적인 영역으로 확장하는 중이다.

나. 고용에 있어서 남녀의 평등한 기회보장 및 대우

1) 남녀차별금지

가) 근거법규의 해석원칙

(1) 적용영역

근로기준법상 균등처우와 관련하여 고평법에서는 남녀의 성을 이유로 차별처우를 금지하는 여러 규정을 두고 있고,[6] 고용노동부에서는 고평법상의 제 규정에 따라 고용에 있어서 남녀의 평등한 기회 및 대우를 보장하는 데 필요한 사항을 정하기 위해 「남녀고용평등업무처리지침」을 마련[7]하였다. 고평법은 모든 사업 또는 사업장에 적용되며,[8] 고평법상 근로자의 정의는 사업주에게 고용된 자와 취업할 의사를 가진 자를 말하므로,[9] 근로조건뿐 아니라 '모집 · 채용 단계'에서의 차별까지 염두에 두고 있다.

(2) 차별적 처우 판단기준

차별이란 합리적인 이유 없이 채용 또는 근로의 조건을 다르게 하거나 그 밖의 불리한 조치를 하는 경우(직접 차별)는 물론, 채용조건이나 근로조건은 동일하게 적용하더라도 그 조건을 충족할 수 있는

---

6) 남녀고용평등과 일 · 가정 양립 지원에 관한 법률

7) 2010. 6. 22, 고용노동부예규 제622호

8) 남녀고용평등과 일 · 가정 양립 지원에 관한 법률 시행령 제2조에서 적용 예외규정을 두고 있다.

9) 남녀고용평등과 일 · 가정 양립 지원에 관한 법률 제2조 제4항

남성 또는 여성이 다른 한 성에 비하여 현저히 적고 그에 따라 특정 성에게 불리한 결과를 초래하며 그 조건이 정당한 것임을 증명할 수 없는 경우, 즉 간접적인 차별까지 포함하는 개념이다.[10] 이때 차별이란 '합리적 이유' 없이 남성 또는 여성이라는 이유만으로 부당하게 차별하는 것을 뜻하므로, '같은 것은 같게, 다른 것은 다르게'라는 상대적인 평등 논리에 따른 것이다. 합리적 차별의 구체적 판단기준은 당해 사업의 목적, 당해직무의 성질・양태・작업조건 등을 구체적・종합적으로 고려할 때 남녀를 달리 대우하는 것이 기업경영상 합리적이어야 하고 그 방법내용 등이 사회통념상 허용될 수 있는 범위 내여야 한다.[11]

(3) 차별금지규정 위반 시의 법적 효과

근로기준법 제6조의 균등처우원칙과 고평법상 차별금지규정들은 강행법규이고, 이에 위반한 단체협약이나 취업규칙의 내용은 무효이며,[12] 차별로 인한 손해를 입은 근로자에 대하여 사용자는 손해배상책임을 진다. 합리적 이유 등 차별여부에 대한 입증책임은 사업주가 지는데,[13] 이는 차별행위가 민법상 불법행위의 법리에 해당함을 확인한 규정이라 하겠다.

10) 남녀고용평등과 일・가정 양립 지원에 관한 법률 제2조 제1호

11) 노동부예규 제622조 제2조 제2항

12) 대판 1993. 4. 9. 92누15765

13) 남녀고용평등과 일・가정 양립 지원에 관한 법률 제30조

나) 모집, 채용에 있어서의 평등

근로기준법은 고용 이후 근로조건에 대해서만 차별금지를 논해 왔으나, 고평법은 고용 이전의 모집이나 채용과정에서의 차별 역시 금지함[14]으로써, 남녀의 평등한 기회의 균등을 실질적으로 보장하고 있다.

다) 임금, 복리 후생상의 평등[15]

고평법은 동일가치노동동일임금 원칙을 명시하고, 위반할 경우 근로기준법 제6조 위반에 비하여 훨씬 엄중한 벌칙규정을 두고 있다.[16] 고평법은 동일가치노동의 기준으로는 직무 수행에서 요구되는 기술, 노력, 책임 및 작업조건 등을 예시하고 있다.[17] 여기서 동일가치노동이란 '직무수행에서 요구되는 기술, 노력, 책임 및 작업조건 등의 기준'에서 볼 때, 서로 비교되는 남녀 간의 노동이 동일하거나 거의 같은 성질인 노동 또는 두 업무가 서로 다르더라도 직무평가 등의 방법에 의해 본질적으로 동일한 가치가 있다고 인정되는 노동을 말한다.[18] 판례는 직무 수행에서 요구되는 기술, 노력, 책임 및 작업조건 이외에도 학력, 경력, 근속연수 등의 차이를 동일가치노동을 판단하는 기준으로 삼은 바 있으며, 동일가치의 노동에 대해 성

---

14) 남녀고용평등과 일·가정 양립 지원에 관한 법률 제7조, 제37조 제4항 제1호에 의하여 위반 시 500만 원 이하의 벌금에 처한다.

15) 남녀고용평등과 일·가정 양립 지원에 관한 법률 제30조

16) 남녀고용평등과 일·가정 양립 지원에 관한 법률 제8조 제1항, 제37조 제2항 제1호에 의하여 3년 이하의 징역 또는 2천만 원 이하의 벌금에 처한다.

17) 남녀고용평등과 일·가정 양립 지원에 관한 법률 제8조 제2항

18) 대판 2003. 3. 14. 2002도3883. 이 판례에서 사업장 내에서 일용직 남녀근로자들이 하는 일이 다소 차이가 있더라도 그것이 임금의 결정에 있어서 차등을 둘 만큼 실질적이라고 중요한 것이라고 보기 어려우며, 실질적으로는 거의 같은 성질의 노동에 종사하고 있다고 보았다.

별을 이유로 동일임금을 지급받지 못한 근로자는 사용자에게 차별받은 임금 상당액을 직접 청구할 권리가 있다고 하였다.[19]

라) 교육·배치 및 승진에 있어서의 평등

근로자의 교육·배치 및 승진에서 남녀에 대한 차별 역시 금지되며, 위반 시 벌칙규정을 두고 있다.[20]

마) 정년·퇴직 및 해고의 평등

근로기준법은 정리해고 시 여성 차별 금지 규정을 두고 있으나[21] 위반에 대한 제재규정은 따로 두고 있지 않다. 고평법은 정년·퇴직 및 해고에서 남녀 차별행위를 금하며, 여성 근로자의 혼인, 임신 또는 출산을 퇴직사유로 예정하는 근로계약 체결을 금하며, 위반행위에 대하여 엄중한 처벌 규정을 두고 있다.[22] 만약 남녀 간 정년차별 규정한 단체협약이나 취업규칙은 근로기준법 제6조와 고평법 제11조 제1항 등 강행법규에 위배되어 무효이다.[23] 그리고 여성근로자가 결혼하면 자동 퇴직된다는 근로계약이 있다면 이는 근로기준법 제6조 및 동법 제15조에 위배되어 무효라 할 것이고, 실제로 퇴직하게 한 경우에는 동법 제23조에 반하는 부당해고에도 해당한다.

그러나 남녀차별정년제를 두는 경우 사업이나 직업의 성질에 비추어 여자의 신체조건 등을 감안한 정년을 별도로 정하여 시행하는 등

19) 대판 2011. 4. 28. 2011다6832

20) 남녀고용평등과 일·가정 양립 지원에 관한 법률 제10조, 제37조 제4항 제3호

21) 근로기준법 제24조 제2항

22) 남녀고용평등과 일·가정 양립 지원에 관한 법률 제11조, 제37조 제1항에서 위반 시 5년 이하의 징역 또는 3천만 원 이하의 벌금에 처한다.

23) 대판 1993. 4. 9. 92누15765

의 사회통념상 합리성이 있다고 인정되는 경우에는 근로기준법 및 고평법에 저촉된다고 볼 수는 없다고 해석된다.[24] 반면 직제개편으로 '행정직 6급' 여성 근로자 모두를 '상용직 6급'으로 승진시킴에 따라 10년간 승진이 묶인 상황에서 낮은 직급 정년으로 퇴직한 경우 이를 현저히 합리성을 잃은 조치로써 부당한 해고라고 보았다.[25]

2) 직장 내 성희롱의 금지

가) 성희롱의 개념

직장내성희롱이란 사업주·상급자 또는 근로자가 직장 내의 지위를 이용하거나 업무와 관련하여 다른 근로자에게 성적 언동 등으로 성적인 굴욕감 또는 혐오감을 느끼게 하거나 성적언동 그 밖에 요구에 따르지 않은 이유로 불이익을 주는 것을 말한다.[26]

나) 성희롱의 성립요건과 판단기준

성희롱의 성립요건인 '성적인 언동 등'은 남녀 간의 육체적 관계나 남성 또는 여성의 신체적 특징과 관련된 육체적·언어적·시각적 행위로서 사회공동체의 건전한 상식과 관행에 비추어볼 때 객관적으

---

24) 대판 1996. 8. 23. 95누1439, 남녀정년차별 사례는 아니지만 직책 내지 직급별 정년 차등의 유효성이 문제된 대판 1991. 4. 9. 90다16245 에서도 역시 정년규정은 당해 사업장에 있어서 근로자가 제공하는 근로의 성질, 내용, 근무형태 등 제반여건에 따라 합리적인 기준을 둔다면 같은 사업장 내에서도 직책 또는 직급에 따라 서로 차이가 있을 수 있는 것이고, 이와 같은 기준에 따라 피고 회사가 정한 정년규정이 일용노동자의 가동연한이나 공무원 및 다른 신문사의 직원의 정년보다 다소 하회한다고 하여 이를 법률상 무효라고는 할 수 없다고 하였다.

25) 대판 2006. 7. 28. 2006두3476

26) 남녀고용평등과 일·가정 양립 지원에 관한 법률 제2조 제2호

로 상대방과 같은 처지에 있는 일반적이고도 평균적인 사람으로 하여금 성적 굴욕감이나 혐오감을 느끼게 할 수 있는 행위를 의미 한다.[27] 성희롱의 대상이 되는 성적행동은 유형별로 구분[28]되며, 성희롱 여부의 판단에 있어서는 피해자의 주관적 사정을 기초로 하여 사회통념상 합리적인 사람이라면 어떻게 대응하였을 것인가 하는 객관적 사정을 함께 고려하여야 한다.[29]

다) 사업주의 법령상 의무

(1) 성희롱 예방 교육

사업주는 연 1회 직접 또는 위탁의 방법으로 성희롱예방교육을 실시하여야 하며, 파견사업에 있어서는 사용사업주에게 예방교육의무가 있다.[30]

(2) 발생 시 조치 및 방지 의무

사업주는 직장 내 성희롱 행위자에 대하여 지체 없이 징계나 이에 준하는 조치를 취하여야 하며 고객 등 업무와 밀접한 관련이 있는 자가 업무수행과정에서 성적언동 등을 통하여 근로자에게 성적인 굴욕감이 또는 혐오감을 느끼게 하여 해당근로자가 고충의 해소를 요

---

27) 대판 2007. 6. 14. 2005두6461

28) 남녀고용평등과 일·가정 양립 지원에 관한 법률 시행규칙 제2조 [별표1]

29) 대판 2008. 7. 10. 2007두22498 판결에서도 가해자에게 성적인 동기나 의도가 있어야 하는 것은 아니지만, 당사자의 관계, 행위가 행해진 장소 및 상황, 행위에 대한 상대방의 명시적 또는 추정적인 반응의 내용, 행위의 내용 및 정도, 행위가 일회적 또는 단기간의 것인지 아니면 계속적인 것인지 여부 등 구체적 사정을 참작하여 볼 때, 객관적으로 상대방과 같은 처지에 있는 일반적이고도 평균적인 사람으로 하여금 성적인 굴욕감이나 혐오감을 느낄 수 있게 하는 행위가 있고, 그로 인하여 상대방이 성적인 굴욕감이나 혐오감을 느꼈음이 인정되어야 한다.

30) 남녀고용평등과 일·가정 양립 지원에 관한 법률 제13조

청할 경우, 근무 장소 변경·배치전환 등 가능한 조치를 취하도록 노력하여야 한다.[31] 사업주는 근로자가 직장 내 성희롱과 관련하여 피해를 입었거나 피해 발생을 주장하는 경우, 그리고 근로자가 고객 등으로부터의 성적 요구 등에 불응한 것을 이유로 해고나 그 밖의 불리한 조치를 하여서는 아니 된다.[32]

Q50. 저는 은행에서 근무하는 여성직원인데, 지점장으로부터 지난 1년간 수차례에 걸쳐 회사 내외에서 성희롱을 당하였고, 회사는 이 사실을 확인하고 지점장을 징계해고 하였습니다. 현재 지점장은 단체협약에 없는 징계사유에 의한 해고는 부당하다고 주장하며 노동위원회에 부당해고 구제신청을 한 상황입니다. 저는 지점장이 복직될지도 모른다는 현재의 상황이 두렵고, 외상 후 스트레스 장애 상태로 치료를 받는 중입니다. 이런 상황에서 지점장이 복직될 가능성이 있는지 궁금하며, 법적으로 지점장과 회사로부터 성희롱으로 인한 손해배상을 받을 수 있는 방법이나 지점장을 형사처벌 받게 할 방법은 없는지요?

A50. 우선 징계 사유나 절차에 있어서 단체협약에서 취업규칙의 적용을 완전히 배제하고 있거나 양자의 규정이 상호 저촉하는 경우 단체협약이 우선 적용되지만, 그러한 경우에 해당하지 않으면 사용자는 취업규칙에 새로운 징계사유를 정하여 그에 따라 해고할 수 있고, 이것이 단체협약 위반에 해당하는 것은 아니므로,[33] 단체협약에 성희롱 행위를 징계사유로 두지 않았다고 해여 바로 부당한 해고가 되는 것은 아닙니다.
한편 성희롱 행위는 민법상 불법행위에 해당하므로, 이로 인한 손해는 가해자인 지점장을 상대로 그 배상을 청구할 수 있습니다. 그런데 회사에 대하여는 민법 제756조의 사용자 배상책임의 요건을 충족하거나, 근로계약상의 채무불이행(근로자 배려의무 내지 보호의무의 불이행)에 해

31) 남녀고용평등과 일·가정 양립 지원에 관한 법률 제14조, 제14조의 2. 2007. 12. 21. 남녀고용평등과 일·가정 양립 지원에 관한 법률은 '고객 등' 업무관련 외부인을 성희롱 행위자로 포함시켜 근무환경에 따른 성희롱 행위에 대해 실질적인 대응이 가능하도록 하였다.

32) 남녀고용평등과 일·가정 양립 지원에 관한 법률 제37조 제2항 제2호에서 위반 행위를 한 경우에는 3년 이하의 징역 또는 2천만 원 이하의 벌금에 처한다.

당하는 경우 그 손해배상청구가 이론상으로는 가능합니다. 그러나 아직까지는 회사의 손해배상 책임을 인정한 사례는 없습니다.[34]
지점장의 성희롱 행위로 인한 형사범죄 성립여부에 대하여는 구체적인 행위태양에 따라 성립여부를 검토하여야 합니다. 일반적으로는 강제추행에 해당할 여지가 있으며, 모욕이나 폭행에 해당할 가능성도 있습니다. 현행법상 강제추행은 피해자의 처벌의사에 의존하는 친고죄나 반의사불벌죄가 아니므로 1년 전 행위에 대하여도 현재 형사처벌이 가능합니다. 반면 폭행은 반의사불벌죄이고 모욕은 친고죄입니다. 피해자의 고소가 있어야 처벌이 가능한 친고죄의 경우 고소기간, 즉 범인을 안 날로부터 6개월을 도과하지 않는 것이 중요합니다.

3) 적극적 고용개선조치

적극적 고용개선조치(affirmative action)란 여성, 소수민족 등에 대해 구조화되고 관행화된 차별을 개선하기 위해 소외계층에 대하 실질적인 평등을 확보키 위한 우대조치로 역차별 제도의 일종이다. 고평법은[35] 여성의 직업능력을 개발하고 고용을 촉진시키기 위해 직업지도와 직업능력 개발 그리고 여성고용촉진을 위해 노력하며, 경력단절여성의 능력개발과 고용촉진을 행성적 · 재정적으로 지원하여 적

33) 대판 1995. 2. 14. 92누5069 ; 대판 1994. 6. 14. 93다26151

34) 유사한 사례인 피용자의 다른 피용자에 대한 성희롱 행위에 대한 사용자의 민사배상 책임에 있어, "사업주는 고용계약에 있어서 사용자로서는 피용자를 보호하고 부조할 의무를 부담하는 것은 당연한 것이지만, 성희롱 행위는 외관상으로 보더라도 직무권한 내의 행위로 보여지는 경우라고 볼 수 없고 사무집행과는 아무런 관련성이 없을 뿐 아니라, 성희롱행위는 은밀하고 개인적으로 이루어지고 피해자가 이를 공개하지 아니하여 사용자로서는 이를 알거나 알 수 있었다고 보여지지 아니하므로 고용계약상의 보호의무를 다하지 아니하였다고 할 수는 없다"고 보아 불법행위에 대한 사용자책임(민법 제756조)은 물론 고용계약상의 채무불이행 책임 역시 부인한 바 있다.(대판 1998. 2. 10. 95다39533)

35) 남녀고용평등과 일 · 가정 양립 지원에 관한 법률 제3절

극적 고용개선조치계획을 실행 중이다.

다. 모성보호

1) 의의

여성의 임신, 출산에 대한 특별한 보호인 '모성 보호'에 관해서는 근로기준법에서 근로시간 연장 등을 제한하고, 출산휴가 및 육아휴직 등을 법제화하고 있으며, 고평법에서는 육아휴직 및 육아기 단축근무를 상세히 규정하고 있다. 제정 근로기준법은 제5장[36]에 여성근로자의 신체적 열악함을 전제로 취업제한업종을 열거하고, 연장·야간·휴일 근로를 일반적으로 제한했다. 그러나 남녀의 차이는 우열이 아닌 '다름'으로 받아들이는 사회적 분위기와 맞물려 1987년 남녀고용평등법이 입법화되면서 근로기준법은 여성에 대한 특별한 보호규정들을 삭제하고 이러한 보호를 임신·출산에 관련된 모성 보호의 대상근로자에게 한정하기 시작하였다. 현행 근기법은 태아검진시간을 도입하고, 유·사산 근로자의 보호범위를 넓히는 등 모성보호를 더욱 강화하였고, 고평법에 배우자출산휴가제도를 도입하고, 육아기 단축근무 제도를 강화하여, 모성보호를 기반으로 일·가정의 양립을 지원하고 이를 통해 모든 근로자의 삶의 질 향상을 추구하고 있다.

---

36) 근로기준법 제5장에서 여성과 소년을 한 장으로 묶는 것은 여성을 신체적으로 약한 보호대상자라는 가치에서 비롯되었다. 연소자와 여성의 장을 독립시키자는 견해(한국노동법학회 「근로기준법제의 중장기적 개선방안」, 노동부, 2007. 11, 165쪽)가 있다.

2) 여성 연소자에 대한 공통된 보호

가) 유해 위험 사업에의 사용금지[37)]

사용자는 임신 중이거나, 산후 1년이 지나지 않은 여성을 도덕상 또는 보건상 유해 위험한 사업에 사용하지 못하며, '임산부가 아닌 18세 이상의 여성'에 대해서도 임신 또는 출산 기능에 유해 위험한 사업에 사용하지 못하며, 위반 시 3년 이하의 징역 또는 2천만 원 이하의 벌금에 처한다.

나) 갱내근로의 금지[38)]

사용자는 여성과 18세 미만인 자를 갱내에서 근로시키지 못하며, 위반 시 3년 이하의 징역 또는 2천만 원 이하의 벌금에 처한다. 다만 보건 의료 보도 취재 등 대통령령으로 정하는 업무에 대해서는 일시적으로 갱내에서 근로시킬 수 있다.

다) 연장근로의 제한[39)]

임신 중인 여성에 대해서는 동의, 신청여부와 관계없이 시간외근로를 시킬 수 없으며 위반 시 2년 이하의 징역 또는 1천만 원 이하의 벌금에 처한다. 시간외수당을 매월 일정액으로 지급하는 것이라면 임신 중인 여성에게 이를 지급해도 무방하다고 해석된다. 산후 1년을 경과하지 않은 여성근로자의 연장근로시간은 1일 2시간, 1주 6시간, 1년 50시간을 초과할 수 없다.

---

37) 근로기준법 제65조, 제109조 제1항

38) 근로기준법 제72조, 제109조 제1항

39) 근로기준법 제70조, 제109조 제2항

라) 야간·휴일 근로의 제한[40]

18세 이상인 여성 근로자에 대해 야간근로(오후 10시부터 오전 6시까지 사이)나 휴일근로를 시키려면 당해 근로자의 동의를 얻어야 한다. 사용자는 해당 여성 근로자의 동의와 고용노동부장관인가를 얻어야 '임신 중인 여성 및 산후 1년이 지나지 않은 여성'에 대하여 야간 근로와 휴일 근로를 시킬 수 있다. 임신 중의 여성의 경우는 동의의 형식이 명시적 청구이어야 한다. 연장근로와 제재규정이 같다.

3) 여성에 대한 특별한 보호(협의의 모성보호)

가) 생리휴가의 보장[41]

사용자는 여성근로자가 청구하면 월 1일의 생리휴가를 주어야 하며, 이를 위반하는 경우 500만 원 이하의 벌금에 처한다. 유급여부와 청구의 필요여부에 대해 혼돈이 있다가, 2003년 개정 근로기준법에서 현행과 같이 생리휴가제도를 '청구 시 무급'으로 정리하였다. 생리를 하는 여성근로자가 직접 청구하면 부여되며, 근로자의 정당한 청구에 대하여 사용자는 이를 거절하거나 시기변경권을 행사할 수 없다. 또한 사용자를 다른 휴일이나 휴가로 이를 대체시킬 수 없으며, 정당하게 사용한 것을 이유로 근로자에게 불이익을 줄 수 없으므로 생리휴가일은 출근한 것으로 본다.

---

40) 근로기준법 제71조

41) 근로기준법 제73조, 제114조 제1호

나) 임산부에 대한 보호[42)]

(1) 출산전후휴가

사용자는 임신 중의 여성에게 출산 전과 출산 후를 통하여 90일(한 번에 둘 이상 자녀를 임신한 경우에는 120일)의 출산전후휴가를 주어야 한다. 사용자는 임신 중인 여성 근로자가 유산의 경험 등 대통령령으로 정하는 사유로[43)] 출산 전 휴가를 청구하는 경우 출산 전 어느 때라도 휴가를 나누어 사용할 수 있도록 하여야 한다. 이 경우 출산 후의 휴가 기간은 연속하여 45일(한 번에 둘 이상 자녀를 임신한 경우에는 60일) 이상이 되어야 한다. 이 중 최초 60일(한 번에 둘 이상 자녀를 임신한 경우에는 75일)은 유급으로 한다. 고평법에 의해 출산전후휴가급여 등이 지급된 경우에는 그 금액의 한도에서 지급의 책임을 면한다.

---

42) 근로기준법 제74조, 제110조 제1호 임산부에 대한 보호 규정(제74조 제1항~제5항) 위반 시 2년 이하의 징역 또는 1000만 원 이하의 벌금에 처한다. 한편 남녀고용평등과 일·가정 양립 지원에 관한 법률 제37조 제1항에서는 임신 또는 출산을 퇴직사유로 예정하는 근로계약을 체결하는 경우에는 5년 이하의 징역 또는 3천만 원 이하의 벌금에 처한다.

43) 근로기준법 시행령 제43조 제①항
1. 임신한 근로자에게 유산·사산의 경험이 있는 경우
2. 임신한 근로자가 출산전후휴가를 청구할 당시 연령이 만 40세 이상인 경우
3. 임신한 근로자가 유산·사산의 위험이 있다는 의료기관의 진단서를 제출한 경우

Q51. 월 300만 원을 기본급으로 지급받는 근로자입니다. 출산 전후 휴가 급여는 유급이라고 하는데, 사업주에게서 받는 것인지요? 아니면 정부에서 지급받는 것인지요? 또한 90일 모두 기본급을 지급받을 수 있는 건지요?

A51. 출산전후휴가에 대해서는 고용보험법상 일정한 요건[44]을 전제로 고용보험에서 출산전후휴가급여가 지급됩니다. 출산전후휴가급여는 휴가개시일을 기준일로 하여 산정한 통상임금상당액이 지급되나 그 상한액과 하한액이 정해져 있습니다.[45] 우선지원 대상기업[46]이 아닌 경우(대규모 기업)는 휴가기간에 최초 60일은 사업주가 지급하고 나머지 30일은 고용보험에서 정부(고용노동부 고용센터)가 지급하며, 우선지원대상기업에 대해서는 최초 60일에 대하여 사업주의 지급분을 정부가 대신하여 지급합니다(즉, 90일 전부 고용보험에서 정부가 지급함).[47]

구분	최초 60일	마지막 30일
우선지원 대상기업	정부가 근로자의 통상임금으로 지급(최대 월 135만 원 한도) 만약 근로자의 통상임금이 월 135만 원 이상인 경우 그 차액은 사업주가 별도로 지급해야 함	정부가 통상임금으로 지급 (최대 135만 원까지)
대규모기업	사업주가 통상임금으로 지급	

질문자의 경우 우선대상지원 기업이 아니라면, 최초 60일은 사업주로부터 기본급 300만 원을 지급받으며, 마지막 30일은 관할고용센터에서 135만 원을 지급받게 됩니다.

44) 고용보험법 제75조(출산전후휴가 급여 등)
1. 휴가가 끝난 날 이전에 제41조에 따른 피보험 단위기간이 통산하여 180일 이상일 것
2. 휴가를 시작한 날(제19조제2항에 따라 근로자의 수 등이 대통령령으로 정하는 기준에 해당하는 기업이 아닌 경우는 휴가 시작 후 60일이 지난 날로 본다) 이후 1개월부터 휴가가 끝난 날 이후 12개월 이내에 신청할 것. 다만 그 기간에 대통령령으로 정하는 사유로 출산전후휴가 급여 등을 신청할 수 없었던 자는 그 사유가 끝난 후 30일 이내에 신청하여야 한다.

45) 고용보험법 시행령 제101조(출산전후휴가 급여 등의 상・하한액)
법 제76조제2항에 따라 피보험자에게 지급하는 출산전후휴가 급여 등의 상한액과 하한액은 다음 각 호와 같다.

(2) 유산・사산휴가

사용자는 임신 중인 여성이 유산 또는 사산한 경우로 그 근로자가 청구하면 대통령령으로 정하는 바에 따라 유산・사산 휴가를 주어야 한다. 다만 인공 임신중절 수술[48]에 따른 유산의 경우는 그러하지 아니하다. 유산・사산휴가를 청구하는 근로자는 휴가 청구사유, 유산 사산 발생일 및 임신기간 등이 기재된 유산・사산에 따른 보호휴가 신청서에 의료기관의 진단서를 첨부하여 당해 사업주에게 제출하여야 한다. 사업주는 유산・사산휴가를 청구한 근로자에게 다음의 기준에[49] 따라 유산・사산휴가를 주어야 하며, 이때의 급여는 출산전

---

1. 상한액 : 출산전후휴가기간 또는 유산・사산휴가기간 90일에 대한 통상임금에 상당하는 금액이 405만 원을 초과하는 경우에는 405만 원. 다만 출산전후휴가 급여 등의 지급기간이 90일 미만인 경우에는 일수로 계산한 금액으로 한다.
2. 하한액 : 출산전후휴가 또는 유산・사산휴가기간 시작일 당시 적용되던 「최저임금법」에 따른 시간 단위에 해당하는 최저임금액(이하 '시간급 최저임금액;이라 한다)보다 그 근로자의 시간급 통상임금이 낮은 경우에는 시간급 최저임금액을 시간급 통상임금으로 하여 산정된 출산전후휴가 급여 등의 지원기간 중 통상임금에 상당하는 금액

46) 광업 300인 이하, 제조업 500인 이하, 건설업 300인 이하, 운수・통신업 300인 이하, 기타 산업 100인 이하, 중소기업기본법상 중소기업

47) 다만 우선지원대상기업에 근무하는 근로자가 피보험단위기간이 180일이 되지 않아 정부로부터 출산전후휴가급여를 지급받지 못한 경우 최초 60일분의 급여는 사업주가 지급해야 함(마지막 30일에 대한 급여는 사업주에게도 지급받을 수 없음)

48) 모자보건법 제14조 제1항 다음 각 호의 경우는 제외한다.
1. 본인이나 배우자가 대통령령으로 정하는 우생학적(우생학적) 또는 유전학적 정신장애나 신체질환이 있는 경우
2. 본인이나 배우자가 대통령령으로 정하는 전염성 질환이 있는 경우
3. 강간 또는 준강간(준강간)에 의하여 임신된 경우
4. 법률상 혼인할 수 없는 혈족 또는 인척 간에 임신된 경우
5. 임신의 지속이 보건의학적 이유로 모체의 건강을 심각하게 해치고 있거나 해칠 우려가 있는 경우

49) 근로기준법 시행령 제43조 제3항

후휴가와 같은 규정이 적용된다.[50)]

임신기간	유산・사산휴가
11주 이내	유산 또는 사산한 날부터 5일까지
12주 이상 15주 이내	유산 또는 사산한 날부터 10일까지
16주 이상 21주 이내	유산 또는 사산한 날부터 30일까지
22주 이상 27주 이내	유산 또는 사산한 날부터 60일까지
28주 이상	유산 또는 사산한 날부터 90일까지

(3) 임신 중 근로자에 대한 근로시간의 단축

사용자는 임신 후 12주 이내 또는 36주 이후에 있는 여성 근로자가 1일 2시간의 근로시간 단축을 신청하는 경우 이를 허용하여야 한다. 다만 1일 근로시간이 8시간 미만인 근로자에 대하여는 1일 근로시간이 6시간이 되도록 근로시간 단축을 허용할 수 있다. 사용자는 제7항에 따른 근로시간 단축을 이유로 해당 근로자의 임금을 삭감하여서는 아니 된다.[51)]

(4) 임신 중인 근로자에 대한 배려와 출산 후 불이익 금지

사용자는 임신 중의 여성 근로자에게 시간외근로를 하게 하여서는 아니 되며, 그 근로자의 요구가 있는 경우에는 쉬운 종류의 근로로 전환하여야 한다. 사업주는 제1항에 따른 출산전후휴가 종료 후에는 휴가 전과 동일한 업무 또는 동등한 수준의 임금을 지급하는 직무에 복귀시켜야 한다.[52)] 여성의 경우 90일의 출산전후휴가 기간과 그 후

50) 고용보험법 제75조

51) 2014년 3월 24일에 개정된 이 제도는 상시 300명 이상 근로자를 사용하는 사업 또는 사업장의 경우 공포 후 6개월 경과한 날부터, 300인 미만 사업장의 경우 공포 후 2년이 경과한 날부터 적용된다.

30일은 해고하지 못한다.[53] 출산전후휴가는 출산 시부터 개시된다고 보아야 하므로, 휴일・휴무일이나 연차휴가기간 중에 출산한 경우에도 출산일부터 기산되어야 한다.

다) 태아검진시간의 허용[54]

사용자는 임신한 여성 근로자가 모자보건법에 따라 정기건강진단을 받는 데 필요한 시간을 청구하면, 이를 허용하여야 하며, 태아건강진단시간을 이유로 그 근로자의 임금을 삭감해서는 안 된다. 임산부 정기건강진단기준은 임신 7월까지는 2월에 1회, 임신 8월에서 9월까지는 매 1월에 1회, 임신 10월 이후에는 매 2주에 1회이다.[55]

라) 배우자 출산휴가[56]

사업주는 근로자가 배우자의 출산을 이유로 휴가를 청구하는 경우에 5일의 범위에서 3일 이상의 휴가를 주어야 한다. 이 경우 사용한 휴가기간 중 최초 3일은 유급으로 한다. 제1항에 따른 휴가는 근로자의 배우자가 출산한 날부터 30일이 지나면 청구할 수 없다. 사업주는 근로자가 배우자의 출산을 이유로 휴가를 청구하는 경우에 5일의 범위에서 3일이상의 휴가를 주어야 한다. 이 경우 사용한 휴가기간 중 최초 3일은 유급으로 한다.

---

52) 근로기준법 제74조 제6항, 제114조 제1항에 의해 위반 시 500만 원 이하의 벌금에 처한다.

53) 근로기준법 제23조 제2항, 제107조에 의해 5년 이하의 징역 또는 3천만 원 이하의 벌금에 처한다.

54) 근로기준법 제74조의 2, 벌칙규정이 없다.

55) 모자보건칙 제5조 제1항 [별표1]

56) 남녀고용평등법 제18조의 2, 벌칙규정은 없다.

4) 일 · 가정양립지원

고평법은 2007년 개정법부터 모성보호와 별도의 장[57]으로 일 · 가정양립지원제도를 도입하여 육아휴직과 육아기 단축근무, 그 밖의 육아지원조치 규정을 두고 있다. 여성 근로자의 임신 · 출산에 관련된 보호가 모성보호의 영역이라면, 일 · 가정 양립은 자녀 양육 등 가정생활과 직장생활을 병행할 수 있도록 지원하는 제도이다.

가) 육아시간의 보장[58]

생후 1년 미만의 유아를 가진 여성 근로자가 청구하면 1일 2회 각각 30분 이상의 유급 수유시간을 주어야 한다. 수유시간은 수유 이외에도 기타 유아를 보살피는 데 필요한 시간을 의미하며 1일 2회 각각 30분 이상 주어야 하는데, 8시간 근로제공을 예상하여 규정한 것이므로, 1일 근로시간이 4시간인 경우는 1일 1회의 육아시간 부여로 충분하다. 육아시간의 시기는 청구하는 시간대에 주어야 하며 당사자 합의가 있는 경우 1일 1회 1시간의 육아시간 부여도 가능하다.[59] 따라서 근로시간의 시작이나 종료 시에 주어도 무방하고, 육아시간 중의 임금은 유급으로 하여야 한다.

---

57) 남녀고용평등과 일 · 가정 양립 지원에 관한 법률 제3장의 2

58) 근로기준법 제75조, 제110조 제1호에 의해 위반 시 2년 이하의 징역 또는 1000만 원 이하의 벌금에 처한다.

59) 사용자가 동법을 이행하는 데 있어서는 여성 근로자의 청구 1회에 대해 30분이상의 육아시간을 부여하면 될 것임. 따라서 노사 당사자 간 합의가 있다면 1일 1회 1시간의 육아시간을 부여하여도 무방한 것으로 봄.(노동부 근로여성정책국 여성고용지원과 2000. 8. 5, 68240-24자)

나) 육아휴직제도[60]

(1) 도입취지와 제도 구성

육아휴직제도는 일과 가정을 양립시키고 2세를 건강하게 양육함으로써 모든 국민의 삶의 질 향상에 이바지하고자, 1987년 제정 남녀고용평등법에서 도입하였고, 대상기간 동안에 휴직하지 않고 단축해 근무하는 근로시간단축제도를 2007년 고평법에서 육아휴직 방식의 일종으로 도입하였다.

(2) 부여조건

사업주는 근로자가 만 8세 이하 또는 초등학교 2학년 이하의 자녀를 양육하기 위하여 휴직을 신청하는 경우에 이를 허용하여야 한다.[61] 다만 휴직개시예정일의 전날까지 해당 사업에서 계속 근로한 기간이 1년 미만이거나 같은 영유아에 대하여 배우자가 육아휴직을 하고 있는 근로자에게는 육아휴직을 허용하지 않을 수 있다.[62]

육아휴직을 부여받기 위해서는 어린아이를 키우기 위한 목적이라는 것이 인정되어야 하므로, 해당 영유아가 사망하거나, 양자인 영유아의 파양 또는 입양이 취소되거나, 육아휴직을 신청한 근로자가 부상, 질병 또는 신체적·정신적 장애나 배우자와의 이혼 등으로 해당 영유아를 양육할 수 없게 된 경우 그 육아휴직 신청은 없었던 것으로 보며 이 경우 근로자는 지체 없이 그 사실을 사업주에게 알려야 한다.[63]

---

60) 남녀고용평등과 일·가정 양립 지원에 관한 법률 제19조

61) 남녀고용평등과 일·가정 양립 지원에 관한 법률 제19조 제1항, 제37조 제4항 제4호에서 위반 시 500만 원 이하의 벌금에 처한다.

62) 남녀고용평등과 일·가정 양립 지원에 관한 법률 시행령 제10조

63) 남녀고용평등과 일·가정 양립 지원에 관한 법률 시행령 제13조 제2항

또한 영유아가 사망하거나 영유아와 동거하지 않게 된 경우 근로자는 사유 발생일로부터 7일 이내에 사업주에게 통지해야 한다.[64]

(3) 사용방식

육아휴직의 기간은 1년 이내로 하므로 시기가 겹치지 않으면 동일한 영유아에 대하여 부부가 각각 육아휴직을 사용할 수도 있다. 사용자는 청구한 기간을 모두 허용해야 하며 일부만 허용할 수는 없다. 분할사용은 육아휴직과 육아기 근로시간 단축 모두를 대상으로 하여 1회에 한해 허용된다.[65] 육아휴직 중인 근로자가 새로운 육아휴직을 시작하거나 출산전후휴가 또는 육아기 근로시간 단축을 시작하는 경우에는 그 새로운 육아휴직, 출산전후휴가 또는 육아기 근로시간 단축 개시일의 전날에 육아휴직이 끝난 것으로 본다.

(4) 해고 및 불리한 처우 등 금지

사업주는 육아휴직을 이유로 사업을 계속할 수 없는 경우가 아니면, 해고나 그 밖의 불리한 처우를 하여서는 아니 되며, 육아휴직 기간에는 그 근로자를 해고하지 못한다.[66] 또한 사업주는 육아휴직을 마친 후에는 휴직 전과 같은 업무 또는 같은 수준의 임금을 지급하는 직무에 복귀시켜야 하며, 육아휴직 기간은 근속기간에 포함되므로,[67] 승진·승급·연봉 인상 등에 있어서 불이익을 받지 아니한다.

---

64) 남녀고용평등과 일·가정 양립 지원에 관한 법률 시행령 제14조

65) 남녀고용평등과 일·가정 양립 지원에 관한 법률 제19조의 4

66) 남녀고용평등과 일·가정 양립 지원에 관한 법률 제19조 제3항, 제37조 제2항 제3호에 의해 위반 시 3년 이하의 징역 또는 2천만 원 이하의 벌금에 처하며, 양벌규정이다.

67) 남녀고용평등과 일·가정 양립 지원에 관한 법률 제19조 제4항, 제37조 제4항

Q52. 저는 기간제 근로자인데, 현재 2006년생 초등학교 2학년인 자녀를 양육 중입니다. 예전에 육아휴직을 사용한 적이 없는데, 바뀐 법에 의해 초등학교 2학년 이하도 육아휴직 신청이 가능하다고 하는데 지금이라도 청구하여 사용할 수 있나요? 만약 사용할 수 있다면 자녀가 초등학교 3학년이 되면 육아휴직은 종료되는 것인지요 또한 계약기간의 종료로 육아휴직 역시 종료되는지요?

A52. 2014. 1. 14.공포된 개정법 부칙에 의하면 육아휴직의 대상자는 이 법 시행 후 육아휴직을 신청한 근로자부터 적용되므로, 질문자의 경우 아직 육아휴직 사용하지 않으셨으므로 현재 2006년생인 자녀를 양육하기 위하여도 사용이 가능합니다. 다만, 질문자의 자녀가 만8세가 종료되는 날이나 초등학교 2학년 종료로 육아휴직 또한 종료되는지에 대하여는 해석의 여지가 있으나, 고용노동부는 육아휴직은 휴직 개시시점에 그 요전을 충족하면 되므로 개시 이후에 만9세에 도달하거나 초등학교 3학년이 되어 육아휴직 요건을 충족하지 않게 되더라도 이미 시작한 육아휴직은 그 종료일까지 사용할 수 있다는 입장[68]입니다.

고평법 제19조 제5항에서는 기간제근로자 또는 파견근로자의 육아휴직 기간은 「기간제 및 단시간근로자 보호 등에 관한 법률」 제4조에 따른 사용기간에 산입하지 아니한다고 하는데, 그 뜻은 정규직 전환요건인 2년 근속기간에 포함이 되지 않는다는 의미입니다. 따라서 질문자의 경우 계약기간이 종료되면 육아휴직 또한 종료되는 것이며 육아휴직기간은 별도로 주어지고 남은 계약기간이 육아휴직기간 이후에 주어지는 것은 아닙니다.

(5) 육아휴직급여

취업규칙 등에 따로 정하지 않으면 육아휴직기간에 대해 임금을 지급할 사용자의 법적 의무는 없다. 출산전후 휴가기간 90일과 중복되지 않는 30일 이상의 육아휴직을 부여받은 근로자가 육아휴직 시작일 이전에 피보험 단위기간이 통산하여 180일 이상이고, 같은 자

제4호에 의해 위반 시 5백만 원의 벌금에 처하며, 이는 양벌규정이다.

68) 서울강남고용센터 기업지원과(2014. 1. 24.)

녀에 대하여 배우자가 육아휴직을 부여받거나 육아기 근로시간 단축을 실시하지 아니한 경우, 육아휴직 급여를 시행령에서 정하는 기준에 의해 고용보험에서 지급받는다.[69]

육아휴직 급여를 지급받으려는 사람은 육아휴직을 시작한 날 이후 1개월부터 육아휴직이 끝난 날 이후 12개월 이내에 신청하여야 한다.[70]

근로자가 육아휴직 급여기간에 소정근로시간 15시간 이상인 직장으로 이직 또는 새로 취업하거나 사업주로부터 금품을 지급받은 경우에는 그 사실을 직업안정기관의 장에게 신고하여야 하며,[71] 그 이직 또는 취업시점부터는 육아휴직 급여를 지급하지 아니한다.[72] 근로자가 사업주로부터 육아휴직을 이유로 금품을 지급받는 경우에는 육아휴직급여가 대통령령에 의해 감액되어 지급될 수 있다.[73] 육아휴직 급여는 육아휴직 개시일을 기준으로 월 통상임금의 100분의 40에 해당하는 금액을 월별 지급액으로 하며, 그 상한선은 월 100만원이며 하한선은 월 50만 원이다.[74] 육아휴직기간은 평균임금산정대상기간에서 제외되므로, 육아휴직기간 도중에 평균임금산정사유가 발생하면 육아휴직한 날 이전 3개월간의 임금총액을 그 기간의 총 일수로 나누어 산정하며, 육아휴직을 끝내고 복직한 후 3개월이 되지 않는 상태에서 평균임금산정사유가 발생하면 발생일로부터 복직한 날까지만 따져 평균임금을 산정하게 된다.

---

69) 고용보험법 제70조 제1항, 고용보험법 시행령 제95조

70) 고용보험법 제70조 제2항

71) 고용보험법 시행령 제72조 제1항

72) 고용보험법 시행령 제73조 제1항

73) 고용보험법 제73조 제2항, 제98조(육아휴직 급여의 감액)

74) 고용보험법 시행령 제95조

다) 육아기 근로시간 단축[75)]

(1) 의의 및 내용[76)]

육아휴직을 신청할 수 있는 근로자가 육아휴직 대신 근로시간의 단축을 신청하는 경우에 사업주는 이를 허용하여야 한다. 다만 단축 개시예정일의 전날까지 계속 근로한 기간이 1년 미만인 근로자나, 같은 영유아에 대해 배우자가 육아휴직(다른 법령에 따른 육아휴직을 포함한다)을 하고 있는 경우, 사업주가 「직업안정법」에 의해 대체인력을 채용하지 못한 경우, 그리고 근로자의 업무 성격상 근로시간을 분할하여 수행하기 곤란하거나 정상적인 사업 운영에 중대한 지장을 초래하는 경우[77)]에는 허용하지 않을 수 있다.

(2) 단축 중 근로조건

육아기 근로시간 단축의 기간은 1년 이내로 하며, 육아기 근로시간 단축을 허용하는 경우 단축 후 근로시간은 주당 15시간 이상이어야 하고 30시간을 넘어서는 아니 된다.[78)] 사업주는 단축된 근로시간에 비례하여 적용하는 경우 외에는 육아기 근로시간 단축을 이유로 그 근로조건을 불리하게 하여서는 아니 되며,[79)] 단축을 한 근로자의

---

75) 2007년 남녀고용평등과 일・가정 양립 지원에 관한 법률에서 도입되었고, 2012년 개정 남녀고용평등과 일・가정 양립 지원에 관한 법률에서 사용자의 의무사항으로 전화, 위반에 대하여 과태료 500만 원을 부과하고 있다.(남녀고용평등과 일・가정 양립 지원에 관한 법률 제39조 제2항 제6호)

76) 남녀고용평등과 일・가정 양립 지원에 관한 법률 제19조의2 제1항, 제2항, 단축 신청과 종료는 육아휴직에 준함(남녀고용평등과 일・가정 양립 지원에 관한 법률 시행령 제15조, 제15조의다.

77) 남녀고용평등과 일・가정 양립 지원에 관한 법률 시행령 제15조의2

78) 남녀고용평등과 일・가정 양립 지원에 관한 법률 제19조의2 제3항, 제4항

근로조건은 사업주와 그 근로자 간에 서면으로 정한다. 사업주는 육아기 근로시간 단축을 하고 있는 근로자에게 단축된 근로시간 외에 연장근로를 요구할 수 없으나,[80] 그 근로자가 명시적으로 청구하는 경우에는 주 12시간 이내에서 가능하다.[81]

(3) 불리한 처우 금지

사업주는 육아기 근로시간 단축을 이유로 해당 근로자에게 해고나 그 밖의 불리한 처우를 하여서는 아니 되며,[82] 사업주는 근로자의 육아기 근로시간 단축기간이 끝난 후에 그 근로자를 육아기 근로시간 단축 전과 같은 업무 또는 같은 수준의 임금을 지급하는 직무에 복귀시켜야 한다.[83] 육아기 근로시간 단축을 한 근로자에 대하여 평균임금을 산정하는 경우에는 그 근로자의 육아기 근로시간 단축 기간을 평균임금 산정기간에서 제외한다.[84]

(4) 육아기 근로시간 단축 급여

근로자가 30일 이상의 육아기 근로시간 단축을 부여받고 단축 시작일 이전에 피보험 단위기간이 통산하여 180일 이상이고, 같은 자녀에 대하여 배우자가 육아휴직을 부여받거나 육아기 근로시간 단축

---

79) 남녀고용평등과 일·가정 양립 지원에 관한 법률 제19조의3 제1항, 제37조 제2항 제5호에서 위반 시 3년 이하의 징역 또는 2천만 원 이하의 벌금에 처한다.

80) 남녀고용평등과 일·가정 양립 지원에 관한 법률 제19조의3 제3항, 제37조 제3항에서 위반 시 1천만 원 이하의 벌금에 처한다.

81) 남녀고용평등과 일·가정 양립 지원에 관한 법률 제19조의3

82) 남녀고용평등과 일·가정 양립 지원에 관한 법률 제37조 제2항 제4호에서 위반 시 3년 이하의 징역 또는 2천만 원 이하의 벌금에 처한다.

83) 남녀고용평등과 일·가정 양립 지원에 관한 법률 제19조의2 제5항, 제6항

84) 남녀고용평등과 일·가정 양립 지원에 관한 법률 제19조의3 제4항

을 실시하지 아니한 경우, 단축을 시작한 날 이후 1개월부터 끝난 날 이후 12개월 이내에 신청하면, 고용보험에서 단축급여를 지급 받을 수 있다. 최근 고용노동부는 고용보험법 시행령을 개정하여 육아기 단축급여액을 종전의 월 통상임금의 100분의 40에 해당하는 금액에서 100분의 60에 해당하는 금액으로 상향하였다.85)

Q53. 육아기 근로시간 단축을 하고 있는 근로자입니다. 본래 월급이 300만원이고, 소정근로시간이 주 40시간이었는데, 현재 사업주와의 합의에 의해 30시간 근무 중입니다. 단축급여는 어떻게 받게 되는지요?

A53. 고용보험법 시행령 제104조의2에 의한 육아기 단축급여액은 다음의 계산식에 따라 정하여집니다.

$$\text{단축급여액} = \text{육아휴직 급여액} \times \frac{\text{단축 전 소정근로시간} - \text{단축 후 소정근로시간}}{\text{단축 전 소정근로시간}}$$

질문자의 경우 사업주로부터 근무시간에 비례하여 지급받는 금품이 300×3/4=225만 원이고, 단축 급여액은 150×1/4=37.5만 원입니다. 따라서 질문자는 근로에 대한 임금과 육아기 단축급여액을 합산한 금액인 262.5만원을 지급받게 됩니다.86)

(5) 육아휴직과의 관계

근로자는 총 1년 안에서 육아휴직과 육아기근로시간단축 중 어느 하나를 선택하여 사용할 수 있으며 1회에 한하여 분할 사용할 수 있다. 구체적으로는 육아휴직을 1회 사용하거나, 육아기근로시간단축을 1회 사용하거나, 육아휴직을 분할하여 각 1회 사용하거나, 육아기근

85) 고용보험법 제73조의2, 동 시행령 제104조의2 제2항

86) 고용보험법 시행령 제104조의4

로시간단축을 분할하여 각 1회 사용하거나, 육아휴직을 1회 사용하고 육아기근로시간단축을 1회 사용할 수 있다.[87)]

(6) 육아휴직 등의 종료

육아휴직 중이거나 육아기 근로시간 단축 중인 근로자는 그 영아가 사망하거나 영아와 동거하지 아니하게 된 경우에는 그 사유가 발생한 날부터 7일 이내에 그 사실을 사업주에게 통지하여야 한다.[88)] 사업주는 육아휴직 중인 근로자로부터 영아의 사망 등에 대한 사실을 통보받은 때에는 통보받은 날부터 30일 이내에 근무개시일을 지정하여 당해 근로자에게 통지하여야 한다. 근로자가 육아휴직 종료를 통지하고 근무개시일을 통지받은 때에는 그 근무개시일의 전날에, 육아휴직종료를 통지하였으나 근무개시일의 통지가 없는 때에는 통지가 있은 날부터 30일이 되는 날에, 육아휴직종료를 통지하지 아니한 때에는 영아의 사망 등이 발생한 날부터 37일이 되는 날에 각각 그 육아휴직이 종료된 것으로 본다. 육아휴직 중인 근로자가 출산전후휴가를 개시하거나 새로운 육아휴직을 개시하는 경우에는 그 휴가 또는 개시일의 전날에 육아휴직이 종료된 것으로 본다.

---

87) 남녀고용평등과 일·가정 양립 지원에 관한 법률 제19조의4

88) 남녀고용평등과 일·가정 양립 지원에 관한 법률 시행령 제14조, 제15조의3

Q54. 저는 사립학교 교원으로 고용보험의 적용을 받지 않습니다. 현재 출산휴가를 마치고 육아휴직 중인데 육아휴직 급여를 받지 못하는 것인지요? 또한 저는 육아휴직 기간 동안 대학원을 다니며 박사과정을 밟고 논문도 쓰고 있는데 최근에 이러한 이유로 육아휴직을 중단될 수도 있다는 얘기를 직장 동료로부터 들었는데 그에 대한 법적 근거가 있나요?

A54. 고용보험법 미적용사업장 및 적용제외근로자(고용보험법 제8조, 시행령 제3조)의 경우에 육아휴직에 대해서는 육아휴직은 부여하되 육아휴직급여는 지급되지 않으며, 마찬가지로 출산전후휴가는 90일 부여되어야 하지만 최종 30일에 대한 출산전후휴가급여도 역시 지급되지 않습니다. 따라서 질문자의 경우는 고용보험에서 지급하는 최종 30일의 출산전후휴가급여와 육아휴직 급여 지급의 대상자가 되지 못합니다. 고용노동부 행정해석에 의하면, 고평법등 관련법령에서는 육아휴직 시 그 영아 양육에 관한 방법에 있어서는 명문으로 규정된 바가 없으므로, 독자적으로 할 것인지 또는 배우자 등과 공동양육할 것인지는 육아휴직중인 자의 자율에 의하여 결정되어야 할 것이라고 봅니다. 법에 의한 육아휴직인지의 여부는 육아휴직 중인 근로자가 그 영아의 양육을 위하여 아무런 기여를 하지 않았다는 사실이 객관적으로 명백하고 입증이 있는지 등을 종합적으로 고려하여 판단하여야 할 것이며, 단지 노동조합 업무를 보고 있다는 이유만으로는 법에 의한 영아의 양육을 위한 휴직이 아니라고 볼 수는 없다고 봅니다.[89] 따라서 질문자의 경우도 학업을 계속하여 육아휴직의 본래의 목적을 상실하였다고 하여도, 영아의 양육을 위하여 아무런 기여를 하지 않았다는 사실을 객관적으로 명백한 입증이 있다고 바로 간주되거나 추정되지는 않으므로 육아휴직이 중단되지는 않을 것입니다.

Q55. 저는 기간제 근로자인데, 임신을 하게 되어 출산휴가를 마치고 2개월간 육아휴직을 하던 중 계약기간이 종료되어 퇴사하게 되었습니다. 퇴직금 산정은 최근 3개월간의 평균임금에 의한다고 알고 있는데, 저의 경우 퇴사 전 최근 3개월은 출산휴가 마지막 달과 육아휴직 기간으로 저의 통상임금에 비해 그 수령액이 매우 적으며 지급 주체도 회사가 아닌 고용보험에서 지급된다고 들었습니다. 저의 경우 퇴직금은 어떠한 기준에 의하여 산정되는 것인지요?

89) 노동부 근로여성정책국 여성고용지원과 68240-117, 2002. 3. 12.

A55. 근로자퇴직급여보장법에 의하면 평균임금[90]이 퇴직금의 산정기준이 되며, 평균임금이란 이를 산정하여야 할 사유가 발생한 날 이전 3개월 동안에 그 근로자에게 지급된 임금의 총액을 그 기간의 총일수로 나눈 금액[91]입니다. 그러나 출산휴가와 육아휴직 기간은 평균임금의 산정기준이 되는 기간과 임금의 총액에서 제외[92]됩니다. 따라서 귀하의 경우와 같이 퇴사 이전의 3개월이 출산휴가와 육아휴직 기간이었다면 그 기간을 제외한 퇴사이전 3개월간의 지급 임금 총액을 기준으로 평균임금이 산출되므로 육아휴직기간 중 퇴사하였다고 하여 퇴직금 산정에 있어 불이익할 염려는 없습니다.

Q56. 저는 육아휴직 중인 공립학교 교사입니다. 휴직기간이 많이 남은 상태에서 둘째 아이를 임신하여서, 둘째 아이에 대한 출산휴가를 받기 위해서 복직 신청을 하였으나, '둘째 자녀의 출산은 휴직 사유의 소멸로 볼 수 없으며, 휴직 중 복직은 학기단위로 가능하다'는 해당 교육청의 업무지침에 의해 복직신청이 반려되었습니다. 육아휴직 기간이 남은 상태에서 학기 중간이고 둘째아이의 임신은 휴직 소멸사유가 되지 않는다는 이유로 조기복직을 반려하는 것이 적법한가요?

A56. 육아휴직 중 다른 자녀를 임신하여 출산하게 되는 경우 직무기간 연수에 전혀 영향을 미치지 않는 유급의 출산휴가 사용을 위한 복직이 허용되는지에 관하여 여성 근로자의 경우에는 남녀고용평등법령에 명문의 규정이 있었으나,[93] 여성 교육공무원의 경우에는 명문의 규정이 없어 논란이 있어 왔습니다.
최근 판례[94]는 관계법령은 자녀 1인에 대하여 최초 1년의 범위 내에서는

90) 근로자퇴직급여보장법 제8조 제1항

91) 근로기준법 제2조 제6호

92) 근로기준법 시행령 제2조 제1항 제3호, 5호

93) 구 남녀고용평등법 시행령 제14조 제4항은 "육아휴직 중인 근로자가 근로기준법 제74조에 따른 산전후휴가를 시작하거나 새로운 육아휴직을 시작하는 경우에는 그 산전후휴가 또는 육아휴직 개시일의 전날에 육아휴직이 끝난 것으로 본다."고 규정하여 육아휴직 중인 여성 근로자에 대하여 산전후휴가를 받을 권리를 보장하고 있으나, 국가공무원법 및 구 교육공무원법은 육아휴직 중인 여성 교육공무원이 출산하게 되는 경우 복직하여 출산휴가를 받을 수 있는지에 관하여 위와 같은 규정을 두고 있지 않다.

94) 대법원 2014. 6. 12. 선고 2012두4852 판결

공무원이 원하는 경우 육아휴직을 명하도록 하고, 그 공무원이 원하는 경우 분할하여 할 수 있도록 규정하고 있을 뿐 그 기간 및 시기를 제한하지 않고 있으므로, 위 업무매뉴얼에서 교육공무원의 육아휴직을 **학기 단위로만 허가하도록 안내하고 있는 것**은 교육환경의 위와 같은 특수성을 감안하더라도 교육공무원으로 하여금 원하는 경우 최저 1년의 범위 내에서는 자유롭게 분할하여 육아휴직을 사용하도록 한 위 법령에 의한 권리를 과도하게 침해하는 것으로 볼 여지가 있고, 출산휴가 이후에 육아휴직을 끊임없이 이어서 사용하는 경우에만 복직을 허용하는 것은 본인이 원하는 시기 및 기간에 육아휴직을 선택할 수 있는 교육공무원의 권리를 지나치게 제한하는 것으로 부당하다고 보았습니다. 또한 여성 교육공무원이 양육을 위한 **육아휴직 중 다른 자녀를 출산하거나 출산이 예정**되어 있어 출산휴가의 요건을 갖춘 경우에는 더 이상 기존 자녀의 양육을 위하여 **휴직할 필요가 없는 사유가 발생한 때에 해당하여 복직할 수 있다**는 점을 최초로 명시[95]하여 휴직 중 조기 복직에 있어 제약을 하는 업무지침을 법령에 위반되는 것으로 해석하였습니다. 따라서 귀하 소속 교육청의 육아휴직의 종료사유에 둘째 자녀의 임신을 포함시키지 않고 학기 중 복직을 불허하는 현행 업무지침은 관계법령 위반으로 위법합니다.

---

95) 이 판례에서는 자녀양육을 위한 육아휴직 기간 중 다른 자녀를 출산하거나 또는 출산이 예정되어 있어 구 국가공무원복무규정 제20조 제2항에 따른 출산휴가 요건을 갖춘 경우에는 더 이상 기존 자녀의 양육을 위하여 휴직할 필요가 없는 사유가 발생한 때에 해당한다고 보아야 하므로, 육아휴직 중인 여성 교육공무원이 출산휴가 요건을 갖추어 복직신청을 하는 경우는 물론 그 이전에 미리 출산을 이유로 복직신청을 하는 경우에도 임용권자는 출산휴가 개시시점에 휴직사유가 없어졌다고 보아 복직명령과 동시에 출산휴가를 허가하여야 한다고 판시하였다.

입법예고 (2014-9-25~2014-10-13)

남녀고용평등과 일·가정 양립 지원에 관한 법률 일부개정법률안

남녀고용평등과 일·가정 양립 지원에 관한 법률 일부를 다음과 같이 개정한다.
제19조제2항 중 "한다"를 "하되, 2회로 나누어 사용할 수 있다"로 한다.
제19조의2제1항 본문 중 "제19조제1항에 따라 육아휴직을 신청할 수 있는 근로자가 육아휴직 대신"을 "만 8세 이하 또는 초등학교 2학년 이하의 자녀(입양한 자녀를 포함한다)를 양육하기 위하여 근로자가"로 하고, 같은 조 제2항 중 "육아휴직을 사용하게 하거나 그 밖의"를 "근로시간의 탄력적 운영, 연장근로의 제한 등의"로 하며, 같은 조 제4항 중 "1년 이내로 한다"를 "2년 이내로 하되, 3회 이내로 나누어 사용할 수 있다"로 한다.
제19조의4를 삭제한다.
제39조제2항제4호 중 "육아휴직의 사용 또는 그 밖"을 "근로시간의 탄력적 운영, 연장근로의 제한 등"으로 한다.

부 칙

제1조(시행일) 이 법은 공포 후 6개월이 경과한 날부터 시행한다.
제2조(육아기 근로시간 단축에 관한 적용례) 제19조의2의 개정규정은 이 법 시행 전에 육아기 근로시간 단축을 신청하여 사용하고 있는 근로자에 대하여도 적용한다.

제10장 비정규직 보호

1. 의의

가. 개념

비정규직 근로자의 개념에 대해 국제적으로 통일된 기준은 없으며, 정규직을 '직접 고용관계에 있고, 근로계약기한의 정함이 없으며 전일제 근로를 수행하는 자'로 정의할 경우, 정규직이 아닌 근로자 모두를 통칭한다는 것이 일반적인 견해이다. OECD는 임시직 근로자(temporary worker)를 비정규직으로 파악하여, 기간제 근로자, 파견근로자, 계절 근로자, 호출 근로자 등을 포함하나, 우리나라에서 비정규직으로 파악하는 시간제 근로자, 비전형 근로자 중 용역 및 특수용역, 가정 내 근로자는 임시직 근로자(temporary worker)로 분류되지 않는다.

우리나라의 경우 2002년 노사정 합의에 따라 「경제활동인구조사 부가조사」를 통해 파악하는 고용형태상 분류인 한시적 근로자, 시간제 근로자, 비전형 근로자를 포괄하는 개념이다.

나. 태양

1) 한시적 근로자

기간제 근로자(고용계약기간을 정한 자) 또는 비기간제 근로자(계약이 반복 갱신되어 계속 근로가 기대되는 자 및 비자발적 사유로 계속 근로를 기대할 수 없는 자)를 의미한다.

2) 시간제 근로자

소정 근로시간이 통상 근로자보다 짧은 파트타임 근로자이다.

3) 비전형 근로자(근로제공방식)

(1) 파견 근로자

임금을 지급하고 고용관계가 유지되는 고용주와 업무지시를 하는 사용자가 일치하지 않는 경우로 파견사업주가 근로자를 고용한 후 그 고용관계를 유지하면서 근로자 파견계약의 내용에 따라 사용사업주의 사업장에서 지휘, 명령을 받아 사용사업주를 위하여 근무하는 형태를 말한다.

(2) 용역 근로자

용역업체에 고용되어 이 업체의 지휘하에 이 업체와 용역계약을 맺은 다른 업체에서 근무하는 형태(예: 청소용역, 경비용역업체 등에 근무하는 자)이다.

(3) 특수형태 근로 종사자

독자적인 사무실, 점포 또는 작업장을 보유하지 않았으면서 비독립적인 형태로 업무를 수행하면서도, 다만 근로제공의 방법, 근로시간 등은 독자적으로 결정하면서, 개인적으로 모집, 판매, 배달, 운송 등의 업무를 통해 고객을 찾거나 맞이하여 상품이나 서비스를 제공하고 그 일을 한 만큼 소득을 얻는 근무 형태이다.

(4) 가정 내 근로자

재택근무, 가내하청 등과 같이 사업체에서 마련해 준 공동 작업장이 아닌 가정 내에서 근무(작업)가 이루어지는 근무 형태이다.

(5) 일일(호출) 근로자

근로계약을 체결하지 않고, 일거리가 생겼을 경우 며칠 또는 몇 주씩 일하는 형태의 근로자이다.

다. 현황[1)]

2012. 3. 경제활동인구 조사상 우리나라의 비정규직 규모는 임금근로자의 33.3%이며, 2010년 OECD 기준으로 우리나라의 비정규직 비중을 재산정하면 24.8%로 OECD국가 평균 12.0%에 비해 상당히 높은 수준이다. 비정규직 근로자의 실태는 기업규모가 작을수록 비정규직 비중이 높으며, 여성의 비정규직 규모 및 비율이 남성보다 높고, 정규직의 평균 근속기간은 6년 9개월이나, 비정규직의 평균 근속기간은 2년 5개월이며, 산재보험을 제외하고는 비정규직의 4대보험 가입률은 정규직에 비해 상당히 낮은 수준이다.

1)
<table>
<tr><th colspan="8">비정규직 5,809천 명(100%)</th></tr>
<tr><td colspan="2">한시적
3,394천 명(58.4%)</td><td rowspan="2">시간제
1,701천 명
(29.3%)</td><td colspan="5">비전형 2,260천 명(38.9%)</td></tr>
<tr><td>기간제
2,554천 명
(44.0%)</td><td>비기간제
840명
(14.5%)</td><td>파견
190천
명(3.3%)</td><td>용역
656천 명
(11.3%)</td><td>특수고용
584천 명
(10.1%)</td><td>가정 내
78천 명
(1.3%)</td><td>일일
847천 명
(14.5%)</td></tr>
</table>

라. 현행법상 보호대상이 되는 비정규직 근로자

우리나라는 파견 근로자[2]와 기간제 근로자 및 단시간 근로자[3]를 대상으로 하는 비정규직보호관련법들을 2006년 12월에 제・개정하여 2007년 7월부터 시행하고 있다.

비정규직법상 보호대상인 비정규직 근로자에는 '기간제 및 단시간 근로자 보호 등에 관한 법률'에서의 '기간제 근로자' 및 '단시간 근로자', '파견근로자 보호 등에 관한 법률'에서의 '파견 근로자'가 여기에 해당한다.

비정규직법상 보호대상인 비정규직 근로자는 일반적으로 정규직이 아닌 근로자를 통칭하는 개념이다. 정규직 근로자는 일반적으로 정년까지 고용이 보장되며, 전일제로 근무하고, 고용과 사용이 분리되지 않는 근로자를 말한다. 반면에 비정규직 근로자는 근로계약을 정한 근로자(기간제 근로자), 전일제가 아닌 파트타임 근로자(단시간 근로자), 고용과 사용이 분리되는 근로자(파견 근로자)를 의미한다.

---

2) 파견근로자보호 등에 관한 법률

3) 기간제 및 단시간 근로자 보호 등에 관한 법률

2. 기간제 근로자

가. 의의

1) 개념

「기간제 및 단시간 근로자 보호 등에 관한 법률」(이하 '기간제법'이라 한다)에서는 기간제 근로자란 기간의 정함이 있는 근로계약을 체결한 근로자를 말한다.[4] 기간제 근로자는 기간제 근로계약을 체결한 유기계약자로서 기간의 정함이 없는 근로계약을 체결한 근로자인 무기계약자에 대비되는 개념으로, 그 명칭에 관계없이 근로계약에 기간을 정하여 고용된 근로자이면 모두 이에 포함된다. 기간제법은 정규직인 무기계약자에 비하여 취약한 지위에 있는 비정규직인 기간제 근로자에 대하여 사용기간을 제한함으로써 계속 사용의 남용을 방지하고 불합리한 차별을 시정함으로써 근로조건을 보호하고자 제정되어 2007. 7. 1.자로 시행되고 있다.

2) 기간제법의 적용범위[5]

근로기준법의 적용대상인 상시 5명 이상의 근로자를 사용하는 모든 사업 또는 사업장에 적용되며, 상시 사용하는 근로자에는 일용직 · 외국인 근로자 단시간 근로자 등도 포함되지만, 파견법 제2조의 파견 근

4) 기간제 및 단시간 근로자 보호 등에 관한 법률 제2조 제1호
5) 기간제 및 단시간 근로자 보호 등에 관한 법률 제3조

로자는 제외한다. 상시 4명 이하의 근로자를 사용하는 사업 또는 사업장에 대하여는 대통령령이 정하는 바에 따라 이 법의 일부규정만을 적용하며, 국가 및 지방자치단체의 경우 사업장 규모에 관계없이 근로기준법이 전면 적용되고 있으므로 기간제법 역시 전면 적용된다.

나. 사용기간

1) 사용기간의 제한

사용자는 기간의 정함이 있는 근로계약을 체결한 근로자를 사용하는 경우 원칙적으로 근로기간 2년을 초과하여 사용할 수 없다. 즉, 기간제 근로자에 대한 사용기간이 2년으로 제한되기 때문에 사용자는 2년을 초과하지 아니하는 범위 안에서 기간제 근로자를 사용할 수 있으며, 만일 근로기간 2년을 초과하는 근로계약을 체결하거나 반복갱신 등으로 총 근로기간 2년을 초과하여 기간제 근로자를 사용하는 경우에는 정년까지 취업이 보장되는 기간의 정함이 없는 근로계약을 체결한 근로자로 본다.[6]

2) 사용기간 제한의 예외

기간제 근로자의 사용기간은 원칙적으로 2년으로 제한되나 다음의 대상자의 경우에는 근로기간 2년을 초과하여 기간제 근로자로 사용할 수 있다.[7]

---

6) 기간제 및 단시간 근로자 보호 등에 관한 법률 제4조 제1항

㉮ 사업의 완료 또는 특정한 업무의 완성에 필요한 기간을 정한 경우
건설공사 등의 유기사업, 특정프로그램의 개발 또는 프로젝트 완수의 경우처럼 사업의 완료 또는 특정한 업무의 완성에 필요한 기간을 정한 경우

㉯ 일시적 결원근로자의 대체기간
휴직·파견 등으로 결원이 발생하여 당해 근로자가 복귀할 때까지 그 업무를 대신할 필요가 있는 경우

㉰ 근로자가 학업 또는 직업훈련 이수기간
근로자가 학업, 직업훈련 등을 이수함에 따라 그 이수에 필요한 그 기간을 정한 경우

㉱ 만 55세 이상의 고령 근로자
「고령자고용촉진법」 제2조제1호의 고령자와 근로계약을 체결하는 경우

㉲ 전문직종 종사자 및 정부시책사업 종사자
전문적 지식·기술의 활용이 필요한 경우와 정부의 복지정책·실업대책 등에 따라 일자리를 제공하는 경우로서 대통령령이 정하는 경우

㉳ 그 밖에 상기에 준하는 합리적인 사유가 있는 경우
㉠ 다른 법령에서 기간제 근로자의 사용 기간을 기간제법 제4조 제1항과 달리 정하거나 별도의 기간을 정하여 근로계약을 체결할 수 있도록 한 경우
㉡ 국방부장관이 인정하는 군사적 전문적 지식·기술을 가지고 관련 직업에 종사하거나 「고등교육법」 제2조 제1호에 따른 대학에서 안보 및 군사학 과목을 강의하는 경우
㉢ 특수한 경력을 갖추고 국가안전보장, 국방·외교 또는 통일과 관련된 업무에 종사하는 경우
㉣ 「고등교육법」에 따른 학교에서 조교의 업무와 겸임교원, 명예교수, 시간강사, 초빙교원 등의 업무에 종사하는 경우
㉤ 한국표준직업분류의 대분류 1과 대분류 2 직업에 종사하는 자의 최근 2년간의 연평균근로소득이 대분류 2 직업에 종사하는 자의 근로소득 상위 100분의 25에 해당하는 경우

7) 기간제 및 단시간 근로자 보호 등에 관한 법률 제4조 제1항 단서, 시행령 제3조

ⓗ 「근로기준법」에 따른 1주 동안의 소정근로시간이 뚜렷하게 짧은 단시간 근로자를 사용하는 경우
ⓢ 「국민체육진흥법」에 따른 선수와 체육지도자 업무에 종사하는 경우
ⓞ 국공립연구기관 또는 정부출연연구기관 및 특정연구기관, 공공기관이나 기업 또는 대학의 부설 연구기관 등에서 연구업무에 직접 종사하는 경우 또는 실험·조사 등을 수행하는 등 연구업무에 직접 관여하여 지원하는 업무에 종사하는 경우

다. 근로조건의 서면 명시 및 무기계약자 전환 노력

1) 근로조건의 서면명시

사용자는 기간제 근로자와 근로계약을 체결하는 때에는 근로계약기간에 관한 사항, 근로시간·휴게에 관한 사항, 임금의 구성항목·계산방법 및 지불방법에 관한 사항, 휴일·휴가에 관한 사항, 취업의 장소와 종사하여야 할 업무에 관한 사항을 서면으로 명시하여야 한다.[8)]

2) 기간의 정함이 없는 근로자로의 전환노력

사용자는 기간의 정함이 없는 근로계약을 체결한 근로자를 채용하고자 하는 경우에 당해 사업 또는 사업장의 동종 또는 유사한 업무에 종사하는 기간제 근로자를 우선적으로 고용하도록 노력하여야 한다.[9)]

8) 기간제 및 단시간 근로자 보호 등에 관한 법률 제17조
9) 기간제 및 단시간 근로자 보호 등에 관한 법률 제5조

라. 갱신기대권에 대한 논의

1) 쟁점

현행 기간제법 제4조로 기간제 근로자의 사용기간이 제한되기 이전에는 특별한 사정이 없는 한 근로계약 기간은 근로관계의 존속기간이므로 그 기간이 만료함에 따라 사용자의 해고 등 별도의 조치를 기다릴 것 없이 근로관계는 당연히 종료하는 것이 판례[10]의 입장이었다. 이러한 해석론은 상당 기간 반복하여 근로계약을 갱신한 기간제 근로자들의 보호에 공백이 생기므로, 판례는 두 가지 방향으로 이를 제한하여 왔다. 그 하나는 근로계약 기간을 정하였더라도 그 기간을 정한 것이 형식에 불과한 경우에는 무기계약과 마찬가지로 보아 보호하는 이론, 즉 사실상무기계약이론이고, 다른 하나는 무기계약근로자로 인정되지 않으나 근로계약 갱신에 대한 정당한 기대권이 인정되는 경우에는 합리적 이유가 있는 경우에만 갱신거절의 정당성을 인정하는 이론, 즉 갱신기대권 이론이다.

기간제법 제4조에 의하면 사용자가 기간제 근로자를 사용할 수 있는 총사용기간은 원칙적으로 2년으로 제한되고,[11] 사용자가 2년을 초과하여 기간제 근로자로 사용하는 경우에는 기간의 정함이 없는 근로계약을 체결한 것으로 간주된다.[12] 그리고 기간제법 제4조의 규정은 동법 시행(2007. 7. 1.) 후 근로계약이 체결・갱신되거나 기존의 근로계약기간을 연장하는 경우부터 적용되었는데,[13] 이 조항이

---

10) 대판 1996. 8. 29. 95다5783 전원합의체 판결, 대판 2006. 2. 24. 2005두5673판결 등

11) 기간제 및 단시간근로자 보호 등에 관한 법률 제4조 제1항 본문

12) 기간제 및 단시간근로자 보호 등에 관한 법률 제4조 제2항

실질적으로 적용되는 2009. 7. 1.경에 이르자, 동 조항의 적용에 따른 무기계약근로자 의제를 회피하기 위해 기간제근로계약의 갱신을 거절하는 사례가 다수 발생하게 되었다. 이와 관련하여 기간제법 시행 이후 동법의 적용을 받은 기간제 근로계약관계에도 갱신기대권에 관한 기존의 판례법리가 계속 적용될 수 있는지, 아니면 기간제법 제4조 제2항에 의해 갱신기대권이 배제 또는 제한되는 것으로 해석하여야 하는지가 논의의 여지가 있다.(사실상 무기계약 이론은 처분문서인 근로계약서의 명문에 반하는 사실인정을 하여야 하는 점 때문에 쟁송실무상 극히 예외적으로만 인정[14]된다)

2) 부정론

갱신기대권 이론은 기간제법 시행 이전에 기간제 근로자 보호에 대한 입법의 흠결을 보충하기 위한 이론이므로 기간제법 제4조가 현실적으로 시행되고 있는 현재 시점에서는 더 이상 유지되기 어렵다[15]는 입장이다. 비슷한 지위의 많은 기간제 근로자들이 갱신이 되는 상황에서 갱신이 거절된 경우라 할지라도 법이 당사자 간의 의사나 경영자의 평가권한 등을 고려하지 않고 소위 정황상 갱신기대권을 인정하는 것은 타당하지 않으므로, 부당노동행위구제의 측면에서 접근은 별론으로 하더라도, 그러한 행위의사에 대한 어떠한 법적 평가도 없이 갱신기대권을 긍정하는 것은 과도한 법의 해석이라고 보는 것[16]이다.

---

13) 제정 기간제 및 단시간근로자 보호 등에 관한 법률 부칙 제2항

14) 김동욱, 「기간제법 제4조와 갱신기대권 이론」, 노동법률 2010. 12.

15) 유성재, 「기간제법의 제정과 기간제 근로계약의 갱신여부」, 중앙법학 제12집 제2호, 중앙법학회, 2010, 366-367면

16) 이정, 류문호, 「기간제 근로자의 갱신기대권에 대한 판단과 해석」, 외법논집 제

3) 긍정론

기간제법의 입법취지에는 기간제근로의 남용방지와 기간제 근로자의 보호가 포함되어 있어 이러한 기간제법에 의해 갱신기대권 이론이 폐기된다는 것은 입법목적에 반하는 해석[17]이며, 기간제법상의 무기계약근로자 간주 규정이 동법 시행 이전에 이미 형성된 근로자의 갱신기대권을 배제하거나 제한하는 이유 내지 근거가 될 수 없다는 입장이다. 2년 이하의 기간제 근로에 대해서도 근로관계의 보호필요성이 있을 수 있고, 기간의 장단에 관계없이 탈법행위를 목적으로 한 재계약 거부는 허용되지 않으므로 기존의 기대권 법리가 여전히 적용될 수 있다는 견해[18]도 유사한 법리이다.

4) 판례의 입장

기간제법의 시행으로 사용자가 2년의 기간 내에서 기간제 근로자를 사용할 수 있고, 기간제 근로자의 총 사용기간이 2년을 초과할 경우 그 기간제 근로자가 기간의 정함이 없는 근로자로 간주되더라도, 위 규정들의 입법 취지가 기본적으로 기간제 근로계약의 남용을 방지함으로써 근로자의 지위를 보장하려는 데에 있는 점을 고려하면, 기간제법의 시행만으로 그 시행 전에 이미 형성된 기간제 근로자의 갱신에 대한 정당한 기대권이 배제 또는 제한된다고 볼 수는 없다[19]

36권 제4호, 한국외국어대학교 외국학종합연구센터 법학연구소, 2012, 174면

17) 이철수 외 4인 공저, 로스쿨 노동법 제2판, 도서출판 오래, 2013

18) 최석환, 「기단법 시행 이후의 기간제 근로계약과 기대권」, 노동법학 제40호, 2011. 12.

고 하여 기간제법하에서도 2년의 범위 안에서 자동연장규정의 유무, 계약기간의 설정의 동기 및 경우, 계약 갱신의 기준의 설정여부와 그 실태, 근로자가 수행하는 업무의 내용 등을 고려하여 여전히 갱신기대권 이론을 적용[20]하고 있는 것으로 보인다.

5) 잠정적 결론

기간제 근로자 사용기간 제한의 예외에 해당하여 2년을 초과하여 사용할 수 있는 경우나, 계약 갱신이 단 한 차례도 이루어진 바 없는 경우 등에 있어서는 판례로 정립된 갱신기대권에 관한 법리는 여전히 기간제 근로자 보호에 유의미하다. 최근 헌법재판소에서 기간제법 제4조 제1항 본문에 대하여 사용기간 제한으로 인해 근로자들의 계약의 자유가 침해되는지에 대해 첨예하게 다투어진 만큼,[21] 비

19) 대판 2014. 2. 13. 2011두12528. 기간을 정하여 근로계약을 체결한 근로자의 경우 그 기간이 만료됨으로써 근로자로서의 신분관계는 당연히 종료되고, 근로계약을 갱신하지 못하면 갱신 거절의 의사표시가 없어도 당연 퇴직되는 것이 원칙이다. 그러나 근로계약, 취업규칙, 단체협약 등에서 기간이 만료되더라도 일정한 요건이 충족되면 당해 근로계약이 갱신된다는 취지의 규정을 두고 있거나, 그러한 규정이 없더라도 근로계약의 내용과 근로계약이 이루어지게 된 동기 및 경위, 계약 갱신의 기준 등 갱신에 관한 요건이나 절차의 설정 여부 및 그 실태, 근로자가 수행하는 업무의 내용 등 당해 근로관계를 둘러싼 여러 사정을 종합하여 볼 때 근로계약 당사자 사이에 일정한 요건이 충족되면 근로계약이 갱신된다는 신뢰관계가 형성되어 있어 근로자에게 근로계약이 갱신될 수 있으리라는 정당한 기대권이 인정되는 경우에는, 사용자가 이를 위반하여 부당하게 근로계약의 갱신을 거절하는 것은 **부당해고**와 마찬가지로 아무런 효력이 없고, 이 경우 기간만료 후의 근로관계는 종전의 근로계약이 갱신된 것과 동일하다.

20) 대판 2011. 4. 14. 2007두1729 판결

21) 헌재결 2013. 10. 24. 2010헌마219・265(병합). 동 결정에서는 기간제법 제4조 제1항 단서에서 발하는 '예외적으로 사용자가 2년을 초과하여 기간제 근로자를 사용할 수 있는 있는 경우'를 열거하면서, 전문적 지식・기술의 활용이 필요한 경우를 '사용기간을 제한하지 않더라도 근로자의 지위가 열악해질 우려가 없는

록 합헌결정이 났다고 하더라도 기간제법 제4조 제1항을 도식적·기계적으로 적용하여 갱신기대권 법리를 폐기하고 사용자로 하여금 기간제법을 악용할 전권을 부여하는 해석에는 신중을 기할 필요가 있다. 기간제법 시행이후의 일련의 하급심 판례들[22]도 기간제 근로자인 전문직 직원들에 대해 근로계약 갱신을 거절한 사건들에서 기간제법 제4조의 적용회피를 위한 갱신거절이 합리적 이유에 해당하는지 여부로 접근한 바, 기본적으로 갱신기대권 이론이 적용되는 것을 전제로 하고 있다. 이는 현행 기간제법의 문제점과 합리적인 법해석의 필요성을 반영하며, 당분간은 판례로 정립된 갱신기대권의 법리가 기간제법의 맹점을 보완하여야 할 것으로 본다.

마. 기간제 근로자의 차별처우 금지

1) 차별금지 및 시정제도의 의의

기간제법은 사용자는 기간제 근로자임을 이유로 당해 사업 또는 사업장에서 동종 또는 유사한 업무에 종사하는 기간의 정함이 없는 근로계약을 체결한 근로자에 비하여 차별적 처우를 하여서는 아니되며,[23] 여기서 차별적 처우라 함은 임금 그 밖의 근로조건 등에 있어서 합리적인 이유 없이 불리하게 처우하는 것을 말한다.[24] 기간제

경우'로 보고 있다.

22) 서울행법 2010. 9. 10. 2010구합887, 서울행법 2010. 9. 9. 2010구합17007, 서울행법 2010. 10. 8. 2010구합870, 서울행법 2010. 10. 8. 2010구합9198

23) 기간제 및 단시간근로자 보호 등에 관한 법률 제8조 제1항

24) 기간제 및 단시간근로자 보호 등에 관한 법률 제2조 제3호

근로자는 차별적 처우를 받은 경우 차별적 처우가 있는 날부터 6월이 경과하기 전에 노동위원회에 그 시정을 신청할 수 있다.[25] 다만 판례[26]는 차별적인 임금 지급이 계속되는 등 '계속되는 차별적 처우'에 해당한다면 기간제법 시행일부터 차별적 처우 종료일까지 임금지급과 관련된 차별적 처우 전체에 대하여 시정을 구할 수 있다고 하여, 6개월의 제척기간 이전의 차별적 처우도 계속적인 차별적 처우의 경우 종료일로부터 6개월이 도과하지 않았다면 그 전체가 시정대상이 된다고 본다.

2) 차별처우 금지영역

기간제 근로자에 대한 차별적 처우라 함은 임금 그 밖의 근로조건 등에 있어서 합리적인 이유 없이 불리하게 처우하는 것을 말한다.[27] 따라서 차별적 처우가 금지되는 영역은 '임금 그 밖의 근로조건 등'이 이에 해당한다. 여기서 '임금'은 사용자가 근로의 대가로 근로자에게 임금, 봉급, 그 밖에 어떠한 명칭이든 지급하는 일체의 금품을 말하며, '그 밖의 근로조건' 등은 채용이후 근로관계에서 발생하는 근로시간, 휴일, 휴가, 안전과 보건, 재해보상 등으로서 근로기준법이 규율하는 근로조건과 단체협약이나 취업규칙 또는 근로계약 등에 의한 근로조건이 포함된다.

---

25) 기간제 및 단시간근로자 보호 등에 관한 법률 제9조 제1항
26) 대판 2011. 12. 22. 2010두3237 판결
27) 기간제 및 단시간근로자 보호 등에 관한 법률 제2조 제3호

3) 비교대상 근로자

기간제 근로자에 대한 차별판단을 위해서는 이들 주체와 비교할 수 있는 다른 대상이 존재하여야 한다. 비교대상근로자는 불리한 처우가 있었는지 여부를 판단하는 비교기준으로서의 역할뿐만 아니라 시정명령의 내용을 결정하는 근거 및 기준이 된다. 기간제 근로자의 비교대상 근로자는 당해 사업 또는 사업장에서, 동종 또는 유사한 업무에 종사하는, 기간의 정함이 없는 근로계약을 체결한 근로자가 된다. 비교대상근로자는 원칙적으로 사용자에 대한 차별적 처우가 있었던 시기에 존재해야 하며, 만일 동종 또는 유사한 업무에 종사하는 비교대상 근로자가 없다면 차별적 처우가 있었는지 여부를 확인할 수가 없어 차별의 문제는 근본적으로 없다.

4) 불리한 처우와 합리적 이유의 판단

금지되는 차별적 처우인지에 있어서는 먼저 차별처우 금지영역에 대하여 불리한 처우가 있는지를 확인하고, 비교주체인 기간제근로자와 비교대상자인 무기계약근로자간에 이를 비교한 결과, 불리한 처우에 대한 합리적 이유의 존부에 따라 차별적 처우의 해당여부를 판단하게 된다. 기간제근로자의 불리한 처우에 대한 합리성의 기준은 사업목적상의 필요성과 객관적으로 합리적인 관련성을 가지고 있어야 하고 사용자의 자의성이 배제되어야 하며 또한 발생한 불이익한 결과에 대해 적정성이 있어야 한다는 것을 의미한다.

5) 불리한 처우에 대한 합리적 이유

기간제근로자는 차별적 처우를 받은 경우 노동위원회에 차별시정 신청 시 차별적 처우의 내용을 구체적으로 명시하여야 하며,[28] 이와 관련된 분쟁에 있어서 불리한 처우에 대한 합리적 이유의 입증책임은 사용자가 부담한다.[29]

바. 차별적 처우의 시정신청

1) 차별시정신청의 절차

기간제 근로자는 차별적 처우를 받은 경우 차별적 처우가 있는 날부터 6월이 경과하기 전에 관할 지방노동위원회에 그 시정을 신청할 수 있으며,[30] 노동위원회는 근로자로부터 시정신청을 받은 때에는 지체 없이 필요한 조사와 관계당사자에 대한 심문을 하여야 하고,[31] 심문의 과정에서 당사자 쌍방 또는 일방의 신청 또는 노동위원회의 직권에 의하여 조정절차를 개시할 수가 있고, 당사자 합의로 중재를 신청한 경우에는 중재를 할 수 있으며,[32] 조사·심문을 종료하고 차별적 처우에 해당된다고 판정한 때에는 사용자에게 시정명령을 발하여야 하고 차별적 처우에 해당하지 아니한다고 판정한 때에는 그 시

---

28) 기간제 및 단시간근로자 보호 등에 관한 법률 제9조 제2항
29) 기간제 및 단시간근로자 보호 등에 관한 법률 제9조 제4항
30) 기간제 및 단시간 근로자 보호 등에 관한 법률 제9조 제1항
31) 기간제 및 단시간 근로자 보호 등에 관한 법률 제10조 제1항
32) 기간제 및 단시간 근로자 보호 등에 관한 법률 제11조 제1항

정신청을 기각하는 결정을 하여야 한다.[33)]

노동위원회의 판정에 따른 시정명령 또는 기각결정은 서면으로 하되 그 이유를 구체적으로 명시하여 관계당사자에게 각각 교부하게 된다. 이 경우 시정명령을 발하는 때에는 시정명령의 내용 및 이행기한 등을 구체적으로 기재하여야 한다.[34)]

그리고 지방노동위원회의 시정명령 또는 기각결정에 대하여 불복이 있는 관계당사자는 시정명령서 또는 기각결정서의 송달을 받은 날로부터 10일 이내에 중앙노동위원회에 재심을 신청할 수 있고, 또한 중앙노동위원회의 재심결정에 불복이 있을 때에는 재심결정서의 송달을 받은 날부터 15일 이내에 행정소송을 제기할 수 있다.[35)]

2) 차별시정신청권자

사용자의 차별처우로부터 보호를 받을 수 있는 차별시정신청권자는 근로기준법상의 근로자이어야 하며, 근로자 중에서도 기간제 근로자와 단시간 근로자 및 파견근로자이다. 여기서 근로자란 직업의 종류와 관계없이 임금을 목적으로 사업장에 근로를 제공하는 자를 말한다.[36)]

비정규직 차별금지제도는 비정규직 근로자, 즉 기간제 근로자, 단시간 근로자 및 파견 근로자임을 이유로 차별하는 것이 금지되며, 무허가나 불법으로 이루어지는 사업이라 하더라도 기간제, 단시간

---

33) 기간제 및 단시간 근로자 보호 등에 관한 법률 제12조 제1항

34) 기간제 및 단시간 근로자 보호 등에 관한 법률 제12조 제2항

35) 기간제 및 단시간 근로자 보호 등에 관한 법률 제14조

36) 근로기준법 제2조 제1항 제1호

및 파견 근로자에게는 차별시정제도가 적용된다.

3) 차별처우 금지주체로서의 사용자

차별적 처우가 금지되는 의무자는 사용자[37]인데 법령상 사용자로 동일하게 규정되었다 하더라도 차별적 처우를 하지 말아야 하는 사용자와 차별시정 피신청인 내지 시정명령 이행의무자로서의 사용자는 구별된다. 차별처우가 금지되는 사용자는 근로기준법상 사용자, 즉 사업주, 사업의 경영담당자, 기타 근로자에 관한 사항에 대하여 사업주를 위하여 행위하는 자를 말한다. 차별시정 피신청인 및 시정명령 이행의무자로서의 사용자는 시정명령을 받는 자 내지는 시정명령 불이행시 부과되는 과태료 납부책임이 있는 자를 말하므로 차별시정의 피신청인이 되는 자는 근로계약 체결당사자인 사업주에 한정된다(개인기업인 경우 개인, 법인인 경우 법인 그 자체).

4) 시정명령의 내용 및 이행

시정명령의 구체적인 내용에는 차별적 행위의 중지, 임금 등 근로조건의 개선 및 적절한 금전보상 등이 포함될 수 있다.[38] 어떠한 시정명령을 내릴 것인지는 해당 사안의 특성과 차별행위의 성질 및 책임의 주체 등을 감안하여 노동위원회가 판단하게 된다. 또한 배상액은 차별적 처우로 인하여 기간제 근로자 또는 단시간 근로자에게 발

37) 기간제 및 단시간 근로자 보호 등에 관한 법률 제8조 제1항

38) 기간제 및 단시간 근로자 보호 등에 관한 법률 제13조 제1항

생한 손해액을 기준으로 정한다. 다만 노동위원회는 사용자의 차별적 처우에 명백한 고의가 인정되거나 차별적 처우가 반복되는 경우에는 손해액을 기준으로 3배를 넘지 아니하는 범위에서 배상을 명령할 수 있다.[39] 이러한 3배 배상명령은 2014. 처음으로 입법된 것으로 사용자의 고의적 또는 반복적 차별 행위에 대해서는 노동위원회가 징벌적인 성격의 배상명령을 함으로써 차별을 근본적으로 차단하도록 하는 것이다.

차별적 처우를 한 경우 차별행위 그 자체에 대해서는 벌칙이 부과되지 않는다. 그러나 차별적 처우로 판정한 노동위원회의 시정명령이 확정된 후에 사용자가 정당한 이유 없이 이행하지 않을 경우에는 사용자에게 1억 원 이하의 과태료를 부과하게 된다. 그리고 노동부장관은 확정된 시정명령에 대하여 사용자에게 이행상황을 제출할 것을 요구할 수 있으며, 시정신청을 한 근로자는 사용자가 확정된 시정명령을 이행하지 아니하는 경우 이를 고용노동부장관에게 신고할 수 있다.[40]

또한 고용노동부장관이 확정된 시정명령을 이행할 의무가 있는 사용자의 사업 또는 사업장에서 해당 시정명령의 효력이 미치는 근로자 이외의 기간제 근로자 또는 단시간 근로자에 대하여 차별적 처우가 있는지를 조사하여 차별적 처우가 있는 경우에는 그 시정을 요구할 수 있도록 규정하여 시정을 청구한 근로자뿐 아니라 그 대상자를 넓히는 법률이 새로 입법되었다.[41]

39) 기간제 및 단시간 근로자 보호 등에 관한 법률 제13조 제2항(2014. 9. 19.시행)

40) 기간제 및 단시간 근로자 보호 등에 관한 법률 제15조

41) 기간제 및 단시간 근로자 보호 등에 관한 법률 제15조의 3

3. 단시간 근로자

가. 의의

단시간 근로자란 1주 소정 근로시간이 그 사업장에서 같은 종류의 업무에 종사하는 통상 근로자의 1주 소정 근로시간에 비하여 짧은 근로자를 말한다.[42] 특히 소정 근로시간이 통상 근로자보다 뚜렷이 짧은 단시간 근로자, 즉 '4주 동안을 평균하여 1주 동안의 소정 근로시간이 15시간 미만인 근로'를 의미하며, 법적용의 특례를 인정하여 이 법의 일부규정을 적용하지 않는다.[43]

나. 근로조건

1) 근로조건 결정 원칙

단시간 근로자의 근로조건은 당해 사업장의 동종업무에 종사하는 통상근로자의 근로시간을 기준으로 하여 산정한 비율에 따라 결정하여야 한다(근로시간 비례보호의 원칙).[44]

---

42) 근로기준법 제2조 제1항 제8호
43) 근로기준법 제18조 제3항
44) 근로기준법 제18조

2) 근로조건의 서면명시

사용자가 단시간 근로자와 근로계약을 체결할 때에는 근로계약기간에 관한 사항, 근로시간 휴게에 관한 사항, 임금의 구성항목·계산방법·지불방법에 관한 사항, 휴일·휴가에 관한 사항, 취업 장소와 종사업무에 관한 사항, 근로일 및 근로일별 근로시간에 대하여 서면으로 명시하여야 한다.[45]이에 위반한 자에 대하여는 적발 즉시 500만 원 이하의 과태료를 부과한다.[46]

3) 임금의 계산

단시간 근로자의 임금산정단위는 시간급을 원칙으로 하며, 시간급 임금을 일급 통상임금을 산정할 경우에는 1일 소정근로시간수에 시간급 임금을 곱하여 산정한다. 단시간 근로자의 1일 소정근로시간수는 4주간의 소정근로시간을 그 기간의 총 일수로 나눈 시간수로 한다. 단시간 근로자의 임금은 동종 통상 근로자와의 비례원칙에 따라 결정되어야 한다. 가족수당, 교통수당 등 근로의 질이나 양과 관련 없는 수당이 통상임금 등과 연계된 정률급이 아니고 정액급으로 지급되는 경우에도 취업규칙 등에 규정하여 비례원칙을 적용할 수 있으나, 취업규칙 등에 통상근로자에 대한 규정만 있고 단시간 근로자에 대한 규정이 없다면 통상 근로자와 같은 기준으로 지급하여야 한다.

---

45) 기간제 및 단시간 근로자 보호 등에 관한 법률 제17조

46) 기간제 및 단시간근로자 보호 등에 관한 법률 제24조 제2항 제2호, 근로감독관 집무규정

4) 초과근로

단시간 근로자에 대하여 소정근로시간을 초과하여 근로하게 하는 경우에는 근로자의 동의를 얻어야 하며, 이 경우도 1주간에 12시간을 초과할 수 없다.[47] 만약 사용자가 단시간 근로자 개인의 동의를 얻지 아니하고 초과근로를 하게 하는 경우 단시간 근로자는 이를 거부할 수 있다.[48] 단시간 근로자가 정해진 근로시간 외의 초과근로를 한 경우 이에 대하여 사용자는 통상임금의 100분의 50 이상을 가산하여 지급하여야 한다.[49] 사용자가 단시간 근로자에게 법령에 위배하여 초과근로를 하게 할 경우 1천만 원 이하의 벌금형에 처해지며,[50] 사용자는 부당한 초과근로 지시를 거부한 것을 이유로 해고 그 밖의 불리한 처우를 하지 못한다.[51]

5) 휴일・휴가의 적용

사용자는 단시간 근로자에 대하여 유급휴일을 주어야 한다. 사용자는 여자인 단시간 근로자에 대하여 생리휴가 및 산전후 휴가를 주어야 한다. 이 경우 통상 근로자와의 휴가일수에 차이를 두어서는 아니 된다. 위의 경우 사용자가 지급하여야 하는 임금은 일급통상임금을 기준으로 한다.

---

47) 기간제 및 단시간 근로자 보호 등에 관한 법률 제6조 제1항
48) 기간제 및 단시간 근로자 보호 등에 관한 법률 제6조 제2항
49) 기간제 및 단시간 근로자 보호 등에 관한 법 제6조 제3항(2014. 9. 19. 시행)
50) 기간제 및 단시간 근로자 보호 등에 관한 법률 제22조
51) 기간제 및 단시간 근로자 보호 등에 관한 법률 제16조

사용자는 단시간 근로자에 대하여 월차유급휴가 및 연차유급휴가를 주어야 한다. 이 경우 유급휴가는 시간단위로 하며, 1시간 미만은 1시간으로 본다. 월차 및 연차의 경우 사용자가 지급하여야 하는 임금은 시간급을 기준으로 한다.

6) 협의의 단시간 근로자에 대한 특례

4주간을 평균하여 1주간의 소정 근로시간이 15시간 미만인 근로자에 대하여는 퇴직금, 주휴일, 연차휴가에 관한 규정을 적용하지 않을 수 있다.[52] 또한 단시간 근로자에 대하여도 원칙적으로 고용보험법이 적용되나, 1월간의 소정근로시간이 60시간 미만인 자는(1주간의 소정근로시간이 15시간 미만인 자를 포함) 고용보험법이 적용되지 않는다. 다만 15시간 미만이더라도 생업을 목적으로 3개월 이상 계속 고용되는 자와 일용근로자는 적용된다.

다. 통상 근로자로의 전환 노력

사용자는 통상근로자를 채용하고자 하는 경우에는 당해 사업 또는 사업장의 동종 또는 유사한 업무에 종사하는 단시간 근로자를 우선적으로 고용하도록 노력하여야 한다.[53] 사용자는 가사, 학업 그 밖의 이유로 근로자가 단시간근로를 신청하는 때에는 당해 근로자를 단시간 근로자로 전환하도록 노력하여야 한다.

52) 근로기준법 제18조 제3항, 퇴직급여보장법 제4조 제1항
53) 기간제 및 단시간 근로자 보호 등에 관한 법률 제7조

라. 차별처우금지

사용자는 단시간 근로자임을 이유로 당해 사업 또는 사업장에서 동종 또는 유사한 업무에 종사하는 통상근로자에 비하여 차별적 처우를 하여서는 아니 되며,[54] 단시간 근로자는 차별적 처우를 받은 경우 차별적 처우가 있는 날부터 6월이 경과하기 전에 노동위원회에 그 시정을 신청할 수 있다.[55] 따라서 단시간 근로자에 대한 차별금지제도에 있어서 기간제 근로자의 차별금지제도와 비교할 때 그 비교대상자가 무기계약근로자에서 통상근로자로 바뀌었을 뿐, 기간제 근로자에 대한 차별금지제도와 동일하게 적용된다고 할 것이다.

4. 파견 근로자의 보호

가. 근로자파견

1) 의의

파견근로자보호 등에 관한 법률(이하 '파견법'이라 한다)상 근로자파견이라 함은 파견사업주가 근로자를 고용한 후 그 고용관계를 유지하면서 근로자파견계약의 내용에 따라 사용사업주의 지휘・명령을 받아 사용사업주를 위한 근로에 종사하게 하는 것이라고 규정[56]한다.

---

54) 기간제 및 단시간 근로자 보호 등에 관한 법률 제8조 제2항
55) 기간제 및 단시간 근로자 보호 등에 관한 법률 제9조 제1항

여기서 파견사업주란 근로자파견사업을 행하는 자를 말하고, 사용사업주란 근로자파견계약에 의하여 파견근로자를 사용하는 자를 말하며, 파견근로자란 파견사업주가 고용한 근로자로서 근로자파견의 대상이 되는 자를 말하고, 근로자파견계약이란 파견사업주와 사용사업주간에 근로자파견을 약정하는 계약을 말한다.[57] 따라서 근로자 파견은 파견사업주와 사용사업주 그리고 파견근로자의 3자관계로 구성된다.

2) 구별개념

가) 도급 및 용역

수급인이 직접 고용한 근로자를 수급인이 직접 지휘・명령하여 특정한 업무를 수행하는 것을 말하며, 통상 도급은 거래대상을 물건에 한하지는 않으나, 특히 경비・청소 등 서비스에 대한 도급을 용역계약이라고 칭한다. 파견은 사용사업주는 파견근로자에 대해 지휘・명령권을 가지고 있는 반면, 도급 및 용역은 도급인이 수급인 근로자를 지휘・명령하지 않는다.

나) 근로자파견

근로자파견이라 함은 파견사업주가 근로자를 고용한 후 그 고용관계를 유지하면서 근로자파견계약의 내용에 따라 사용사업주의 지휘・명령을 받아 사용사업주를 위한 근로에 종사하게 하는 것이다. 근로자 파견사업이란 근로자 파견을 업으로 하는 것이며, 파견사업주

---

56) 파견근로자보호 등에 관한 법률 제2조 제1호

57) 파견근로자보호 등에 관한 법률 제2조 제2호 내지 제6호

는 근로자 파견 사업을 행하는 자이며 사용사업주는 근로자파견계약에 의하여 파견근로자를 사용하는 자이며, 파견근로자는 파견사업주가 고용한 근로자로서 근로자파견의 대상이 되는 자를 말한다.

다) 직업소개

구인·구직 신청을 받아 구인자와 구직자간에 고용계약의 성립을 알선하는 것을 말한다. 파견은 파견사업주와 근로자간에 고용계약관계가 있는 반면, 근로자 공급은 사실상 지배관계가 있는 점이 다르다.

라) 근로자공급사업

근로자 공급계약에 따라 근로자를 타인에게 사용하게 하는 것으로 국내 근로자 공급사업은 노동조합만이 가능하다(항운노조). 파견은 파견사업주와 근로자간에 고용계약관계가 있는 반면, 근로자 공급은 사실상 지배관계가 있는 점이 다르다. 「파견근로자보호등에관한법률」 제정 전에는 근로자 파견사업이 근로자공급사업의 한 유형으로 해석되었으나 현재는 별개의 개념으로 다루어지고 있다.

3) 근로자파견의 대상 업무

가) 상시허용 대상 업무

근로자파견사업은 제조업의 직접생산공정업무를 제외하고 전문지식 기술 경험 또는 업무의 성질 등을 고려하여 적합하다고 판단되는 업무로서 대통령령[58]이 정하는 업무를 대상으로 한다.

---

58) 파견근로자보호 등에 관한 법률 제5조 제1항, 동시행령 제2조 제1항 [별표 1]

법에서 상시허용 대상업무를 전문지식·기술·경험 또는 업무의 성질 등을 고려하여 필요한 업무로 한정하여 근로자파견사업의 무분별한 확대를 방지하고 정규근로자의 고용안정을 꾀하고 있다.

나) 일시허용 대상 업무

상시허용 대상 업무 이외에 출산·질병·부상 등으로 결원이 생긴 경우 또는 일시적 간헐적으로 인력을 확보하여야 할 필요가 있는 경우에는 근로자 파견사업을 행할 수 있다.[59] 인력관리의 유연성 제고를 위해 출산·질병·부상 등으로 정규근로자의 결원시 업무공백이 있는 경우나 일시적인 업무증가로 인해 인력보강이 필요한 경우에 절대금지업무를 제외하고 파견근로자를 사용할 수 있도록 한 것이다. 다만, 이 경우에 사용사업주는 당해 사업 또는 사업장에 근로자의 과반수로 조직된 노동조합이 있는 경우에는 그 노동조합, 근로자의 과반수로 조직된 노동조합이 없는 경우에는 근로자의 과반수를 대표하는 자와 성실하게 협의하여야 한다.[60]

다) 절대금지 대상 업무

어떠한 사유로도 당해 업무에 관해서 파견사업주는 근로자파견사업을 행할 수 없고, 사용사업주 역시 파견근로자를 사용할 수 없는 업무를 말하며 그 내용은 아래와 같다.[61]

㉠ 건설공사현장에서 이루어지는 업무

59) 파견근로자보호 등에 관한 법률 제5조 제2항
60) 파견근로자보호 등에 관한 법률 제5조 제4항
61) 파견근로자보호 등에 관한 법률 제5조 제3항

㉡ 항만운송사업법 등에 따른 하역업무로서 직업안정법 제33조의 규정에 따른 근로자공급사업 허가를 받은 지역의 업무
㉢ 선원법 제2조 제1호에 따른 선원의 업무
㉣ 산업안전보건법 제28조의 규정에 따른 유해하거나 위험한 업무
㉤ 그 밖에 근로자 보호 등의 이유로 근로자파견사업의 대상으로는 적절하지 못하다고 인정하여 대통령령이 정하는 업무

나. 파견기간의 제한

상시허용 파견 대상 업무에 있어서 근로자파견의 기간은 1년을 초과하지 못한다. 파견사업주·사용사업주·파견근로자간의 합의가 있는 경우에는 파견기간을 연장할 수 있다. 이 경우 1회를 연장할 때에는 그 연장기간을 1년을 초과하지 못하며, 연장된 기간을 포함한 총파견기간은 2년을 초과하지 못한다.[62] 그리고 일시허용 파견 대상 업무에 있어서는 출산·질병·부상 등의 결원에 의한 파견기간은 그 사유의 해소에 필요한 기간을 사용할 수 있으며, 또한 일시적·간헐적으로 인력을 확보할 필요에 의한 파견기간은 최장 6개월까지 사용할 수 있다.[63]

그러나 고령자고용촉진법 제2조 제1호의 규정에 따른 고령자(만55세 이상)인 파견근로자에 대하여는 2년을 초과하여 근로자파견기간을 연장할 수 있다.[64] 이 경우에도 각 파견근로계약의 단위기간은 1년을 초과하지 못한다.

---

62) 파견근로자보호 등에 관한 법률 제6조 제1항, 제2항
63) 파견근로자보호 등에 관한 법률 제6조 제4항
64) 파견근로자보호 등에 관한 법률 제6조 제3항

다. 직접고용의무

1) 직접고용의무가 발생하는 경우

근로자파견의 절대금지 대상 업무를 제외하고는 파견근로자에 대한 파견기간 2년을 초과하여 사용하는 경우에 당해 파견근로자에 대한 직접고용의무가 발생한다.

그리고 절대금지 파견 대상 업무를 위반하여 파견근로자를 사용하는 경우에는 파견기간 2년을 초과하지 않아도 즉시 당해 파견근로자를 직접 고용하여야 한다.[65)]

2) 직접 고용 시 근로조건의 기준

사용사업주가 직접고용의무의 부과에 따라 파견근로자를 직접 고용하는 경우에 있어서 파견근로자의 근로조건은 사용사업주의 근로자 중 당해 파견 근로자와 동종 또는 유사업무를 수행하는 근로자가 있는 경우에는 그 근로자에게 적용되는 취업규칙 등에서 정한 근로조건에 의하며, 동종 또는 유사업무를 수행하는 근로자가 없는 경우에는 당해 파견근로자의 기존 근로조건의 수준보다 저하되어서는 아니 된다.[66)]

---

65) 파견근로자보호 등에 관한 법률 제6조의2 제1항

66) 파견근로자보호 등에 관한 법률 제6조의2 제3항

3) 직접고용의무의 한계와 위반 시 제재

직접고용의무 규정은 당해 파견근로자가 명시적인 반대의사를 표시하거나 대통령령이 정하는 정당한 이유가 있는 경우에는 적용하지 아니한다.[67] 이러한 예외사유에 해당하지 않음에도 직접고용의무를 위반하여 파견근로자를 직접 고용하지 아니한 자는 3천만 원 이하의 과태료에 처한다.[68]

라. 파견사업주 및 사용사업주의 의무

1) 파견사업주만을 사용자로 보는 경우

파견사업주는 파견근로자를 고용하는 자이므로 근로기준법상 대부분 조항에 대하여 사용자로서 책임을 진다. 즉, 근로기준법 제2장의 근로계약, 제3장의 임금, 제4장의 근로시간과 휴식 중 임금에 관한 사항, 제5장의 여성과 소년 중 근로계약 및 임금에 관한 사항, 제8장의 재해보상 등에 있어서는 파견사업주만을 사업주로 본다.[69]

파견사업주가 사용사업주의 귀책사유(정당한 사유 없는 파견계약의 해지 또는 정당한 사유 없는 근로자파견 대가의 미지급)로 인하여 근로자의 임금을 지급하지 못한 때에는 사용사업주는 당해 파견사업주와 연대하여 책임을 진다. 이 경우 근로기준법 제43조(임금지급) 및 제68조(미성년자의 임금청구)의 규정을 적용함에 있어서는 파

67) 파견근로자보호 등에 관한 법률 제6조의2 제2항
68) 파견근로자보호 등에 관한 법률 제46조 제3항
69) 파견근로자보호 등에 관한 법률 제34조 제1항 전단부분

견사업주 및 사용사업주를 동법 제2조의 규정에 의한 사용자로 보아 동법을 적용한다.[70]

2) 사용사업주만을 사용자로 보는 경우

파견근로자가 사용업체에서 파견근로 중인 경우 근로시간 휴게 휴일 등에 관하여 이를 지휘 명령하는 자는 사용사업주이다. 이런 취지에서 근로기준법 제4장의 근로시간과 휴시 중에서 제50조(근로시간), 제53조(연장근로의 제한), 제54조(휴게), 제55조(휴일), 제62조(유급휴가의 대체), 제63조(적용의 제외), 그리고 제5장 여성과 소년 중에서 제69조(근로시간), 제70조(야간근로와 휴일근로의 제한), 제73조(생리휴가), 제74조(임산부의 보호), 제75조(육아시간) 등에 있어서는 사용사업주만을 사용자로 본다.[71]

근로기준법 제55조(휴일) 및 제74조 제1항(임산부의 보호)의 규정에 의하여 사용사업주가 유급휴일 또는 유급휴가를 주는 경우 그 휴일 또는 휴가에 대하여 유급을 지급되는 임금은 사용사업주가 아닌 파견사업주가 지급하여야 한다.[72]

3) 양자를 모두 사용자로 보는 경우

근로기준법 제1장의 총칙(일부규정 제외), 제6장의 안전과 보건(일부규정 제외), 제7장의 기능습득, 제9장의 취업규칙, 제10장의 기숙

70) 파견근로자보호 등에 관한 법률 제34조 제2항
71) 파견근로자보호 등에 관한 법률 제34조 제1항 단서 후단부분
72) 파견근로자보호 등에 관한 법률 제34조 제3항

사, 제11장의 근로감독관 등에 관하여는 파견사업주 및 사용사업주를 근로기준법 제2조의 규정에 의한 사용자로 보아 동법을 적용받게 된다.[73)]

Q57. 저는 A회사와 고용계약을 한 근로자인데 B회사 사업장에서 파견 근로자로 근무하던 도중, 사측의 안전조치 미흡으로 절단기에 오른팔과 손목 등이 끼어 상해를 입었습니다. 저는 법에 대해 무지하여 손해배상 청구를 하지 않고 사고일로부터 이미 3년이 경과하였습니다. 지금이라도 제가 사용사업주인 A회사와 B회사를 모두를 상대로 손해배상 청구를 할 수 있는지요?

A57. 사용사업장의 안전조치 미흡에 다툼이 없다면, 우선 A회사에게는 귀하와의 근로계약에서 수반되는 신의칙상 부수의무(계약상 의무) 위반으로 인해 손해배상책임을 청구할 수 있다는 것이 일반적인 견해와 판례의 입장입니다.
그러나 B회사에 대하여는 원칙적으로 고용관계에 기한 계약상 책임을 지지는 않고 단지 사업장에서 사용사업주로써 한정적인 책임을 질 뿐입니다. 따라서 귀하가 B회사의 귀책을 입증하여 불법행위책임을 청구할 수 있을지언정, 채무불이행에 의한 손해배상에 대하여는 논란이 여지가 있습니다. 그런데 귀하의 경우는 사고일로부터 3년이 도과하였으므로 안 날로부터 3년의 소멸시효가 완성되어 불법행위에 기한 손해배상 청구는 불가능합니다.
그런데 최근 판례[74)]는 사용사업주가 파견회사와의 근로자 파견계약에 따라 파견근로자를 인수하여 사용함으로써, 사용사업주와 근로자 사이에는 안전배려의무를 다하겠다는 묵시적 합의가 있다고 봐야 하므로 사용사업주는 원고에 대해 묵시적 합의에 따른 보호의무 또는 안전배려의무의 위반을 원인으로 하는 채무불이행에 기한 손해배상책임을 질 수 있다고 판시하였습니다. 이 판례는 파견근로자가 업무상 재해를 입은 경우, 고용주뿐만 아니라 별도의 계약을 체결하지 않은 실제 사용사업주에게 채무불이행에 기한 손해배상책임을 인정한 첫 판결로서, 산업재해에 관하여 근로자보호의 범위를 넓게 인정하는 계기가 될 것으로 기대됩니다.

73) 파견근로자보호 등에 관한 법률 제34조 제1항 본문

따라서 귀하의 경우에도 B회사의 안전조치의무에 있어서의 과실에 다툼이 없다면 B회사를 상대로도 묵시적 합의에 의한 안전배려의무 내지 보호의무라는 계약상 의무 위반을 이유로 손해배상청구가 가능합니다. 한편 B회사의 안전조치의무 위반에 대하여는 그 귀책 없음을 채무자인 회사 측이 입증하여야 하므로 불법행위 책임에 비해서 귀하에게 더 유리한 면도 있습니다.

마. 간접고용의 실질문제(불법파견 내지 위장도급의 문제)

1) 실질적인 판단기준

일반적으로 타인의 노동력을 이용하는 법률관계는 ⅰ) 근로자가 사용자에게 종속해 노무를 제공하고 사용자는 그 대가로 임금을 제공하는 근로계약관계, ⅱ) 파견사업주가 근로자를 고용해 그 고용관계를 유지하면서 그 근로자로 하여금 사용사업주의 지휘, 명령하에 사용사업주를 위한 근로에 종사하게 하는 근로자파견관계, ⅲ) 수급인이 어느 일을 완성할 것을 약정하고 도급인이 그 일의 결과에 대해 보수를 지급하기로 하는 도급계약관계로 구분될 수 있다. 이 중 ⅰ)의 근로계약관계에서 사용자는 근로자에 대해 고용, 인사에 관한 권한과 업무상 지휘, 감독권을 모두 행사할 수 있는 데 반해, ⅱ)의

74) 대법원 2013. 11. 28. 선고 2011다60247 판결, 이 판례는 원심의 "근로자와 사용사업주 사이에 근로계약이 없고, 직접적인 고용관계가 성립하지 않는다 하더라도, 사용사업주가 파견된 근로자를 사용함으로써 사용사업주와 파견근로자 사이에는 사용사업주가 파견근로자를 보호하고 안전배려를 하겠다는 약정이 묵시적으로 성립된 것으로 볼 수 있으므로 사용사업주는 묵시적 약정의무위반의 채무불이행 손해배상책임이 있다"는 취지를 확인하였다.

파견계약관계에서 사용사업주는 업무상 지휘, 감독권만을 행사할 수 있을 뿐 고용, 인사에 관한 권한은 파견사업주만이 행사할 수 있으며, iii)의 도급계약관계에서 도급인은 수급인과의 사이에서만 법률관계를 맺을 뿐 수급인에게 고용된 근로자에 대해서는 아무런 권한을 가질 수 없는 것이 원칙이다.

그렇지만 실제 근로현장에서는 사용자가 도급계약의 형식을 빌려 근로계약관계 또는 근로자파견관계를 은폐하기 위하여 위장도급계약을 체결하는 경우도 종종 있다. 이러한 경우 수급인이 사업주로서의 실체가 없어 그 존재가 형식적・명목적인 것에 지나지 아니하고 도급인이 실질적으로 근로자의 고용, 인사 및 업무상 지휘, 감독권을 가지고 있는 경우에는 도급인과 근로자 사이에 직접 묵시적인 근로계약이 체결되었다고 인정할 수 있을 것이다. 한편 수급인이 사업주로서의 실체는 인정되나 계약 목적의 특정성, 전문성 및 기술성, 수급인의 사업경영상 독립성, 지휘명령권의 보유 여부 등을 종합적으로 볼 때, 도급인이 사용사업주로서 근로자에 대해 업무상 지휘, 감독권을 행사할 수 있는 지위에 있다면 근로자파견관계에 해당된다고 보아야 할 것이다.[75]

75) 인천지판 2012. 1. 12. 2010가합6730

2) 판례의 입장

가) 묵시적 근로계약관계의 성립을 인정하는 경우

(1) 판단 원칙

원고용주에게 고용되어 제3자의 사업장에서 제3자의 업무에 종사하는 자를 제3자의 근로자라고 할 수 있으려면 원고용주는 사업주로서의 독자성이 없거나 독립성을 결하여 제3자의 노무대행기관과 동일시 할 수 있는 등 그 존재가 형식적, 명목적인 것에 지나지 아니하고, 사실상 당해 피고용인은 제3자와 종속적인 관계에 있으며, 실질적으로 임금을 지급하는 자도 제3자이고, 또 근로제공의 상대방도 제3자이어서 당해 피고용인과 제3자 간에 묵시적 근로계약관계가 성립되어 있다고 평가될 수 있어야 할 것이다.[76]

(2) 소사장 법인, 자회사 모회사 관계

기존 기업이 경영 합리화라는 명목으로 소사장 법인을 설립한 후 그 소속 근로자들에게 직접 임금을 지급하고, 인사 및 노무관리에도 구체적이고 직접적인 관리・감독을 하여 온 경우, 기존기업의 대표이사가 소사장 법인 소속 근로자들에 대한 관계에서도 사용자의 지위에 있다고 한 원심판결을 수긍한 사례[77]나, 모회사인 사업주가 업무도급의 형식으로 자회사의 근로자들을 사용하였으나, 실질적으로는

---

76) 대판 1999. 11. 12. 97누19946, IMF 경제위기 이후 90년대 후반에 들어서면서 간접고용의 실질이 문제되기 시작하였고, 당시 판례는 위장도급에 대한 판단 기준을 세우기 시작하였으나, 이를 인정하지는 않았다.

77) 대판 2002. 11. 26. 2002도649

위장도급으로서 사업주와 근로자들 사이에 직접 근로계약관계가 존재한다고 판단한 사례[78] 등에서 원도급인이 용역업체를 직접 설립하여 수급인의 실체가 전혀 없는 경우에 한해 원도급인의 사용자성을 인정하기 시작하였다.

(3) 아파트입주자 대표회의의 사용자성

아파트 입주자대표회의가 아파트 관리방식을 자치관리에서 위탁관리로 변경하면서 관리소장에게 근로계약 자동해지를 통지한 사안에서, 근로관계의 종료가 근로자인 관리소장의 의사에 반하여 이루어진 것이 분명하므로 해고에 해당한다고 한 사례[79]에서 아파트입주자대표회의의 사용자성을 인정하였다.

나) 파견법상 고용의제조항이 적용되는 경우

(1) 적용 원칙

대표적인 사례로 컨베이어벨트를 이용한 자동흐름방식으로 진행되

---

78) 대판 2003. 9. 23. 2003두3420

79) 대판 2011. 3. 24. 2010다92148, 종전판례에서는 아파트입주자대표회의아 사용자성 인정기준에 대하여 아파트 입주자 대표회의와 사이에 위수탁관리계약을 체결한 아파트 관리업자의 대리인인 관리소장이 관리사무소에서 근무하게 된 직원들과 근로계약을 체결하였다면 그 직원들은 아파트 관리업자의 피용인이라고 할 것이므로, 아파트 관리업자와 위수탁관리계약을 체결하였을 뿐인 아파트 입주자 대표회의가 직원들에 대하여 임금지급의무가 있는 사용자로 인정되기 위하여는 그 직원들이 관리사무소장을 상대방으로 하여 체결한 근로계약이 형식적이고 명목적인 것에 지나지 않고, 직원들이 사실상 입주자 대표회의와 종속적인 관계에서 그에게 근로를 제공하며, 입주자 대표회의는 그 대가로 임금을 지급하는 사정 등이 존재하여 관리사무소 직원들과 입주자 대표회의와 사이에 적어도 묵시적인 근로계약관계가 성립되어 있다고 평가되어야 한다(대판 1999. 7. 12. 99마62아)고 하면서 이에 해당한다고 보지는 않았다.

는 자동차 조립·생산 작업의 의장 공정에 종사하면서 정규직 근로자들과 함께 단순·반복적인 업무를 수행해온 자동차 제조회사의 하청업체 근로자들의 경우, i) 도급인 회사는 하청업체의 근로자들에 대한 일반적인 작업배치권과 변경결정권을 가지고 있고, ii) 그 직영근로자와 마찬가지로 하청근로자들이 수행할 작업량 작업방법 작업순서 등을 결정하며, iii) 하청근로자들을 직접 지휘하거나 또는 하청업체의 소속 현장관리인 등을 통하여 구체적인 작업지시를 하고, iv) 하청근로자 및 그 직영근로자에 대하여 시업과 종업 시간의 결정, 휴게시간의 부여, 연장 및 야간근로 결정, 교대제 운영 여부, 작업속도 등을 결정하며, 또 v) 정규직 근로자에게 산재 휴직 등의 사유로 결원이 발생하는 경우 하청근로자들에 대한 근태상황과 인원현황 등을 파악 관리한 경우, 하청근로자들이 하청업체에 고용된 후 도급인의 사업장에 파견되어 도급인으로부터 직접 노무지휘를 받는 근로자파견관계에 있다고 보았다.[80]

(2) 불법파견 포함

파견법상 직접고용간주규정은 근로자파견이 2년을 초과하여 계속되는 사실로부터 곧바로 사용사업주와 파견근로자 사이에 직접근로관계가 성립한다는 의미를 가지므로, 적법한 근로자파견의 경우에만 적용된다고 축소하여 해석할 근거가 없다[81]고 하여 불법파견의 경우에도 직접고용간주규정이 포함된다고 하였다.

---

80) 대판 2010. 7. 22. 2008두4367

81) 대판 2010. 7. 22. 2008두4367

(3) 보호의무까지 인정

근로자파견관계에서 사용사업주와 파견근로자 사이에 사용사업주가 파견근로자에 대한 보호의무나 안전배려의무를 부담한다는 묵시적인 약정이 있다고 할 수 있으며, 위 의무 위반으로 손해를 입은 파견근로자가 사용사업주에 대하여 손해배상을 청구할 수 있다고 보아[82] 사용사주의 파견근로자에 대한 채무불이행책임을 원인으로 하는 손해배상청구권까지 인정하였다.

바. 차별처우 금지

1) 차별금지 · 시정제도의 파견법상의 특수성

파견사업주와 사용사업주는 파견근로자임을 이유로 사용사업주의 사업내의 동종 또는 유사한 업무를 수행하는 근로자에 비하여 차별적 처우를 하여서는 아니 되며,[83] 차별적 처우라 함은 임금 그 밖의 근로조건 등에 있어서 합리적인 이유 없이 불리하게 처우하는 것을 말한다.[84] 파견근로자는 차별적 처우를 받은 경우 노동위원회에 그 시정을 신청할 수 있으며,[85] 시정신청 그 밖의 시정절차 등에 관하여는 기간제법의 규정을 준용한다.[86]

---

82) 대판 2012. 2. 23. 2011두7076
83) 파견근로자보호 등에 관한 법률 제21조 제1항
84) 파견근로자보호 등에 관한 법률 제2조 제7호
85) 파견근로자보호 등에 관한 법률 제21조 제2항
86) 파견근로자보호 등에 관한 법률 제21조 제3항

2) 차별처우 금지영역

파견법상 금지되는 차별은 사용사업주 또는 파견사업주가 파견근로자임을 이유로 사용사업주의 사업내의 동종 또는 유사한 업무를 수행하는 근로자에 비하여 파견근로자에게 임금 그 밖의 근로조건 등에 있어서 합리적인 이유 없이 불리하게 처우하는 것을 의미한다. 그러나 파견법상 파견근로자의 경우 기간제 근로자에 대한 차별금지와 동일한 형식으로 규정되어 있다 하더라도 고용관계 및 사용관계로 분리되는 파견근로의 특수성으로 인하여 차별처우 금지영역의 범위가 기간제 근로자와는 다르다 할 것이며, 그 범위는 파견근로자로서의 근로제공 및 사용사업주의 사업장 편입에 따라 형성되는 '임금 및 그 밖의 근로조건'으로 한정되어야 할 것이다. 즉, 파견법상의 '임금 및 그 밖의 근로조건'이란 기간제법에서 말하는 것과 동일하게 해석할 것이 아니라 근로의 대상으로 지급되는 임금·근로조건 및 사업장 편입에 따른 근무환경만을 의미하며 이를 제외한 나머지 부분은 차별처우 금지영역에서 제외되어야 한다.

3) 비교대상 근로자

차별판단을 위한 파견근로자의 비교대상 근로자는 사용사업주의 사업내의 동종 또는 유사한 업무를 수행하는 직접 고용 근로자이다. 이 경우 사용사업주의 근로자에는 직접고용근로자이면 무기계약자인 정규직은 물론 유기계약자인 기간제 근로자 또는 단시간 근로자도 모두 포함된다.

4) 불리한 처우와 합리적 이유의 판단

파견근로자에 대한 불리한 처우의 유무와 합리적 이유의 유무판단은 파견근로의 특성을 고려하여 판단하여야 할 것이다. 설사 불리한 처우가 있는 경우에도 그 원인이 파견근로라는 고용형태의 속성으로 인한 경우에는 합리적 이유가 있는 것으로 볼 수 있다(승진기회의 배제 등). 여타 불리한 처우 및 합리적 이유의 판단에 관한 사항 등에 대하여는 기간제 근로자의 경우를 준용하면 될 것이다.

5) 차별시정신청 및 차별처우 금지주체

파견근로자는 차별적 처우를 받은 경우 차별적 처우가 있는 날부터 6월이 경과하기 전에 관할 지방노동위원회에 그 시정을 신청할 수 있다. 그리고 차별행위의 금지의무자는 파견사업주와 사용사업주이며, 각각 사용자의 책임영역에 따라 차별시정 피신청인 내지 시정명령 이행의무자가 된다[87]고 할 것이다.

---

87) 파견근로자보호 등에 관한 법률 제21조 제1항

입법예고(2014-06-25 ~ 2014-07-09자)

기간제 및 단시간 근로자 보호 등에 관한 법률 일부개정법률안

기간제 및 단시간 근로자 보호 등에 관한 법률 일부를 다음과 같이 개정한다.

제4조에 제3항을 다음과 같이 신설한다.

③ 사용자는 제1항에도 불구하고 여객운수사업, 철도사업, 해상여객운송사업, 항공운수사업 등 그 업무의 대체가 용이하지 않은 국민의 생명과 안전을 담당하는 업무로서 대통령령으로 정하는 업무에는 기간제 근로자를 사용하여서는 아니 된다.

제21조 중 "제16조의 규정을 위반하여 근로자에게 불리한 처우를 한"을 "다음 각 호의 어느 하나에 해당하는"으로 하고, 같은 조에 각 호를 다음과 같이 신설한다.

1. 제4조제3항을 위반하여 기간제 근로자를 사용한 자
2. 제16조를 위반하여 근로자에게 불리한 처우를 한 자

부 칙

제1조(시행일) 이 법은 공포 후 6개월이 경과한 날부터 시행한다.

제2조(기간제 근로자 사용금지에 관한 적용례) 제4조 제3항의 개정규정은 이 법 시행 후 최초로 근로계약을 체결·갱신하는 경우부터 적용한다.

제11장 임금채권의 민사적 보호

1. 임금채권의 추심

가. 개관

사용자가 변제기 이후 근로자에게 임금채무를 이행하지 않는 경우 근로자는 i) 고용노동부 지방관서에 임금체불 진정이나 고소·고발을 제기하여 형사처벌을 받게 할 수 있고, ii) 민사소송으로 법원에 '임금청구의 소'를 제기할 수 있다. iii) 만약 사업주에 대하여 회생절차개시결정, 파산선고의 결정, 도산등사실인정이 있는 경우 또는 근로자에게 미지급 임금 등을 지급하라는 판결·명령·조정 또는 결정 등이 있는 경우에는 고용노동부 지방관서에 체당금을 신청할 수 있다.

1) 형사절차

임금 등이 체불된 경우 근로자는 체불 사실을 고용노동부 각 지방관서에 진정·고소·고발할 수 있다.[1] 진정 사건이 접수되면 근로감독관이 법위반 사항을 조사하고 체불금품을 확정 후 사용자에게 시정지시를 내린다. 지시한 기한 내에 법 위반 사항이 시정되면 진정사건은 행정종결 된다.

사업주가 시정지시에 따르지 않으면 근로감독관은 특별사법경찰관으로서 즉시 인지, 수사하여 검찰에 사건을 송치한다. 사용자에 대한 처벌을 원하는 뜻의 고소·고발을 제기한 경우에도 근로감독관이 사건을 수사하여 검찰에 사건을 송치한다.

---

1) 근로기준법 제104조

검찰은 송치된 사건을 수사한 뒤 사용자의 근로기준법 위반 혐의에 대하여 공소를 제기한다. 근로자가 사망 또는 퇴직하였는데도 기일 연장의 합의 없이 그 지급 사유가 발생한 때부터 14일 이내에 임금, 보상금, 그 밖에 일체의 금품을 지급하지 않은 경우에는 3년 이하의 징역 또는 2천만 원 이하의 벌금의 형사처벌에 처해지고,[2] 임금 지급기에 임금을 통화로 직접 근로자에게 그 전액을 지급하지 않은 경우에도 위와 동일한 형사처벌 대상이 된다.[3] 다만 근로기준법 제36조, 제43조 위반죄는 반의사불벌죄이므로 근로자가 사용자에 대한 형사처벌을 원하지 않을 경우에는 공소를 제기할 수 없다.[4]

2) 민사절차

고용노동부 지방관서에 신고하였음에도 임금채권의 만족을 얻지 못한 근로자 중 최종 3개월분의 월평균임금이 400만 원 미만인 근로자는 대한법률구조공단의 무료소송구제 대상이 된다. 또한 고용노동부를 통하지 않고 곧바로 사용자에 대하여 법원에 임금청구소송을 제기할 수 있다.

민사절차는 소송제기 전 사용자의 재산을 보전하기 위한 가압류·가처분 단계, 소송제기 및 집행권원 확보 단계, 사용자의 재산을 강제집행 하여 실제로 임금채권의 만족을 얻는 단계로 이루어진다.

승소판결문을 받는다고 하여 곧바로 임금채무 변제로 이어지는 것은 아니므로 강제집행할 사용자의 재산이 있는지 파악하는 것이 가

---

2) 근로기준법 제36조, 제109조

3) 근로기준법 제43조, 제109조

4) 근로기준법 제109조 제2항

장 중요하고, 소송제기에 앞서 미리 재산을 가압류하거나 임시로 임금의 지급을 명하는 임금지급가처분을 신청할 수도 있다.

사용자를 상대로 통상의 임금청구소송을 제기할 수 있고, 청구금액이 2,000만 원을 초과하지 않는 경우에는 민사소액사건으로 간이하게 소송할 수 있으며, 채무자가 다투지 않을 것으로 예상되고 임금채권의 증거가 확보된 경우에는 독촉절차로 지급명령을 신청할 수도 있다. 어떤 경우든지 법원으로부터 승소판결 등이 확정되면 그 판결문 등을 가지고 사용자의 재산을 강제집행 할 수 있다. 강제집행은 사용자의 재산을 현금화하여 임금채권의 만족을 얻는 절차이고, 본안 소송과는 별개로 법원에 따로 신청해야만 진행된다.

3) 체당금 제도

고용노동부장관은 사업주가 파산선고・회생절차개시결정을 받거나 사실상 도산상태에 이르러 임금지급능력이 없는 것으로 인정되는 경우, 근로자에게 미지급 임금 등을 지급하라는 판결・명령・조정・결정 등이 있는 경우에 퇴직한 근로자가 지급받지 못한 임금 등의 지급을 청구하면 그 근로자의 미지급 임금 등을 사업주를 대신하여 지급하는 체당금 제도를 운영하고 있다.[5]

임금채권보장법상 일정 요건을 갖춘 경우라면 사업주 대신 고용노동부 지방관서에 체당금을 신청하여 체불임금을 보전 받을 수 있으나, 체당금 제도는 사업주의 채무를 공공기금으로 대신 변제하는 제도이므로 그 요건이 엄격하고 까다롭다.

---

5) 임금채권보장법 제7조 제1항, 동법 시행령 제4조

나. 임금채권 추심을 위한 민사적 절차

1) 임금채무자의 확정 및 책임재산의 범위

가) 원칙

임금채무는 고용계약상의 노무 제공에 대한 반대급부로 발생하는 의무이므로 고용계약의 당사자가 임금채무자가 된다. 근로기준법에서는 사용자를 사업주 또는 사업경영담당자, 그 밖에 근로자에 관한 사항에 대하여 사업주를 위하여 행위하는 자[6]로 정하고 있으나 이 중 민사상 임금채무자로 되는 자는 사업주만 뜻하는 것으로 보아야 한다.

사업주는 사업 또는 사업장의 경영주체를 말한다. 개인사업체에서는 개인인 자연인, 회사 기타 법인에서는 법인 그 자체를 말한다. 따라서 임금채무자의 책임재산의 범위는 개인사업체의 경우에는 사업주 개인의 재산이 되고, 법인에서는 법인 소유의 재산만이 된다.

나) 특수한 경우

(1) 법인의 대표이사 변경

주식회사 등 사업주가 법인인 경우 법인 자체가 임금채무자이고, 대표이사는 임금채무자가 아니므로 대표이사가 변경되더라도 임금채무자에 변동은 없다.

---

6) 근로기준법 제2조 제1항 제2호

(2) 경영상 필요에 의해 사업주 변동이 초래되는 경우

사업주는 경영상 필요에 따라 영업을 양도하거나 분할·합병, 조직변경 등 변동을 추진할 수 있는데 사업주 변동이 근로계약에 영향을 미치는 경우로는 i) 영업양도, ii) 회사의 합병(상법 제174조, 제175조, 제230조부터 제240조까지, 제522조부터 제529조, 제530조 제2항, 제598조부터 제603조까지), iii) 회사의 분할(상법 제530조의2부터 제530조의12), iv) 회사의 조직변경(상법 제242조, 제269조, 제604조, 제607조), v) 개인사업체의 법인 전환 등이 있다.

(가) 영업양도의 경우

영업양수인은 영업양도인과 근로자 사이에 형성된 종전의 근로관계에 따른 권리와 의무를 그대로 이전받게 되므로 영업양도 이후 발생하는 임금채무에 대해서는 영업양수인이 사용자로서 임금채무자가 된다. 영업양도 이전에 발생한 임금채무는 원칙적으로 영업양수인이 포괄적으로 인수하게 되므로 영업양수인은 양수인으로서 채무자가 된다. 다만 영업양도로 인하여 영업양도인이 종래 부담하고 있는 임금채무가 당연히 면책되는 것은 아니므로 영업양도인과 영업양수인 사이에 면책적 채무인수의 합의가 없는 이상 영업양도인도 영업양수인과 함께 부진정연대책임을 진다고 보아야 할 것이다.[7] 한편 퇴직금청구권은 근로계약이 종료되는 때에 비로소 발생하는 것이므로[8] 영업양도로 인해 고용이 승계된 근로자에 대한 퇴직금 지급의무는 영업양수인에게만 있다.

---

7) 해고와 임금, 사법연수원, 2012, 280쪽

8) 대판 1973. 10. 10. 73다278 ; 대판 1991. 6. 28. 90다14560 등

(나) 합병

합병이란 2개 이상의 회사가 상법의 절차에 따라 청산절차를 거치지 않고 합쳐지면서 최소한 1개 이상의 회사의 법인격을 소멸시키고 합병 이후 존속회사 또는 합병으로 신설되는 회사가 소멸회사의 권리의무를 포괄적으로 승계하는 법률사실을 말한다. 합병에는 수 개의 당사회사 가운데 하나의 회사만이 존속하고 나머지 회사는 소멸하며 존속회사가 소멸회사의 권리의무를 포괄적으로 승계하는 흡수합병과 당사회사 전부가 소멸하고 신설된 회사가 소멸회사의 권리의무를 포괄적으로 승계하는 신설합병이 있다.

상법은 '합병 후 존속하는 회사 또는 합병으로 인하여 설립되는 회사가 합병으로 인하여 소멸되는 회사의 권리의무를 승계한다'[9]고 규정하고 있으므로 근로관계 역시 존속회사 또는 신설회사에 당연히 포괄적으로 승계된다는 것이 판례의 입장[10]이다. 근로관계 승계에 따른 임금채무자의 문제는 위 영업양도의 경우와 같다.

(다) 회사의 분할

분할이라 함은 회사의 영업을 둘 이상으로 분리하고 분리된 영업재산을 자본으로 하여 회사를 신설하거나(단순분할) 다른 회사와 합병시키는(분할합병) 조직법적 행위를 말한다. 회사분할로 인하여 설립되는 회사 또는 존속하는 회사(분할 후 회사)는 분할 전 회사의 권리의무를 분할계획서 또는 분할합병계약서가 정하는 바에 따라 포괄적으로 승계하고,[11] 설립되는 회사 또는 존속하는 회사(분할 후 회

9) 상법 제235조, 제530조 제2항, 제603조

10) 대판 1994. 3. 8. 93다1589 ; 대판 2001. 4. 24. 99다9370

11) 상법 제530조의10

사)는 분할 전 회사의 채무에 대하여 분할 전 회사와 연대하여 변제할 책임이 있다.[12] 근로관계 승계에 따른 임금채무자의 문제는 위 영업양도와 같다.

(라) 조직변경

조직변경이란 회사가 그 법인격의 동일성을 유지하면서 그 성질이 유사한 다른 종류의 회사로 법률상의 조직을 변경하는 것이므로, 조직변경 전후의 회사는 동일인이므로 임금채무자에 변화가 없다.

(마) 개인사업주가 사업체를 법인화하여 법인을 설립하는 경우

기업의 인적 · 물적 조직이 흡수 통합되거나 조직변경을 거친다 하더라도 그 기업 자체가 폐지됨이 없이 동일성을 유지하면서 존속되고 있는 한 경영주체의 변경에 불과하여 근로관계는 새로운 경영주에게 승계되고, 계속근로관계도 단절되지 아니한다는 것이 판례[13]의 입장이다. 근로관계 승계에 따른 임금채무자의 문제는 위 영업양도와 같다.

(3) 사용자가 파산선고 · 회생개시결정을 받은 경우

사용자가 법원으로부터 파산선고를 받게 되면 사용자가 파산선고 당시에 가진 모든 재산은 파산재단에 속하고,[14] 법원은 파산선고와 동시에 파산관재인을 선임한다.[15] 파산관재인은 법원의 감독을 받으

---

12) 상법 제530조의9 제1항

13) 대판 1999. 6. 11. 98다18353

14) 채무자 회생 및 파산에 관한 법률 제382조 제1항

15) 채무자 회생 및 파산에 관한 법률 제312조 제1항

며 파산재단을 관리하고 처분할 권한을 가지는데, 파산관재인은 파산법상의 직무를 수행하는 자일뿐 파산선고 이전의 임금채무에 대한 근로기준법상 사용자로 보기는 어렵다.[16] 다만 판례는 사업주가 파산선고를 받은 이후에 파산관재인이 영업의 일부를 계속하고 이를 위하여 파산선고를 이유로 해고한 직원 중 일부를 다시 보조자로 선임하여 근로를 제공받는 경우, 파산관재인이 임금채권 부담금을 납부할 의무가 있는 사업주에 해당한다고 한다.[17]

개인인 사용자에 대한 개인회생절차가 개시되어도 사용자는 여전히 개인회생재단에 관한 관리처분권을 가지므로 임금채무자에 변함이 없다. 반면 개인이 아닌 사용자에 대한 회생절차가 개시되면 사용자의 재산에 대한 관리처분권은 관리인에게 이전된다.[18] 관리인이 선임되어 있으면 그 회사의 대표업무집행과 재산관리 및 처분권 등은 관리인에게 넘어가며 그 종업원과의 관계도 회사 대 종업원의 관계로부터 관리인 대 종업원의 관계로 변경되므로 회사의 대표이사가 사실상 회사의 운영에 관여하여 왔더라도 정리절차개시 이후에 퇴직하는 근로자의 퇴직금 및 임금지급기일에 지급될 임금을 지급하여야 할 사용자로서의 법적 책임이 있다고 할 수 없다.[19]

(4) 사용자가 사망, 해산한 경우

개인사업체에 있어서 사업주가 사망하면 그 영업은 상속인에게 포괄적으로 승계되나 인적인 성격이 매우 강한 자연인인 사업주와의

---

16) 근로기준과-4091, 2004. 8. 10.

17) 대판 2001. 2. 23. 2000두2723

18) 채무자 회생 및 파산에 관한 법률 제56조

19) 대판 1989. 8. 8. 89도426

근로계약은 사용자의 사망에 의해 종료되는 것으로 보는 것이 타당할 것이다. 개인사업주가 사망하게 되면 임금채무는 상속인에게 승계되는 것이므로 상속인이 임금채무자가 된다.

법인인 사용자가 해산하게 되면 종래 행하였던 적극적인 활동을 정지하고 청산절차에 들어가게 되고, 청산법인은 청산의 목적범위 내에서만 권리가 있고 의무를 부담한다.[20] 따라서 법인인 사용자가 해산하였다고 하여 곧바로 임금채무자가 소멸하게 되는 것은 아니고 청산이 종결할 때까지는 청산법인이 임금채무자가 되며, 청산이 종결한 때 비로소 법인이 소멸하여 권리능력을 상실하게 된다.

(5) 사용자 아닌 자가 임금채무자가 되는 경우

임금채무자는 근로계약의 당사자만이 되는 것이 원칙이지만, 근로기준법은 특별한 경우에 근로계약의 당사자가 아닌 자에게도 임금지급의 책임을 지워 채무자의 범위를 확대하여 임금채권을 보호하고 있다.

(가) 도급 사업에 대한 임금지급 연대책임

사업이 여러 차례의 도급에 따라 행하여지는 경우(도급이 1차에 걸쳐 행하여짐으로써 도급인과 수급인만이 있는 경우에는 도급인이 직상수급인에 해당한다[21]), 하수급인이 근로자에게 임금을 지급하지 못하였고 임금미지급 사유가 직상수급인이 정당한 사유 없이 도급계약에서 정한 도급 금액 지급일에 도급 금액을 지급하지 아니한 경우, 정당한 사유 없이 도급계약에서 정한 원자재 공급을 늦게 하거나 공급을 하지 아니한 경우, 정당한 사유 없이 도급계약의 조건을 이행

---

20) 민법 제81조, 상법 제245조, 제269조, 제542조, 제613조

21) 대판 1999. 2. 5. 97다48388

하지 아니하여 하수급인이 도급사업을 정상적으로 수행하지 못한 경우의 어느 하나에 해당할 때에는 그 직상수급인도 하수급인과 연대하여 임금을 지급할 책임을 진다. 직상수급인의 귀책사유가 그 상위수급인의 귀책사유에 의해 발생한 경우에는 그 상위수급인도 연대하여 책임을 진다.[22]

다만, 직상수급인과 하수급인의 근로자 사이에 묵시적인 근로계약관계의 성립을 인정할 수 있는 특별한 사정이 존재하지 않는 이상 그 직상수급인은 하수급인의 근로자에 대한 관계에서 근로계약의 당사자로서 임금채무를 1차적으로 부담하는 사업주인 사용자에 해당하지 않는다고 할 것인바, 직상수급인 소유의 재산에 대한 강제집행절차에서 하수급인의 근로자들이 직상수급인 소유의 재산을 사용자의 총재산에 해당한다고 보아 이에 대하여 임금 우선변제권을 주장할 수는 없다.[23] 직상수급인이 근로자에 대하여 임금채무를 변제하더라도 하수급인에게 구상권을 취득할 뿐 하수급인에 대한 도급보수채무가 소멸하는 것은 아니다.

(나) 건설업에서의 임금 지급 연대책임

특별히 건설업에서 사업이 2차례 이상 「건설산업기본법」 제2조 제11호[24]에 따른 도급이 이루어진 경우, 같은 법 제2조 제7호[25]에

22) 근로기준법 제44조, 동법 시행령 제24조

23) 대판 1999. 2. 5. 97다48388

24) 건설산업기본법 제2조 제11호 '도급'이란 원도급, 하도급, 위탁 등 명칭에 관계없이 건설공사를 완성할 것을 약정하고, 상대방이 그 공사의 결과에 대하여 대가를 지급할 것을 약정하는 계약을 말한다.

25) 건설산업기본법 제2조 제7호 '건설업자'란 이 법 또는 다른 법률에 따라 등록 등을 하고 건설업을 하는 자를 말한다.

따른 건설업자가 아닌 하수급인이 그가 사용한 근로자에게 해당 건설공사에서 발생한 임금을 지급하지 못한 경우에는 그 직상 수급인은 하수급인과 연대하여 하수급인이 사용한 근로자의 임금을 지급할 책임을 지고, 직상수급인도 「건설산업기본법」 제2조 제7호에 따른 건설업자가 아닌 때에는 그 상위 수급인 중에서 최하위의 같은 호에 따른 건설업자를 직상 수급인으로 본다.[26]

'건설업'이란 건설공사를 하는 업을 말하고, '건설공사'란 토목공사, 건축공사, 산업설비공사, 조경공사, 환경시설공사, 그 밖에 명칭에 관계없이 시설물을 설치·유지·보수하는 공사(시설물을 설치하기 위한 부지조성공사를 포함한다) 및 기계설비나 그 밖의 구조물의 설치 및 해체공사 등을 말하며, 다만 「전기공사업법」에 따른 전기공사, 「정보통신공사업법」에 따른 정보통신공사, 「소방시설공사업법」에 따른 소방시설공사, 「문화재 수리 등에 관한 법률」에 따른 문화재 수리공사는 포함하지 아니한다.[27]

본 조는 직상수급인의 귀책사유를 요건으로 하지 않으므로 직상수급인이 하수급인에게 공사대금채무를 전부 이행했다 하더라도 근로자의 임금에 대하여 연대책임을 져야 하며, 직상수급인이 근로자에 대하여 임금채무를 변제하더라도 하수급인에게 구상권을 취득할 뿐 하수급인에 대한 도급보수채무가 소멸하는 것은 아니다.

(다) 건설업의 공사도급에 있어서의 임금에 관한 특례

건설업의 공사도급이 1회 이상 이루어진 경우로서 ⅰ) 직상수급인이 하수급인을 대신하여 하수급인이 사용한 근로자에게 지급하여야

---

26) 근로기준법 제44조의 2

27) 건설산업기본법 제2조 제2호, 제4호

하는 임금을 직접 지급할 수 있다는 뜻과 그 지급방법 및 절차에 관하여 직상 수급인과 하수급인이 합의한 경우, ii)「민사집행법」 제56조 제3호에 따른 확정된 지급명령, 하수급인의 근로자에게 하수급인에 대하여 임금채권이 있음을 증명하는 같은 법 제56조제4호에 따른 집행증서,「소액사건심판법」 제5조의7에 따라 확정된 이행권고결정, 그 밖에 이에 준하는 집행권원이 있는 경우, iii) 하수급인이 그가 사용한 근로자에 대하여 지급하여야 할 임금채무가 있음을 직상 수급인에게 알려주고, 직상 수급인이 파산 등의 사유로 하수급인이 임금을 지급할 수 없는 명백한 사유가 있다고 인정하는 경우의 어느 하나에 해당하는 때에는 직상 수급인은 하수급인에게 지급하여야 하는 하도급 대금 채무의 부담 범위에서 그 하수급인이 사용한 근로자가 청구하면 하수급인이 지급하여야 하는 해당 건설공사에서 발생한 임금에 해당하는 금액을 근로자에게 직접 지급하여야 한다.[28]

「건설산업기본법」 제2조 제10호에 따른 발주자[29]의 수급인(이하 '원수급인')으로부터 공사도급이 2차례 이상 이루어진 경우로서 하수급인(도급받은 하수급인으로부터 재하도급 받은 하수급인 포함)이 사용한 근로자에게 그 하수급인에 대한「민사집행법」 제56조제3호에 따른 확정된 지급명령, 하수급인의 근로자에게 하수급인에 대하여 임금채권이 있음을 증명하는 같은 법 제56조제4호에 따른 집행증서,「소액사건심판법」 제5조의7에 따라 확정된 이행권고결정, 그 밖에 이에 준하는 집행권원이 있는 경우, 근로자는 하수급인이 지급하여야 하는 해당 건설공사에서 발생한 임금에 해당하는 금액을 원수급

---

28) 근로기준법 제44조의3 제1항

29) 건설산업기본법 제2조 제10호 '발주자'란 건설공사를 건설업자에게 도급하는 자를 말한다. 다만, 수급인으로서 도급받은 건설공사를 하도급 하는 자는 제외한다.

인에게 직접 지급할 것을 요구할 수 있다. 원수급인은 근로자가 자신에 대하여 「민법」 제404조에 따른 채권자대위권을 행사할 수 있는 금액의 범위에서 이에 따라야 한다.[30]

직상수급인 또는 원수급인이 하수급인의 근로자에게 임금에 해당하는 금액을 지급한 경우에는 하수급인에 대한 하도급 대금 채무는 그 범위에서 소멸한 것으로 본다.[31]

본 조는 직상수급인에게는 하수급인에 대한 하도급대금채무의 범위 내에서, 원수급인에게는 근로자가 자신에 대하여 행사할 수 있는 채권자대위권의 범위 내에게 임금 직접지급의 책임을 지도록 하고 있으므로 직상수급인 또는 원수급인의 도급대금채무가 존재할 경우에만 본 조의 책임이 성립한다. 반면 하수급인의 임금 미지급은 본 조의 요건이 아니다.

(6) 법인격부인론이 적용되는 경우

법인격부인론이란 회사가 외형상 법인의 형식을 갖추고 있으나 그 실질에 있어서는 그 법인격의 배후에 있는 자의 개인기업에 불과하거나 배후자에 대한 법률적용을 회피하기 위한 수단으로 함부로 쓰여져 법인격이 남용된 경우, 비록 외견상으로는 법인의 행위라 할지라도 법인과 그 배후자가 별개의 인격임을 내세워 법인에게만 그로 인한 법적 효과가 귀속됨을 주장하면서 배후자의 책임을 회피하는 것을 허용할 수 없고, 법인은 물론 그 배후자에 대하여도 법인의 행위에 관한 책임을 물어 구체적으로 타당한 해결을 도모하려는 이론을 말한다.[32]

---

30) 근로기준법 제44조의3 제2항

31) 근로기준법 제44조의3 제3항

법원은 "별개의 법인격임을 내세워 그 책임을 부정하는 것은 신의성실의 원칙에 반하거나 법인격을 남용하는 것으로서 허용될 수 없다"[33]면서 법인격부인론 자체는 인정하면서도, 법인제도의 취지를 훼손하지 않는 범위에서만 엄격하게 인정하고 있는 입장이다.

법인격부인론이 인정되기 위해서는 i) 법인이 마치 배후자의 개인기업처럼 완전히 지배된 상태에 있어야 한다. 판례 역시 "회사가 그 법인격의 배후에 있는 사람의 개인기업에 불과하다고 보려면, 원칙적으로 문제가 되고 있는 법률행위나 사실행위를 한 시점을 기준으로 하여, 회사와 배후자 사이에 재산과 업무가 구분이 어려울 정도로 혼용되었는지 여부, 주주총회나 이사회를 개최하지 않는 등 법률이나 정관에 규정된 의사결정절차를 밟지 않았는지 여부, 회사 자본의 부실 정도, 영업의 규모 및 직원의 수 등에 비추어 볼 때, 회사가 이름뿐이고 실질적으로는 개인 영업에 지나지 않는 상태로 될 정도로 형해화 되어야 한다. 또한, 위와 같이 법인격이 형해화 될 정도에 이르지 않더라도 회사의 배후에 있는 자가 회사의 법인격을 남용한 경우, 회사는 물론 그 배후자에 대하여도 회사의 행위에 관한 책임을 물을 수 있으나, 이 경우 채무면탈 등의 남용행위를 한 시점을 기준으로 하여, 회사의 배후에 있는 사람이 회사를 자기 마음대로 이용할 수 있는 지배적 지위에 있고, 그와 같은 지위를 이용하여 법인 제도를 남용하는 행위를 할 것이 요구되며, 위와 같이 배후자가 법인 제도를 남용하였는지 여부는 앞서 본 법인격 형해화의 정도 및 거래상대방의 인식이나 신뢰 등 제반 사정을 종합적으로 고려하여 개별적으로 판단하여야 한다"는 입장이다.[34] ii) 배후자가 그 지배

32) 대판 2001. 1. 19. 97다21604

33) 대판 2004. 11. 12. 2002다66892

적 지위를 이용하여 불공정한 행위를 했어야 한다. 판례는 "배후자에 대한 법률적용을 회피하기 위한 수단으로 함부로 쓰여지는 경우"라고 표현하고 있다.[35] iii) 주관적으로 행위자에게 법인격을 남용하려는 부정한 목적이 있어야 하는지 문제되나, 학설의 다수의 견해는 필요로 하지 않는다는 입장이다. 판례는 "기존회사가 채무를 면탈하기 위하여 기업의 형태·내용이 실질적으로 동일한 신설회사를 설립하였다면, 신설회사의 설립은 기존회사의 채무면탈이라는 위법한 목적 달성을 위하여 회사제도를 남용한 것에 해당한다. 여기에서 기존회사의 채무를 면탈할 의도로 신설회사를 설립한 것인지 여부는 기존회사의 폐업 당시 경영 상태나 자산상황, 신설회사의 설립시점, 기존회사에서 신설회사로 유용된 자산의 유무와 그 정도, 기존회사에서 신설회사로 이전된 자산이 있는 경우 그 정당한 대가가 지급되었는지 여부 등 제반 사정을 종합적으로 고려하여 판단하여야 한다"[36]고 하여 특히 신설회사의 설립과 관련하여 '채무면탈의 목적'이 있었는지 여부를 판단하는 경우가 있다.

법인격부인론이 적용되면 법인과 배후자의 인격이 동일시되므로, 임금채무자가 법인이더라도 배후자 개인에게 채무이행을 청구할 수 있다. 다만 법인 자체의 채무가 소멸되거나 법인격이 박탈되는 것은 아니므로 법인은 물론 배후자 개인이 함께 책임을 지게 된다. 다만 법인에 대한 승소판결문의 효력이 당연히 배후자에게 미치는 것은 아니므로 법인 및 개인인 배후자를 공동피고로 제소하여 집행권원을 확보해야만 배후자의 재산에 대하여 강제집행 할 수 있다.[37]

34) 대판 2008. 9. 11. 2007다90982

35) 대판 2001. 1. 19. 97다21604

36) 대판 2008. 8. 21. 2006다24438

2) 보전처분

보전처분은 권리 또는 법률관계에 관한 쟁송이 있을 것을 전제로 하여, 이에 대한 판결의 집행을 용이하게 하거나 확정판결이 있을 때까지 손해가 발생하는 것을 방지할 목적으로 일시적으로 현상을 동결하거나 임시적 법률관계를 형성하게 하는 재판을 말한다. 민사집행법은 보전처분으로서 가압류와 가처분을 규정하고 있다.

가) 가압류

가압류는 금전채권이나 금전으로 환산할 수 있는 채권의 집행을 보전할 목적으로 미리 채무자의 재산을 동결시켜 채무자로부터 그 재산에 대한 처분권을 잠정적으로 빼앗는 집행보전제도이다. 본안의 소송을 진행하여 집행권원을 확보할 때까지는 상당한 시간이 소요될 수 있으므로 그 사이에 채무자가 재산을 처분하는 등 강제집행이 어려워질 가능성이 있다. 따라서 본안의 소송을 제기하기 전에 미리 채무자의 재산을 현상대로 동결하려는 목적으로 가압류를 신청할 수 있다.

(1) 가압류를 신청할 수 있는 사유

가압류는 소송에 의해 권리의 존부가 확정되기 전에 채무자의 처분권을 잠정적으로 빼앗는 제도이므로 채무자에게 불편을 초래하게 마련이다. 따라서 그러한 불편을 야기함에도 불구하고 미리 보전처분을 해야 할 필요성이 있을 때에만 가압류결정을 받을 수 있다.

---

37) 대판 1993. 5. 12. 93다44531

민사집행법은 가압류는 이를 하지 아니하면 판결을 집행할 수 없거나 판결을 집행하는 것이 매우 곤란할 염려가 있을 경우에 할 수 있다고 정하고 있다.[38] 구체적으로 책임재산의 낭비, 훼손, 포기, 은닉, 채무자의 도망, 주거부정, 외국으로의 이주 준비 등 가압류를 하지 않으면 후일 강제집행이 불가능할 염려가 있을 때를 말하고 법원은 채무자의 신분, 직업, 자산상태 등 여러 가지 사정을 종합적으로 고려하여 판단한다. 채권자의 금전채권에 관하여 충분한 물적 담보가 설정되어 있거나[39] 채무자에게 재산이 충분히 있음이 소명된 경우에는 가압류의 필요성이 부정되는 경우가 있다.

(2) 가압류신청 절차 및 담보제공

가압류신청은 채권자, 채무자, 제3채무자(채권가압류 시), 임금채권의 표시, 신청취지, 신청사유, 대상재산 등의 내용을 기재하여 서면으로 해야 한다. 임금채권과 가압류의 이유에 대하여는 소명방법 등을 첨부해야 한다.[40] 입증의 정도는 증명 대신 소명에 의하므로 증명보다는 낮은 정도의 개연성으로 법관으로 하여금 일응 확실할 것이라는 추측에 이르도록 하는 증거를 제출하면 되며, 임금채권에 대한 소명방법으로는 근로계약서, 임금지급 내역이 기재된 은행계좌 거래내역, 사업주가 교부한 미지급 임금액 산정서, 임금대장 등이 있다.

관할법원은 가압류할 물건이 있는 곳을 관할하는 지방법원이나 본안의 관할법원이 된다.[41] 동산・부동산의 경우는 물건이 있는 장소

38) 민사집행법 제277조
39) 대판 1967. 12. 29. 67다2289
40) 민사집행법 제279조
41) 민사집행법 제278조

를 관할하는 법원, 채권의 경우에는 제3채무자의 보통재판적이 있는 법원, 물건의 인도를 목적으로 하는 채권과 물상담보권이 있는 채권의 경우에는 그 물건의 소재지, 어음과 같이 증권으로 화체된 채권은 그 증권소재지가 목적물의 소재지가 된다. 등기·등록이 필요한 그 밖의 재산권에 대한 가압류는 등기·등록을 하는 곳을 관할하는 지방법원이 된다. 본안의 관할법원은 임금채권자나 임금채무자의 주소지, 사업장의 소재지를 관할하는 법원이 된다.

가압류는 피보전권리의 존부에 관한 확정적 판단 없이 소명으로 채무자의 재산을 동결하는 것으로 채무자는 예기치 못한 손해를 입을 가능성이 있으므로 법원은 가압류로 인한 채무자의 손해에 대하여 일정한 금액을 담보로 제공하게 할 수 있다.[42] 법원은 부동산가압류의 경우에는 청구금액의 10분의 1, 채권가압류의 경우에는 청구금액의 5분의 2, 유체동산가압류의 경우에는 청구금액의 5분의 4 정도를 기준으로 하나 구체적 금액은 법관의 재량에 따라 결정된다. 가압류 목적물이 유체동산이거나 임금 또는 영업자 예금채권이 아니라면 선담보제공 방식으로 보증보험회사로부터 미리 공탁보증보험증권을 첨부할 수 있다.

(3) 가압류의 효력

부동산, 유체동산에 대한 가압류명령의 집행은 가압류 목적물에 대하여 매매, 증여, 질권 등의 담보권 설정, 그밖에 일체의 처분을 금지하는 효력을 발생시키나 그 처분행위가 절대적으로 무효가 되는 것은 아니다(상대적 무효). 목적달성을 위한 범위 내에서 가압류 물

42) 민사집행법 제280조 제3항

건의 사용·관리·수익까지 제한하는 효력이 있는 것이 원칙이나 부동산이 가압류된 경우에는 채무자가 목적물의 이용 및 관리의 권리를 갖는다.[43] 자동차·건설기계에 대한 가압류명령의 집행은 그 가압류의 기입등록을 촉탁함으로써 행하고 가압류법원은 채권자의 신청에 따라 채무자에 대하여 자동차·건설기계를 집행관에게 인도할 것을 명할 수 있다.[44]

채권의 가압류는 제3채무자에게 가압류재판정본을 송달함으로써 집행하고, 제3채무자에게 정본이 송달됨으로써 효력이 발생한다.[45] 채권 기타 재산권에 대한 가압류는 제3채무자의 채무자에 대한 지급을 금지하는 효력을 가진다.

나) 임금지급 가처분

(1) 의의 및 성질

민사집행법상의 가처분은 금전채권 이외의 권리 또는 법률관계에 관한 확정판결의 강제집행을 보전하기 위한 집행보전제도로서, 다툼의 대상(계쟁물)에 관한 가처분[46]과 임시의 지위를 정하기 위한 가처분[47]으로 나뉜다. 이 중 근로자 측의 임금지급 가처분은 임시의 지위를 정하기 위한 가처분의 일종으로, 사용자가 근로자를 해고하였으나 그 해고가 무효인 경우 근로자의 임금청구권을 피보전권리로

---

43) 민사집행법 제291조, 제83조 제2항
44) 민사집행규칙 제210조 제2항, 제211조
45) 민사집행법 제227조 제3항
46) 민사집행법 제300조 제1항
47) 민사집행법 제300조 제2항

하여 임금청구에 대한 본안판결 확정 전 임금 상당액의 지급을 명하는 것이다. 판례는 "신청인에 대한 해고조치가 일응 부당노동행위에 해당하여 무효라고 보여지는 이상 신청인은 그 임금내지는 임금에 준하는 손해배상청구권을 잃지 않는다고 보아야 할 것이므로 원심이 같은 취지에서 그 필요성을 인정하고 가처분으로서 본안판결확정시까지 잠정적으로 피신청인에게 그 임금에 해당하는 금원(다만 세금 해당액수는 공제하고 있다)지급을 명하였음이 소론과 같이 피보전권리의 범위를 초과한 위법이 있는 것이라고 할 수는 없다"고 한다.[48]

(2) 보전의 필요성

임금지급 가처분도 보전처분의 하나이므로 보전의 필요성이 소명되어야 하는데, 임금의 지급 중단으로 근로자의 생활이 곤궁해지는 경우 보전이 필요성이 인정되며 이는 경험칙상 추정된다. 다만 신청자의 임금이 유일한 생계수단이 아닌 경우, 고용보험법상의 실업급여를 수령하고 등 다른 사정이 있을 때에는 구체적 사정에 따라 보전의 필요성이 부정될 수 있다.

(3) 가처분의 범위

임금지급 가처분으로 지급을 명하는 임금액은 보통 종전 평균임금 상당액이 되나[49] 최근에는 생계유지를 위하여 필요한 액수로 제한하기도 한다. 임금지급의 기간 역시 제1심 판결 선고시나 본안판결 확정시로 정하거나 채권자가 필요한 노력을 하면 생계자금을 얻을 수 있는 시기까지로 정할 수도 있다. 근로자에게 담보제공을 요구하지

---

48) 대판 1978. 2. 14. 77다1648

49) 서울고판 1977. 7. 12. 76나2955

않는 경우가 많다.

3) 임금청구 소송 등의 제기를 통한 집행권원의 확보

가) 집행권원의 의의 및 종류

집행권원이라 함은 일정한 사법상의 이행청구권의 존재 및 범위를 표시하고 그 청구권에 집행력을 인정한 공정의 문서를 말한다. 현행법상 집행권원으로 인정되고 있는 것은 확정된 종국판결,[50] 가집행 선고가 있는 종국판결,[51] 확정된 지급명령,[52] 집행증서,[53] 소액사건 심판법에 의한 확정된 이행권고결정[54] 외에도 다수가 있으나, 임금채권과 관련하여 위 집행권원을 중심으로 설명한다.

(1) 집행증서

집행증서란 공증인, 법무법인 또는 공증인가합동법률사무소가 작성한 공정증서 중 일정한 금액의 지급이나 대체물 또는 유가증권의 일정한 수량의 급여를 목적으로 하는 청구에 관하여 작성한 것으로서 채무자가 강제집행을 승낙한 취지의 기재가 있는 증서[55]와 공증인, 법무법인 또는 공증인가합동법률사무소가 어음・수표에 부착하여 강제집행을 인낙하는 취지를 기재하여 작성한 공정증서[56]를 말한

50) 민사집행법 제24조
51) 민사집행법 제24조
52) 민사집행법 제57조, 제56조 제3호
53) 민사집행법 제57조, 제56조 제4호
54) 소액사건심판법 제5조의7 제1항
55) 민사집행법 제56조 제4호 ; 변호사법 제49조 제1항, 제59조
56) 공증인법 제56조의2 제1항

다. 당사자 간의 합의가 가능하다면 가장 간편하게 집행권원을 확보할 수 있는 방법이다.

요건을 갖추어 작성된 집행증서는 집행력을 가지므로 임금채무자가 약정한 변제기일까지 임금채무를 이행하지 않으면 임금채권자는 강제집행을 신청할 수 있게 된다. 임금채권자는 집행증서를 작성한 공증인 등에게 가서 집행증서의 정본을 제출하고 집행문을 부여받아 강제집행 신청을 할 수 있다.

(2) 독촉절차

독촉절차라 함은 금전 그 밖의 대체물이나 유가증권의 일정한 수량의 지급을 목적으로 하는 청구에 대하여 채권자가 간이하고 신속하게 집행권원을 확보할 수 있는 절차이다.[57] 소송절차에 비해 소송비용이 저렴하고 변론·판결 없이 명령이 발하여 지므로 채무자가 다투지 않을 것으로 예상될 때 독촉절차에 따라 신속하게 지급명령을 받는 것이 효율적이다.

임금채권자는 금전 그 밖의 대체물 또는 유가증권의 일정수량의 지급을 목적으로 청구에 대하여 법원에 지급명령을 신청할 수 있는데, 다만 공시송달 외의 방법으로 송달할 수 있는 경우에 한한다.[58]

지급명령의 신청에 대해서는 채무자를 심문하지 않고[59] 결정으로 지급명령을 한다. 채무자가 지급명령에 대하여 2주 이내에 적법한 이의신청을 한 경우에는 지급명령은 그 범위 안에서 효력을 잃고, 이의신청된 청구목적의 값에 관하여 소가 제기된 것으로 본다.[60] 지

57) 민사소송법 제462조

58) 민사소송법 제462조

59) 민사소송법 제467조

급명령에 대하여 이의신청기간 내에 이의신청이 없거나 이의신청의 취하·각하결정의 확정시에는 지급명령은 확정판결과 같은 효력이 있고,[61] 확정된 지급명령은 집행권원이 된다.[62]

(3) 민사소송의 제기

민사소송의 사법상의 권리관계를 대상으로 사권의 존재를 확정하여 사권을 보호하는 제도다. 임금채무자에 의한 임금채무의 임의이행이 불가능할 때 임금채권자는 법원에 임금청구의 민사소송을 제기하여 판결문을 받아 이 판결문을 집행권원으로 삼아 강제집행 할 수 있다.

임금채권에 대한 민사소송도 일반 민사소송과 절차와 방법을 같이 하므로 법원에 소장을 제출하고, 주장 및 입증자료를 제출하고, 변론기일에 출석하여 변론하는 과정을 거쳐 법원의 종국판결을 받는다. 민사소송에도 3심제가 적용되므로 양 당사자는 항소나 상고를 할 수 있고, 항고기간이 지나면 판결이 확정되어 집행력이 발생한다. 다만 가집행선고 있는 판결의 경우에는 판결이 확정되기 전에 강제집행을 할 수 있는데, 임금청구의 소는 재산상의 소송이므로 가집행선고가 붙은 종국판결문을 교부받아 판결이 확정되기 전이라도 강제집행을 신청할 수 있다.

(4) 소액사건심판청구

소액사건심판청구란 소액의 민사사건을 간이한 절차에 따라 신속히 처리하기 위하여 민사소송법에 대한 특례로 규정하고 있는 제도

---

60) 민사소송법 제469조 제2항, 제470조 제1항, 제472조 제2항

61) 민사소송법 제474조

62) 민사집행법 제56조

이다.[63] 소액사건심판청구의 대상이 되는 소액사건의 범위는 제소한 때의 소송목적의 값이 2,000만 원을 초과하지 아니하는 금전 기타 대체물이나 유가증권의 일정한 수량의 지급을 목적으로 하는 제1심의 민사사건으로, 소변경으로 위의 경우에 해당하지 않게 되거나 당사자참가·중간확인의 소 또는 반소의 제기 및 변론 병합으로 위에 해당하지 않는 사건과 병합심리하게 된 사건은 제외된다.[64]

소액사건심판을 청구하기 위하여도 일반민사소송과 마찬가지로 법원에 소장을 접수해야 하며, 법원은 소액사건이 제기되었을 때 결정으로 소장부본 등을 첨부하여 피고에게 청구취지대로 이행할 것을 권고할 수 있다.[65] 피고는 이행권고결정서의 등본을 송달받은 날로부터 2주 이내에 서면으로 이의신청을 할 수 있으며, 피고의 적법한 이의신청이 있으면 이행권고결정은 실효되며 소송절차가 진행된다.[66] 피고가 이의신청 기간 내에 이의신청을 하지 않거나, 이의신청이 각하되거나 취하된 때에는 이행권고결정은 확정판결과 같은 효력을 가지므로[67] 집행권원이 되어 강제집행 신청을 할 수 있다.

소액사건심판은 되도록 한 번의 변론기일로 심리를 마치고 있으며, 판결의 선고 역시 변론종결 후 즉시 할 수 있어[68] 통상의 민사소송절차보다 비용과 시간이 절약되는 절차이다.

---

63) 소액사건심판법 제1조
64) 소액사건심판규칙 제1조의2
65) 소액사건심판법 제5조의3
66) 소액사건심판법 제5조의4
67) 소액사건심판법 제5조의7 제1항
68) 소액사건심판법 제11조의2 제1항

나) 청구의 범위

(1) 원본

임금청구 사건의 청구금액 원본은 원칙적으로 미지급된 임금액이 된다.

(2) 지연손해금

사용자는 근로자가 사망 또는 퇴직한 경우에 그 지급 사유가 발생한 때부터 14일 이내에 임금, 보상금, 그 밖에 일체의 금품을 지급하여야 하고,[69] 이 중 임금 및 퇴직급여 일시금의 전부 또는 일부를 그 지급 사유가 발생한 날부터 14일 이내에 지급하지 아니한 경우 그 다음 날부터 지급하는 날까지의 지연일수에 대하여 연 100분의 40 이내의 범위에서 대통령령으로 정하는 이율에 따른 지연이자(지연손해금)을 지급해야 한다.[70] 현행 지연이자율은 연 100분의 20으로 정해져 있다.[71] 다만 사용자가 천재·사변, 그 밖에 대통령령으로 정하는 사유에 따라 임금 지급을 지연하는 경우 그 사유가 존속하는 기간에 대하여는 지연이자가 적용되지 아니하는데,[72] 대통령령으로 정하는 사유는 ⅰ) 「임금채권보장법」 시행령 제4조 각 호의 어느 하나에 해당하는 경우(「채무자 회생 및 파산에 관한 법률」에 따른 파산선고, 「채무자 회생 및 파산에 관한 법률」에 따른 회생절차개시 결정, 고용노동부장관의 도산 등 사실인정), ⅱ) 「채무자 회생 및 파산에 관한 법률」, 「국가재정법」, 「지방자치법」 등 법령상의 제

---

69) 근로기준법 제36조
70) 근로기준법 제37조 제1항
71) 근로기준법 시행령 제17조
72) 근로기준법 제37조 제2항

약에 따라 임금 및 퇴직금을 지급할 자금을 확보하기 어려운 경우, iii) 지급이 지연되고 있는 임금 및 퇴직금의 전부 또는 일부의 존부를 법원이나 노동위원회에서 다투는 것이 적절하다고 인정되는 경우, iv) 그 밖에 위의 규정에 준하는 사유가 있는 경우를 말한다.[73]

다) 소멸시효

(1) 임금채권의 소멸시효

「근로기준법」에 따른 임금채권 및 「근로자퇴직급여 보장법」에 따른 퇴직금을 받을 권리는 3년간 행사하지 아니하면 시효로 소멸한다.[74] 임금채권에는 근로기준법상 모든 임금이 포함된다.

(2) 소멸시효의 기산점

소멸시효는 권리를 행사할 수 있는 때로부터 진행하므로[75] 각 채권의 변제기가 도래하면 소멸시효가 기산된다. 따라서 월급여는 급여정기지급일, 연차유급휴가수당은 청구권이 발생한 때,[76] 퇴직금은 퇴직한 다음날, 즉 퇴직일로부터 소멸시효가 기산된다. 판례는 "근로기준법 제36조 소정의 금품청산제도는 근로관계가 종료된 후 사용자로 하여금 14일 내에 근로자에게 임금이나 퇴직금 등의 금품을 청산하도록 하는 의무를 부과하는 한편, 이를 불이행하는 경우 형사상의 제재를 가함으로써 근로자를 보호하고자 하는 것이지 사용자에게 위

---

73) 근로기준법 시행령 제18조

74) 근로기준법 제49조 ; 근로자퇴직급여 보장법 제10조

75) 민법 제166조 제1항

76) 대판 1980. 5. 13. 79다2332

기간 동안 임금이나 퇴직금 지급의무의 이행을 유예하여 준 것이라고 볼 수는 없으므로, 이를 가리켜 퇴직금청구권 행사에 대한 법률상의 장애라고 할 수는 없고, 따라서 퇴직금청구권은 퇴직한 다음날부터 이를 행사할 수 있다"고 한다.[77]

또한 퇴직금 중간정산과 관련하여, 미지급 중간퇴직금 채권의 소멸시효는 그 퇴직금 중간정산일로부터 기산되며, 중간퇴직금 정산 이후에 근로관계가 계속되었다 하더라도 마찬가지라고 한다.[78] 마찬가지로 중간퇴직이 유효하다면 그 후 재입사하고 최종퇴직한 경우 중간퇴직으로 인한 퇴직금청구권과 그 후 재입사일부터 최종퇴직 시까지의 근속기간에 대한 퇴직금청구권은 당사자만 동일할 뿐 별개의 퇴직금청구권이므로 소멸시효는 그 각 청구권별로 별개로 진행하며 소송상 청구하는 때에도 이는 독립된 별개의 청구이다.[79] 퇴직금 중간정산 전의 계속근로기간 중 일부 기간에 대하여만 중간정산의 합의가 성립한 경우, 중간정산의 합의가 없었던 기간에 대하여는 중간정산퇴직금청구권이 발생할 여지가 없고 최종 퇴직 시점에 그 기간에 대한 퇴직금청구권이 발생하며, 이에 대한 소멸시효도 중간정산 시점이 아닌 최종퇴직시점부터 진행한다.[80]

(3) 소멸시효의 중단

임금채권도 일반 민사채권이므로 소멸시효 중단 및 정지에 관한 민법의 규정이 적용된다. 소멸시효 중단 사유로는 ⅰ) 청구, ⅱ) 압

77) 대판 2001. 10. 30. 2001다24051

78) 대판 2006. 5. 26. 2003다54322, 54339

79) 대판 1992. 9. 14. 92다17754

80) 대판 2012. 10. 25. 2012다41045

류 또는 가압류, 가처분, iii) 승인이 있다.[81)]

이 중 청구에는 재판상 청구, 파산절차참가, 지급명령신청, 화해를 위한 소환, 임의출석, 최고가 있다. 재판상 청구를 하면 소를 제기한 때부터 시효가 중단되는데 원칙적으로 민사소송에 의한 권리주장을 의미하나 행정소송이라 하더라도 사권을 행사하기 위한 수단이나 전제가 되는 경우에는 시효 중단으로서의 재판상 청구에 해당되는 경우도 있다. 판례는 "근로자가 사용자의 부당노동행위로 인하여 해고를 당한 경우 근로자로서는 민사소송으로 해고무효 확인 및 임금의 지급을 구하는 방법 외에 부당노동행위에 대해 근로기준법에 의한 행정상 구제절차를 이용하여 노동위원회에 구제신청을 한 후 행정소송으로 다투는 방법으로 권리회복을 구할 수도 있으므로, 노동위원회가 임금을 지급하라는 구제명령을 한 것에 대해 사용자가 불복하고 행정소송을 제기하자 근로자가 중앙노동위원회 위원장을 위하여 보조참가를 하여 이를 다툰 것은 임금지급청구권에 대한 소멸시효 중단사유로서의 재판상 청구에 해당한다"고 한다.[82)] 최고는 채무자에 대하여 채무이행을 구한다는 채권자의 의사의 통지의 성질을 갖는 것이며[83)] 특별한 형식을 요하지 않는다. 최고는 6월 내에 재판상의 청구, 파산절차참가, 화해를 위한 소환, 임의출석, 압류 또는 가압류, 가처분을 하지 아니하면 시효중단의 효력이 없다.[84)]

소멸시효 중단사유로서의 채무승인은 상대방의 권리 또는 자신

81) 민법 제168조

82) 대판 2012. 2. 9. 2011다20034

83) 대판 2003. 5. 13. 2003다16238

84) 민법 제174조

의 채무가 있음을 인식하고 있다는 사실을 상대방에게 알리는 것이므로 그 성질은 관념의 통지이고, 여기에 어떠한 효과의사가 필요하지 않다.[85] 승인의 방법으로는 아무런 형식을 요구하지 아니하며 명시적이든 묵시적이든 따지지 않고 채무자가 권리자에 대하여 그 권리가 존재함을 인식하고 있다는 뜻을 표시하면 되며 시효를 중단시키고자 하는 의사가 필요한 것은 아니다. 다만 묵시적인 승인의 표시는 적어도 채무자가 그 채무의 존재 및 액수에 대하여 인식하고 있음을 전제로 하여 그 표시를 대하는 상대방으로 하여금 채무자가 그 채무를 인식하고 있음을 그 표시를 통해 추단하게 할 수 있는 방법으로 행해져야 한다.[86] 특히, 채무자가 채무의 일부를 변제하면 이는 채무를 전부 승인한 것이 되어 채무전부에 관하여 시효중단의 효력을 발생한다.[87]

다만 고용노동부 지방관서의 근로감독관에게 진정 내지 형사고소를 하는 것은 민사적 소멸시효 중단 사유가 되지 않는다.[88]

소멸시효가 중단된 때에는 중단까지 경과한 시효기간은 이를 산입하지 아니하고 중단사유가 종료한 때로부터 새로이 진행한다. 재판상의 청구로 인하여 중단된 시효는 재판이 확정된 때로부터 새로이 진행한다.[89]

85) 대판 2013. 2. 28. 2011다21556
86) 대판 2007. 11. 29. 2005다64552
87) 대판 1980. 5. 13. 78다1790
88) 대판 1999. 3. 12. 98다18124
89) 민법 제178조

4) 강제집행

가) 개관

강제집행이란 채권자의 신청에 의하여 법원이 채권자를 위하여 집행권원에 표시된 사법상의 이행청구권을 국가권력에 기하여 강제적으로 실현하는 법적절차이다.

나) 심리적 압박에 의한 임금채권 회수

(1) 채무자에 대한 재산명시신청

재산명시절차는 일정한 집행권원에 의한 금전채무를 이행하지 아니하는 경우에 법원이 그 채무자로 하여금 강제집행의 대상이 되는 재산관계를 명시한 재산목록을 제출하게 하고 그 재산목록의 진실함을 선서하게 하는 법적 절차를 말한다.[90] 채무자에게 재산목록 제출에 대한 심리적 부담을 주어 스스로 변제하도록 유도하고, 채무자가 제출한 재산목록에 의해 채무자의 재산을 파악하는 기능을 가진다.

금전의 지급을 목적으로 하는 집행권원에 기초하여 강제집행을 개시할 수 있는 채권자는 채무자의 보통재판적이 있는 곳의 법원에 채무자의 재산명시를 요구하는 신청을 할 수 있고,[91] 재산명시신청에 정당한 이유가 있는 때에는 법원은 채무자에게 재산상태를 명시한 재산목록을 제출하도록 명할 수 있으며 재산명시신청에 정당한 이유가 없거나 채무자의 재산을 쉽게 찾을 수 있다고 인정한 때에는 법원은 결정으로 이를 기각하여야 한다.[92]

90) 민사집행법 제61조 제1항

91) 민사집행법 제61조 제1항

법원의 재산명시명령에 대하여 채무자가 1주 이내에 이의신청이 없거나 이의신청을 기각한 때에는 재산명시기일을 정하여 채무자에게 출석하도록 요구하고, 채무자는 재산명시기일에 강제집행의 대상이 되는 재산과 재산명시명령이 송달되기 전 1년 이내에 채무자가 한 부동산의 유상양도, 재산명시명령이 송달되기 전 1년 이내에 채무자가 배우자, 직계혈족 및 4촌 이내의 방계혈족과 그 배우자, 배우자의 직계혈족과 형제자매에게 한 부동산 외의 재산의 유상양도, 재산명시명령이 송달되기 전 2년 이내에 채무자가 한 재산상 무상처분을 명시한 재산목록을 제출하여야 한다.[93]

채무자는 재산명시기일에 재산목록이 진실하다는 것을 선서하여야 하며,[94] 채무자가 정당한 사유 없이 명시기일 불출석, 재산목록 제출 거부, 선서 거부를 하면 법원은 결정으로 20일 이내의 감치에 처한다.[95]

채무자에 대하여 강제집행을 개시할 수 있는 채권자는 재산목록을 보거나 복사할 것을 신청할 수 있다.[96]

(2) 채무불이행자 명부 등재 신청

채무불이행자명부란 금전채무를 일정기간 내에 이행하지 아니하거나 재산명시절차에서 감치 또는 처벌대상이 되는 행위를 한 채무자에 관한 일정사항을 법원의 재판에 의하여 등재한 후 누구든지 보거나 비치할 수 있도록 법원에 비치하는 명부를 말한다. 불성실한 채

92) 민사집행법 제62조 제1항, 제2항

93) 민사집행법 제64조

94) 민사집행법 제65조 제1항

95) 민사집행법 제68조 제1항

96) 민사집행법 제67조

무자의 인적사항을 공개하여 명예와 신용훼손의 불이익을 통한 간접 강제의 효과를 가진다.

채무자가 금전의 지급을 명한 집행권원이 확정된 후 또는 집행권원을 작성한 후 6월 이내에 채무를 이행하지 아니하는 때 및 재산명시절차에서 명시기일 불출석, 재산목록 제출 거부, 선서 거부, 거짓의 재산목록을 낸 때 채권자는 그 채무자를 채무불이행자명부에 올리도록 신청할 수 있다.[97]

채무불이행자명부는 등재결정을 한 법원에 비치하고, 누구든지 보거나 복사할 것을 신청할 수 있다.[98]

(3) 체불사업주 명단 공개

근로기준법은 임금 등 체불사업주의 명단을 공개하는 제도를 2012. 2. 1. 신설하여 2012. 8. 2.부터 시행하고 있다. 근로기준법상 체불사업주 명단 공개는 사업주가 스스로 임금지급의무를 이행하도록 하는 심리적 압박수단의 일환이다.

고용노동부장관은 근로기준법 제36조, 제43조, 제56조에 따른 임금, 보상금, 수당, 그 밖에 일체의 금품(임금 등)을 지급하지 아니한 사업주(법인인 경우에는 그 대표자 포함)가 명단 공개 기준일 이전 3년 이내 임금 등을 체불하여 2회 이상 유죄가 확정된 자로서 명단 공개 기준일 이전 1년 이내 임금 등의 체불총액이 3천만 원 이상인 경우에는 그 인적사항 등을 공개할 수 있다. 다만 체불사업주의 사망·폐업으로 명단 공개의 실효성이 없는 경우 등 대통령령으로 정하는 사유가 있는 경우에는 그러하지 아니하다.[99] 체불사업주의 사

97) 민사집행법 제70조 제1항

98) 민사집행법 제72조 제1항, 제4항

망·폐업으로 명단 공개의 실효성이 없는 경우 등 대통령령으로 정하는 사유란 i) 임금 등을 지급하지 않은 체불사업주가 사망하거나 「민법」 제27조에 따라 실종선고를 받은 경우(체불사업주가 자연인인 경우만 해당), ii) 체불사업주가 「근로기준법」 제43조의2 제2항에 따른 소명 기간 종료 전까지 체불 임금 등을 전액 지급한 경우, iii) 체불사업주가 「채무자 회생 및 파산에 관한 법률」에 따른 회생절차 개시 결정을 받거나 파산선고를 받은 경우, iv) 체불사업주가 「임금채권보장법 시행령」 제5조에 따른 도산등사실인정을 받은 경우, v) 체불사업주가 체불 임금 등의 일부를 지급하고, 남은 체불 임금 등에 대한 구체적인 청산 계획 및 자금 조달 방안을 충분히 소명하여 법 제43조의2 제3항에 따른 임금체불정보심의위원회가 명단 공개 대상에서 제외할 필요가 있다고 인정하는 경우, vi) 제1호부터 제5호까지의 규정에 준하는 경우로서 위원회가 체불사업주의 인적사항 등을 공개할 실효성이 없다고 인정하는 경우를 말한다.[100)]

고용노동부장관은 명단공개의 대상이 된 체불사업주의 성명·나이·상호·주소(체불사업주가 법인인 경우에는 그 대표자의 성명·나이·주소 및 법인의 명칭·주소를 말한다), 명단 공개 기준일 이전 3년간의 임금 등 체불액을 관보에 싣거나 인터넷 홈페이지, 관할 지방고용노동관서 게시판 또는 그 밖에 열람이 가능한 공공장소에 3년간 게시하는 방법으로 공개한다.[101)]

---

99) 근로기준법 제43조의2 제1항

100) 근로기준법 시행령 제23조의2

101) 근로기준법 시행령 제23조의3

(4) 임금 등 체불자료의 제공

근로기준법은 임금채무의 임의이행을 촉구하는 수단으로 종합신용정보집중기관이 요구할 경우 고용노동부장관이 임금 등 체불자료를 제공할 수 있도록 하고 있다.

고용노동부장관은 「신용정보의 이용 및 보호에 관한 법률」 제25조 제2항 제1호에 따른 종합신용정보집중기관이 임금 등 체불자료 제공일 이전 3년 이내 임금 등을 체불하여 2회 이상 유죄가 확정된 자로서 임금 등 체불자료 제공일 이전 1년 이내 임금 등의 체불총액이 2천만 원 이상인 체불사업주의 인적사항과 체불액 등에 관한 자료를 요구할 때에는 임금 등의 체불을 예방하기 위하여 필요하다고 인정하는 경우에 그 자료를 제공할 수 있다. 다만, 체불사업주의 사망・폐업으로 임금 등 체불자료 제공의 실효성이 없는 경우 등 대통령령으로 정하는 사유가 있는 경우에는 그러하지 아니하다.[102] 체불사업주의 사망・폐업으로 임금 등 체불자료 제공의 실효성이 없는 경우 등 대통령령으로 정하는 사유란 i) 체불사업주가 사망하거나 「민법」 제27조에 따라 실종선고를 받은 경우(체불사업주가 자연인인 경우만 해당한다), ii) 체불사업주가 임금 등 체불자료 제공일 전까지 체불 임금 등을 전액 지급한 경우, iii) 체불사업주가 「채무자 회생 및 파산에 관한 법률」에 따른 회생절차개시 결정을 받거나 파산선고를 받은 경우, iv) 체불사업주가 「임금채권보장법 시행령」 제5조에 따른 도산등사실인정을 받은 경우, v) 체불자료 제공일 전까지 체불사업주가 체불 임금 등의 일부를 지급하고 남은 체불 임금 등에 대한 구체적인 청산 계획 및 자금 조달 방안을 충분히 소명하여 고

102) 근로기준법 제43조의3

용노동부장관이 체불 임금 등 청산을 위하여 성실히 노력하고 있다고 인정하는 경우를 말한다.[103]

다) 강제적 수단에 의한 임금채권 회수

(1) 재산조회

재산명시절차는 채무자 스스로 재산목록을 작성하여 제출하도록 하는 절차인 데에 반해 재산조회제도는 채무자의 협조 없이 공공기관 등의 전산망 자료를 이용하여 채무자의 재산을 적극적으로 찾는 제도이다.

재산명시를 신청한 채권자는 재산명시절차에서 채권자가 주소보정명령을 받고도 민사소송법 제194조 제1항의 규정에 의한 사유로 인하여 채권자가 이를 이행할 수 없었던 것으로 인정되는 경우, 재산명시절차에서 채무자가 제출한 재산목록의 재산만으로는 집행채권의 만족을 얻기에 부족한 경우, 재산명시절차에서 명시기일 불출석, 재산목록 제출 거부, 선서 거부, 거짓의 재산목록을 낸 경우의 사유가 있을 때 법원에 재산조회를 신청할 수 있다.[104]

(2) 강제집행

(가) 부동산에 대한 강제집행

부동산에 대한 강제집행의 방법은 크게 강제경매, 임의경매, 강제관리로 나뉘나 임금채권의 경우 저당권 등 담보물권을 확보하는 경

103) 근로기준법 시행령 제23조의4

104) 민사집행법 제74조 제1항

우는 거의 없고 강제관리의 방법으로 집행하는 경우도 많지 않으므로 강제경매에 의하는 경우가 많다.

강제경매의 대상은 토지 및 건물, 공장재단 및 광업재단(공장재단 및 광업재단을 구성하는 기계·기구 등 포함), 광업권·어업권, 등록된 자동차와 건설기계 및 항공기, 소유권보존등기된 입목, 지상권이다.

강제경매의 신청은 집행력 있는 정본 등을 첨부한 강제경매신청서를 서면으로 집행법원에 제출함으로써 하고, 집행법원은 강제경매의 신청이 있으면 집행개시 요건 및 경매목적물 등에 대한 조사를 한 뒤 경매신청의 요건이 구비되었다고 판단하면 강제경매개시결정을 한다. 집행법원은 강제경매개시결정과 동시에 압류를 명하는데[105)] 압류의 효력은 부동산에 대한 채무자의 관리·이용에 영향을 미치지 않으므로[106)] 채무자는 종전과 동일하게 부동산을 사용 수익할 수 있다. 다만 압류는 처분금지효를 가지므로 압류 후 채무자의 처분행위는 압류채권자에 대하여서는 효력이 없고(상대적 효력) 경매신청채권자는 계속하여 매각절차를 진행할 수 있다. 법원의 경매개시결정은 등기부에 등기되며 채무자에게 송달되는데, 압류의 효력은 등기된 때 또는 채무자에게 송달된 때 발생한다.[107)]

경매개시결정 등기가 기입되고, 채무자에게 경매개시결정 정본이 송달되어 압류의 효력이 발생하면 법원은 배당요구 종기를 첫 매각기일 이전으로 정하고,[108)] 첫 경매개시결정등기 전에 등기된 가압류채권자,[109)] 저당권·전세권 그 밖의 우선변제청구권으로서 첫 경매

105) 민사집행법 제83조 제1항

106) 민사집행법 제83조 제2항

107) 민사집행법 제83조 제4항

108) 민사집행법 제84조 제1항

개시결정등기 전에 등기되었고 매각으로 소멸하는 것을 가진 채권자,[110] 조세 그 밖의 공과금을 주관하는 공공기관에 대하여 채권신고 하도록 최고한다.[111] 법원은 매각부동산의 현황조사를 명하고 감정인으로 하여금 목적물을 평가하게 하여 최저매각가격을 정하게 된다. 최저매각가격으로 압류채권자의 채권에 우선하는 부동산의 모든 부담과 절차비용을 변제하고 남을 것이 없다고 인정한 때에는 매각절차를 취소하며,[112] 남을 것이 있으면 직권으로 배당요구 종기 및 매각기일과 매각결정기일을 지정하고 공고·통지하는 방식으로 경매절차가 진행된다. 매각기일에 매각이 실시되고 법원이 매각허가결정을 하면 매수인이 매각대금을 지급하게 된다.

매각대금으로부터 변제받을 채권자가 1인뿐이거나 여러 채권자가 경합되어 있더라도 매각대금이 집행비용 및 각 채권자의 채권을 만족시키기에 충분한 경우에는 법원은 각 채권자에게 그 채권액을 교부하고 잔액이 있으면 채무자에게 교부하나, 변제받을 채권자들이 경합되어 있고 매각대금으로 채권자들의 채권 만족이 부족할 경우 법원은 매각대금을 배당하는 절차에 들어가게 된다. 배당기일을 실시하여 배당표를 확정하고 배당이 실시되면 부동산 강제경매가 종료된다.

(나) 자동차에 대한 강제집행

자동차는 민법상 동산이지만 등록된 자동차에 대한 강제집행은 부동산에 대한 강제경매의 규정을 따른다.[113]

---

109) 민사집행법 제148조 제3호

110) 민사집행법 제148조 제4호

111) 민사집행법 제84조 제4항

112) 민사집행법 제102조

부동산강제경매신청과 마찬가지로 자동차강제경매신청서를 법원에 제출하면 집행법원은 자동차에 대한 강제경매개시결정을 하게 된다. 강제경매개시결정에는 채권자를 위하여 자동차를 압류한다는 것을 선언하는 외에 채무자에 대하여 자동차를 집행관에게 인도할 것을 명하여야 한다.[114]

압류된 자동차를 매각하여 현금화한 뒤 채권자들에게 배당하는 절차는 부동산의 경우와 거의 같다.

(다) 유체동산에 대한 강제집행

민사집행법에서 말하는 유체동산은 민법의 동산과는 달리 부동산 및 이에 준하여 취급되는 소유권보존등기된 입목, 공장재단, 광업재단, 광업권, 어업권, 등기할 수 있는 선박, 등록된 항공기, 자동차, 건설기계 외의 것 중에서 채권 그 밖의 재산권을 제외한 물건 및 유가증권으로 화체된 재산권을 말한다.

채권자가 집행관에게 집행신청(집행위임)을 하면 집행관은 채무자 소유의 유체동산 중 압류금지물건[115]을 제외하고 압류를 실시한 후[116] 압류물을 현금화한다. 집행관은 채권자가 한 명인 경우에는 압류한 금전 또는 현금화한 대금을 압류채권자에게 인도하여야 한다.[117] 공동집행,[118] 이중압류[119] 또는 배당요구한 채권자가 여러 명

113) 민사집행규칙 제108조
114) 민사집행법 제83조 제1항 ; 민사집행규칙 제111조 제1항
115) 민사집행법 제195조
116) 민사집행법 제188조부터 제192조
117) 민사집행법 제201조 제1항
118) 민사집행법 제222조 제2항
119) 민사집행법 제215조

일 경우에는 집행관은 압류금전 또는 현금화한 대금으로 각 채권자의 채권과 집행비용의 전부를 변제할 수 있는 때에는 각 채권자에게 채권액을 교부하고 나머지가 있으면 채무자에게 교부하고,[120] 전부를 변제할 수 없는 때에는 채권자 사이에 배당협의가 이루어지면 그 협의에 따라 배당을 실시하며 협의가 이루어지지 않으면 매각대금을 공탁하고[121] 집행법원은 배당절차를 실시한다.[122]

(라) 채권에 대한 강제집행

집행의 대상인 금전채권이란 집행채무자가 제3채무자에 대하여 가지는 금전의 지급을 목적으로 하는 채권을 말한다. 압류할 채권은 집행채무자의 책임재산 가운데 독립된 재산으로서 재산적 가치가 있고, 제3채무자에게 대한민국의 재판권이 미치며, 양도할 수 있는 채권이어야 하고 법률상 압류금지채권이 아니어야 한다.

채권자가 집행법원에 집행신청(압류명령의 신청)을 하면 집행법원은 압류명령을 발하여 채무자의 제3채무자에 대한 채권을 압류한 후,[123] 다시 채권자의 신청에 의하여 추심명령 또는 전부명령을 발하여 압류한 채권을 현금화한다.[124] 추심명령을 받은 경우 집행채권자는 제3채무자로부터 추심하여 법원에 신고함으로써 집행은 종료된다. 이중압류나 배당요구도 추심신고 전까지만 가능하므로 추심신고 시에 그 절차에 참가한 다른 채권자가 없는 경우에는 추심채권자는

120) 민사집행규칙 제155조 제1항

121) 민사집행법 제222조 제1항, 제2항 ; 민사집행규칙 제155조 제2항부터 제4항, 제156조

122) 민사집행법 제252조 제1항

123) 민사집행법 제227조 제1항

124) 민사집행법 제229조 제1항

추심한 금전으로 자기의 집행채권 및 집행비용의 변제에 충당할 수 있다. 절차에 참가한 다른 채권자가 있는 경우에는 추심한 금액을 공탁하고 신고하면[125] 배당절차가 실시된다.[126]

전부명령을 받으면 압류한 금전채권은 전부명령을 받은 집행채권자에게 이전하고 그로 인해 집행채권은 변제되어 소멸되는 효력을 가진다. 전부명령이 확정되어 전부의 실체적 효력이 발생한 때 집행절차는 종료된다.

(마) 집행권원 미확보 시 다른 채권자로부터 강제집행이 개시된 경우의 대처

임금채권자는 현실적으로 채권액이 소액인 경우가 많고 임금채무자로부터 근로계약서 등 임금채권의 입증이 될 만한 자료를 확보하지 못하고 있는 경우가 많다. 또한 명확한 근거 없이 임금채무자의 지급약속을 믿고 기다리는 경우가 많다. 만약 판결문 등 집행권원을 확보하지 못하고 있는 사이 임금채무자의 책임재산에 대하여 다른 채권자로부터 집행이 시작된 경우 임금채권자로서는 집행권원 없이도 배당에 참가하여 최우선변제 및 우선변제를 받을 수 있다.

① 부동산 등이 경매개시결정 된 경우

임금채무자의 부동산, 등록할 수 있는 자동차, 건설기계, 선박에 대하여 다른 채권자로부터 강제집행이 신청되어 경매개시결정이 발하여진 경우, 임금채권자는 근로기준법 제38조에 따라 우선변제권이 있는 채권자이므로 민사집행법 제88조 제1항에 따라 배당요구 종기

125) 민사집행법 제236조 제2항

126) 민사집행법 제252조 제2호

까지 배당요구를 할 수 있으며 반드시 배당요구를 하여야만 배당받을 수 있다. 배당요구 종기는 첫 매각기일 이전이므로, 임금채권자 등 우선변제권 있는 채권자라 하더라도 배당요구 종기까지 법원에 배당요구를 하지 않으면 목적물의 매각대금으로부터 배당을 받을 수 없고, 그 뒤 배당을 받은 후순위자를 상대로 부당이득반환청구를 할 수도 없다.127)

임금채권자가 집행법원에 근로기준법 제38조에 정해진 임금채권 및 근로자퇴직급여보장법 제11조에서 정한 퇴직금채권의 우선변제권에 기한 배당요구를 하는 경우에는, 판결 이유에 배당요구채권이 우선변제권이라는 판단이 있는 법원의 확정판결이나 고용노동부 지방관서에서 발급한 체불금품확인원 중 하나와 i) 사용자가 교부한 국민연금보험료원천공제계산서(국민연금법 제77조 참조), ii) 원천징수의무자인 사업자로부터 교부받은 근로소득에 대한 원천징수영수증(소득세법 제143조 참조), iii) 국민연금관리공단이 발급한 국민연금보험료 납부사실 확인서(국민연금법 제75조 참조), iv) 국민건강보험공단이 발급한 국민건강보험료납부사실 확인서(국민건강보험법 제62조 참조), v) 노동부 고용지원센터가 발급한 고용보험피보험자격취

---

127) 민사소송법 제605조 제1항에서 규정하는 배당요구가 필요한 배당요구채권자는, 압류의 효력발생 전에 등기한 가압류채권자, 경락으로 인하여 소멸하는 저당권자 및 전세권자로서 압류의 효력발생 전에 등기한 자 등 당연히 배당을 받을 수 있는 채권자의 경우와는 달리, 경락기일까지 배당요구를 한 경우에 한하여 비로소 배당을 받을 수 있고, 적법한 배당요구를 하지 아니한 경우에는 비록 실체법상 우선변제청구권이 있다 하더라도 경락대금으로부터 배당을 받을 수는 없을 것이므로, 이러한 배당요구채권자가 적법한 배당요구를 하지 아니하여 그를 배당에서 제외하는 것으로 배당표가 작성·확정되고 그 확정된 배당표에 따라 배당이 실시되었다면 그가 적법한 배당요구를 한 경우에 배당받을 수 있었던 금액 상당의 금원이 후순위채권자에게 배당되었다고 하여 이를 법률상 원인이 없는 것이라고 할 수 없다(대판 2002. 1. 22. 2001다70702).

득확인통지서(고용보험법 제14조 참조), vi) 위 기재 서면을 제출할 수 없는 부득이한 사정이 있는 때에는 사용자가 작성한 근로자명부(근로기준법 제40조 참조) 또는 임금대장(근로기준법 제47조 참조)의 사본(다만, 이 경우에는 사용자가 사업자등록을 하지 아니하는 등의 사유로 위 기재 서면을 발급받을 수 없다는 사실을 소명하는 자료도 함께 제출하여야 함) 중 하나를 소명자료로 첨부하여야 한다.[128]

다수의 근로자가 임금채권에 대하여 배당요구를 하면서 근로자 대표자를 선임하여 그에게 배당요구 및 임금채권 추심에 관한 일체의 권한을 위임하고 위임장을 첨부하여 대표자 명의로 배당요구를 하는 경우 그 대표자 이외의 근로자의 배당요구로서는 효력이 없고, 근로자 대표자가 사용자와 약속어음 공정증서 등을 작성하고 그에 기하여 자신의 명의로 배당요구를 하는 경우 임금채권 우선변제권을 인정받지 못한다는 점에 주의해야 한다.

경매절차에서 동일 채무자에 대하여 동종의 임금채권을 가지는 근로자들이 선정당사자를 선정하여 배당요구를 하는 경우 선정당사자를 배당요구채권자로 인정한다. 적용범위는 근로자들이 민사소송법 제53조 제1항의 규정에 따라 선정당사자를 선정하여 배당요구를 한 경우 및 근로자들이 경매절차가 개시되기 전에 선정당사자 명의로 가압류를 한 경우다. 선정당사자는 배당요구를 할 때 선정당사자를 포함한 선정자의 성명, 주소가 기재된 당사자선정서 및 선정자별 배당요구 임금채권액이 기재된 서면, 선정자별 임금채권이 우선변제권이 있는 임금채권임을 소명하는 서면을 첨부하여야 한다. 집행법원은 선정당사자에게 선정자들의 배당금 전액을 지급한다.[129]

---

128) 근로자의 임금채권에 대한 배당시 유의사항(재민 97-11), [재판예규 제1120호]
129) 근로자의 임금채권에 대한 배당시 유의사항(재민 97-11), [재판예규 제1120호]

② 유체동산에 대하여 강제집행이 개시된 경우

유체동산 집행에 있어서는 실체법상 우선변제청구권이 있는 자에 한하여 배당요구를 할 수 있도록 하고 있으므로[130] 임금채권자는 우선변제권이 있는 자로서 배당요구를 하여 배당절차에 참가할 수 있다. 배당요구는 채권의 원인과 액수를 적은 서면을 집행관에게 제출함으로써 하는데[131] 임금채권자가 임금채권 우선변제권에 기하여 배당요구하면서 소명자료로서 판결 이유 중에 배당요구채권이 우선변제권 있는 임금채권이라는 판단이 있는 법원의 확정판결(단 자백간주 판결, 공시송달에 의한 판결은 제외)을 제출하지 아니하는 경우에 실무에서는 그 채권자가 근로자라는 사실을 소명하는 자료와 미지급된 임금액을 소명하는 자료로 구분하여 따로 제출받고 있다.[132] 근로자의 임금채권 우선변제권에 기한 배당 요구 시 첨부할 소명자료는 위 부동산 등에 대한 배당요구의 경우와 같다.

배당요구는 집행개시 후, 즉 집행관이 압류할 물건의 소재지에 이르러 집행에 착수한 때부터 금전을 압류한 경우에는 금전 압류 이전까지, 압류물을 매각하여 현금화하는 경우에는 집행관이 매각대금을 영수한 때까지 배당요구를 할 수 있다. 금전의 지급을 목적으로 하는 유가증권을 압류한 경우에는 매각대금의 영수시가 배당요구 종기가 된다.[133]

③ 채권에 대한 압류·추심명령이 있는 경우

이미 다른 채권자로부터 임금채무자의 채권에 대한 압류 및 추심

130) 민사집행법 제217조

131) 민사집행법 제218조, 민사집행규칙 제158조, 제48조 제1항

132) 법원실무제요 민사집행, 법원행정처, 2003

133) 민사집행법 제220조 제1항 제1호

명령이 발하여진 경우 임금채권자가 다시 압류하면 압류의 효력은 채권의 전부에 미치고,[134] 추심명령으로 인한 추심권능 또한 압류된 채권의 전부에 미친다.[135] 추심명령을 받은 채권자들 사이에는 순위에 우열이 없으므로 이미 추심명령을 받은 채권자는 물론 임금채권자도 법원으로부터 압류 및 추심명령을 받아 추심할 수 있다. 다만 실제로 추심을 하게 되면 추심한 범위 내에서 피압류채권은 소멸하므로 제3채무자가 추심권자에게 채무를 지급한 후 새로운 압류명령이 제3채무자에게 송달되었더라도 이미 추심한 범위 내에서는 압류의 효력이 미칠 수 없다.[136]

추심채권자는 자기만족을 위하거나 집행법원의 수권에 따라 일종의 추심기관으로서 압류나 배당에 참가한 모든 채권자를 위하여 제3채무자로부터 추심을 하는 것이므로 추심권능은 압류된 채권 전액에 미친다. 제3채무자로서도 정당한 추심권자에게 변제하면 그 효력은 위 모든 채권자에게 미치므로 압류된 채권을 경합된 압류채권자 및 또 다른 추심채권자에게 안분하여 변제해야 하는 것도 아니다.[137]

추심명령을 얻은 채권자는 제3채무자로부터 피압류채권을 추심하면 추심한 채권액을 법원에 신고해야 하고[138] 이 경우 다른 채권자가 없는 경우에는 추심채권자는 추심금 중 자기의 집행채권액에 충당하고 나머지가 있으면 채무자에게 돌려준다.[139] 추심채권자가 집행법원에 추심신고를 할 때까지 압류, 가압류, 배당요구가 있는 때에는

134) 민사집행법 제235조

135) 민사집행법 제232조 제1항

136) 대판 2005. 1. 13. 2003다29937

137) 대판 2001. 3. 27. 2000다43819

138) 민사집행법 제236조 제1항

139) 대판 2004. 12. 10. 2004다54725

추심채권자의 공탁에 따라 배당절차에 들어가게 되고 그 배당절차에 따른 배당액의 범위 내에서만 집행채권이 소멸하게 된다.

임금채권에 대해서는 근로기준법 제38조에 따라 우선변제권이 인정되므로 임금채권자는 배당요구를 할 수 있고,[140] 다른 추심채권자가 추심을 받아 법원에 추심신고를 하기 전에 압류, 가압류, 배당요구를 하면 배당절차에 따라 우선변제 및 최우선변제를 받을 수 있다. 배당요구는 채권의 원인과 액수를 적은 서면으로 해야 하고[141] 우선변제청구권자는 채권의 내용과 발생원인을 적고 우선변제권의 존재를 소명하는 서면과 자격증명, 위임장 등을 붙여서 제출한다.[142] 우선변제권에 대한 소명은 자유로운 방법에 의하므로 임금채권의 경우 임금미지급증명서나 채무승인서 등을 붙이면 되나 고용노동부 지방관서에서 발급하는 체불금품확인원을 첨부하면 다툼의 여지가 없을 것이다.

④ 채권에 대한 압류·전부명령이 있는 경우

채권에 대한 전부명령이 확정되면 피전부채권은 전부채권자에게 이전되고 그로 인해 집행채권이 소멸되어 변제효를 가지므로 그 피전부채권을 통하여 채권의 만족을 얻을 수 있는 방법은 없다.

따라서 다른 채권자에 대한 전부명령이 제3채무자에게 송달될 때까지[143] 그 금전채권에 관하여 압류, 가압류 또는 배당요구를 하여 그 전부명령이 효력을 가지지 않도록 하는 경우[144]에만 피전부채권으

140) 민사집행법 제247조 제1항
141) 민사집행규칙 제173조, 제48조 제1항
142) 민사집행규칙 제173조, 제48조 제2항
143) 대판 1995. 9. 26. 95다4681
144) 민사집행법 제229조 제5항

로부터 채권의 만족을 얻을 수 있다. 임금채권자는 다른 채권자에 대한 전부명령이 제3채무자에게 송달되기 전에 압류, 가압류, 배당요구를 한 뒤 제3채무자에게 민사집행법 제248조 제2항에 따라 압류된 금액을 공탁하도록 청구하여 배당절차에 따라 배당을 받을 수 있다.

(바) 임금채권의 우선변제권

① 규정 및 법적성질

임금, 재해보상금, 그 밖에 근로관계로 인한 채권은 사용자의 총재산에 대하여 질권·저당권 또는「동산·채권 등의 담보에 관한 법률」에 따른 담보권에 따라 담보된 채권 외에는 조세·공과금 및 다른 채권에 우선하여 변제되어야 한다. 다만, 질권·저당권 또는「동산·채권 등의 담보에 관한 법률」에 따른 담보권에 우선하는 조세·공과금에 대하여는 그러하지 아니하다.[145] 사용자에게 지급의무가 있는 퇴직금,「근로자퇴직급여 보장법」제15조에 따른 확정급여형퇴직연금제도의 급여,「근로자퇴직급여 보장법」제20조제3항에 따른 확정기여형 퇴직연금제도의 부담금 중 미납입 부담금 및 미납입 부담금에 대한 지연이자,「근로자퇴직급여 보장법」제25조 제2항 제4호에 따른 개인형 퇴직연금제도의 부담금 중 미납입 부담금 및 미납입 부담금에 대한 지연이자(이하 '퇴직급여등'이라한다)는 사용자의 총재산에 대하여 질권 또는 저당권에 의하여 담보된 채권을 제외하고는 조세·공과금 및 다른 채권에 우선하여 변제되어야 한다. 다만, 질권 또는 저당권에 우선하는 조세·공과금에 대하여는 그러하지 아니하다.[146]

145) 근로기준법 제38조 제1항

146) 근로자퇴직급여보장법 제12조 제1항

근로기준법 및 근로자퇴직급여 보장법은 사회정책적인 차원에서 근로자의 임금채권을 보호하기 위하여 우선변제권을 인정하고 있고 아래에 보는 바와 같이 특정 임금채권에 대하여는 최우선변제권을 인정하고 있다. 근로기준법 및 근로자퇴직급여보장법상 우선변제권은 당사자 약정 없이 법률규정에 의하여 당연히 성립하는 법정담보물권이며[147] 집행절차뿐만 아니라 체납처분의 청산절차에서도 인정된다.[148]

다만 임금채권의 우선변제권을 정하고 있는 근로기준법 규정의 취지는 최종 3월분의 임금 등에 관한 채권은 다른 채권과 동시에 사용자의 동일재산으로부터 경합하여 변제받는 경우에 그 성립의 전후나 저당권의 설정 여부에 관계없이 우선적으로 변제받을 수 있는 권리가 있음을 밝힌 것일 뿐, 나아가 사용자의 특정재산에 대한 배타적인 지배권을 본질로 하는 추급효까지 인정되는 것은 아니므로 사용자의 재산이 제3자에게 양도된 후에는 양도인인 사용자에 대한 우선특권은 이 재산에 대하여는 더 이상 추구될 수 없고, 양수인의 양수재산에 대하여까지 우선권을 인정할 수는 없다.[149] 같은 맥락에서, 강제집행절차를 통한 배당요구를 거치지 아니한 채 이미 다른 채권자에 의하여 이루어진 압류처분의 효력까지도 배제하여 그보다 우선적으로 직접 지급을 구할 수는 없다.[150]

또한 판례는 "근로기준법상 최우선변제권이 인정된다고 하더라도 사용자가 재산을 취득하기 이전에 설정된 담보권에 대하여는 우선변제권이 인정되지 아니하고, 따라서 저당권자는 저당권설정자 즉 양

---

147) 대판 1994. 12. 27. 94다19242

148) 대판 1999. 4. 27. 97다43253

149) 대판 1994. 1. 11. 93다30938 ; 대판 1994. 12. 27. 94다19242

150) 대판 1989. 5. 23. 88다카15734 ; 대판 1994. 12. 9. 93다61611

도인이 지게 되는 부담이 아닌 것에 의하여 담보권을 침해당할 수 없는 것이므로, 저당권이 설정된 부동산이 양도되고 양수인이 사업을 경영하다가 도산하여 임금이나 퇴직금을 지급하지 못한 상태에서 강제집행이 개시된 경우 저당권이 우선한다"고 한다.[151]

다만, 임금채무를 지고 있던 사용자가 영업양도를 하면서 근저당권 목적물인 부동산을 타인에게 양도하고 그 영업양도에 따라 근로자들의 근로관계도 양수인에게 단절 없이 승계된 경우에는, 영업양도인에 대한 근로자들의 임금 등 우선변제권이 위 근저당권에 우선할 수 있는 것인 이상 근로관계를 그대로 승계한 영업양수인에 대한 관계에서도 영업양도 전과 동일하게 임금 등의 우선변제권이 유지된다고 한다.[152]

② 내용

우선변제권이 인정되는 임금채권은 임금, 재해보상금, 그 밖에 근로관계로 인한 채권 및 사용자에게 지급의무가 있는 퇴직금, 「근로자퇴직급여 보장법」 제15조에 따른 확정급여형 퇴직연금제도의 급여, 「근로자퇴직급여 보장법」 제20조제3항에 따른 확정기여형 퇴직연금제도의 부담금 중 미납입 부담금 및 미납입 부담금에 대한 지연이자, 「근로자퇴직급여 보장법」 제25조 제2항 제4호에 따른 개인형 퇴직연금제도의 부담금 중 미납입 부담금 및 미납입 부담금에 대한 지연이자다.

채권의 성질 자체에 대한 우선변제권을 인정하는 것이므로 임금채권자 자신이 행사하지 않더라도 타인이 사용자를 대위하여 근로자에게 우선변제권 있는 임금채권을 변제한 경우 그 대위변제자에게도

151) 대판 1994. 1. 11. 93다30938 ; 대판 2004. 5. 27. 2002다65905
152) 대판 2002. 10. 8. 2001다31141

우선변제권이 인정된다.[153)]

임금, 퇴직금 등의 지연에 따른 지연손해금은 민법상의 채무불이행에 따른 일반채권일 뿐 근로관계 그 자체로 인하여 발생한 채권은 아니라 할 것이므로 우선변제권이 인정되는 채권에 해당하지 않는다.[154)]

임금채권 우선변제권을 행사할 수 있는 대상은 사용자의 총재산이므로 사용자가 소유하는 부동산, 동산, 물권, 채권 등 모든 책임재산을 포함한다. 판례는, 여기서 사용자의 총재산이라 함은 근로계약의 당사자로서 임금채무를 1차적으로 부담하는 사업주인 사용자의 총재산을 뜻한다고 한다.[155)] 따라서 합자회사의 무한책임 사원의 개인 소유 재산이나[156)] 근로기준법 제44조의1에 의한 직상수급인의 임금 지급책임에 따른 직상수급인 소유의 재산은 여기서 말하는 사용자의 총재산에 해당하지 않는다고 한다.[157)]

③ 최우선변제권이 인정되는 임금채권의 범위

임금채권의 우선변제권에도 불구하고 최종 3개월분의 임금, 재해보상금 채권은 사용자의 총재산에 대하여 질권·저당권 또는 「동산·채권 등의 담보에 관한 법률」에 따른 담보권에 따라 담보된 채권, 조세·공과금 및 다른 채권에 우선하여 변제되어야 한다.[158)] 최종 3년간의 퇴직급여 등은 사용자의 총재산에 대하여 질권 또는 저당권에

153) 대판 1996. 2. 23. 94다21160

154) 대판 2000. 1. 28. 99마5143

155) 대판 1996. 2. 9. 95다719 ; 대판 1997. 12. 12. 95다56798 ; 대판 1999. 2. 5. 97다48388

156) 대판 1996. 2. 9. 95다719

157) 대판 1997. 2. 12. 95다56798

158) 근로기준법 제38조 제2항

의하여 담보된 채권, 조세 · 공과금 및 다른 채권에 우선하여 변제되어야 한다.[159)]

(a) 최종 3월분의 임금

근로기준법 제38조 제2항의 최우선변제권이 있는 최종 3월분의 임금채권은 최종 3개월 사이에 지급사유가 발생한 임금채권을 의미하는 것이 아니라, 최종 3개월간 근무한 부분의 임금채권을 의미한다.[160)]

판례는 "최종 3개월분의 임금채권의 범위는 퇴직의 시기를 묻지 아니하고 사용자로부터 지급받지 못한 최종 3월분의 임금을 말한다 할 것이고, 반드시 사용자의 도산 등 사업 폐지 시부터 소급하여 3월 내에 퇴직한 근로자의 임금채권에 한정한다고 볼 수 없다"고 한다.[161)]

(b) 최종 3년분의 퇴직금

최우선변제권이 인정되는 퇴직금은 최종 3년분에 한하고, 여기서 말하는 퇴직금이란 계속근로연수 1년에 대하여 30일분의 평균임금으로 계산한 법정퇴직금을 말한다.[162)]

(c) 재해보상금

산업재해에 대해 산업재해보상보험이 적용되지 않아 사용자가 근로기준법상 재해보상책임을 질 경우, 재해보상금은 최우선변제권이 인정된다.

159) 근로자퇴직급여보장법 제12조 제2항
160) 대판 2002. 3. 29. 2001다83838
161) 대판 1996. 2. 23. 95다48650
162) 근로자퇴직급여보장법 제12조 제3항

라) 민사집행법 외적인 회수

(1) 신용정보회사에 추심 의뢰

신용정보회사란 「신용정보의 이용 및 보호에 관한 법률」에 따라 신용정보업을 할 목적으로 금융위원회의 허가를 받은 자를 말하고, 신용정보업이란 신용조회업무 및 그에 딸린 업무, 신용조사업무 및 그에 딸린 업무, 채권추심업무 및 그에 딸린 업무의 전부 또는 일부를 업으로 하는 것을 말한다.[163]

신용정보회사의 채권추심의 대상이 되는 채권은 「상법」에 따른 상행위로 생긴 금전채권, 판결 등에 따라 권원이 인정된 민사채권으로서 「민사집행법」 제24조ㆍ제26조 또는 제56조에 따라 강제집행을 할 수 있는 금전채권, 특별법에 따라 설립된 조합ㆍ공제조합ㆍ금고 및 그 중앙회ㆍ연합회 등의 조합원ㆍ회원 등에 대한 대출ㆍ보증, 그 밖의 여신 및 보험 업무에 따른 금전채권 및 다른 법률에서 신용정보회사에 대한 채권추심의 위탁을 허용한 채권을 말한다.[164]

따라서 임금채권에 대하여 집행권원을 확보한 경우라면 신용정보회사에 추심을 의뢰하여 임금채권의 만족을 얻는 방법도 있을 수 있다.

163) 신용정보의 이용 및 보호에 관한 법률 제2조 제4호, 제5호, 제4조 제1항
164) 신용정보의 이용 및 보호에 관한 법률 제2조 제11호, 동법 시행령 제2조 제4항

2. 임금채권에 대한 특별한 보호

가. 압류의 제한

임금채권은 근로자의 생계 보장적 측면에서 일정 부분에 대해서는 압류가 금지된다.

급료·연금·봉급·상여금·퇴직연금, 그 밖에 이와 비슷한 성질을 가진 급여채권의 2분의 1에 해당하는 금액은 압류하지 못한다. 다만, 그 금액이 국민기초생활보장법에 의한 최저생계비를 감안하여 대통령령이 정하는 금액에 미치지 못하는 경우 또는 표준적인 가구의 생계비를 감안하여 대통령령이 정하는 금액을 초과하는 경우에는 각각 당해 대통령령이 정하는 금액으로 한다.[165) 「국민기초생활 보장법」에 의한 '최저생계비를 감안하여 대통령령이 정하는 금액'이란 월 150만 원을 말하고[166) '표준적인 가구의 생계비를 감안하여 대통령령이 정하는 금액'이란 월 300만 원 이상으로서 압류금지금액(월액으로 계산한 금액)에서 월 300만 원을 뺀 금액의 2분의 1의 금액을 합산한 금액을 말한다.[167) 퇴직금 그 밖에 이와 비슷한 성질을 가진 급여채권의 2분의 1에 해당하는 금액은 압류하지 못한다.[168)

165) 민사집행법 제246조 제1항 제4호
166) 민사집행법 시행령 제3조
167) 민사집행법 시행령 제4조
168) 민사집행법 제246조 제1항 제5호

월급여액	압류금지액	압류액
150만 원 이하	150만 원	0원
150만 원 초과 ~ 300만 원 이하	150만 원	월급여액 - 150만 원
300만 원 초과 ~ 600만 원 이하	월급여액의 2분의 1	월급여액의 2분의 1
600만 원 초과	300만 원+(월급여액의 1/2-300만 원)×1/2	월급여액에서 300만 원+(월급여액의 1/2-300만 원)×1/2을 제외한 나머지 금액

근로자가 근로를 제공한 대가로 수령하는 급여채권을 모두 포함하며 근로관계가 공법상이든 사법상이든 관계없다. 주식회사 이사의 보수, 조합의 조합장의 보수와 같이 계속적 위임관계에 의한 것도 포함된다.

급여의 성질을 갖는 상여금 및 각종 수당도 포함되나, 출장 여비나 식비 등 급여의 성질을 가지지 않는 실비지급금은 제외된다. 급여총액에서 원천공제액을 제외한 실수령액을 기준으로 압류금지액을 계산한다.

퇴직위로금이나 명예퇴직수당은 그 직에서 퇴임하는 자에 대하여 그 재직 중 직무집행의 대가로서 지급되는 후불적 임금으로서의 퇴직금 그 밖에 이와 비슷한 성질을 가진 급여채권에 해당한다.[169]

법원은 압류가 금지되는 급여채권이 금융기관에 개설된 채무자의 계좌에 이체되는 경우 채무자의 신청에 따라 그에 해당하는 부분의 압류명령을 취소하여야 한다.[170]

한편, 「근로자퇴직급여 보장법」상 퇴직연금제도의 급여를 받을 권리와 관련하여 판례는, "채무자의 제3채무자에 대한 금전채권이 법

169) 대판 2000. 6. 8. 2000마1439

170) 민사집행법 제246조 제2항

률의 규정에 의하여 양도가 금지된 경우에는 특별한 사정이 없는 한 이를 압류하더라도 현금화할 수 없으므로 피압류 적격이 없다. 또한 위와 같이 채권의 양도를 금지하는 법률의 규정이 강행법규에 해당하는 이상 그러한 채권에 대한 압류명령은 강행법규에 위반되어 무효라고 할 것이어서 실체법상 효력을 발생하지 아니하므로, 제3채무자는 압류채권의 추심금 청구에 대하여 그러한 실체법상의 무효를 들어 항변할 수 있다. 그런데 근로자 퇴직급여제도의 설정 및 운영에 필요한 사항을 정함으로써 근로자의 안정적인 노후생활 보장에 이바지함을 목적으로 2005. 1. 27. 법률 제7379호로 「근로자퇴직급여 보장법」이 제정되면서 제7조에서 퇴직연금제도의 급여를 받을 권리에 대하여 양도를 금지하고 있으므로 위 양도금지 규정은 강행법규에 해당한다. 따라서 퇴직연금제도의 급여를 받을 권리에 대한 압류명령은 실체법상 무효이고, 제3채무자는 그 압류채권의 추심금 청구에 대하여 위 무효를 들어 지급을 거절할 수 있다. 민사집행법은 제246조 제1항 제4호에서 퇴직연금 그 밖에 이와 비슷한 성질을 가진 급여채권은 그 1/2에 해당하는 금액만 압류하지 못하는 것으로 규정하고 있으나, 이는 「근로자퇴직급여 보장법」상 양도금지 규정과의 사이에서 일반법과 특별법의 관계에 있으므로, 퇴직급여법상 퇴직연금채권은 그 전액에 관하여 압류가 금지된다고 보아야 한다"고 한다.[171]

이 밖에도 특별법상으로 공무원연금법에 의하여 급여를 받을 권리,[172] 군인연금법에 의하여 급여를 받을 권리,[173] 고용보험법에 의하여 실업급여를 받을 권리,[174] 사립학교교직원연금법에 의하여 급여를

171) 대판 2014. 1. 23. 2013다71180

172) 공무원연금법 제32조

173) 군인연금법 제7조

받을 권리,[175] 근로기준법에 의하여 지급받게 될 보상청구권,[176] 산업재해보상보험법상의 보험급여를 받을 권리[177] 등은 압류가 금지된다.

나. 건설업에 특수한 임금채권 보호

건설업자가 도급받은 건설공사의 도급금액 중 그 공사(하도급한 공사를 포함한다)의 근로자에게 지급하여야 할 임금에 상당하는 금액은 압류할 수 없다.[178] 건설공사의 발주자(하도급의 경우에는 수급인을 포함한다)는 압류대상에서 제외되는 노임을 도급계약서 또는 하도급계약서에 명시하여야 한다.[179]

압류대상에서 제외되는 노임에 상당하는 금액에 대한 압류명령은 강행법규에 위반되어 무효이고, 그 압류에 기한 전부명령도 실체법상 그 효력을 발생하지 아니하는 의미에서 무효이다.[180]

---

174) 고용보험법 제29조
175) 사립학교교직원연금법 제40조
176) 근로기준법 제86조
177) 산업재해보상보험법 제55조
178) 건설사업기본법 제88조
179) 건설산업기본법 시행령 제84조
180) 대판 2000. 7. 4. 2000다210048

다. 채무자 회생 및 파산 시 임금채권의 특별한 취급

1) 회생의 경우

임금채무자에 대하여 회생절차가 개시되면 원칙적으로 채권자들의 개별적 권리행사가 중지 또는 금지되고 채권자의 권리가 회생계획에 따라 변경되는 것이지만, 「채무자 회생 및 파산에 관한 법률」에서는 근로자의 임금채권에 대한 보호의 필요성 때문에 채무자의 근로자의 임금・퇴직금 및 재해보상금,[181] 회생절차개시 전의 원인으로 생긴 채무자의 근로자의 임치금 및 신원보증금의 반환청구권[182]을 공익채권으로 정하고 있다.

회생채권 또는 회생담보권은 개별적 행사가 금지되어 회생절차에 의하여서만 변제가 가능하고 그 외의 소멸하게 하는 행위는 원칙적으로 금지되는 것과 달리,[183] 공익채권은 회생절차에 의하지 아니하고 수시로 변제하고[184] 회생채권과 회생담보권에 우선하여 변제한다.[185]

2) 파산의 경우

임금채무자에 대한 파산이 있으면 파산선고 당시에 채무자가 가진 국내외의 모든 재산은 파산재단을 구성하고[186] 그 관리처분권은 파

181) 채무자 회생 및 파산에 관한 법률 제179조 제10호
182) 채무자 회생 및 파산에 관한 법률 제179조 제11호
183) 채무자 회생 및 파산에 관한 법률 제131조, 제141조 제2항
184) 채무자 회생 및 파산에 관한 법률 제180조 제1항
185) 채무자 회생 및 파산에 관한 법률 제180조 제2항

산관재인에게 전속한다.[187] 파산관재인은 파산재단 소속 재산을 환가하여 배당함으로써 파산절차는 폐지되어 종결되고 채무자는 면책결정을 받을 수 있는 것이지만, 「채무자 회생 및 파산에 관한 법률」에서는 채무자의 근로자의 임금 · 퇴직금 및 재해보상금,[188] 파산선고 전의 원인으로 생긴 채무자의 근로자의 임치금 및 신원보증금의 반환청구권[189]은 재단채권으로 정하여 파산절차에 의하지 아니하고 파산채권보다 먼저 변제할 수 있도록 하고[190] 채무자의 근로자의 임금 · 퇴직금 및 재해보상금은 다른 재단채권에 우선하도록 정하고 있다.[191]

또한 채무자가 면책을 받게 되면 파산절차에 의한 배당을 제외하고는 파산채권자에 대한 채무의 전부에 관하여 그 책임이 면제되는 것이지만, 채무자의 근로자의 임금 · 퇴직금 및 재해보상금 및 채무자의 근로자의 임치금 및 신원보증금에 대하여는 책임이 면제되지 않도록 하고 있다.[192]

---

186) 채무자 회생 및 파산에 관한 법률 제382조 제1항
187) 채무자 회생 및 파산에 관한 법률 제384조
188) 채무자 회생 및 파산에 관한 법률 제473조 제10호
189) 채무자 회생 및 파산에 관한 법률 제473조 제11호
190) 채무자 회생 및 파산에 관한 법률 제475조, 제476조
191) 채무자 회생 및 파산에 관한 법률 제477조 제2항
192) 채무자 회생 및 파산에 관한 법률 제566조 제5호, 제6호

3. 근로관계 관련 민사상 문제

가. 연말정산환급금

1) 의의

연말정산환급금이란 소득세법 제137조[193]에 의하여 매월 근로소득 지급 시 간이세액표에 의해 징수된 세액에 대해 법령에서 정한 특별공제 및 그 밖의 소득공제를 반영하여 최종적으로 정확한 세액을 계산하여 이미 납부한 세액과 정산하는 것으로 소득공제금액에 따라 이미 납부된 세액에 대하여 환급금이 발생하거나 추가납부세액이 나오는 것을 의미한다.

---

193) 소득세법 제137조(근로소득세액의 연말정산)

① 원천징수의무자는 해당 과세기간의 다음 연도 2월분의 근로소득 또는 퇴직자의 퇴직하는 달의 근로소득을 지급할 때에는 다음 각 호의 순서에 따라 계산한 소득세를 원천징수한다.

1. 근로소득자의 해당 과세기간(퇴직자의 경우 퇴직하는 날까지의 기간을 말한다. 이하 이 조에서 같다)의 근로소득금액에 그 근로소득자가 제140조에 따라 신고한 내용에 따라 종합소득공제를 적용하여 종합소득과세표준을 계산

2. 제1호의 종합소득과세표준에 기본세율을 적용하여 종합소득산출세액을 계산

3. 제2호의 종합소득산출세액에서 해당 과세기간에 제134조제1항에 따라 원천징수한 세액, 외국납부세액공제, 근로소득세액공제, 자녀세액공제, 연금계좌세액공제 및 특별세액공제에 따른 공제세액을 공제하여 소득세를 계산

② 제1항제3호에서 해당 과세기간에 제134조제1항에 따라 원천징수한 세액, 외국납부세액공제, 근로소득세액공제, 자녀세액공제, 연금계좌세액공제 및 특별세액공제에 따른 공제세액의 합계액이 종합소득산출세액을 초과하는 경우에는 그 초과액을 그 근로소득자에게 대통령령으로 정하는 바에 따라 환급하여야 한다.

③ 원천징수의무자가 제140조에 따른 신고를 하지 아니한 근로소득자에 대하여 제1항을 적용하여 소득세를 원천징수할 때에는 기본공제 중 그 근로소득자 본인에 대한 분과 표준세액공제만을 적용한다.

2) 근로기준법상 연말정산환급금의 성격

연말정산환급금은 근로기준법 제36조에서 정한 근로자가 사망 또는 퇴직한 경우에 사용자가 그 지급사유가 발생한 때부터 14일 이내에 지급하여야 할 '기타 금품'에 해당한다.[194] 법원은 그 근거로 "근로기준법 제36조는 근로계약 종료 시 사용자가 근로자에게 지급할 모든 금품을 일정한 기간 내에 청산할 것을 강제하면서, 다만 당사자 사이의 합의에 의하여 기일만을 연장할 수 있을 뿐, 그 금품이 근로계약과 관련된 것이어야 한다는 제한이 없는 점, 동조가 기본적으로 근로계약 종료 시 근로자를 보호하기 위한 취지를 갖고 있는 점에 비추어 볼 때 연말정산환급금도 근로자에게 귀속되어야 하는 금품"이라고 판시하고 있다.[195]

고용노동부의 행정해석 또한 연말정산환급금에 대해 근로기준법 제36조상의 기타 금품에 해당한다고 해석하고 있다.[196] 따라서 근로자가 연말정산환급금을 지급받지 못할 경우 사용자는 근로기준법 제109조, 제36조 위반에 의해 처벌받을 수 있다.[197] 근로자가 납부하는 세금은 그 원천이 근로자의 근로를 통한 소득에 있다는 점에 주목한다면, 원천 징수된 소득세 합계액과 연말정산을 거쳐 조정된 최종적인 세금액과의 차액인 환급금 역시 그 원천은 바로 근로자의 근로에 있는 것이므로,[198] 대판 및 행정해석의 견해가 타당해 보인다.

---

194) 대판 2011. 5. 26. 2009도2357 ; 대판 2011. 9. 8. 2011도3015 등.

195) 서울중앙지법 2011. 2. 9. 선고 2010노4320 판결.

196) 근로기준과-4450, 2005. 8. 26.

197) 사용자가 근로자의 임금에서 국민연금 보험료 중 근로자가 부담하는 기여금을 원천공제한 뒤 국민연금관리공단에 납부하지 않고 개인적 용도로 사용한 경우, 업무상횡령죄가 성립한다(대판 2011. 2. 10. 2010도13284).

3) 세후임금약정의 경우 연말정산환급금의 귀속주체

이른바 네트제(세후임금약정)의 경우, 연말정산환급금의 귀속주체가 누구인지가 문제될 수 있다. 네트제[199]는 근로자에게 부과되는 근로소득세 기타 제세공과금을 사용자가 부담하기로 하고, 그에 따라 근로자는 위 제세공과금의 액수와 관계없이 약정한 일정액의 급여를 받는 것을 의미한다. 문제는 이러한 경우 사용자가 대납한 소득세 등이 임금 및 기타 금품에 해당하여 근로자가 연말정산환급금을 요청할 수 있는지 여부이다. 이에 대한 판례 및 행정해석은 찾기 어렵다.

다만 행정해석은 회사에서 근로자가 부담해야 할 건강보험료를 단체협약에 따라 대납해온 사례가 있는데, 일반적으로 사용자가 근로자에게 지급하는 임금 중 법령에 근거해 그 일부를 공제하여 원천징수하는 경우에는 원칙적으로 공제 전 금액으로 평균임금을 산입하는 것이 타당하다고 할 것이나, 다만 근로자와 사용자간에 근로계약을 체결함에 있어 일정 금액으로 근로계약을 명백히 체결하고, 근로자에게 의무가 부여된 사회보험료 등을 사용자가 부담하기로 하여 보험징수기관에 대신 지급한 경우에는 동 금품을 근로의 대가로서 지급되는 근로기준법상 임금으로 보기는 어려울 것으로 판단된다고 하여 이른바 네트제의 경우에 있어서도 소득세 및 기타 제세공과금의 임금성을 인정하지 않고 평균임금에서 제외하고 있을 뿐이다.[200]

---

198) 노호창, 연말정산환급금의 법적 성격 ; 대판 2011. 5. 26. 2009도2357, 한국노동법학 제41호 377~379쪽.

199) 세후임금약정, 또는 순총액제라고도 한다.

200) 근로조건지도과-598, 2008. 4. 1. ; 임금근로시간정책팀-120, 2007. 1. 9.

나. 사회보험료 소급공제

1) 문제의 소재

「근로기준법」 제43조 제1항에서는 임금 전액지급의 원칙을 규정하면서, '법령 또는 단체협약에 특별한 규정이 있는 경우에는 임금의 일부를 공제하거나 통화 이외의 것으로 지급할 수 있다'고 예외를 두고 있다. 이에 따라 「고용보험 및 산업재해보상보험의 보험료징수 등에 관한 법률」(이하 '보험료 징수법') 등 관계법령에서는 근로자의 보수에서 일정액을 원천공제 할 수 있는 근거규정을 두고 있어 사용자는 관계법령에 따라 근로자의 임금에서 일정한 금액을 원천공제 할 수 있다. 그러나 이미 지급된 근로자의 임금에서 고용보험료 등 일정 금액을 사후적으로 소급하여 일괄공제 할 수 있는지에 대해서는 의문의 여지가 있다.

2) 관계법령의 해석

「근로기준법」 제43조에서 임금전액불의 원칙을 규정하고 있는 취지는 사용자가 일방적으로 임금을 공제하는 것을 금지함으로써 임금 전액의 확실한 수령을 도모하여 근로자의 생활을 위협하는 일이 없도록 하는 등으로 결국 근로자를 보호하려는 것이므로,[201] 본 규정의 예외로 근로자 임금을 공제할 수 있기 위해서는 공익적 목적에 따른 법령의 규정이나 사적자치의 원칙을 존중한 단체협약의 규정

---

201) 광주고판 2000. 9. 20. 2000나569

등 명확한 근거가 있을 것을 요한다. 「보험료 징수법」 제16조 제1항에서는 '사업주는 (중략) 근로자의 보수에서 원천공제 할 수 있다'고 규정하고 있고, 동법 시행령 제19조에서는 '사업주는 근로자에게 보수를 지급할 때마다 (중략) 공제한다'고 규정하고 있는데 이는 근로자의 임금청구권을 제한하는 침익적 규정이므로 근거 규정을 엄격히 해석해야 할 것이다.

관계법령의 취지를 종합하여 보면, 원래 근로자 개인이 부담하는 고용보험료에 상당하는 금액에 관하여는 근로자가 직접 고용보험료를 부담하고 납부하여야 하나, 보험료징수법은 근로자 이외의 고용보험료 부담의무자인 사업주로 하여금 근로자와 사업주의 부담분 모두를 일괄하여 납부할 의무를 부과함과 동시에 근로자가 부담하는 고용보험료에 상당하는 금액을 대통령령이 정하는 바에 따라 그 근로자에게 지급할 임금에서 원천공제할 수 있도록 한 것이고,[202] 이때 「보험료 징수법」은 근로자에게 '보수를 지급할 때마다', 즉 보수를 지급하기 전에 미리 공제하는 '원천공제'만을 허용할 뿐이라고 해석해야 할 것이다. 즉, 사용자가 정당한 사유 없이 보험료를 보수에서 원천공제하지 않았다는 이유로 근로자의 임금에서 소급적으로 공제할 근거규정은 존재하지 않는다.

3) 근로자의 임금에서 원천공제되지 않고 근로자에게 지급된 금원의 법적 성질

사용자가 원천공제 하지 않고 근로자에게 지급한 금원의 법적성질

---

202) 대판 2011. 11. 24. 2009두22980

은 임금이다. 구체적으로 그 지급청구권이 발생한 임금이나 퇴직금은 근로자의 사적 재산영역으로 옮겨져 근로자의 처분에 맡겨진 것이어서 노동조합이 근로자들로부터 개별적인 동의나 수권을 받지 않는 이상 사용자와의 단체협약만으로 이에 대한 포기나 지급유예와 같은 처분행위를 할 수 없으므로 근로자에게 이미 지급한 임금을 단체협약으로 반환하도록 하는 것은 그에 관하여 근로자들의 개별적인 동의나 수권이 없는 한 효력이 없다는 판례의 태도[203]에 따르면, 근로자는 원천공제 되지 않은 금원을 현실로 지급받음으로서 그 금원은 근로자의 사적 재산영역으로 옮겨져 근로자의 처분에 맡겨지게 된 것으로 근로자 소유의 재산이 된다.

4) 사용자가 원천공제하지 않고 근로자에게 지급한 금원이 부당이득금인지 여부

근로자가 부담하는 고용보험료는 원칙적으로 근로자가 납부의무를 지는 것이지만, 판례는 "원래 근로자 개인이 부담하는 고용보험료에 상당하는 금액에 관하여는 근로자가 직접 고용보험료를 부담하고 납부하여야 하나, 보험료징수법은 근로자 이외의 고용보험료 부담의무자인 사업주로 하여금 근로자와 사업주의 부담분 모두를 일괄하여 납부할 의무를 부과함과 동시에 근로자가 부담하는 고용보험료에 상당하는 금액을 대통령령이 정하는 바에 따라 그 근로자에게 지급할 임금에서 원천공제 할 수 있도록 한 것[204]이다"라고 하는데, 위 판

203) 대판 2000. 9. 29. 99다67536 ; 대판 2010. 1. 28. 2009다76317 등 참조

204) 대판 2011. 11. 24. 2009두22980

결이 사업주에게 근로자 부담의 고용보험료의 부담의무 자체를 지우는 것인지(즉, 사업주에게 보험료 채무가 있다는 것인지) 아니면 근로자의 임금에서 원천공제 하는 방법으로 지급받아 근로자 대신 납부하는 행위를 할 의무가 있다는 것인지는 명확하지 않다.

그러나 「보험료 징수법」 제13조 제1항은 '보험사업에 드는 비용에 충당하기 위하여 보험가입자로부터 다음 각 호의 보험료를 징수한다'고 하고, 동법 제5조 제1항은 「고용보험법」을 적용받는 사업의 사업주와 근로자는 당연히 「고용보험법」에 따른 고용보험(이하 '고용보험'이라 한다)의 보험가입자가 된다고 규정하고 있으므로, 사업주가 근로자 부담의 고용보험료 채무 자체를 부담한다고 해석하기에는 무리이고 사업주가 근로자의 임금에서 원천공제 하는 방법으로 지급받아 대신 납부할 의무가 있다고 보는 것이 타당할 것으로 보인다.

결과적으로, 근로자 부담의 고용보험료 부분에 대하여 사업주에게 (채무자로서든 납부의무자로서든) 납부의무가 없다고 할 수 없고, 비록 근로자 부담의 고용보험료 부분을 사업주가 납부하였다 하더라도 공제되지 않고 근로자에게 지급된 금원은 근로의 제공에 대한 정당한 대가로 사업주에게 지급 의무가 있었던 임금이므로 근로자가 법률상 원인 없이 임금을 부당이득 했다고 볼 수는 없다.

5) 사업주가 납부한 근로자 부담의 고용보험료 부분에 대한 구제방법

사업주가 납부한 근로자 부담의 보험료는 사업주의 입장에서는 타인(근로자)의 채무 변제에 해당하므로, 사업주는 원칙적으로 건강보험공단에 부당이득반환청구를 해야 한다. 그러나 공단이 선의로 채권증서를 훼멸하거나 담보포기하거나 시효완성 등으로 채권을 상실한 경우에는 사업주가 근로자에게 민법 제745조 제2항에 의하여 근로자 부담의 고용보험료 부분에 대하여 구상권을 행사할 수 있을 것이다.

6) 근로자에 대한 구상금 채권과 임금채무를 상계할 수 있는지 여부

사업주는 근로자에게 구상금 채권을 가지게 되고 미지급한 임금 내지 퇴직금이 있다면 근로자에게 임금 내지 퇴직금 채무가 있게 되는 바, 사업주가 위 두 채권을 서로 상계할 수 있는지 문제된다. 판례[205]는, 원칙적으로 사용자는 근로자에 대하여 가지는 채권으로서 근로자의 임금채권과 상계하지 못하지만 예외적으로 "계산의 착오 등으로 초과 지급된 임금", "초과 지급한 임금의 반환청구권"에 대해서는 상계를 허용할 수 있다는 입장인데, 사업주가 원천공제 하지 않은 보험료 상당액은 초과 지급된 임금이 아니라 정당하게 지급된 임금이므로 부당이득이 아니고 사업주는 초과 지급한 임금 반환 청구권을 가지는 것이 아니라 타인의 채무를 대신 변제한 것을 이유로 근로자의 임금채권과 별개의 구상권을 가지는 것이므로 판례에서 허용하고 있는 상계 가능한 채권의 범위에 들지 않는다.

판례는 초과지급 한 임금반환청구권으로 상계하는 경우에도 "초과지급한 시기와 상계권 행사의 시기가 임금의 정산, 조정의 실질을 잃지 않을 만큼 근접하여 있고 나아가 사용자가 상계의 금액과 방법

205) 대판(전) 2010. 5. 20. 2007다90760

을 미리 예고하는 등으로 근로자의 경제생활의 안정을 해할 염려가 없는 때"에만 허용할 수 있다는 입장이므로 원천공제 되지 않고 지급된 시기는 근로계속 중의 매달 임금지급기일이므로 사용자가 상계권을 행사하고자 하는 시기와 임금의 정산・조정의 실질을 잃지 않을 만큼 근접하여 있다고 보기 어려울 것으로 보인다. 또한 근로자로서는 원천공제 되지 않고 지급된 임금이 사후적으로 한꺼번에 임금과 상계될 것으로 예상하기 어려울 것이므로 근로자의 경제생활의 안정을 해할 염려가 현저하다고 생각된다. 따라서 사용자가 근로자에 대한 구상권 채권을 자동채권으로 하여 근로자의 임금채권과 상계할 수 없을 것이다.

4. 근로관계 관련 손해배상

가. 개요

노동관계법 및 기타 법원의 판례는 근로관계 형성・지속・단절에 있어서 근로자에게 손해가 발생할 경우 손해배상청구를 할 수 있는 장치를 마련하고 있다. 예를 들어, 사업주가 채용차별금지규정[206]을 위반한 경우 이로 인해 채용되지 못한 근로자는 손해배상을 청구할 수 있고, 채용내정 뒤 정식채용의 거부 또는 취소 시 근로자는 손해배상을 청구할 수 있으며,[207] 근로조건위반을 이유로 손해배상을 청

206) 남녀고용평등과 일・가정양립 지원에 관한 법률 제7조 제2항
207) 대판 1993. 9. 10. 92다42897 ; 대판 2000. 11. 28. 2000다51476.

구할 수 있고,[208] 부당해고의 경우 특정한 경우에 한해 불법행위로 인한 손해배상청구가 가능하다.[209]

이에 비해서 근로자가 회사에 손해를 끼치는 경우에 대해서 노동관계법령은 별다른 규정을 두고 있지 않기 때문에, 사용자는 일반 민·형사상의 절차를 통해서 문제를 해결할 수밖에 없다.

나. 근로자의 손해배상책임 발생

1) 근로의무 불이행

근로계약이 체결되면 근로자는 사용자에게 근로를 제공할 의무를 진다. 근로의무라 함은 '근로를 하는 것이 실현되어야 함을 의미하지는 않으며 '근로자가 자신의 노동력을 사용자가 처분할 수 있는 상태에 두는 것'을 뜻한다. 그런데 이러한 근로의무를 근로자의 책임 있는 사유로 인해 이행하지 못한다면 사용자는 임금을 지급하지 않을 수 있고, 해고 등의 징계를 할 수 있으며, 고의·과실을 전제로 채무불이행으로 인한 손해배상책임을 청구할 수 있다.[210] 다만, 근로

---

208) 근로기준법 제19조 제1항

209) 근로자를 해고할 만한 사유가 전혀 없는데도 오로지 근로자를 사업장에서 몰아내려는 의도하에 고의로 어떤 명목상의 해고사유를 만들거나 내세워 해고한 경우나 해고의 이유로 된 어느 사실이 취업규칙 등 소정의 해고사유에 해당되지 아니하거나 해고사유로 삼을 수 없는 것임이 객관적으로 명백하고 또 조금만 주의를 기울이면 이와 같은 사정을 쉽게 알아볼 수 있는데도 그것을 이유로 해고에 나아간 경우 등 해고권의 남용이 우리의 건전한 사회통념이나 사회상규상 용인될 수 없음이 분명한 경우에 있어서는 그 해고가 근로기준법 제30조 제1항 에서 말하는 정당성을 갖지 못하여 효력이 부정되는 데 그치는 것이 아니라 위법하게 상대방에게 정신적 고통을 가하는 것이 되어 근로자에 대한 관계에서 불법행위를 구성한다(대판 2006. 7. 28. 2006다17355).

자의 손해배상책임을 질 것을 예정하는 손해배상액의 예정은 허용되지 않는다.[211]

2) 근로자의 불법행위책임

근로자가 작업을 수행하면서 자신의 귀책으로 사용자나 제3자에게 손해를 끼치면 불법행위로 인한 손해배상책임을 지게 된다. 그런데 근로자가 제3자에게 손해를 끼치게 되면, 민법 제756조[212]에 의해 피해자인 제3자가 사용자에게 손해배상을 청구할 수 있다. 실무상 판례는 사용자책임의 면책규정을 거의 적용하지 않고 있기 때문에 사용자가 제3자의 손해배상책임을 면책받기는 어렵다.[213]

이러한 경우 근로자는 불법행위로 인한 손해배상책임을 전적으로 부담하게 되는지에 대해, 판례는 사용자가 근로자의 업무수행과 관련하여 행해진 불법행위로 인하여 직접손해를 입거나 그 피해자인

---

210) 하갑래, 근로기준법, ㈜중앙경제, 2013, 193쪽. 민법 제390조는 채무자가 채무의 내용에 좇은 이행을 하지 아니한 때에는 채권자는 손해배상을 청구할 수 있다. 그러나 채무자의 고의나 과실없이 이행할 수 없게 된 때에는 그러하지 아니하다고 규정하고 있다.

211) 근로기준법 제20조(위약예정의 금지) 사용자는 근로계약 불이행에 따른 위약금 또는 손해배상액을 예정하는 계약을 체결하지 못한다.

212) 민법 제756조(사용자의 배상책임)
① 타인을 사용하여 어느 사무에 종사하게 한 자는 피용자가 그 사무집행에 관하여 제삼자에게 가한 손해를 배상할 책임이 있다. 그러나 사용자가 피용자의 선임 및 그 사무감독에 상당한 주의를 한 때 또는 상당한 주의를 하여도 손해가 있을 경우에는 그러하지 아니하다.
② 사용자에 가름하여 그 사무를 감독하는 자도 전항의 책임이 있다.
③ 전 2항의 경우에 사용자 또는 감독자는 피용자에 대하여 구상권을 행사할 수 있다.

213) 민법 제756조 제3항에 의해 사용자는 근로자에게 구상권 행사가 가능하다.

제3자에게 사용자로서의 손해배상책임을 부담한 결과로 손해를 입은 경우에 있어서 사용자는 그 사업의 성격과 규모, 시설현황, 근로자의 업무내용·근로조건·근무태도, 가해행위의 발생원인과 성격, 가해행위의 예방이나 손실의 분산에 관한 사용자의 배려의 정도, 기타 여러 사정에 비추어 손해의 공평한 분담이라는 견지에서 신의칙상 상당하다고 인정되는 한도 안에서만 근로자에 대해 손해배상을 청구하거나 구상권을 행사할 수 있다고 하여 사용자의 구상권의 행사를 제한적으로 인정하고 있다.[214]

다. 사용자의 상계 가능여부

1) 전액불의 원칙

근로기준법 제43조는 임금전액불의 원칙을 명시하고 있다. 다만 법령 또는 단체협약에 특별한 규정이 있는 경우에는 임금의 일부를 공제하거나 통화 이외의 것으로 지급할 수 있다. 법령에 의해 공제가 인정되는 것은 갑종근로소득세, 주민세, 의료보험료, 국민연금기여금, 고용보험료 등이 있으며, 단체협약에 의하여 인정되는 경우는

214) 민법 제756조 제3항이 사용자의 구상권 행사에 아무런 제한을 두지 않음에도 판례는 일관적으로 신의칙을 근거로 사용자의 구상권 행사를 제한하고 있다. 다만, 대판 2009. 11. 26. 2009다59350에서는 사용자의 감독이 소홀한 틈을 이용하여 고의로 불법행위를 저지른 근로자는 바로 그 사용자의 부주의를 이유로 자신의 책임의 감액을 주장하는 것은 신의칙상 허용될 수 없고, 사용자와 피용자가 명의대여자와 명의차용자의 관계에 있다고 하더라도 마찬가지라고 판시하여 그간 판례에서 인정되어 오던 근로자의 책임제한의 법리를 적용하지 않았다. 유성재, 「근로자의 업무상 행위로 인한 사용자의 손해와 사용자의 구상권의 범위」, 노동법학제33호(2010. 3.), 296쪽.

조합비 일괄공제(check-off) 등이 있다.[215]

2) 근로자에 대한 손해배상채권과 임금채권 상계 가능 여부

사용자는 근로자에 대한 채무불이행 또는 불법행위로 인한 손해배상채권과 임금채권과 일방적으로 상계할 수 없다.[216] 따라서 사용자는 근로자의 동의를 얻고 상계를 하거나[217] 혹은 따로 민사소송을 진행하여 손해배상청구를 하여야 한다.

---

215) 최영우, 개별노동법실무, ㈜ 중앙경제, 2013, 617~618쪽.

216) 대판 1976. 9. 28. 75다1768 ; 근기 1455-8212, 1982. 3. 24.

217) 대판 2001. 10. 23. 2001다25184는 임금전액불의 취지가 근로자의 경제생활을 위협하는 일이 없도록 그 보호를 도모하려는 데 있으므로, 사용자가 근로자의 동의를 얻어 근로자의 임금채권에 대하여 상계하는 경우에 그 동의가 근로자의 자유로운 의사에 터잡아 이루어진 것이라고 인정할 만한 합리적인 이유가 객관적으로 존재하는 때에는 근로기준법 제42조 제1항 본문에 위반하지 아니한다고 보아야 할 것이고, 다만 임금 전액지급의 원칙의 취지에 비추어 볼 때 그 동의가 근로자의 자유로운 의사에 기한 것이라는 판단은 엄격하고 신중하게 이루어져야 한다고 판시한 바 있다.
따라서 사용자가 근로자의 자유로운 의사에 의한 동의를 얻었는지 여부에 대해 분쟁이 발생할 여지가 많을 수 있음을 유의하여야 한다.

제12장 임금채권보장제도

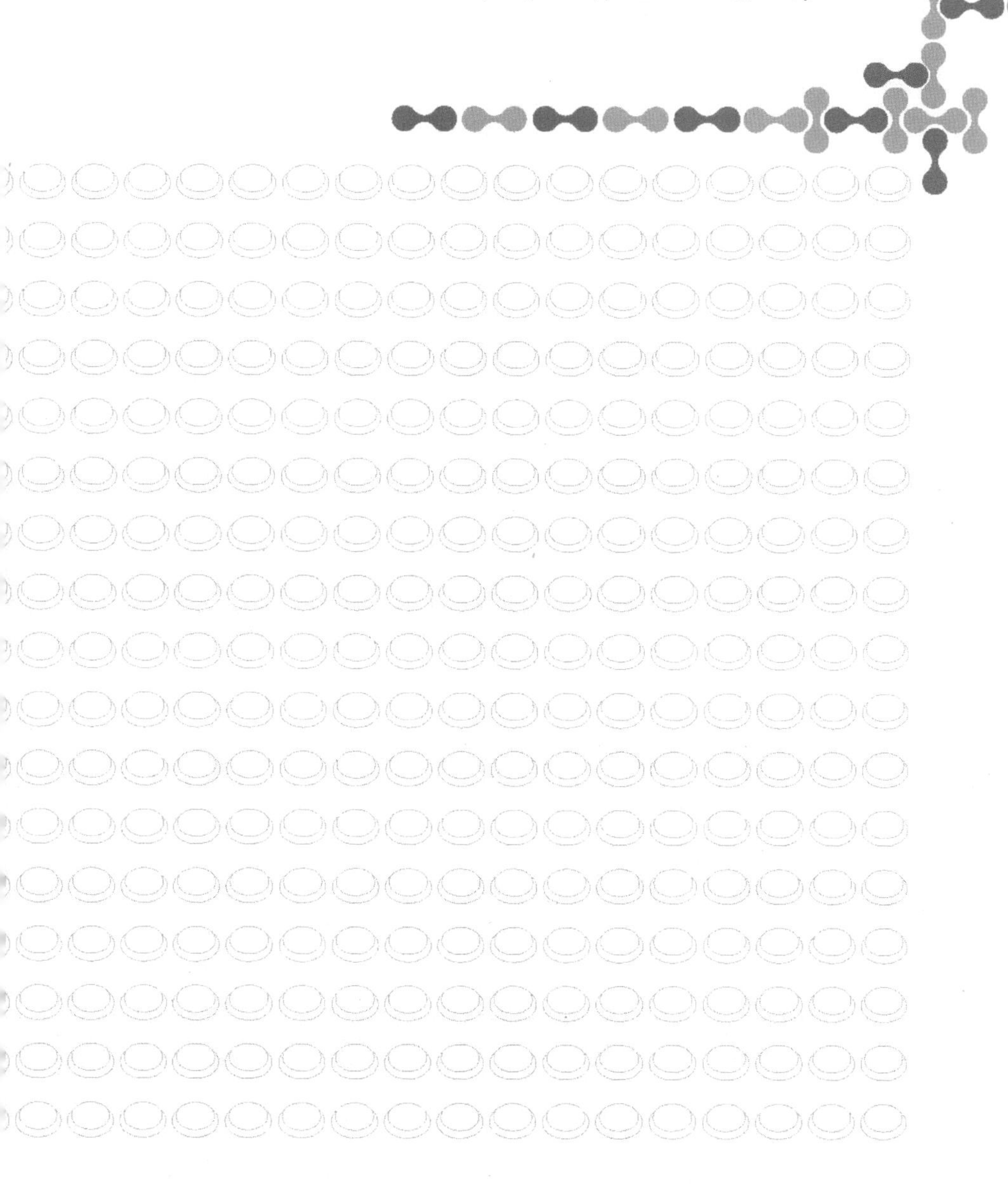

1. 임금채권보장법

가. 개요

근로자의 임금채권을 보장하기 위해 근로기준법,[1] 근로자퇴직급여보장법[2]은 일정 범위의 임금채권과 퇴직금채권이 다른 채권에 비해 우선적으로 변제될 수 있도록 하는 (최)우선변제제도를 규정하여 근로자를 보호하고 있다. 그러나 이러한 (최)우선변제제도가 규정되어 있다고 하더라도 기업이 도산한다면 근로자의 임금채권은 실질적으로 보장받기 어렵게 된다. 사업주가 지급능력이 없다면 민사소송을 진행한다고 하더라도 임금채권을 확보할 수 없기 때문이다.

이에 따라 국가는 근로자들을 위하여 별도로 조성된 재원(임금채권보장기금)을 통해 사업주를 대신하여 그 지급을 보장함으로써 근로자의 기본적인 생활안정을 도모하고자 하는데 이에 대한 근거법률이 바로 임금채권보장법이다.[3] 임금채권보장법 제1조는 경기의 변동이나 산업구조의 변화 등으로 사업의 계속이 불가능하거나 기업의 경영이 불안정하여 임금 등[4]을 지급받지 못한 상태로 퇴직한 근로자에게 그 지급을 보장하는 조치를 강구함으로써 근로자의 생활안정에 이바지함을 목적으로 한다고 규정하고 있다.[5]

1) 근로기준법 제38조

2) 근로자퇴직급여보장법 제12조

3) 임금채권보장법 제1조

4) '임금 등'은 근로기준법 제2조, 제34조, 제46조의 규정에 의한 임금·퇴직금·휴업수당을 말한다.(임금채권보장법 제2조 제3호)

5) 임금채권보장법은 1998년 2월 20일 법률 제5513호로, 동법 시행령은 같은 해 5월 26일 대통령령 제15804호로, 동법 시행규칙은 같은 해 6월 15일 노동부령 제

나. 임금채권보장제도의 종류

임금채권보장법에 의해 시행되는 임금채권보장제도의 일환으로 근로자는 국가로부터 사업주를 대신하여 체불임금의 일부를 지급받을 수 있으며 이를 체당금이라고 한다. 체당금 이외에도 공인노무사조력제도,[6] 체불임금 등의 사업주 융자제도[7] 등 다양한 제도를 통해 근로자들의 체불임금을 확보해주기 위해 제도적으로 노력하고 있다.

다. 임금채권보장기금

1) 임금채권보장기금의 구성

고용노동부장관은 임금채권보장사업에 충당하기 위해 임금채권보장기금을 설치하는데,[8] 기금은 사업주의 변제금,[9] 사업주의 부담금,[10] 차입금,[11] 기금의 운용으로 생기는 수익금, 그 밖의 수입금으로 충당된다.[12]

131호로 제정되어, 같은 해 7월 1일부터 시행하였고 현재 몇 차례의 개정을 거치고 있다.

6) 임금채권보장법 제8조의3

7) 임금채권보장법 제7조의2

8) 임금채권보장법 제17조

9) 임금채권보장법 제8조

10) 임금채권보장법 제9조

11) 임금채권보장법 제18조 제2항

12) 임금채권보장법 제18조 제1항

2) 사업주부담금

고용노동부장관은 체당금 지급에 소요되는 비용을 충당하기 위하여 사업주로부터 부담금을 징수한다. 사업주가 부담하여야 하는 부담금은 그 사업에 종사하는 근로자의 보수총액에 1천 분의 2의 범위에서 위원회의 심의를 거쳐 고용노동부장관이 정하는 부담금비율을 곱하여 산정한 금액으로 한다. 보수총액을 하기 곤란한 경우에는 보험료징수법 제13조 제6항에 따라 고시하는 노무비율에 따라 보수총액을 결정한다. 한편, 도급사업의 일괄적용에 관한 보험료징수법 제9조는 제1항의 부담금 징수에 관하여 준용한다.[13]

위 사업주부담금은 보험료징수법에 따라 근로복지공단이 산재보험료에 통합하여 징수하고 있으며, 통합 징수된 부담금을 매월 정산하여 기금에 납입해야 한다.[14]

라. 업무처리 기관의 종류 및 권한 범위

고용노동부장관은 임금채권보장업무의 구체적인 처리에 대해 지방고용노동관서의 장과 근로복지공단, 국민건강보험공단에 위탁하여 운영하고 있다.[15] 지방고용노동관서의 장에게 위임된 주된 업무로는 도산등사실인정, 체당금 지급사유의 확인, 체당금 지급청구의 수리, 과태료의 부과·징수 등이고,[16] 근로복지공단에 위탁된 주된 업무로

13) 임금채권보장법 제9조

14) 임금채권보장법 시행령 제12조

15) 임금채권보장법 제27조

16) 임금채권보장법 시행령 제24조 제1항

는 체당금의 지급, 체불임금 등의 지급을 위한 사업주 융자, 청구권 대위와 관련된 권한의 행사, 부담금의 경감 등이다.[17] 국민건강보험공단은 보험료징수법에 따른 월별부담금의 징수 등의 업무를 위탁받아 행하고 있다.[18]

위 법리에 따라 체당금의 경우 근로자는 지방고용노동관서의 장에게 체당금 지급사유 확인 및 체당금지급청구서 등을 제출하면 지방고용노동관서의 장이 체당금 지급사유를 확인한 후 근로복지공단에 체당금 지급청구서를 송부하게 되고, 근로복지공단에서 최종적으로 근로자에게 체당금을 지급하게 된다. 개략적인 업무처리도는 다음과 같다.[19]

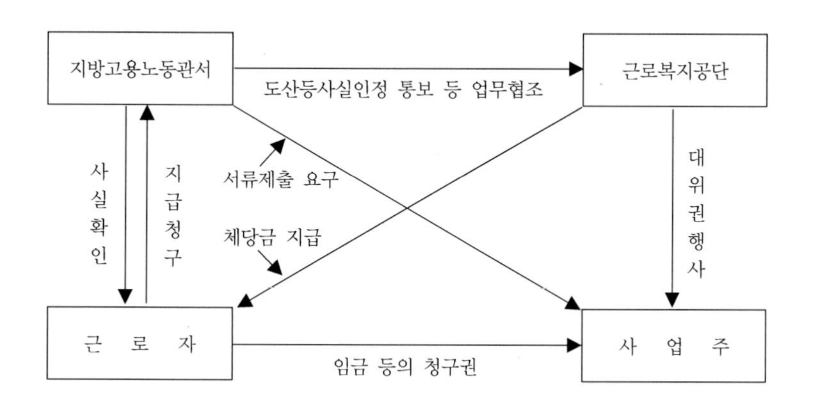

17) 임금채권보장법 시행령 제24조 제2항

18) 임금채권보장법 시행령 제24조 제3항

19) 고용노동부, 임금채권보장업무 처리요령, 2011, 16쪽.

마. 임금채권보장제도의 적용범위

임금채권보장법은 산재보험 적용대상 사업 또는 사업장에 적용된다. 즉, 임금채권보장법의 적용범위는 산재법 제6조에 따른 산재보험 당연적용대상 사업[20] 및 산재보험 임의·의제가입 사업[21]에 적용된다. 한편, 산업재해보상보험이 당연 적용되는 대상 사업의 사업주는 보험(임금채권보장)관계성립신고서의 제출유무, 보험료(부담금)의 납부유무를 불문하고 임금채권보장법이 적용된다.

2. 체당금 제도

가. 개요

고용노동부장관은 사업주[22]가 파산 등 대통령령으로 정하는 사유에 해당하는 경우에 퇴직한 근로자가 지급받지 못한 임금 등의 지급을 청구하면 제3자의 변제에 관한 민법 제469조의 규정에도 불구하고 그 근로자의 미지급 임금 등을 사업주를 대신하여 지급한다.[23] 이를 체당금이라 한다.

---

20) 임금채권보장법 제3조

21) 임금채권보장법 제4조

22) 임금채권보장법 제2조 제2호 근로자를 사용하여 사업을 하는 자.

23) 임금채권보장법 제7조 제1항

나. 성질

일반적으로 채무의 성질상 제3자의 변제를 허용하지 않거나 당사자의 반대의사가 있는 경우에는 제3자가 이를 변제할 수 없다.[24] 그러나 임금채권보장법에 따라 정부가 근로자에게 사업주를 대신하여 미지급 임금 등을 지급하는 것은 근로자의 생계보장이라는 정책적인 목적에 의한 것으로, 근로자가 체당금 지급을 청구하는 경우에는 일정범위의 임금채권에 대해서는 사업주의 의사에 관계없이 정부가 대신 지급할 수 있다. 즉, 사업주의 반대의사 표시가 있어도 근로자의 청구가 있으면 체당금의 지급이 가능하다. 이는 우리나라 법제가 기업 도산 시 근로자에 대한 임금채권 확보문제를 「사회연대책임(responsibility of solidarity)의 원리」에 따라 총자본과 전체 근로자의 관계로 파악하여 사용자의 부담으로 제도를 운영하는 방식을 취했다는 것을 의미한다.

이와 같이 임금채권보장제도가 법률상 직접적인 임금지급의무가 없는 전체 사업주가 부담하는 부담금 등에 의하여 운영되기 때문에, 그 지급보장 사유와 지급요건 및 지급 보장되는 임금채권의 범위가 법으로 엄격하게 규정되고 있다.[25]

한편, 체당금은 기업의 도산으로 퇴직한 근로자의 생계불안을 방지하기 위해서이기 때문에 체당금을 지급받을 권리는 양도하거나 담보로 제공할 수 없다. 다만 체당금을 지급받을 권리가 있는 자가 부상 또는 질병으로 인하여 체당금을 수령할 수 없는 경우에는 그 가족에게 수령을 위임할 수 있다.[26] 또한 미성년자인 근로자도 독자적

24) 민법 제469조 제1항

25) 노동부, 임금채권보장제도 10년사 정리, 2007, 6쪽

으로 체당금의 지급을 청구할 수 있다.[27)]

다. 체당금의 지급사유

체당금은 기업의 도산이 전제가 되어야 한다. 기업의 도산이란 크게 법원에 의한 재판상 도산과 지방고용노동관서의 장에 의한 도산 등사실인정으로 구분된다.

1) 재판상 도산

재판상 도산이란 「채무자 회생 및 파산에 관한 법률」[28)]에 따른 파산선고 또는 회생절차개시결정을 의미한다. 파산선고와 같은 청산형 도산 이외 회생절차개시와 같은 재건형 도산을 포함시키고 있는 것은 이러한 경우에도 임금채권은 '공익채권[29)][30)]'으로서 법률적으로는 근로자가 임금청구권을 정상적으로 행사할 수 있으나, 현실적으

---

26) 임금채권보장법 제11조 제1항 및 제2항

27) 근로기준법 제68조 및 임금채권보장법 제10조 제3항

28) 채무자 회생 및 파산에 관한 법률(2005. 3. 31. 법률 제7428호)의 시행과 동시에 (시행일 2006. 4. 1.) 파산법, 회사정리법, 화의법 및 개인채무자 회생법은 모두 폐지되었다.

29) 채무자회생 및 파산에 관한 법률 제179조 제10호. 공익채권은 주로 회생절차 개시후의 원인에 기하여 생긴 것으로서 회생절차의 수행 및 기업의 재건에 필요한 비용을 지출하기 위해 인정된 청구권임에도 불구하고 사회정책적인 이유로 임금채권이 공익채권으로 규정되었다

30) 공익채권은 회생절차 중이라도 회생절차에 의하지 아니하고 수시로 변제한다.(채무자회생 및 파산에 관한 법률 제180조 제1항) 다만 회사재산이 공익채권의 총액을 변제하기에 부족한 것이 명백하게 된 때에는 공익채권은 법령에 정하는 우선권에 불구하고 아직 변제하지 않은 채권액의 비율에 따라 변제받을 수 있다.(제180조 제7항)

로는 이들 기업에서 퇴직한 근로자들이 상당한 기간 동안 임금을 받지 못하기 때문이다.[31]

따라서 행정해석은 이들 기업이 법원의 감독에서 벗어나 재산처분에 대한 제한이 없어지는, 즉 회생절차가 종결[32]되어 당해 기업이 법원의 감독을 벗어나 통상의 기업운영을 하게 된다면 체당금의 지급사유가 종료하게 되고 이에 따라 회생절차의 종결 이후 퇴직한 근로자는 체당금의 지급대상이 되는 근로자(신청일 이전 1년 전이 되는 날부터 3년 이내 퇴직)라고 하더라도 체당금을 청구할 수 없다고 본다.[33]

한편, 회생절차의 폐지[34]와 관련해서도 회생절차가 그 목적을 달성하지 못한 채 법원이 그 절차를 종료시키는 것으로서 회생절차 폐지 결정이 확정된 경우에는 체당금 지급사유가 종료되어 체당금을 지급할 수 없지만, 회생절차 폐지결정이 확정되기 전에 체당금 지급청구를 한 경우에는 회생절차 폐지결정이 확정된 이후라도 지급이 가능하다고 보고 있다.[35] 다만 회생절차폐지결정 확정 이후 도산등사실인정신청을 통하여 도산등사실인정을 받아 체당금 확인신청을 할 수는 있을 것이다.[36]

---

31) 고용노동부, 임금채권보장업무 처리요령, 2011, 17～18쪽
32) 채무자 회생 및 파산에 관한 법률 제283조
33) 임금 68206-193, 2001. 3. 20
34) 채무자 회생 및 파산에 관한 법률 제285조 내지 제288조
35) 근로복지과-3511, 2012. 10. 15.
36) 그렇지만 도산등사실인정의 신청기한이 도과한다면 체당금을 청구할 수 없는 상황도 발생할 수 있다.

2) 도산등사실인정(사실상도산)

소규모 사업장에서는 사업주가 재판상 도산의 과정을 거치지 않고 임의로 운영중단·폐업 등을 행하는 경우가 많다. 이러한 경우를 대비하여 일정규모 이하의 중소기업사업주에 대해서 지방노동관서로부터 도산등사실인정을 받을 수 있도록 하고 있다. 지방고용노동관서의 장이 도산을 인정하는 것이므로 재판상 도산의 경우보다 그 요건이 엄격하고 까다롭다. 자세한 요건 및 절차와 관련해서는 뒤에서 자세히 설명하기로 한다.

3) 재판상 도산과 도산등사실인정과의 관계

도산등사실인정의 경우는 현실적으로 재판상 도산절차를 이용하기 어려운 소규모 사업장의 사업주가 요건이므로(상시근로자 수 300인 이하), 이미 당해 사업주가 재판상 도산을 받은 경우에는 동일한 사실을 기초로 한 도산등사실인정은 의미가 없다.

실무상 재판상 도산의 신청이 있는 경우에도 아직 파산선고 등이 있기 전이라면 도산등사실인정을 할 수 있으나, 1개월 이내에 법원의 파산선고 등이 행하여질 전망이 있는 경우에는 재판상 도산과의 중복을 피하기 위해 1개월의 범위 내에서 도산등사실인정의 결정기간을 연장하여 재판결과에 따라 처리한다. 한편, 회생절차개시결정을 받은 후 상당한 기간이 경과한 후 도산등사실인정의 요건을 충족한다면 도산사유의 기초가 되는 사실이 서로 다르기 때문에 도산등사실인정을 신청할 수 있다.[37]

라. 체당금 지급과 관련한 사업주 요건

근로자가 체당금을 지급받기 위해서는 ⅰ) 당해 사업주가 산재보험법의 적용대상이 되는 사업의 사업주여야 하고, ⅱ) 법의 적용대상 사업의 사업주가 된 후 6개월 이상[38] 당해 사업을 행하였고,[39] ⅲ) 체당금 지급사유인 파산선고 등을 받았거나 도산등사실인정을 받아야 한다.

마. 체당금 지급과 관련한 근로자 요건

체당금을 청구하기 위해서는 당해 사업장에서 퇴직한 근로자[40]여야 한다. 따라서 재직 중인 근로자의 경우에는 체당금을 청구할 수 없다.[41] 한편 체당금을 지급받을 수 있는 근로자는 퇴직기준일로부터 1년 전이 되는 날 이후 3년 이내에 당해 사업장에서 퇴직한 근로자에 한한다.[42]

퇴직기준일이란 근로자의 체당금 지급대상 요건인 퇴직 시기를 판

---

37) 고용노동부, 임금채권보장업무 처리요령, 2011, 42쪽

38) 2003. 6. 25. 시행령 개정(사업계속기간 요건이 1년 → 6월로 단축) 2003. 6. 25. 이후에 재판상 도산 또는 도산등사실인정이 신청된 사업에 적용 되며 여기에서의 「사업」에는 영리목적의 사업(사기업)은 물론 영리목적이 없는 계속적 활동(예: 사회복지시설)도 포함한다.

39) 임금채권보장법 시행령 제8조

40) 근로기준법상 근로자에 해당하는지 여부는 대판 2006. 12. 7. 2004다29736 등에 제시된 기준을 토대로 판단하여야 한다.

41) 이에 대해 사실상 도산상황에서 재직 중인 근로자에 대해서도 생활의 안정을 위해 체당금을 지급해야 한다는 지적도 제기될 수 있다.

42) 임금채권보장법 시행령 제7조

단하는 기준으로, 당해 사업주에 대한 파산의 선고, 회생절차개시의 결정이 있는 경우에는 그 신청일,

회생절차개시 신청 후 법원이 직권으로 파산선고를 한 경우에는 그 신청일 또는 선고일, 도산등사실인정의 경우에는 그 도산등사실 인정의 신청일이 된다.[43)]

Q58. 저는 사업장에서 2014. 3. 22. 퇴직한 근로자입니다. 해당 사업장은 2013. 3. 4. 파산선고를 신청하여 9. 5.자로 파산선고를 받았습니다. 이 경우 저는 체당금을 지급받을 수 있나요? A58. 체당금을 지급받을 수 있는 근로자는 퇴직기준일로부터 1년 전이 되는 날 이후부터 3년 이내에 해당 사업장에서 퇴직하여야 합니다. 해당 사업장의 퇴직기준일은 파산선고신청일인 2013. 3. 4.자로 2012. 3. 4.~2015. 3. 3. 사이에 퇴직한 근로자는 체당금을 청구할 수 있습니다.

바. 체당금의 지급액

1) 지급보장의 범위

체당금의 지급사유가 발생한 사업에서 퇴직한 근로자가 지급받을 수 있는 임금채권의 범위는 '최종 3월분의 임금 또는 휴업수당 및 최종 3년간의 퇴직금 중 미지급액'이 된다.[44)]

43) 동일한 둘 이상의 신청이 있는 경우에는 최초의 신청일을 말한다.

44) 임금채권보장법 제7조 제2항

가) 최종 3월분의 임금

최종 3월분의 임금이란 근로자의 퇴직일 또는 사실상 근로관계가 종료된 날부터 소급하여 3개월간의 근로로 인하여 지급사유가 발생된 일체의 임금을 의미한다. 따라서 최종 3월간의 근로에 대한 대가가 아니거나 지급의무의 발생시기가 퇴직 이전 3월간에 발생한 것이 아닌 경우(미사용연차휴가수당,[45] 연말정산환급금[46] 등)에는 체당금의 지급범위에 포함되지 않는다.

최종 3월간에 근로의 대가로 발생한 상여금은 최종 3월분의 임금에 포함하되, 이 경우 체당금의 산정은 해당기간 동안 지급 또는 지급하기로 결정된 금액을 그 결정기간에 따라 비례하여 해당 월의 임금에 포함하여야 한다.[47] 한편, 상여금을 설(200%), 하계휴가(100%), 추석(200%)등 특정일에 일정액(률)을 지급하여 각 지급일 사이의 기간이 일정하지 않을 경우 상여금에 대한 체당금의 산정은 연간 미지급액을 미지급월수로 균등분할하여 체당금 지급대상 각 월(최종3월)의 미지급임금에 포함하여야 한다.

· 각 월의 미지급 상여금액 $= \dfrac{\text{연간 미지급 상여금액(률)}}{\text{12월} \times \text{(1-연간상여금기지급률)}}$ [48]

45) 임금 68207-245, 2001. 7. 14

46) 연말정산환급금은 근로의 대가인 임금이 아니라 기타 금품에 해당하므로 체당금 산정에 포함되지 않는다.(근로기준과-4450, 2005. 8. 26.)

47) 임금 68207-245, 2001. 7. 14

48) 상여금 관련 행정해석이 2014. 10. 23. 변경됨(임금복지과-416, 2010. 4. 1. →임금 68207-290, 2003. 4. 17. 로 변경)
변경된 행정해석은 2014. 10. 23. 이후 체당금 산정시부터 적용.

Q59. 임금을 최저임금 미만으로 받고 있는데, 이런 경우 체당금은 어떻게 산정되나요?

A59. 임금이 최저임금 미만일 경우에는 최저임금의 적용제외대상이 아닌 한 최저금액을 기초로 하여 체당금을 산정하여야 합니다. 최저임금법 제6조는 최저임금의 적용을 받는 근로자와 사용자 사이의 근로계약 중 최저임금액에 미치지 못하는 금액을 임금으로 정한 부분은 무효로 하며, 이 경우 무효로 된 부분은 이 법으로 정한 최저임금액과 동일한 임금을 지급하기로 한 것으로 보기 때문입니다.[49]

Q60. 사업장이 2013. 9. 폐업되어 퇴직한 근로자인데, 2013. 4, 5월분 임금 및 9월분 임금이 체불된 상태입니다. 이런 경우 체불임금의 범위는 어떻게 되나요?

A60. 임금채권보장법에서 규정하고 있는 최종 3월분의 임금이란 근로자의 퇴직일 또는 사실상 근로관계가 종료된 날부터 소급하여 3개월간의 근로로 인하여 지급사유가 발생한 임금을 의미하므로, 2013. 7월~9월분의 임금을 의미합니다. 따라서 질문자의 경우 2013. 4, 5월분의 임금은 체당금으로 지급받으실 수 없습니다.[50]

나) 최종 3월분의 휴업수당

최종 3월분의 휴업수당이란 근로자가 퇴직한 날 또는 사실상 근로관계가 종료된 날부터 소급하여 3개월간 사업주가 그 귀책사유로 인하여 휴업을 실시하여 지급하게 되는 수당이다. 다만 상시근로자가 5인 미만인 사업장의 경우는 근로기준법 제46조(휴업수당)이 적용되지 않으므로 휴업하였다고 하더라도 휴업수당을 받을 수 없게 되어 체당금 지급보장 범위에 포함되지 않는다.[51]

---

49) 임금 68207-360, 1999. 12. 27

50) 임금 68207-767, 2001. 11. 7

51) 근로기준법 시행령 제7조 및 시행령 별표 1

다) 최종 3년간의 퇴직금

최종 3년간의 퇴직금이란 90일분의 평균임금을 의미한다. 평균임금이란 이를 산정하여야 할 사유가 발생한 날 이전 3개월 동안에 그 근로자에게 지급된 임금의 총액을 그 기간의 총 일수로 나눈 금액을 의미한다.[52] 한편, 사업주가 근로자퇴직급여보장법 제3장의 규정에 의한 퇴직연금제도를 설정하였거나 근로자를 피보험자 또는 수익자로 하여금 퇴직보험 또는 외국인 근로자 출국만기보험 등에 가입한 경우에는 퇴직금의 전부 또는 일정부분은 지급이 보장되므로 지급이 보장되는 부분만큼은 사업주의 지급채무가 소멸된다. 따라서 실무에서는 퇴직금의 미지급액 산정 시 반드시 이 부분은 제외하고 퇴직금 미지급액을 확인하고 있다.[53]

2) 체당금의 월정 상한액

체당금의 지급보장의 범위가 최종 3월분의 임금 또는 휴업수당 및 최종 3년간의 퇴직금 중 미지급금액이라고 하더라도 위 미지급금액 전부가 체당금으로 지급되는 것은 아니다. 체당금은 근로자의 퇴직 당시의 연령을 고려하여 그 상한액을 제한할 수 있으며 체당금이 적은 경우에는 지급하지 아니할 수 있다.[54] 체당금의 상한액은 임금, 물가상승률 및 기금의 재정상황 등을 고려하여 퇴직 당시 근로자의 연령에 따라 정하게 되는데,[55] 이를 체당금의 월정 상한액이라 한다.

---

52) 근로기준법 제2조 제6호

53) 고용노동부, 임금채권보장업무 처리요령, 2011. 1. 93～94쪽.

54) 임금채권보장법 제7조

55) 임금채권보장법 시행령 제6조

연령대별로 상한액을 달리 설정한 것은 최소한의 생계비를 보장한다는 제도 도입의 취지에 따라 생계비 수준이 연령대별로 다르다는 현실을 감안한 것이다.[56]

결과적으로 체당금은 지급보장 범위인 최종 3월분의 임금 또는 휴업수당 및 최종 3년간의 퇴직금 중 미지급액과 체당금의 월정 상한액 중 적은 금액이 기준이 되어 산정된다. 현행 체당금의 월정 상한액은 다음과 같다.[57]

체당금 상한액 고시[58]

퇴직 당시 연령 / 체당금 종류	30세 미만	30세 이상~40세 미만	40세 이상~50세 미만	50세 이상~60세 미만	60세 이상
임금·퇴직금	180	260	300	280	210
휴업수당	126	182	210	196	147

한편, 체당금의 산정 시 미지급 기간이 1월(또는 퇴직금의 경우 1년) 미만의 기간이 있는 경우에 동 기간에 대한 체당금의 월정 상한액은 미지급 기간과 관계없이 1월분의 상한액을 적용한다. 즉, 동 기간의 미지급액이 월정 상한액을 초과하는 경우에는 그 상한액을, 상

---

56) 고용노동부, 임금채권보장제도 10년사 정리, 2007, 102쪽.

57) 고용노동부고시 제2013-66호.
①이 고시는 2014. 1. 1.부터 시행한다.
②이 고시는 이 고시 시행 후 최초로 「임금채권보장법 시행령」 제4조 각 호의 어느 하나에 해당하는 사유가 발생하는 경우부터 적용한다. 다만 같은 조 제3호의 경우에는 이 고시 시행 후 도산등사실인정신청서가 접수된 경우부터 적용한다.(적용례)
③ 이 고시는 「훈령·예규 등의 발령 및 관리에 관한 규정」(대통령훈령 제248호)에 따라 발령 후 법령이나 현실여건의 변화 등을 검토하여 2016년 12월 25일까지 폐지 또는 개정한다.(재검토기한)

58) 임금과 휴업수당은 1월분, 퇴직금은 1년분을 기준으로 한다.

한액에 미달하는 경우에는 미지급액 전액을 체당금으로 산정한다. 다만 미지급임금과 휴업수당이 같은 월에 혼재하는 경우에는 각각의 기간을 일할 계산하여 상한액을 산정하여야 한다.[59]

Q61. 저는 퇴직 당시 만 35세이고 체불임금이 5, 6월분 임금(각 300만 원), 7월분 휴업수당(210만 원), 최종 3년간의 퇴직금(30일분의 평균임금이 300만 원)이 있습니다. 이런 경우 체당금을 신청하면 얼마까지 지급받을 수 있나요?

A61. 체당금은 최종 3월분의 임금, 최종 3월분의 휴업수당, 최종 3년간의 퇴직금만 보장받을 수 있는데 질문자의 경우 최종 2월분의 임금, 최종 1월분의 휴업수당, 최종 3년간의 퇴직금을 지급받지 못해 체당금 지급보장의 범위에는 해당됩니다.
여기에서 현행 퇴직기준연령 및 체당금의 월정 상한액을 적용하면,
- 체불임금에 대한 체당금: 300만 원(체불임금 300만 원과 만 30~40세 미만의 상한액 260만 원 중 적은 금액)× 2월= 520만 원
- 체불휴업수당에 대한 체당금: 210만 원(체불휴업수당 210만 원과 만 30~40세 미만의 상한액 182만 원 중 적은 금액)×1월= 182만 원
- 체불퇴직금에 대한 체당금: 260만 원×3=780만 원
⇒ 따라서 질문자가 받을 수 있는 체당금은 총 1,482만 원입니다(520만 원+182만 원+780만 원).

3) 관련문제

가) 사업주가 체불금액 중 일부만을 청산한 경우

사업주가 근로자에게 체불된 금액 중 일부만을 지급한 경우가 있을 수 있는데, 이러한 경우에는 지급한 금액을 사업주 또는 근로자의 명시적인 의사표시(지정변제충당[60])가 없었다면 사업주 또는 근로

59) 고용노동부, 임금채권보장제도 10년사 정리, 2007, 112쪽.

자가 특정 월의 임금 또는 특정 해의 퇴직금 등으로 한다는 명시적 인 의사표시가 없는 한 시기적으로 먼저 발생한 임금채권을 변제받을 것으로 보아야 한다.[61]

나) 법원의 배당 이후 체당금 청구가능 여부 및 범위

근로자가 법원으로부터 일정부분 배당을 받은 후에도 미지급 임금 등이 남아 있는 경우는 체당금의 청구가 가능하다. 법원이 배당할 당시 최우선변제채권과 우선변제채권을 구분하였을 경우 법원의 배당표에 기재된 배당순위에 따라 충당하고, 그렇지 않을 경우 시기적으로 먼저 발생한 임금채권을 변제받은 것으로 보고 있다.

한편, 근로기준법 제38조 제2항의 규정에 의하여 최우선변제채권인 임금과 근로자퇴직급여보장법 제11조 제2항의 규정에 의하여 최우선변제채권인 퇴직금은 동 순위 채권이므로 법원에서 이를 구분함이 없이 배당하였을 경우에는 미지급된 최종 3월분의 임금 및 최종 3년간의 퇴직금액의 각 비율대로 배당금을 분할하고 나서 체당금을 산정하여야 한다.[62]

다) 근로자가 임금채권을 포기한 경우

채권의 포기는 민법상 채권의 면제에 해당하는 것으로 체불임금에 대해 포기하였다면 동 채권은 소멸하게 되어 체당금을 지급받을 수 없다. 따라서 근로자가 법원의 조정 등으로 일부 임금상당액을 포기한 경우, 그 포기한 금원에 대해서도 체당금을 받을 수 없다.[63] 따라

---

60) 민법 제476조 제1항 및 제2항

61) 퇴직급여보장팀-99, 2006. 1. 10.

62) 고용노동부, 임금채권보장업무 처리요령, 2011. 1, 105쪽

서 퇴직근로자가 이미 발생한 미지급임금 등을 남보다 우선적으로 지급받기 위해 그보다 적은 액수를 요구하고 나머지는 포기하는 것으로 하여 요구액을 지급받았다면 미지급임금은 존재하지 않는 것으로 처리하여야 할 것이다. 다만 근로자가 당해 포기의사의 표시를 취소하고, 사업주 또는 그 외의 당사자(사업주 대리인, 채권단 등)가 당해 취소를 승인하였다면 미지급임금이 존재하는 것으로 처리하되, 당해 취소 및 승인에 관한 내용을 서면으로 제출받아 이를 확인하여야 한다.[64]

라) 사업주가 근로자에게 자산을 양도한 경우

근로자들이 사업주로부터 임금채권 대신 다른 자산을 양도받은 경우 자산의 양도가 임금의 지급에 갈음하여 이루어졌는지 혹은 임금의 지급을 위해서 행해진 것인지에 따라 달라진다. 만약 근로자가 임금채권에 갈음[65]하여 부동산을 양도받기로 하고 소유권이전등기까지 경료 한다면 기존의 임금채권은 소멸되므로[66] 체당금을 지급받을 수 없다.

근로자가 사용자로부터 임금채권 변제와 관련하여 다른 채권 등을 양도받거나 어음・수표 등을 교부받은 경우 특단의 사정이 없는 한 채무변제를 위한 담보 또는 변제의 방법으로 양도되는 것으로 추정할 것이지 채무변제에 갈음한 것으로 볼 것은 아니어서, 바로 원래의 채권이 소멸한다고 볼 수는 없다.[67][68] 이에 따라 임금채권이 소

---

63) 퇴직급여보장팀-624, 2005. 11. 8.

64) 고용노동부, 임금채권보장제도 10년사 정리, 2007, 111쪽.

65) 민법 제461조의 요건을 갖추어야 한다. 채무자가 채권자의 승낙을 얻어 본래의 채무이행에 갈음하여 다른 급여를 한 때에는 변제와 같은 효력이 있다.

66) 채권의 일부에 대한 대물변제의 취지가 제시되어 있지 않는 한도에서다.

멸하였다고 볼 만한 사정이 없는 경우에는 당연히 근로자들은 체당금을 지급받을 권리가 존재한다. 다만 이러한 경우 근로복지공단은 위 사용자의 채권을 취득하게 되므로 체당금 지급 시 약속어음을 양도받은 채권을 행사하기 위하여 필요한 관련 서류 등을 근로자들로부터 교부받은 후 체당금을 지급하고 있다.[69]

Q62. 저는 동일사업장에서 1999. 12. 6.~2008. 12. 2. 일하다가 퇴사(1차 퇴사)하였고, 다시 재입사하여 2009. 5. 11.~2009. 10. 31.(2차 퇴사) 일하다가 퇴사하였습니다. 1차 퇴사할 당시 퇴직금을 지급받지 못하였고, 2차 퇴사할 당시에는 두 달의 임금이 체불된 상태로 퇴사할 수밖에 없었습니다. 이런 경우 체당금의 지급은 어떻게 발생하는가요?

A62. 근로자가 동일 사업장에서 체당금 지급기간 내에 두 번 퇴직한 경우와 관련하여 기존의 행정해석은 동일사업장에서 동일인을 이중으로 보호할 수 없으므로 각각의 사유 중 근로자에게 유리한 기간을 선택하여 체당금을 처리하여야 한다(임금 68207-691, 2001. 10. 8)고 하여, 사안과 같은 경우에는 퇴직금을 받는 것이 유리하다고 판단, 1차 퇴사 시의 퇴직금만을 체당금으로 지급하여 왔습니다.
그러나 체당금 청구권은 각각의 퇴직시점에 발생한 것으로서 체당금의 지급범위인 최종 3월분의 임금 및 최종 3년간의 퇴직금의 범위 안에서 서로 중복하여 청구되지 아니하였고, 「임금채권보장법」에는 동일 사업장에서 체당금 지급기간 내에 두 번 퇴직한 경우 근로자에게 유리한 근무기간을 선택하여 그 기간에 발생한 체당금만을 지급하도록 제한하는 규정이 없으며, 질문자와 같이 이 사건 사업장에서 입사하여 중간에 퇴직하지 않고 계속 근무하다가 퇴직한 근로자의 경우 체불된 임금과 퇴직금 모두를 지급받을 수 있고, 나아가 청구인이 이 사건 사업장에 재입사하기 이전에 이 사건 사업장과 마찬가지로 나중에 도산등사실을 인정받은 다른 사업장에 입사하여 임금이 체불되었다고 가정할 경우,

67) 대판 1995. 9. 15. 95다13371

68) 대판 1996. 11. 8. 95다25060

69) 임금 68220-842, 1998. 12. 16

질문자도 이 사건 사업장에서 체불된 퇴직금을 지급받는 것 외에 다른 사업장에서 체불된 임금도 지급받을 수 있다는 점을 감안할 때, 퇴직하였다가 다시 입사하였다는 이유로 각각의 퇴직시점에 발생한 체당금의 일부만을 지급하는 것이 합리적이라고 볼 수도 없다는 이유로 두 차례 퇴직 시 발생할 수 있는 체당금을 각 지급하여야 한다고 판단하였습니다(행심 2010-30749, 2011. 3. 15).

3. 도산 등 사실 인정

가. 개요

도산등사실인정은 체당금 지급사유 중 기업의 도산을 고용노동부장관이 인정하여 근로자들이 체당금을 지급받을 수 있게 하는 제도이다. 영세한 규모의 기업의 경우 실질적인 도산상태에 있음에도 불구하고 재판상 도산이 이루어지지 않거나 혹은 사업주가 종적을 감추는 등의 행위로 근로자가 임금채권을 지급받는 데 어려움이 발생할 가능성이 높기 때문이다. 다만 도산등사실인정의 요건이 별도로 존재하고 지방고용노동관서의 장이 위 요건을 충족하였는지 확인하는 과정이 복잡하고 까다롭다. 특히, 도산등사실인정의 경우 신청기간의 제척기간이 별도로 존재하므로 위 제척기간이 도과한 후 신청하지 않도록 유의하여야 한다.

나. 도산등사실인정의 요건[70)]

1) 형식적 요건

우선 앞에서 본 체당금의 사업주 요건(산재보험법 적용대상, 6개월 이상 당해 사업 운영)을 충족하여야 하고, 더불어 상시 사용하는 근로자의 수가 300명 이하여야 한다.

산업재해보상보험법은 일정한 예외를 제외하고 근로자를 사용하는 모든 사업 또는 사업장에 적용되므로[71)] 별도의 법인으로 산재보험법상 적용을 달리하는 경우에는 서로 다른 사업의 사업주로 보게 된다.[72)] 다만 건설업의 경우 하나의 사업을 행함에 있어 본사 또는 공사현장 중 어느 하나가 임금채권보장법의 적용대상이 되어 사업주가 도산등사실인정을 받았다면, 당해 사업주의 사무실 또는 공사현장이 비록 산재보험 당연적용사업장이 아니더라도 체당금을 지급받을 수 있다.[73)] 이는 건설업체의 경우 하나의 사업이면서도 실제 개별공사 또는 공사현장별로 산재보험에 가입하는 경우가 있는데 이 경우 산재보험법은 그 사업의 전체에 대해 적용되기 때문이다.

한편, 6개월 이상 사업을 행한 기간에 상시근로자 수가 1인 이상이 되지 않은 기간이 포함되어 있는 경우라 할지라도 사업의 계속성이 인정되는 한 6개월로 인정된다.[74)]

---

70) 임금채권보장법 시행령 제5조 제1항 및 동법 시행령 제8조

71) 산업재해보상보험법 제6조

72) 임금 68207-640, 2001. 9. 12.

73) 임금 68220-693, 1998. 10. 20.

74) 임금 68207-469, 2003. 6. 20.

2) 실질적 요건

사업이 폐지되었거나 폐지되는 과정에 있으면서, 사업주가 임금 등을 지급할 능력이 없거나 임금 등의 지급이 현저히 곤란하여야 한다는 두 가지 요건을 모두 충족하여야 한다.

가) 사업이 폐지되었거나 폐지되는 과정에 있을 것

(1) 사업의 폐지

사업의 폐지는 주된 생산 또는 영업활동이 중단되고 그 활동이 이루어지는 사업장이 폐쇄된 채 근로자 전원이 해고 또는 퇴직한 상태를 의미한다. 다만 사업의 정리 또는 청산을 위하여 필요한 최소한의 인원이 사업의 정리 또는 청산목적에 한정된 활동을 하는 경우에도 이를 사업의 폐지로 본다.

한편, 주된 생산 또는 영업활동이 중단되고 근로자들이 퇴사한 상태에서 사업주가 단독으로 사업의 재개 의지를 표명하는 경우 사업주의 주관적 의사 표명만으로 사업이 폐지되지 않은 것으로 볼 수는 없으나 실무상으로는 사업주의 주관적 의사가 명시적이고 적극적인 경우 사업의 일시적 중단으로 보고 도산인정 신청일로부터 처리기한 범위 내에서 사업주가 제시하는 날짜를 고려하여 상당한 기한까지 지켜보고 처리하고 있다.

또한, 개인기업에 있어서는 도산 후 사업주가 생계유지를 위해 단독으로 종전과 동일한 사업을 행하고 있는 경우도 있지만 도산 전후로 근로자 전원을 해고하고 생필품을 제외한 전 재산을 처분한 경우라면 사업의 폐지로 처리하며, 사업주가 사업을 폐지하고 근로자를 해고하고자 함에도 불구하고 근로자들이 사실상의 조업활동을 계속하는 생산관리의 경우에는 사업주의 지휘관리하에 있는 사업활동이 아니므로 사업의 폐지로 처리한다.[75]

(2) 사업이 폐지되는 과정에 있을 것

사업이 폐지되는 과정에 있는 것으로 인정되는 경우는 다음과 같다.

① 그 사업의 생산 또는 영업활동이 중단된 상태에서 주된 업무시설이 압류 또는 가압류되거나 채무변제를 위하여 양도된 경우(「민사집행법」에 따른 경매가 진행 중인 경우를 포함한다)
② 그 사업에 대한 인가·허가·등록 등이 취소되거나 말소된 경우
③ 그 사업의 주된 생산 또는 영업활동이 1개월 이상 중단된 경우

한편, 사업주가 관할 행정관청에 휴업신고한 '휴업기간' 중에는 그 기간 종료 후 사업주의 의지에 따라 사업이 재개될 여지가 있으므로 도산인정 요건인 '사업이 폐지되었거나 폐지과정에 있는 경우'로 보기 어려울 것이지만, 이 경우에도 당해 휴업기간 중 관할 행정관청이 국세체납 등의 사유로 직권 폐업조치 했다거나, 생산 또는 영업활동이 중단된 상태에서 주된 업무시설이 압류 또는 가압류되고 채무변제를 위해 양도되는 등의 경우에는 휴업신고 전후의 사실관계에 따라 도산등사실인정요건에 부합한다면 도산 등 사실인정을 할 수 있다.[76]

---

75) 고용노동부, 임금채권보장업무처리요령, 2011. 1, 51~52쪽.
76) 임금정책과-2482, 2004. 7. 7.

나) 사업주가 임금 등을 지급할 능력이 없거나 임금 등의 지급이 현저히 곤란할 것

사업이 폐지되었거나 폐지되는 과정에 있더라도 사업주가 임금 등을 지급할 능력이 있다면 도산등사실인정의 요건을 충족할 수 없다.

(1) 임금 등을 지급할 능력이 없는 경우

'임금 등을 지급할 능력이 없는 경우'란 일반적으로 사업주에게 임금지급에 충당할 수 있는 자산이 없고, 자금차입이나 기타 방법에 의해서도 임금을 지급할 가능성이 없는 경우를 말한다. 따라서 부채액이 자산액을 상회하는 채무초과의 상태에 있다 하더라도 자산이 있으면 임금채권은 우선 변제될 수 있으므로 단순한 채무초과 상태는 이에 해당하지 않는다.[77]

(2) 임금 등의 지급이 현저히 곤란할 것

임금 등의 지급이 현저히 곤란할 경우란 다음과 같다.

(가) 도산등사실인정일 현재 사업주가 1개월 이상 사업주의 소재를 알 수 없는 경우

현재 사업주가 1개월 이상 사업주의 소재를 알 수 없는 경우란, 임금지급에 충당할 자산은 있으나 개인 사업주 또는 법인의 대표이사 등 회사 재산에 대한 실질적 지배력을 행사하는 자가 1월 이상 소재불명으로 자산의 처분 또는 회수가 사실상 곤란한 경우에는 임금 등

77) 고용노동부, 임금채권보장업무처리요령, 2011. 1, 58쪽.

의 지급이 현저히 곤란한 경우로 판단한다. 다만 사업주가 다수 채무 발생으로 채권자들을 피하여 도피중인 경우와 같이 일시적으로 그 소재가 불분명한 경우까지 이때의 소재불명으로 보지 않는다.[78]

(나) 사업주의 재산을 환가하거나 회수하는데 도산등사실인정 신청일부터 3개월 이상 걸릴 것으로 인정되는 경우

사업주의 소재불명이나 사업주의 재산을 환가·회수하는데 시일이 걸릴 경우를 도산등사실인정의 요건으로 규정한 취지는 사업주가 재산이 있더라도 그 환가 또는 회수에 장기간이 소요될 경우 근로자의 생계가 불안해질 수 있으므로 이러한 기간에도 근로자의 생활을 안정적으로 보장하기 위해서이다. 다만 실무적으로 근로자들이 법원으로부터 최종 3월분의 임금을 배당표로 수령하는 경우 체당금을 지급하게 되면 배당표에 따른 배당금과 체당금을 이중으로 수령하게 되어 부정수급의 문제가 생길 가능성이 크므로 근로자가 배당표를 수령한 때에는 이를 환가 또는 회수된 것으로 보고 있다.[79]

3) 신청기간(제척기간)

도산등사실인정의 신청은 해당 사업에서 퇴직한 날의 다음날부터 1년 이내에 하여야 한다.[80][81] 위 신청일은 또한 근로자의 체당금 지

---

78) 사업주에 대하여 지명통보 또는 지명수배 조치를 취하고 1월 이상 경과한 경우에는 이를 1월 이상 소재불명으로 볼 수 있다.(고용노동부, 임금채권보장업무처리요령, 2011. 1, 64쪽)

79) 임금정책과-2762, 2004. 7. 27.

80) 임금채권보장법 시행령 제5조 제2항

81) 대구지판 2011. 5. 13. 2011구단438, 퇴직일 다음날부터 1년이 지나서 신청하

급요건을 판단할 때 퇴직기준일[82]이 되므로 유의하여야 한다. 실무적으로는 임금체불 진정서를 제출하여 조사를 받는 과정에서 도산등사실인정의 신청을 행하는 경우가 많다.

한편, 해당 사업장의 근로자 모두가 도산등사실인정을 받을 필요는 없고 근로자 한명이 도산등사실인정을 신청하여 승인받으면 된다.[83]

4) 도산등사실인정의 통지

관할지방고용노동관서의 장은 도산등사실인정의 신청에 대해 도산등사실인정 여부를 결정하였을 때에는 지체 없이 신청인에게 도산등사실인정을 통지하여야 한다.[84][85]

5) 관련 문제

가) 전적이 이루어져 두 회사에 모두 근무한 경우 도산등사실인정 신청 대상 사업주

임금채권보장법에 의한 도산등사실인정 대상사업주는 동 근로자에게 임금지급 의무가 있는 사업주이므로 관계사간 전적이 유효한 경우

였다는 이유로 도산등사실인정을 반려한 것은 적법하다는 판결이다.

82) 체당금을 지급받을 수 있는 근로자는 퇴직기준일로부터 1년전이 되는 날 이후 3년 이내에 당해 사업장에서 퇴직한 근로자여야 한다.

83) 본사와 지점에서 각각 도산등사실인정을 신청한 경우 본사와 지점이 하나의 사업이라면 해당 사업주의 사업에서 퇴직한 근로자의 체당금 지급대상 여부는 최초 도산등사실인정신청일을 기준으로 하여 판단한다.(임금 68207-387, 2001. 5. 30.)

84) 임금채권보장법 시행규칙 제4조

85) 도산등사실인정과 관련하여 자세한 처리절차는 도산등사실인정및확인업무처리규정(2012. 8. 30. 고용노동부예규 제36호)을 참조하면 된다.

라면 각각의 기업이 도산등사실인정신청대상 사업주이므로 각각의 사업장에서 퇴직한 날의 다음날부터 1년 이내에 신청해야 하며, 전적이 유효하지 않다면 최초 근무한 사업장이 임금지급의무가 있으므로 최초 근무 사업장을 상대로 도산등사실인정을 신청하되, 최종 근무한 기업으로부터 퇴직한 날의 다음날부터 1년 이내에 하여야 한다.[86)]

Q63. 저는 A업체에서 근무하고 있었는데, A업체가 극도의 경영악화로 인하여 A업체에 대하여 채권을 가지고 있던 B회사와 영업의 양도양수 계약을 체결하였습니다. 영업양도·양수 전 이미 상당한 임금이 미지급된 상황에서 영업의 양도양수 계약서상에는 '갑의 임금채권도 상호간 양도·양수하기로 하였다'고 합니다.
그런데 제가 영업양도·양수가 이루어지기 전에 A회사에서 퇴사하였고 B회사는 아직도 임금을 지급하지 않는 상태에서 부도로 인하여 도산의 위기에 있습니다. 이런 경우 저는 A와 B 중 누구를 사업주로 하여 도산등사실인정 및 체당금을 신청해야 하나요?

A63. 영업의 양도란 영업목적에 의하여 조직화된 물적·인적조직이 동일성을 유지하면서 이전되는 것으로서 양도회사의 물적·인적 조직이 양수회사로 이전될 뿐 양도회사가 도산한 것은 아니므로 양도 사업주(A)는 임금채권보장법에 따른 도산등사실인정 대상사업주가 될 수 없습니다.
또한 임금채권보장법 시행령 제5조에 따라 도산등사실인정 대상사업주는 근로자와 직접 근로계약 관계에 있었던 사업주를 의미한다고 할 것이므로 영업의 양수인과 근로계약 체결사실이 없었던 퇴직 근로자인 질문자는 양수회사(B)를 상대로 도산등사실인정을 신청할 수 없습니다. 결국, 체불된 임금 등에 대하여 민사절차에 따라 영업을 양수받은 사업주를 상대로 지급을 청구할 수밖에 없을 것입니다.[87)]

86) 퇴직급여보장팀-379, 2007. 1. 24
87) 임금정책과-722, 2004. 3. 4

4. 체당금 신청절차

가. 확인신청서 및 체당금지급청구서 제출

체당금을 지급받고자 하는 근로자는 확인신청서와 함께 체당금지급청구서를 관할지방고용노동관서의 장에게 제출하여야 한다.[88] 한편, 도산등사실인정 신청과는 달리 위 확인신청 및 체당금지급청구는 개별 근로자 개개인이 따로 신청하여야 한다.

나. 체당금 신청기간

체당금을 지급받고자 하는 근로자는 해당 사업주에 대하여 파산선고 등 또는 도산등사실인정이 있은 날부터 2년 이내에 고용노동부장관(사업장관할 지방고용노동관서의 장)에게 청구하여야 한다.[89] 이 기간은 제척기간이므로 체당금 신청기간을 도과하지 않도록 유의하여야 한다.

5. 체당금의 지급

관할지방고용노동관서의 장은 체당금 지급요건을 갖추고 있다고

---

88) 임금채권보장법 시행규칙 제6조

89) 임금채권보장법 시행령 제9조 및 제10조

판단한 경우에는 근로복지공단에 체당금 지급청구서를 송부하고, 근로복지공단은 이를 받은 날로부터 일주일 이내에 청구인이 지급받아야 할 임금 등을 지급하여야 한다.[90)]

> Q64. 도산등사실인정을 신청한 후 체당금을 신청하려고 하는데 절차가 복잡한 것 같습니다. 근로자가 각 제도를 신청할 수 있는 기간 및 지급대상 근로자인지 여부를 정리해주세요.
>
> A64. 우선 근로자는 해당 사업에서 퇴직한 날의 다음 날부터 1년 이내에 도산등사실인정을 신청하여야 합니다. 이후 지방고용노동관서의 장으로부터 도산등사실인정이 되면 2년 이내에 관할지방고용노동관서의 장에게 체당금을 신청하여야 합니다. 한편, 체당금의 지급대상 근로자는 퇴직기준일(도산등사실인정 신청일)의 1년 전이 되는 날 이후 3년 이내에 해당 사업장에서 퇴직한 근로자여야 체당금을 지급받을 수 있습니다.

6. 사업주에 대한 대위권 행사 및 부정수급에 대한 제재

가. 사업주에 대한 대위권 행사

고용노동부장관은 근로자에게 체당금을 지급하였을 때에는 그 지급한 금액의 한도에서 그 근로자가 해당 사업주에 대하여 미지급 임금 등을 청구할 수 있는 권리를 대위한다. 근로기준법[91)] 및 근로자

90) 임금채권보장법 시행규칙 제7조 제2항 및 동법 제8조

퇴직급여보장법[92]에 의거 임금・퇴직금에 대한 최우선변제권은 대위되는 권리에 존속 한다.[93] 따라서 근로복지공단은 체당금을 지급하여 위 미지급임금청구권을 대위하는 경우 청구권의 행사 및 그 확보 등에 필요한 조치를 하여야 한다.[94][95]

한편 최우선변제권이 있는 근로자의 나머지 임금 등 채권과 근로복지공단이 대위하는 채권의 배당순위와 관련하여 논란이 많았는데, 법원은 근로자의 나머지 임금 등 채권의 우선순위를 인정하였다. 대판은 변제할 정당한 이익이 있는 자가 채무자를 위하여 근저당권의 피담보채무의 일부를 대위변제한 경우, 대위변제자는 변제한 가액의 범위 내에서 종래 채권자가 가지고 있던 채권 및 담보에 관한 권리를 법률상 당연히 취득하게 되지만 이때에도 채권자는 대위변제자에 대하여 우선변제권을 가진다는 법리를 적용하였다.[96] 만일 이와 달리 근로자의 나머지 임금 등 채권과 공단이 대위하는 채권이 그 법률적 성질이 동일하다는 이유로 같은 순위로 배당받아야 한다고 해석한다면 근로자에게 다시 체당금의 일부를 회수하는 셈이 되어 체당금 지급시기에 따라 근로자에 대한 보호의 범위가 달라지는 불합리가 발생할 뿐 아니라 근로자로 하여금 신속한 체당금 수령을 기피

91) 근로기준법 제38조 제2항

92) 근로자퇴직급여보장법 제12조 제2항

93) 임금채권보장법 제8조 제1항 및 제2항

94) 임금채권보장법 시행령 제11조

95) 한편, 관할지방고용노동관서의 장은 해당 사업주에게 재산관계를 구체적으로 밝힌 재산목록을 제출하라고 요구할 수 있고, 위 재산목록을 근로복지공단에 송부함으로써 변제금 회수 자료로 사용하고 있다. 재산목록의 제출을 요구받은 사업주가 정당한 이유 없이 재산목록의 제출을 거부하거나 허위의 재산목록을 제출한 경우에는 3년 이하의 징역 또는 2천만 원 이하의 벌금형을 받게 된다.(임금채권보장법 제 13조 및 28조 제3호)

96) 대판 2002. 7. 26. 2001다53929

하게 하여 체당금의 지급을 통하여 근로자의 생활안정에 이바지하고자 하는 임금채권보장법의 취지를 몰각시키기 때문이다.[97]

나. 부정수급

1) 체당금의 부지급·반환요구 및 추가징수

고용노동부장관(근로복지공단)은 거짓이나 그 밖의 부정한 방법으로 체당금 또는 융자금을 받으려 한 자에게는 신청한 체당금 또는 융자금의 전부 또는 일부를 지급 또는 융자하지 않을 수 있고, 이미 지급 또는 융자받은 자에게는 그 체당금 또는 융자금의 전부 또는 일부를 반환하도록 요구할 수 있으며, 체당금에 상당하는 금액 이하의 금액을 추가하여 징수할 수 있다. 또한 체당금의 지급 또는 융자가 거짓의 보고·진술·증명·서류제출 등 위계의 방법에 의한 것이면 그 행위를 한 자는 체당금 또는 융자금을 받은 자와 연대하여 반환책임을 진다.[98] '거짓 그 밖의 부정한 방법'은 체당금을 지급받는 수단으로 거짓 그 밖의 부정한 방법이 행해진 경우 모두를 말하며, 행위는 체당금을 지급받은 자의 행위에 한정되지 않는다. 예를 들어, 도산등 사실인정 과정에서 체당금 지급을 위한 사업주·근로자·체불임금 요건에 대한 허위진술·증명을 하였을 경우에도 거짓 그 밖의 부정한 방법에 해당한다.[99]

---

97) 대판 2011. 1. 27. 2008다13623

98) 임금채권보장법 제14조, 시행령 제20조, 시행규칙 제11조

99) 고용노동부, 임금채권보장처리업무, 2011. 1. 106쪽.

2) 부정수급 신고포상

거짓이나 그 밖의 부정한 방법으로 체당금이 지급된 사실을 지방고용노동관서 또는 수사기관에 신고하거나 고발하는 경우 포상금을 지급받을 수 있다.[100)]

포상금은 5천만 원을 지급한도액으로 하여, 거짓이나 그 밖의 부정한 방법으로 지급받은 체당금이 i) 5천만 원 이상인 경우 550만 원+(5천만 원 초과 부정수급액×5/100)의 금원을, ii) 1천만 원 이상 5천만 원 미만인 경우 150만 원+(1천만 원 초과 부정수급액×10/100)의 금원을, iii) 1천만 원 미만인 경우 부정수급액× 15/100의 금원을 지급받을 수 있다.[101)] 한편, 위 신고 또는 고발의 기한은 체당금을 거짓이나 그 밖의 부정한 방법으로 지급받은 날부터 3년 이내에 신고하거나 고발한 경우에만 지급한다.[102)]

7. 기타 제도

가. 체당금 관련업무 지원 공인노무사 제도

체당금의 신청절차가 까다롭기 때문에 사업장 규모 등 고용노동부령으로 정하는 기준에 해당하는 근로자가 체당금을 청구하는 경우

100) 임금채권보장법 제15조
101) 임금채권보장법 시행령 제20조의 3
102) 임금채권보장법 시행령 제20조의 4

고용노동부령으로 정하는 공인노무사로부터 체당금 청구서 작성, 사실 확인 등에 관한 지원을 받을 수 있다.[103)]

체당금 관련업무 지원 대상 근로자는 사업주의 사업이 폐지·폐지 과정에 있고, 사업주가 임금 등을 지급할 능력이 없거나 임금 등의 지급이 현저히 곤란하여야 하며, 상시근로자 수가 10명 미만이며 전체 상시근로자의 월평균보수가 고용노동부장관이 고시하는 금액 이하인 사업장[104)]에서 퇴직한 근로자여야 한다.[105)] 공인노무사의 지원을 받으려는 근로자는 체당금 관련 업무 지원신청서를 관할 지방고용노동관서의 장에게 제출하고, 공인노무사를 직접 지정할 수도 있다.[106)]

---

103) 임금채권보장법 제7조 제4항

104) 고용노동부고시 제2013-45호

Ⅰ. 체당금 관련업무 지원대상이 되는 전체 상시근로자의 평균보수액: 「임금채권보장법」 제7조 제4항 및 같은 법 시행규칙 제8조의 2 제3호에서 '전체 상시근로자의 월평균보수가 고용노동부장관이 고시하는 금액'이란 다음 각 호의 어느 하나에 해당하는 방법에 따라 산정한 250만 원을 말한다.

1. 「고용보험 및 산업재해보상보험의 보험료징수 등에 관한 법률」(이하 '보험료징수법'이라 한다) 제16조의 10에 따라 신고된 상시근로자 전체의 개인별 월평균보수(고용보험)의 전체합계액을 근로자 수로 나누어 산정한 금액. 다만 사업주가 신고를 하지 아니하거나 사실과 다른 때에는 같은 법 제16조의 6에 따라 결정된 월평균보수를 기준으로 하여 산정한 금액

2. 제1호에도 불구하고 보험료징수법 제16조의 2 제2항에 따른 건설업 등은 같은 법 제19조에 따라 신고된 보수총액(고용보험)을 해당 조업월수(조업 개시 또는 종료한 날이 속하는 달의 조업일수가 15일 미만인 경우에는 그 달을 제외한다)로 나누어 월평균 보수총액을 산출한 후 상시근로자 수로 나누어 산정한 금액. 다만 사업주가 신고를 하지 아니한 경우 보험료징수법 제17조에 따라 신고한 보수총액을 기준으로 하여 산정한 금액

Ⅱ. 행정사항

1. 이 고시는 공포한 날부터 시행한다.

2. 이 고시는 이 고시 시행 후 공인노무사의 지원을 받기 위하여 체당금 관련 업무 지원신청서를 지방노동관서의 장에게 제출하는 경우부터 적용한다.

3. 이 고시는 「훈령·예규 등의 발령 및 관리에 관한 규정」(대통령훈령 제248호)에 따라 발령 후 법령이나 현실여건의 변화 등을 검토하여 2016년 9월 30일까지 폐지 또는 개정한다.

105) 임금채권보장법 시행규칙 제8조의 2

나. 체불임금 등의 사업주 융자

고용노동부장관은 사업주가 일시적 경영상 어려움 등 고용노동부령[107]으로 정하는 사유로 인해 퇴직한 근로자에게 임금 등을 지급하지 못한 경우에 사업주의 신청에 따라 체불 임금 등을 지급하는 데 필요한 비용을 융자할 수 있는데, 위 융자금액은 고용노동부장관이 해당 근로자에게 직접 지급하여야 한다. 한편, 융자대상 사업주는 상시근로자 수 300명 이하의 산재보험이 적용되는 사업장을 1년 이상 영위하였어야 한다.[108]

8. 임금채권보장법상 벌칙 및 과태료 규정

가. 개요

앞에서 살펴본 바와 같이, 임금채권보장법은 기업의 도산 등으로 인하여 어려움에 직면한 근로자, 사업주에게 일정 금원을 지급 또는 융자해줌으로써 근로자의 생계안정 및 기업운영의 유지에 도움을 주기 위한 목적으로 제정되었는바, 이러한 취지에도 불구하고 거짓이나 그 밖의 부정한 방법으로 체당금을 지급받거나 융자를 지급받고자 한다면 다음과 같은 벌칙 및 과태료 규정의 제재를 받게 된다.

---

106) 임금채권보장법 시행규칙 제8조의 3

107) 임금채권보장법 시행규칙 제8조의 5

108) 임금채권보장법 시행규칙 제8조의 6 제1호에 의하여 6개월이 아닌 1년 동안 해당 사업을 영위하였어야 하는 것에 유의하여야 한다.

나. 벌칙규정[109)]

다음에 해당하는 자는 3년 이하의 징역 또는 2천만 원 이하의 벌금에 처한다.

① 거짓이나 그 밖의 부정한 방법으로 체당금을 지급받거나 융자를 지급받은 자
② 거짓이나 그 밖의 부정한 방법으로 체당금을 지급받거나 융자를 받을 수 있도록 거짓보고 또는 증명 또는 서류제출을 한 자
③ 정당한 사유 없이 제13조의 규정에 의한 재산목록의 제출을 거부하거나 거짓의 재산목록을 제출한 자

다. 양벌규정[110)]

법인의 대표자나 법인 또는 개인의 대리인, 사용인, 그 밖의 종업원이 그 법인 또는 개인의 업무에 관하여 제28조의 위반행위를 하면 그 행위자를 벌하는 외에 그 법인 또는 개인에게도 해당 조문의 벌금형을 과한다. 다만 법인 또는 개인이 그 위반행위를 방지하기 위하여 해당 업무에 관하여 상당한 주의와 감독을 게을리하지 아니한 경우에는 그러하지 아니하다.

---

109) 임금채권보장법 제28조
110) 임금채권보장법 제29조

라. 과태료[111)]

① 다음 각 호의 어느 하나에 해당하는 자에게는 500만 원 이하의 과태료를 부과한다.

1. 정당한 사유 없이 제12조제2항에 따른 요구에 따르지 아니한 자
2. 정당한 사유 없이 제22조에 따른 보고나 관계 서류의 제출 요구에 따르지 아니한 자 또는 거짓 보고를 하거나 거짓 서류를 제출한 자
3. 정당한 사유 없이 제24조제1항에 따른 관계 공무원의 질문에 답변을 거부하거나 검사를 거부·방해 또는 기피한 자

② 제1항에 따른 과태료는 대통령령으로 정하는 바에 따라 고용노동부장관이 부과·징수한다.

임금채권보장제도 신청·처리기간

구분	내용	신청·처리기간	관련법령
근로자	도산등사실 인정신청	퇴직한 다음날부터 1년 이내	시행령 제5조 제2항 (제척기간)
	사실확인 및 체당금 지급 청구	파산선고 등 또는 도산등사실인정이 있은 날부터 2년 이내	시행령 제9조 (제척기간)
지방고용노동관서	체당금 지급대상 근로자	재판상도산신청일(파산신청일, 회생절차개시 신청일)및 도산등사실인정 신청일의 1년 전이 되는 날 이후 3년 이내 퇴직한 자	시행령 제7조
근로복지공단	체당금 지급	체당금지급 청구서를 송부 받은 날로부터 7일 이내	법 제8조

111) 임금채권보장법 제30조

입법예고 (2014-6-26 ~ 2014-8-8.)

임금채권보장법 일부개정법률안

가. 소액체당금 제도 신설(안 제7조 제1항~제3항, 안 제8조 제3항)
기업이 파산 등 도산하지 않았으나, "대통령령으로 정하는 사업주로서 근로자에게 미지급 임금 등을 지급하라는 법원의 종국판결 등을 받은 경우" 퇴직근로자에게 소액의 체당금을 지급하는 제도

나. 체불 임금 등의 사업주 융자 대상 확대(안 제7조의2, 안 제1조)
체불 임금 등의 사업주 융자 대상을 재직근로자까지 확대하여 체불근로자의 생활안정을 지원하고자 함

다. 체불금품확인원 발급 근거 마련(안 제7조의3 신설)
체불 임금 등의 청구 소송이 원활히 이루어질 수 있도록 체불금품확인원 발급 근거를 신설하고, 동 확인원에 체불 사업주 인적사항을 기재할 수 있도록 함

라. 국세 체납처분의 예를 통한 변제금 회수(안 제8조제1항·제4항)

마. 체당금 수급권의 압류 금지(안 제11조제1항)

바. 퇴직의 증명 서류 제출 폐지(안 제12조)

사. 부정수급 연대 책임자에 대한 추가징수 책임 부과(안 제14조제4항)

부 칙

제1조(시행일) 이 법은 2015. 7. 1.부터 시행한다.

제2조(체당금 지급사유에 관한 적용례) 제7조제1항제4호의 개정 규정은 이 법 시행 후 법원의 판결, 명령 또는 결정 등을 받은 경우부터 적용한다.

제3조(체불금품확인원 발급에 관한 적용례) 제7조의3의 개정 규정은 이 법 시행 후 체불금품확인원을 신청한 경우부터 적용한다.

제4조(대위절차에 관한 적용례) 제8조제1항 및 제4항의 개정 규정은 이 법 시행 후 체당금을 지급한 경우부터 적용한다.

제5조(부당이득의 환수에 관한 적용례) 제14조제4항의 개정 규정은 이 법 시행 후 체당금이 지급되거나 융자된 경우부터 적용한다.

제13장 근로관계 관련 형사사건

1. 근로관계 관련 형사사건 절차

가. 진정 · 고소

근로기준법 제7조 강제근로의 금지, 제8조 폭행의 금지, 제9조 중간착취의 배제, 제23조 제2항 근로자의 업무상 부상 또는 질병의 요양을 위한 휴업기간 등과 그 후 30일 동안 해고 제한, 제36조 금품청산, 제43조 임금지급의 원칙 준수, 제56조 연장, 야간, 휴일 근로에 대한 가산임금 지급, 제65조 임산부 및 18세 미만자 사용 금지, 제26조 해고 예고 등의 규정을 근로기준법의 수범자인 사용자가 위반했을 경우 등에 대하여 제107조 이하에서는 벌칙을 규정하고 있다.

위와 같은 사용자의 근로기준법 위반이 발생하면 법 제104조에 의해 근로자는 지방고용노동관서에 위반 사실을 조사해서 해결할 수 있도록 요구하는 진정을 하거나, 사용자를 법 위반으로 처벌해 달라고 요구하는 고소를 할 수 있다. 지방고용노동관서의 관할은 사업이 가동 중이거나 일시중단인 경우 사건발생지가 됨이 원칙이고,[1] 사업이 폐지 · 파산 · 도산한 경우는 사업등록 본사 소재지가 관할이 된다. 예외적으로 근로자가 미등록 개인건설업자에게 고용된 경우 개인건설업자가 시공한 공사가 종료했다면 그 개인건설업자의 주소지가 관할이 된다. 진정 · 고소하고자 하는 자는 직접 관할 지방고용노동관서 고객지원실을 방문하여 진정이나 고소를 하는 것이 가능하며 고용노동부 홈페이지(http://www.moel.go.kr) 민원마당의 민원신청에서도 진정이 가능하다.

---

1) 근로감독관집무규정 제35조

Q65. 임금체불이 발생하여 진정 · 고소사건이 제기되면 관할 지방고용노동관서에서는 사건 처리가 어떻게 진행되나요?

A65. 사건 처리 절차는 대체로 다음과 같이 진행됩니다. 고소, 고발, 범죄인지사건은 접수 또는 범죄인지한 날로부터 2월 이내, 그 이외의 진정사건은 공휴일 제외 25일 이내에 처리하여야 합니다. 진정사건의 처리기간을 부득이 연기하고자 하는 경우 근로감독관은 지방고용노동관서 과장의 결재를 얻어 25일 이내에서 연장 가능하고 신고인의 동의를 받아 25일 이내에서 재연장이 가능합니다.

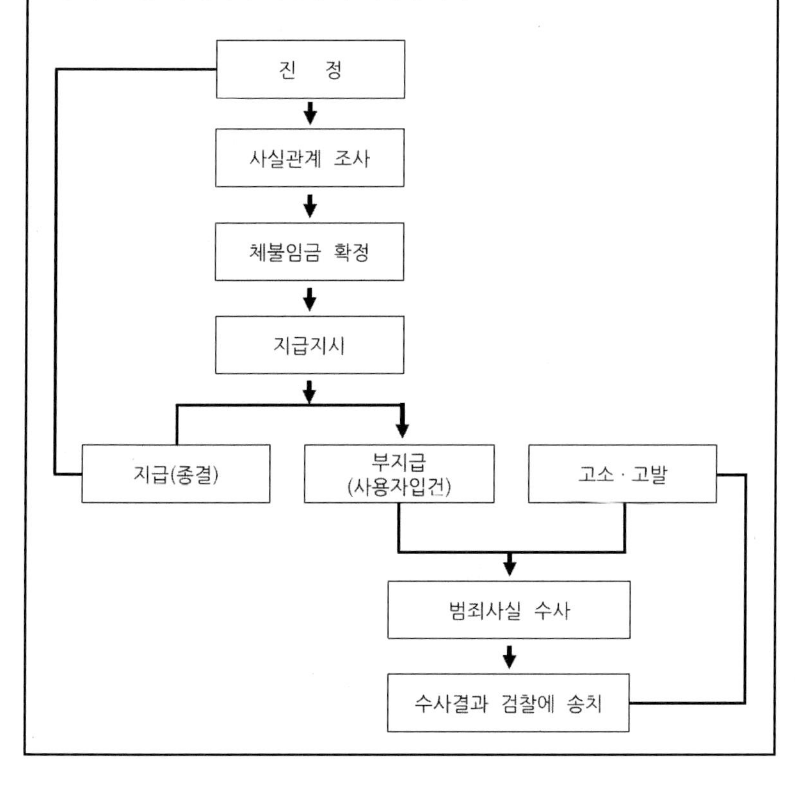

나. 사건 접수

지방고용노동관서에서 근로기준법 위반에 대한 진정이 있는 때에는 이를 즉시 접수하여 민원사무처리부에 등재하고 사건을 조사하여 혐의가 있다면 범죄인지, 수사를 시작하게 되는 것이다. 고소·고발사건인 경우는 접수와 동시에 범죄사건부에 등재하고 수사를 시작한다.[2]

다. 출석 요구

진정사건을 조사하거나 범죄인지 및 고소·고발사건을 수사하기 위해서는 피의자, 참고인 등 조사대상자를 결정하여 출석을 요구할 수 있다. 피의자란 수사기관에 의하여 범죄의 혐의를 받고 수사의 대상으로 되어 있는 자이고, 참고인이란 수사사항에 관하여 일정한 지식에 대해 진술을 할 수 있는 자 중 피의자를 제외한 자이다. 수사기관은 수사에 필요한 때에 피의자의 출석을 요구하여 진술을 들을 수 있으며[3] 피의자가 정당한 이유 없이 출석요구에 응하지 아니하는 것은 영장에 의한 체포의 요건[4]이므로 피의자는 출석요구에 응해야 할 것이다. 출석하지 못할 사유가 있을 경우는 사전에 출석요구서에 기재된 연락처로 전화하여 출석할 수 있는 다른 날짜를 지정받아야 한다. 출석 시에는 출석요구서, 주민등록증(또는 운전면허증), 도장, 기타 증거자료를 지참한다.

출석요구의 방법은 출석요구서라는 서면을 보내는 것이 원칙이나

---

2) 근로감독관집무규정 제34조

3) 형사소송법 제200조

4) 형사소송법 제200조의2

필요한 경우에는 전화, 모사전송 기타 상당한 방법으로 할 수 있다.[5] 출석요구서에는 출석요구의 취지를 기재하고[6] 발송 시 출석요구 내용이 공개되어서는 안 된다.

라. 신고사건 조사

신고사건이란 사업장에서 노동관계법령의 위반행위로 권익을 침해당한 자가 그 침해사항에 대하여 관할고용노동관서에 진정·고소·고발 등을 한 사건을 통칭한다.[7] 근로감독관이 신고사건 조사결과 법 위반사실을 발견할 수 없는 때에는 신고인과 피신고인에게 사유를 회시하고 내사종결 처리를 하게 된다. 신고인이 2회 이상 출석요구에 불응한 경우, 신고인의 소재 불명 또는 수취거부 등으로 우편물이 2회 이상 반송된 경우, 신고내용이 확정되기 전 신고인이 취하의사를 표시한 경우도 마찬가지로 신고인에게 회시하고 내사종결 처리를 하게 된다.

반대로 근로감독관이 법 위반사실이 확인하였을 때에는 근로감독관집무규정 별표 3 위반사항 조치기준에 따라 즉시 범죄인지 처리 또는 시정기간 이내 미시정시 범죄인지 처리를 하고 시정지시에 따라 시정되었음을 확인한 때에는 그 사실을 신고인에게 회시하고 내사종결 처리를 한다.[8]

---

5) 검찰사건사무규칙 제12조
6) 근로감독관집무규정 서식2, 3, 4 출석요구
7) 근로감독관집무규정 제33조
8) 근로감독관집무규정 제40조

마. 수사

진정사건이 시정기간 이내 시정되지 않으면 근로감독관은 범죄인지 보고[9] 후 수사에 착수하게 되며, 고소·고발사건은 접수와 동시에 범죄사건부에 등재하고 수사에 착수하게 된다. 피의자의 지위는 이처럼 근로감독관이 수사를 개시한 때로부터 발생한다.

수사를 할 때에는 참고인을 상대로 관계증빙자료를 수집하기도 하고 피의자에 대해서는 피의자신문조서를 작성한다. 근로감독관은 피의자를 신문하거나 진술을 듣기 전에 피의자에게 진술거부권과 변호인의 조력을 받을 권리 등을 고지하여야 한다. 즉 일체의 진술을 하지 아니하거나 개개의 질문에 대하여 진술을 하지 아니할 수 있다는 것, 진술을 하지 아니 하더라도 불이익을 받지 아니한다는 것, 진술을 거부할 권리를 포기하고 행한 진술은 법정에서 유죄의 증거로 사용될 수 있다는 것, 신문을 받을 때에는 변호인을 참여하게 하는 등 변호인의 조력을 받을 수 있다는 것을 알려주어야 한다.[10] 근로감독관은 사건과 직간접적으로 관련되는 부분에 대하여 집중적으로 조사하고 특히 범죄성립요건인 구성요건 해당성, 위법성, 책임에 대한 자료가 신문조서에 잘 나타나도록 하고 있다.

바. 검찰에 사건송치

근로감독관은 근로기준법 위반 혐의에 대하여 수사 후 검찰로 송

9) 근로감독관집무규정 서식 31 범죄인지 보고

10) 형사소송법 제244조의3 제1항

치를 하는 역할을 하는 것이고, 공소제기 여부 결정은 오직 수사종결권을 가진 검사만이 하는 것이다. 만약 사용자가 근로기준법 위반으로 벌금 200만 원을 받았다고 한다면 이는 근로감독관에 의해 결정된 것이 아니라 검사가 공소를 제기하여 법원이 판결한 것이다. 흔히 근로기준법 위반자를 노동부가 처벌을 했다고 표현하는 경우가 많으나 이는 정확한 표현이 아니다.

2. 임금체불

가. 임금체불의 책임주체

1) 원칙

사용자는 근로자에게 임금을 매월 1회 이상 일정한 날짜를 정하여 지급하여야 하고,[11] 근로자가 사망 또는 퇴직한 경우 사용자는 그 지급사유가 발생한 때부터 14일 이내에 임금, 보상금 그 밖에 기타 일체의 금품을 지급하여야 하며[12] 이를 위반한 사용자는 3년 이하의 징역 또는 2천만 원 이하의 벌금에 처한다.[13]

임금체불의 책임주체는 근로기준법상 사용자인 사업주 또는 사업경영담당자가 됨이 원칙이다. 사업주는 사업경영의 주체로서 법인인

11) 근로기준법 제43조
12) 근로기준법 제36조
13) 근로기준법 제109조 제1항 ; 근로자퇴직급여보장법 제44조

경우는 법인 그 자체, 개인사업체인 경우는 그 개인이며, 사업경영담당자란 대표이사처럼 사업경영 일반에 관한 책임을 지는 자로서 사업경영의 전부 또는 일부에 대하여 포괄적인 위임을 받고 대외적으로 사업을 대표하거나 대리하는 자를 뜻한다.[14]

2) 대표이사 변경

법인 대표이사의 임금체불죄는 지급사유발생일로부터 14일이 경과하는 때에 성립하므로, 경과할 당시에 퇴직금 등의 지급권한을 갖는 대표자가 그 체불로 인한 죄책을 짐이 원칙이고 14일이 경과하기 전에 퇴직 등의 사유로 그 지급권한을 상실하게 된 대표자는 죄책을 지지 않는다.[15] 따라서 과거에 임금체불이 발생한 후 법인 대표이사가 변경이 되었고 현재에 이르기까지 법인에서 체불임금을 지급하지 않고 있다면 특별한 사정이 없는 한 현재의 대표이사가 아닌 지급사유발생일로부터 14일이 경과하는 시점의 대표이사에게 형사 책임이 있다. 그러나 이러한 경우에도 형식적으로 사업주, 사업경영담당자가 아니더라도 회사의 실권자로서 실제의 경영자라면 임금미지급에 대한 죄의 책임이 있으므로, 법인등기부등본상 대표이사직에서 사임했으나 실제로는 회사를 사실상 경영하여 온 경우 실경영자에게 임금미지급의 책임이 있다고 본다.[16]

---

14) 대판 2006. 5. 11. 2005도8364 ; 대판 1997. 11. 11. 97도813
15) 대판 1995. 11. 10. 94도1477
16) 대판 1997. 11. 11. 97도813

3) 영업양도

영업양도는 사업이 일정한 영업목적에 의하여 조직화된 총체로서 인적·물적 조직의 동일성을 유지하면서 일체로 이전되는 것을 말하며 양도 당사자 간 반대의 특약이 없는 한 사업양도 합의 속에는 원칙적으로 근로관계 포괄승계가 포함된 것으로 추정한다. 따라서 양도인의 권리의무는 양수인에게 그대로 인수되므로 양도인과 근로자 사이의 임금체불에 따른 민사문제는 승계되나 양수인에게 그에 따른 형사 책임까지 이전되는 것은 아니다.[17]

나. 임금체불의 공소시효

공소시효란 검사가 일정기간 공소를 제기하지 않고 형사사건을 방치한 경우에 국가의 형사소추권이 소멸되는 제도를 말하며 공소시효가 완성되면 검사의 공소제기는 유효조건을 결하여 수소법원은 당해 형사절차를 면소판결로써 종결하여야 한다.[18]

공소시효는 범죄행위가 종료한 때로부터 진행하는데 임금의 정기불 지급원칙을 위반한 범죄는 임금의 정기지급일로부터 공소시효가 기산되고, 금품청산을 위반한 범죄는 퇴직일로부터 14일이 경과한 날부터 기산된다.

임금의 정기불 지급원칙 위반과 금품청산 위반에 대한 법정형은 3년 이하의 징역 또는 2천만 원 이하의 벌금[19]이므로 공소시효 기간

17) 근기 01254-39, 93. 3. 15.

18) 형사소송법 제326조

19) 근로기준법 제109조 제1항 ; 근로자퇴직급여보장법 제44조

은 5년이다.[20][21] 그러나 임금체불을 한 사용자가 형사처분을 면할 목적으로 국외에 나가 있는 경우 그 기간 동안은 공소시효 진행이 정지된다.[22]

공소시효는 완성되었더라도 소멸시효의 중단 등으로 임금채권의 소멸시효가 완성되지 않았다면 민사 절차에 의해서 임금채권의 청구권을 행사할 수 있는 것과 마찬가지로, 민사 채권소멸시효 3년이 완성되었다 하더라도 공소시효가 남아 있는 경우에는 형사처벌이 가능하다.

Q66. 근로자가 2008년 1월분 임금(지급일 2008. 2. 5.)을 지급받지 못한 채 근무하다가 2011. 1. 1. 퇴직하였고, 현재가 2014. 4. 28.이라면, 임금의 정기불 지급원칙 위반행위의 공소시효가 2008. 2. 5.부터 5년 지난 2013. 2. 4.에 이미 완성되었음을 이유로 사용자를 형사처벌 할 수 없나요?

A66. 공소시효는 범죄행위가 종료한 때로부터 진행하는데 근로기준법 제43조 임금의 정기불 지급원칙을 위반한 범죄는 임금의 정기지급일로부터 공소시효가 기산되어 2013. 2. 4.에 공소시효가 완성됩니다. 하지만 근로자가 퇴직한 경우는 실체적 경합관계에 있는 사용자의 임금의 정기불 지급원칙 위반행위와 근로기준법 제36조 금품청산 위반행위의 공소시효가 각각 진행됨에 유의해야 합니다. 금품청산 위반행위는 근로자가의 퇴직일로부터 14일이 경과한 2011. 1. 16.(공소시효 기산점) 당시 2008년 1월분 임금에 대한 민사상 임금채권 소멸시효가 완성되지 아니하였으므로 2016. 1. 15.에 공소시효가 완성됩니다. 따라서 사용자의 금품청산 위반행위에 대하여 2014. 4. 28. 현재 형사처벌이 가능한 것입니다.

---

20) 형사소송법 제249조

21) 2007. 12. 21. 형사소송법 개정 이전에 공소시효는 3년이었다.

22) 형사소송법 제253조 제3항

다. 임금체불에 대한 형사처벌

1) 임금체불의 반의사불벌죄에 따른 업무처리

第109조 제2항에서 피해자의 명시적인 의사와 다르게 공소를 제기할 수 없다고 규정한 제36조 금품 청산, 제43조 임금지급의 원칙 준수, 제44조 도급사업에 대한 임금 지급, 제44조의2 건설업에서의 임금지급 연대책임, 제56조 연장, 야간, 휴일 근로에 대한 가산임금 지급 등 위반은 반의사불벌죄에 해당한다. 체불임금이 확인되더라도 피해자의 처벌불원 의사표시가 있으면 체불임금의 일부 또는 전부가 청산되지 않았더라도 형사처벌이 가능하지 않으므로 지방고용노동관서에서는 진정사건의 경우에는 내사종결, 범죄인지나 고소 이후에는 공소권 없음의 불기소 의견으로 검찰에 송치하게 된다.

반의사불벌죄 피해자가 처벌불원 의사표시를 할 의향이 있는 경우에는 근로감독관은 정해진 서식에 피해자의 자필서명이나 날인을 받아 처벌불원 의사표시를 확인하면서 반드시 처벌불원 의사표시 후 재진정, 재고소, 고발 등이 불가능함을 안내해야 한다. 반의사불벌죄 피해자로서 가장 유의해야 할 사항은 의사표시 후 이를 번복할 수 없다는 점이므로 처벌불원 의사표시를 근로감독관에게 하는 것은 신중해야 할 것이다. 다만 사업주가 임금을 주면 처벌을 원치 않는다는 조건이 붙은 처벌불원의 의사표시라면 이는 처벌불원 의사표시가 아닌 것으로 간주된다.

또한 1건에 수명의 피의자가 있는 사건에서 피해자가 특정 피의자만의 처벌을 원치 않은 의사표시를 하는 경우에는 그 특정 피의자에 대하여만 반의사불벌죄의 처리절차에 따라 처리하고 나머지 피의자에게는 그 의사표시의 효과가 없다. 반의사불벌죄는 친고죄와 달리 공범 중 일부인에 대한 고소 또는 고소 취소는 다른 공범자에게는 효력이 발생하지 않기 때문이다.

2) 임금의 정기불 지급원칙 위반과 금품청산 위반 경합 시 업무처리

예를 들어, 근로자가 재직기간에 임금을 계속 받지 못한 상태에서 퇴직을 한 경우 퇴직 후 14일 이내에 사용자가 금품을 청산하지 아니하였다면 임금 정기불 지급원칙 위반[23]과 금품청산 위반[24]이 경합하게 된다.

사용자에게 부과된 의무의 내용 및 이행시기와 그 입법 취지 등을 종합하여 보면, 근로기준법 제36조 위반죄와 제43조 위반죄는 실체적 경합관계[25]에 있는 것으로 보는 것이 법원의 태도[26]이다. 하지만 일선 검찰청에서는 실무적으로 근로자가 퇴직한 경우에는 제36조 금품청산 위반만 적용하고 있다.[27] 하지만 사업주가 근로기준법 제36조 금품청산 위반으로 처벌받은 후 미청산된 금품이 추가로 확인된 경우라면 원칙적으로 제43조 위반으로 처벌이 가능할 수 있다.

---

23) 근로기준법 제43조

24) 근로기준법 제36조

25) 실체적 경합범은 수개의 행위로 수개의 범죄가 성립하는 경우를 뜻한다.

26) 대판 2006. 5. 11. 2005도8364

27) 법무부 공안기획과-1476, 2009. 10. 26.

라. 임금체불과 사용자의 면책

죄형법정주의의 원칙상 일정한 행위를 하는 사람을 처벌하기 위해서는 그 행위가 법률에 규정된 구성요건상의 객관적·주관적 요소를 모두 충족해야 하므로 그 행위에 대한 행위자의 고의가 있어야 한다. 따라서 임금, 퇴직금 등의 기일 내 지급의무 위반죄는 경영부진으로 인한 자금사정 등으로 임금, 퇴직금 등을 지급할 수 없었던 불가피한 경우뿐만 아니라 기타의 사정으로 사용자의 임금 고의가 없거나 비난할 수 없는 경우에는 주관적 구성요건이 충족되지 않음을 이유로 죄가 되지 않게 된다.

임금 미지급의 고의가 없어 죄가 되지 않는다는 판례로서 근로자가 사용자에 대한 차용금을 반환하지 아니한 채 우편으로 사직서를 제출하고 출근하지 않으면서 피고인과 연락을 끊었으며 상당한 기간이 지날 때까지 퇴직금에 관하여 이의를 제기한 사실이 없는 경우,[28] 퇴직금의 차액이 상여금에 대한 지급의무가 인정될 경우에 그 각 상여금이 퇴직금 계산에 반영됨으로써 계산상 생긴 차액인 경우에 상여금에 대한 지급의무의 존재에 관하여 다툴 만한 근거가 있는 경우[29] 등이 있었다. 그러나 사용자가 단순히 사업의 부진 등으로 자금압박을 받아 이를 지급할 수 없었다는 것만으로 그 고의성이 없다고 보는 것은 아니다.[30]

지방고용노동지청에서도 임금 미지급 고의 유무에 대하여 사용자가 퇴직 근로자 등의 생활 안정을 도모하기 위하여 임금이나 퇴직금

---

28) 대판 2007. 3. 29. 2007도97

29) 대판 2007. 6. 28. 2007도1539

30) 대판 1987. 5. 26. 87도604

등을 조기에 청산하기 위해 최대한 변제노력을 기울였는지 여부, 장래의 변제계획을 분명하게 제시하고 이에 관하여 근로자 측과 성실한 협의를 하였는지 여부, 퇴직근로자 등의 입장에서 상당한 정도 수긍할 만한 수준이라고 객관적으로 평가받을 수 있는 조치들이 행하여졌는지 여부를 종합적으로 고려하고 있다.

마. 체불사업주 명단공개 및 신용제재 제도

1) 체불사업주 명단공개 제도

근로기준법 제43조의 2가 2012. 2. 1. 신설되어 2012. 8. 2.부터 명단공개 기준일 이전 3년 이내 임금체불로 2회 이상 유죄가 확정된 자로서 명단공개 기준일 이전 1년 이내 체불금액이 3천만 원 이상인 자에 대하여 명단공개 되고 있다.[31] 유죄 확정이란 유죄 판결에 대한 불복신청 즉 보통의 상소에 의해서는 그 유죄 판결이 취소·변경될 수 없는 상태를 말한다. 체불사업주의 성명·나이·상호·주소(체불사업주가 법인인 경우에는 그 대표자의 성명·나이·주소 및 법인의 명칭·주소), 명단공개 기준일 이전 3년간의 체불액을 관보에 싣거나 인터넷 홈페이지, 관할 지방고용노동관서 게시판 또는 그 밖에 열람이 가능한 공공장소에 3년간 게시하는 방법으로 하고 있다.

31) 다만 근로기준법 시행령 제23조의 2에서 명단공개의 실효성이 없는 경우를 규정하여 명단공개에서 제외하고 있음

2) 체불사업주 신용제재 제도

근로기준법 제43조의 3이 2012. 2. 1. 신설되어 2012. 8. 2.부터는 3년 이내에 임금체불로 2회 이상 유죄가 확정된 자로서 체불자료 제공일 이전 1년 이내 체불 금액이 2천만 원 이상인 자에 대하여 종합신용정보집중기관이 체불자료를 요구하면 제공이 가능하다.[32]

3. 근로관계 관련 기타 형사문제

가. 폭행

폭행이란 사람의 신체에 대한 직간접의 유형력 행사로서 구타하거나 침을 뱉는 것, 머리카락을 자르는 것 등이 이에 속하지만 전화로 폭언을 하는 것[33]은 특별한 사정이 없는 한 이에 속하지 않는다.

근로기준법 제8조에 의하면 사용자는 사고의 발생이나 그 밖의 어떠한 이유로도 근로자에게 폭행을 하지 못하며 이를 위반하면 5년 이하의 징역 또는 3천만 원 이하의 벌금에 처한다.[34] 직장 내 폭행사건이 발생했을 때 직장이라는 공간을 생각하여 지방고용노동관서에 신고를 하고자 하는 경우가 흔히 있으나, 근로기준법상 폭행죄가 성립하기 위해서는 행위 주체가 사용자라는 구성요건이 반드시 충족

32) 다만 근로기준법 시행령 제23조의 4에서 자료제공의 실효성이 없는 경우를 규정하여 자료제공에서 제외하고 있음

33) 대판 2003. 1. 10. 2000도5716

34) 근로기준법 제107조

되어야 한다. 따라서 동료나 사용자가 아닌 상급자가 행위 주체라면 형법상 폭행죄를 적용해야 하므로 지방고용노동관서가 아닌 경찰서에 신고를 할 수 있다.

형법상 폭행죄[35]가 있음에도 불구하고 근로기준법에서도 폭행죄를 규정하는 이유는 사용자와 근로자 간 지배종속관계를 고려했을 때 사용자의 근로자에 대한 폭행을 더 중대한 법익침해라고 볼 수 있기 때문이다. 따라서 형법상 폭행죄가 반의사불벌죄임에 반해 근로기준법상 폭행죄는 반의사불벌죄가 아닐 뿐만 아니라 법정형도 더 중하다.

나. 명예훼손, 모욕

직장 내 동료 간 사용자와 근로자 간 명예훼손과 모욕이 문제되는 경우가 자주 발생하지만 근로기준법상 별도의 규정이 없으므로 형법상 명예훼손죄와 모욕죄의 적용이 가능하다.

단순명예훼손죄[36]는 공연히 즉 불특정 또는 다수인이 인식할 수 있는 상태로 진실한 사실을 적시하여 사람에 대한 사회적 평가인 명예를 훼손하는 범죄이다. 판례는 비록 특정 소수인에게 사실을 적시하였더라도 불특정 또는 다수인에게 전파될 가능성이 있다면 공연성이 있다고 한다.[37] 다만 이러한 명예훼손행위라도 국민의 알 권리나 표현의 자유와의 조화를 위하여 진실한 사실로서 오로지 공공의 이익[38]에 관한 것일 때에는 처벌하지 않게 된다.[39] 허위사실적시에 의

35) 형법 제260조

36) 형법 제307조 제1항

37) 대판 2004. 4. 9. 2004도340

38) 대판 2005. 4. 20. 2003도2137 ; 대판 2004. 10. 15. 2004도3912 ; 대판 2003.

한 명예훼손죄[40]는 진실한 사실이 아닌 허위의 사실을 적시하는 행위이므로 단순명예훼손죄에 비해 위법성 내지 불법성이 가중되는 범죄이다. 단순명예훼손죄와 허위사실적시에 의한 명예훼손죄는 모두 반의사불벌죄이므로 피해자의 명시한 의사에 반하여 공소제기 할 수 없다.

모욕죄는 공연히 사람을 모욕함으로 성립하는 범죄이므로 사실의 적시가 없이 경멸적인 감정표현인 모욕을 하는 점에서 명예훼손죄와 구별된다. 모욕은 사람에 대한 사회적 평가를 저하시킬 수 있는 경멸적 표현이어야 하고, 단순한 농담, 불친절, 무례, 건방진 표현으로는 부족하며 그 정도는 사회통념에 의해 객관적으로 결정된다. 모욕죄는 친고죄이므로 피해자의 고소가 있어야 공소제기가 가능하다.

다. 횡령

횡령죄는 근로관계와 같은 위탁관계 내지 신임관계에 의하여 타인 소유 재물을 보관하는 자가 소유자의 의사에 반하여 자기 소유물처럼 사용・수익・처분 등 횡령하는 경우에 성립한다.[41] 일반횡령죄보다 무겁게 처벌되는 업무상횡령죄[42]는 타인의 재물을 보관하는 내용을 지닌 업무를 하는 사람에게 적용되며 이득 액이 5억 원 이상인 때에는 특정경제범죄가중처벌등에관한법률 제3조가 적용되어 가중처

---

12. 26. 2003도6036 등

39) 형법 제310조

40) 형법 제307조 제2항

41) 형법 제355조 제1항

42) 형법 제356조

벌된다. 사용자가 근로자의 임금에서 국민연금 보험료 중 근로자가 부담하는 기여금을 원천공제한 뒤 국민연금관리공단에 납부하지 않고 개인적 용도로 사용한 경우, 업무상횡령죄가 성립한다.[43] 반대로 근로자도 업무상 점유하게 된 사업주 소유의 재물의 반환을 거절하고 처분한다면 업무상횡령죄가 성립할 수 있다.

라. 배임

배임죄는 위탁자와의 신임관계에 있어 그 위탁자의 사무를 처리하는 자가 그 임무에 위배하는 행위로써 재산상의 이익을 취득하거나 제3자로 하여금 이를 취득하게 하여 본인에게 손해를 가한 경우에 성립한다.[44] 일반배임죄보다 무겁게 처벌되는 업무상배임죄[45]는 타인의 사무처리를 하는 업무를 하는 사람에게 적용되며 이득 액이 5억 원 이상인 때에는 「특정경제범죄 가중처벌 등에 관한 법률」 제3조가 적용되어 가중처벌된다. 회사의 대표이사 등이 그 임무에 위배하여 회사로 하여금 다른 회사의 주식을 고가로 매수하게 한 경우,[46] 금융기관의 직원이 대출을 함에 있어 충분한 담보를 제공받는 등 상당하고도 합리적인 채권회수조치를 취하지 아니한 경우,[47] 주식회사의 임원이 공적 업무수행을 위해서만 사용이 가능한 법인카드를 개인 용도로 계속적・반복적으로 사용한 경우[48] 배임죄 성립이 긍정된다.

---

43) 대판 2011. 2. 10. 2010도13284
44) 형법 제355조 제2항
45) 형법 제356조
46) 대판 2005. 4. 29. 2005도856
47) 대판 2003. 2. 11. 2002도5679
48) 대판 2014. 2. 21. 2011도8870

마. 집단 따돌림

직장 내 집단 따돌림 소위 왕따도 심각한 사회문제가 되고 있지만 별도로 근로기준법에서 규정하고 있지는 않으므로 다른 법령에 따른 구제가 가능할 것이다. 직장 내 집단 따돌림 유형으로서 사측에서 주도적으로 집단 따돌림을 시켜 피해 근로자를 부당해고 · 전직 · 전보를 시키고 차별을 하거나 폭행 등을 하는 경우에는 관할 지방노동위원회에 근로기준법 제23조 위반으로 부당해고 등 구제신청을 하거나 형사상 폭행죄 등으로 수사기관에 고소가 가능할 것이다.

직장 내 집단 따돌림 유형으로서 근로자 사이에서 집단 따돌림을 하는 것에 대해서는 가해 근로자의 피해 근로자에 대한 민사상 불법행위 책임[49]이 발생하는 경우 손해배상청구가 가능하고 사용자에게는 민법상 사용자책임[50]이 발생하여 사용자에게도 손해배상청구가 가능하다. 또한 피해 근로자가 반드시 외상을 입은 경우가 아니더라도 정신적 피해가 입증되는 경우 가해 근로자는 형법상 폭행죄 등 형사처벌 대상이 될 수 있다. 그러나 근로자 사이의 집단 따돌림의 유형이 아는 척을 하지 않거나 정보를 공유하지 않거나 행사에서 배제하는 경우처럼 은밀하게 이루어지는 경우가 많아 불법행위 책임이나 형사책임이 발생하기에는 입증하기가 사실상 어려운 경우가 많다.

49) 민법 제750조

50) 민법 제756조

바. 영업비밀유지의무 등 기타 책임

근로자는 사용자에 대해 근로계약에 기초하여 근로제공의무 외에 작위의무와 부작위의무를 진다. 근로계약 등에 규정된 내용이 법령에 반하거나 사회통념상 합리성이 없어 위법·부당한 사항이 아닌 한 근로자는 이를 지켜야 하기 때문이다. 또한, 근로계약 등에 규정이 없더라도 민법상의 신의성실원칙에 기초하여 충실의무가 발생함으로써 근로자는 작위의무 또는 부작위의무를 진다.[51] 이러한 부수적 의무에 기초하여 의무위반이 발생할 경우 사용자는 근로자에게 손해배상책임을 청구할 수 있다.[52]

---

51) 하갑래, 근로기준법, ㈜중앙경제, 2013, 193~194쪽

52) 가장 문제가 되는 부분이 근로자가 영업비밀유지의무 및 전직금지의무 위반을 하는 경우일 것이며 사용자는 해당계약 혹은 관련법령에 의거 이에 대한 손해배상을 청구할 수 있다.

입법예고 (2014-7-14～2014-8-2마)

근로기준법률 일부개정법률안

가. 미지급 임금에 대한 지연이자 적용대상을 재직근로자까지 확대하도록 함(안 법 제37조 제2항)

나. 국가 및 자치단체, 공공기관이 경쟁입찰에서의 낙찰자 결정 등을 위해 상습적인 체불사업주의 임금 등 체불자료 요구 시 고용노동부장관의 자료제공이 가능토록 함(안 법 제43조의다).

다. 신용제재를 위한 자료 제공 대상자 선정 시 체불자료 제공 기준일을 정하여 대상자를 선정하도록 함(안 법 제43조의다).

라. 고의 · 상습적인 임금체불시 근로자가 법원 판결을 통해 체불금 외에 동일한 금액의 부가금을 지급받을 수 있도록 함(안 법 제43조의라).

마. 고용노동부장관이 관련 기관에 국세 및 사회보험료 체납사업장 현황 등 자료를 요청할 수 있는 근거 마련(안 법 제43조의마).

바. 근로조건 서면명시 및 교부의무 위반 시 500만 원 이하의 과태료를 부과하도록 함(안 법 제114조, 안 법 제116조)

부 칙

제1조(시행일) 이 법은 공포 후 6개월이 경과한 날부터 시행한다.

제2조(지연이자에 관한 적용례) 제37조 제2항 및 제3항의 개정규정은 이 법 시행 후 최초로 지급사유가 발생하는 경우부터 적용한다.

참고문헌

『해고와 임금』, 사법연수원, 2012

『노동특수이론 및 업무상재해관련소송』, 사법연수원, 2012

『민사집행』법, 사법연수원, 2012

법원실무제요 발간위원회, 『법원실무제요 민사집행』, 법원행정처, 2003

김형배, 『노동법』 제23판, 2014

이철수 외 4인 공저, 『로스쿨 노동법 제2판』, 도서출판 오래, 2013

하갑래, 『근로기준법』, ㈜중앙경제, 2014

신동진, 『근로기준법』, ㈜중앙경제, 2014

최영우, 『개별노동법실무』, ㈜중앙경제, 2013

방강수, 『통합노동법』, 도서출판 웅비, 2012

이상국, 『산재보험법 I』, 청암미디어, 2014

이상국, 『산재보험법 II』, 청암미디어, 2014

지원림, 『민법강의』, 법문사, 2009

이재상, 『형법』, 박영사, 2013

정찬형, 『상법강의』, 박영사, 2009

박근후 외 4, 법무법인 두라, 『임금체불 사전예방 및 체불근로자의 권리구제 확대방안 등에 관한 연구』, 2008

박다정

숙명여자대학교 교육심리학과 졸업
숙명여자대학교 교육학 석사 졸업
연세대학교 법학전문대학원 졸업
제1회 변호사시험 합격
고용노동부 인천북부고용노동지청 변호사
경찰청 근무

양정은

이화여자대학교 법학과 졸업
원광대학교 법학전문대학원 졸업
제1회 변호사시험 합격
고용노동부 서울지방고용노동청 변호사
이화여자대학교 노동법 박사과정

양정인

연세대학교 법학과 졸업
서울중앙지방법원, 서울고등법원 시보
동아대학교 법학전문대학원 차석 졸업
부산지방법원장상 수상
제1회 변호사시험 합격
예금보험공사 수습변호사
고용노동부 서울서부고용노동지청 변호사

양지웅

건국대학교 경제학과 졸업
원광대학교 법학전문대학원 졸업
제1회 변호사시험 합격
법무법인 누리 변호사
고용노동부 원주고용노동지청 변호사

유재영

연세대학교 경영학과 졸업
한양대학교 법학전문대학원 졸업
제1회 변호사시험 합격
고용노동부 안양고용노동지청 변호사

유지은

연세대학교 교육학과 졸업
한국외국어대학교 법학전문대학원 졸업
제1회 변호사시험 합격
법무법인 재유 변호사
고용노동부 의정부고용노동지청 변호사

이지홍

한양대학교 산업공학과 졸업
아주대학교 법학전문대학원 졸업
제1회 변호사시험 합격
고용노동부 서울강남고용노동지청 변호사
경찰청 근무

최연정

서강대학교 중국문화학·경영학과 졸업
원광대학교 법학전문대학원 졸업
제1회 변호사시험 합격
고용노동부 서울남부고용노동지청 변호사

최종환

고려대학교 경영학과 졸업
서울시립대학교 법학전문대학원 졸업
제1회 변호사시험 합격
고용노동부 강원고용노동지청 변호사

변호사가
알려주는
노동법 실무

초판인쇄 2014년 12월 29일
초판발행 2014년 12월 29일

지은이 박다정 · 양정은 · 양정인 · 양지웅 · 유재영 · 유지은 · 이지홍 최연정 · 최종환
펴낸이 채종준
펴낸곳 한국학술정보㈜
주소 경기도 파주시 회동길 230(문발동)
전화 031) 908-3181(대표)
팩스 031) 908-3189
홈페이지 http://ebook.kstudy.com
전자우편 출판사업부 publish@kstudy.com
등록 제일산-115호(2000. 6. 19)

ISBN 978-89-268-6771-6 93360